改訂三版
愛知県
人にやさしい街づくり
人にやさしい街づくりの推進に関する条例の解説

大成出版社

改訂三版の発行にあたって

　平成6年10月に制定しました「人にやさしい街づくりの推進に関する条例」は、ノーマライゼーションの理念に基づき、高齢者や障害者の方々を始めとして、すべての人があらゆる施設を円滑に利用できるよう、人にやさしい街づくりの推進を目指しています。

　条例制定から今日に至るまで、少子・高齢化はさらに進展し、高齢者や障害者などの方々が自立した日常生活や社会生活を確保できるよう、施設の円滑な利用に積極的に協力する方向へ動いており、人にやさしい街づくりの理解が一層深まってきています。

　国においては、ハートビル法と交通バリアフリー法を統合・拡充しました「高齢者、障害者等の移動等の円滑化の促進に関する法律」いわゆる「バリアフリー法」が平成18年6月に公布されました。この法律は、高齢者、障害者などの身体機能に制限を受ける方々の自立した日常生活、社会生活を確保するために、移動時や施設を利用する際の利便性や安全性の向上の促進を図ることを目的としています。

　また、国土交通省において、建築主、設計者等へのガイドラインである「高齢者、障害者等の円滑な移動等に配慮した建築設計標準」が、平成24年に改訂されました。

　このような状況を踏まえ、本県では、人にやさしい街づくりをより推進していくため、整備基準を本年3月に改正し、7月1日より施行することとしました。この改正では、便所、道路及び公園の整備基準を追加、変更するとともに、特定施設整備計画届出書等の様式を変更しました。

　本書は、条例や整備基準の解説書として、広く県民の方々、施設を整備する事業者や建設関係者の方々に「人にやさしい街づくり」の取組みを進めていただくため、幅広くご活用いただいています。また、平成7年に初版、平成17年に改訂二版を発行しましたが、この度、バリアフリー法の公布、建築設計標準の改訂、整備基準の改正に伴って、改訂三版として発行されることとなりました。改訂にあたっては、本書を利用される皆様にご理解を深めていただけるよう、これまでのさまざまな蓄積の中から参考事例の写真を掲載し、また参考図集・資料及びQ＆Aも見直しを行うなど一層充実した内容となっています。事業者や設計者の方々に、より有効にご活用いただけるものとなっています。

　改めて申し上げるまでもなく「人にやさしい街づくり」は、すべての県民の方々と施設を整備する事業者や建設関係者の方々のご理解ご協力のもとで、はじめて推進できるものであると考えております。

　本書が、従来にもまして多くの方々に活用され、「人にやさしい街づくり」が一層進められることを期待して、改訂にあたっての推薦のことばといたします。

平成25年5月

愛知県建設部建築担当局長　松井　宏夫

目　　次

第1部　愛知県の「人にやさしい街づくりの推進に関する条例」
1　条例制定・改正の経緯・・・・・・・・・・・・・・・　4
2　人にやさしい街づくりの推進に関する条例・同解説・・・・・・　8
　　第1章　総則
　　第2章　施策の基本方針等
　　第3章　特定施設に係る整備基準の遵守義務等
　　第4章　雑則
　　附　則
　　「人にやさしい街づくりの推進に関する条例・同施行規則」のあらまし・・　30

第2部　整備基準
1　基本的な考え方・・・・・・・・・・・・・・・　36
2　整備マニュアル
　　(1) 建築物・・・・・・・・・・・・・・・　52
　　(2) 小規模特定施設・・・・・・・・・・・・・・・　124
　　(3) 道路・・・・・・・・・・・・・・・　128
　　(4) 公園等・・・・・・・・・・・・・・・　138
　　(5) 公共交通機関の施設・・・・・・・・・・・・・・・　156
3　参考図集・資料
　　(1) ＪＩＳ・・・・・・・・・・・・・・・　162
　　　・車いすの寸法
　　　・視覚障害者誘導用ブロック等の突起の形状・寸法及びその配列
　　　・案内用図記号
　　(2) 国際シンボルマーク・・・・・・・・・・・・・・・　167
　　(3) 基本寸法等・・・・・・・・・・・・・・・　168
　　　・有効幅員に関する寸法の基本的な考え方
　　　・車いす使用者の基本動作寸法
　　　・車いす使用者の最小動作空間
　　　・つえ使用者の基本動作寸法
　　(4) その他・・・・・・・・・・・・・・・　171
　　　・点字の読み方
　　　・高齢者・障害者等の特性と対応の考え方

第3部　Q&A
　1　特定施設について ・・・・・・・・・・・・・・・・・・・・・ 176
　2　整備基準の適用 ・・・・・・・・・・・・・・・・・・・・・・ 180
　3　敷地内の通路、廊下等 ・・・・・・・・・・・・・・・・・・・ 188
　4　出入口 ・・・・・・・・・・・・・・・・・・・・・・・・・・ 192
　5　階段 ・・・・・・・・・・・・・・・・・・・・・・・・・・・ 193
　6　利用円滑化経路を構成するエレベーター ・・・・・・・・・・・ 195
　7　便所 ・・・・・・・・・・・・・・・・・・・・・・・・・・・ 197
　8　駐車場 ・・・・・・・・・・・・・・・・・・・・・・・・・・ 199
　9　案内表示及び案内設備 ・・・・・・・・・・・・・・・・・・・ 200
　10　カウンター及び記載台又は公衆電話台 ・・・・・・・・・・・・ 202
　11　手続き ・・・・・・・・・・・・・・・・・・・・・・・・・・ 203

資料編
　1　関係法令 ・・・・・・・・・・・・・・・・・・・・・・・・・ 210
　　・人にやさしい街づくりの推進に関する条例
　　・人にやさしい街づくりの推進に関する条例施行規則
　　・高齢者、障害者等の移動等の円滑化の促進に関する法律（抜粋）
　　・移動等円滑化のために必要な道路の構造に関する基準を定める省令（抜粋）
　　・移動等円滑化のために必要な特定公園施設の設置に関する基準を定める省令
　　・移動等円滑化のために必要な旅客施設又は車両等の構造及び設備に関する基準を定める省令（抜粋）
　　・愛知県建築基準条例（抜粋）
　　・特殊な構造又は使用形態のエレベーター及びエスカレーターの構造方法を定める件（抜粋）
　　・通常の使用状態において人又は物が挟まれ、又は障害物に衝突することがないようにしたエスカレーターの構造及びエスカレーターの勾配に応じた踏段の定格速度を定める件（抜粋）
　2　用語集 ・・・・・・・・・・・・・・・・・・・・・・・・・・ 308

第1部

愛知県の「人にやさしい街づくりの推進に関する条例」

1 条例制定・改正の経緯

第1部

1 条例制定・改正の経緯

① 制定の経緯

　愛知県では、平成5年7月に「あいち8か年福祉戦略」（愛フルプラン）を策定した。この検討過程において、「人にやさしい街づくり」という新たな取組を提案し、基本戦略の1つとして、「人にやさしい街づくりと高齢者、障害者にも住みやすい住宅の整備」を掲げた。

　この背景には、高齢化が急激に進展する一方、障害者をめぐる社会環境も、自立と社会参加を促進する方向へと大きく変化している中、まちづくりの施策の面でも、高齢者、障害者等がともに、その持てる能力を適切に発揮し、日常生活・社会生活を充実させる基盤を整備することが強く求められ、この流れを踏まえるとき、街づくりの状況は、決して十分な対応がされているとはいいがたく、街づくりに「人にやさしい」という新しい視点が必要とされていたことがある。

　この「あいち8か年福祉戦略」の議論の過程と重なる形で、平成5年4月に、高齢者、障害者が利用しやすい施設や設備の技術的な標準となる指針の作成に着手し、平成6年3月に「人にやさしい街づくり整備指針」としてとりまとめた。

　指針の作成にあたっては、高齢者、障害者の日常生活に関する実態調査を行い、また、建築物、建築設計者、事業者それぞれについてのアンケート調査等を実施し、指針に反映している。

　これら「あいち8か年福祉戦略」や「人にやさしい街づくり整備指針」の中で、人にやさしい街づくりをより確実に進めるため、条例の制定を提案しており、平成6年4月に、そのための検討作業に着手した。

　条例は、平成6年9月定例県議会において、「人にやさしい街づくりの推進に関する条例」として可決され、10月14日に公布した。

　この条例は、人にやさしい街づくりについて、県、市町村及び事業者の責務並びに県民の役割を明らかにするとともに、施策の基本方針を定め、不特定かつ多数の者が利用する特定施設を設置しようとする者に対し、高齢者、障害者その他日常生活又は社会生活に身体の機能上の制限等を受ける者が円滑に利用できるようにするための措置を講じることを義務付け、その措置に関する整備計画を知事に届け出なければならないこと等を定めている。

条例制定・改正の経緯

② 主な改正の経緯

(1) 平成11年度改正

地方分権の推進を図るための関係法律の整備等に関する法律（平成11年法律第87号）の制定に伴い、地方自治法第245条の2の規定が新しく設けられ、県と市町村との関係は、対等・協力の関係とすべきものとされた。

このため、条例に市町村の責務規定を置くことは、地方自治法の改正の趣旨にそぐわないことから、第3条の規定を「市町村に対する協力」規定に改め、第1条、第4条及び第5条の規定から、「市町村」の文言を削除した。

(2) 平成16年度改正

条例制定後10年が経過し、少子・高齢社会の急速な進展や高齢者、障害者等をはじめ誰もが社会の担い手となることの必要性が強く認識されつつあり、条例を取り巻く環境は大きく変化してきた。また、平成13年3月に県が策定した「21世紀あいち福祉ビジョン」においても、「自立と自己実現を支える福祉」を基本目標としており、自立を支える福祉環境の構築のためにハード・ソフト両面にわたるバリアフリーの推進を福祉施策の目標の一つとした。

また、国においても、高齢者、身体障害者等が円滑に利用できる特定建築物の建築の促進に関する法律（平成6年法律第44号、いわゆる「ハートビル法」）、高齢者、身体障害者等の公共交通機関を利用した移動の円滑化の促進に関する法律（平成12年法律第68号、いわゆる「交通バリアフリー法」）等関連法令の整備が行なわれ、バリアフリーの施策が展開されている。

このような中で、愛知県においても、こうした社会環境の変化及び国における法令の整備に対応し、県民のニーズに応える、「人にやさしい街づくり」を、なお一層推進する必要があることから、条例改正の検討作業に着手した。

検討にあたっては、より広く街の施設を対象とし、より多くの人に配慮した「人にやさしい街づくり」を進めることを基本的な考え方として、学識経験者や高齢者、障害者等の利用者の団体及び事業者の団体の方々を委員とした「人にやさしい街づくりの推進に関する条例検討委員会」を設置し、専門的な立場からの助言をいただくとともに、利用者の団体、事業者等の団体に対する個別の意見聴取、県民一般へのアンケート等を行うことにより、幅広い多様な意見を反映させた。

改正条例は、平成16年12月定例県議会において、「人にやさしい街づくりの推進に関する条例の一部を改正する条例」として可決され、12月21日に公布した。

改正の主な事項としては、措置の対象となる特定施設を100平方メートル以下の小規模な施設まで拡大するとともに、多様な利用者に対応したいわゆるユニバーサルデザインの視点に立って、法令との整合を図りつつ、整備基準の拡充を行い、あわせて、高齢者、障害者等が施設を利用しやすいようにするため、ソフト面の規定を追加した。

(3) 平成18年度改正

ハートビル法及び交通バリアフリー法の廃止並びに高齢者、障害者等の移動等の円滑化の促進に関する法律（平成18年法律第91号、いわゆる「バリアフリー法」）の制定に伴い、関係省令の整備が行われた。

条例においては、整備基準として交通バリアフリー法の省令基準を一部準用していたため、その名称を新法であるバリアフリー法の省令の名称に変更した。

2

人にやさしい街づくりの推進に関する条例・同解説

第1部

第1章　総則

1　本条例の目的

（目的）
第1条　この条例は、すべての県民が個人として尊重され、あらゆる分野の活動に参加する機会を与えられることが街づくりにおいて極めて重要であることにかんがみ、高齢者、障害者等を含むすべての県民があらゆる施設を円滑に利用できる人にやさしい街づくりについて、県及び事業者の責務並びに県民の役割を明らかにするとともに、人にやさしい街づくりに関する施策の基本方針を定めること等により、人にやさしい街づくりの推進を図り、もって県民の福祉の増進に資することを目的とする。

　本条は、本条例全体の目的及び趣旨を明らかにしたものであり、本条例の基本・一般原則である。愛知県が本条例を制定することの意義・目的、そして、目指すべき街づくりの方向を指し示すものである。
「すべての県民が個人として尊重され、あらゆる分野の活動に参加する機会を与えられることが街づくりにおいて極めて重要である」としている。

　「街づくり」の視点、足がかりはいくつかある。本条例は、その中で、街を利用する側の立場に立った『やさしさ』をその視点に据えている。一人ひとりの県民全てが個人として、尊重される。つまり、県民は、例えば、その心身の障害状態のいかんに関わらず、個人としての尊厳を重んぜられ、人として尊重されることを意味する。

　そして、それが、単なる理想にとどまらず、私たちの身近な場所で実現される現実であるためには、県民一人ひとりが、希望する場所において希望する活動を行う機会を与えられることが大切である。真に人として尊重されている、というためには、存在そのものを尊重されるにとどまらず、活動の機会をこそ尊重されること、つまり、その持てる能力を発揮し、自己実現の機会を得ることができなければ、実際的な意味を欠くからである。本条はこうしたことを踏まえ、自己実現の機会を真に担保するために、街づくりの場での、これら理念の具現化の必要性を謳っているのである。

　それでは、こうした理念に支えられた街づくり、つまり、この条例が目指す『人にやさしい街づくり』とは具体的にどのように実現されるものであろうか。

　それは、街のあらゆる施設をすべての県民が円滑に利用できるようにすることである。街を施設の利用面、ユースフルな点から整備することで、それを通して、すべての県民の活動の機会を担保するものである。

　なお、ここでの主体は「すべての県民」であり、単に高齢者、障害者等に限られないことに留意しなければならない。ここでいう「高齢者、障害者等」とは第1条の2第1号に規定するものであるが、この文言の後に続く「すべての県民」の例示をしているにすぎないのである。

　このことの意味は、本条例はまず根源的に、あらゆる県民の利用に配慮した『人にやさしい』街づくりを目指し、第二義的に第3章以下で、高齢者、障害者等に限定して、具体的な特定施設の整備を義務づける、ということである。具体的な義務づけは第3章以下に譲るとしても、本条例そのものの目指すべき先は、あらゆる県民の社会生活に円滑ならしめる『やさしい』街づくりである。

　つまり、「ノーマライゼーション」と「バリアフリー」の考え方を基本としている。

人にやさしい街づくりの推進に関する条例・同解説

❷ 定義

（定義）
第1条の2　この条例において、次の各号に掲げる用語の意義は、それぞれ当該各号に定めるところによる。
　一　高齢者、障害者等　高齢者、障害者、傷病者、妊産婦その他の者で日常生活又は社会生活に身体等の機能上の制限を受けるものをいう。
　二　特定施設　次に掲げる施設で多数の者が利用するものとして規則で定めるものをいう。
　　イ　建築基準法（昭和25年法律第201号）第2条第2号に規定する特殊建築物
　　ロ　事務所の用に供する建築物
　　ハ　公衆便所の用に供する建築物
　　ニ　地下街その他これに類するもの
　　ホ　道路
　　ヘ　公園、緑地その他これらに類するもの
　　ト　公共交通機関の施設
　　チ　駐車場
　　リ　一団地の住宅施設その他これに類するもの

　本条は、この条例において用いられる重要な用語について、定義をするものである。
　第1号においては、「高齢者、障害者、傷病者、妊産婦その他の者で日常生活又は社会生活に身体等の機能上の制限を受けるもの」を「高齢者、障害者等」として規定している。これらの者は、本条例が次条以降で対象とする、施設の円滑な利用の機会を奪われがちな者を指しており、「その他の者」には、乳幼児連れの親、在住外国人などが含まれる。
　第2号においては、第3章以降で規定する、高齢者、障害者等が円滑に利用できるようにするために必要な構造及び設備に関する措置の遵守が求められる多数の者が利用する一定範囲の施設を特に「特定施設」として規定している。
　そのような施設については、とかく施設利用に不自由を感じがちな「高齢者、障害者等」の利用に焦点を絞っている。
　「円滑な利用」のためには、個別化と共通化の2つの視点がある。
　「街づくり」の場においての課題として、ここでは、個別化よりは、いかに共通化するかに力点を置いている。特定施設においても、居住、就労を前提とした施設の部分については、配慮が必要となる部分は、まさに、個別的であること、また、具体の居住者や従業員の状況に応じてきめ細かな対応ができることと同時に、それがなされる必要があることから、一律の基準を示すというものにはなじまない。
　これらを前提として、本条第2号で「特定施設」を規定し、具体的な措置については、第11条第1項で整備基準として規定している。特定施設は、具体的には次のとおり規則で定めている。
　また、店舗と共同住宅などのように複合機能を有する施設は、それらを一体として「特定施設」として扱う。

第1部

規則

(特定施設)

第3条　条例第1条の2第2号の規則で定める施設は、次に掲げるものとする。

　一　次に掲げる用途に供する建築物又はその部分
　　イ　学校その他これに類するもの
　　ロ　博物館、美術館又は図書館
　　ハ　体育館、ボウリング場、スキー場、スケート場、水泳場、スポーツの練習場又は遊技場
　　ニ　病院、診療所、助産所又は施術所
　　ホ　社会福祉施設その他これに類するもの
　　ヘ　劇場、映画館、演芸場又は観覧場
　　ト　公会堂又は集会場
　　チ　展示場
　　リ　百貨店、マーケットその他の物品販売業を営む店舗
　　ヌ　飲食店、喫茶店その他これらに類するもの
　　ル　理髪店、クリーニング取次店、貸衣装屋その他これらに類するもの
　　ヲ　公衆浴場
　　ワ　ホテル又は旅館
　　カ　火葬場
　二　共同住宅の用に供する建築物又はその部分で、床面積の合計が2,000平方メートル以上のもの又は50戸を超えるもの
　三　工場の用に供する建築物又はその部分で、床面積の合計が2,000平方メートル以上のもの
　四　国、県、市町村又は第13条各号に掲げる者の事務所の用に供する建築物又はその部分
　五　銀行その他の金融機関の事務所の用に供する建築物又はその部分
　六　事務所の用に供する建築物又はその部分で、床面積の合計が2,000平方メートル以上のもの（前2号に該当するものを除く。）
　七　公衆便所の用に供する建築物又はその部分（他の特定施設に附属するものを除く。）
　八　地下街その他これに類するもの
　九　道路法（昭和27年法律第180号）第2条第1項に規定する道路（自動車のみの一般交通の用に供する道路を除く。）
　十　公園、緑地その他これらに類するもの
　十一　公共交通移動等円滑化基準第1条第1項第5号に規定する鉄道駅、同項第6号に規定する軌道停留場、同項第7号に規定するバスターミナル、同項第8号に規定する旅客船ターミナル又は同項第9号に規定する航空旅客ターミナル施設
　十二　駐車場法（昭和32年法律第106号）第12条の規定による届出を要する路外駐車場（駐車の用に供する部分に、駐車場法施行令（昭和32年政令第340号）第15条の規定による国土交通大臣の認定を受けた特殊の装置を用いる路外駐車場を除く。）
　十三　都市計画法（昭和43年法律第100号）第4条第6項に規定する都市計画施設に該当する駐車場
　十四　都市計画法第11条第1項第8号に規定する一団地の住宅施設
　十五　土地区画整理法（昭和29年法律第119号）第2条第1項に規定する土地区画整理事業（同条第2項の事業を含む。）、都市計画法第4条第7項に規定する市街地開発事業又は同法第29条第1項若しくは第2項の規定による許可を要する開発行為により一体として整備する施設（50戸以上の住宅の建設を予定す

> る場合に限る。）
> 十六　建築基準法（昭和25年法律第201号）第86条第1項の規定による認定又は同条第3項の規定による許可を受けた総合的設計による一団地の建築物（50戸以上の住宅に限る。）

(1) 建築基準法（昭和25年法律第201号）第2条第2号に規定する特殊建築物（条例第1条の2第2号イ）

建築基準法第2条第2号に規定されている学校、病院、劇場、観覧場、百貨店、旅館、公衆浴場、共同住宅、寄宿舎などのうちで、「多数の者が利用するもの」として特に規則で定めるものをいう。

具体的には、①次の（イ）から（カ）の用途に供する建築物又はその部分――（イ）学校その他これに類するもの（専修学校及び各種学校を含む学校教育法でいう学校のほか、職業訓練校、大学校など）、（ロ）博物館、美術館又は図書館、（ハ）体育館、ボウリング場、スキー場、スケート場、水泳場、スポーツの練習場又は遊技場、（ニ）病院、診療所、助産所又は施術所、（ホ）社会福祉施設その他これに類するもの（児童福祉施設、老人福祉施設、身体障害者更生援護施設など）、（ヘ）劇場、映画館、演芸場又は観覧場、（ト）公会堂又は集会場、（チ）展示場、（リ）百貨店、マーケットその他の物品販売業を営む店舗、（ヌ）飲食店、喫茶店その他これらに類するもの（飲食店営業、喫茶店営業を営む店舗）、（ル）理髪店、クリーニング取次店、貸衣装屋その他これらに類するもの、（ヲ）公衆浴場、（ワ）ホテル又は旅館、（カ）火葬場――、②共同住宅の用に供する建築物又はその部分で、床面積の合計が2,000平方メートル以上のもの又は50戸を超えるもの、③工場の用に供する建築物又はその部分で、床面積の合計が2,000平方メートル以上のものが、それぞれ規則で定められている。

建築基準法第2条第2号では、寄宿舎、下宿、倉庫、危険物の貯蔵場、と畜場、汚物処理場といった施設も列挙されているが、これらは、居住、就労の観点を除けば、多数の者の利用に開かれた施設とはいいがたいものであり、「特定施設」には含まれない。

第1条の「高齢者、障害者等を含むすべての県民があらゆる施設を円滑に利用できるように」という趣旨から、日常生活において利用する施設については、本来、規模にかかわりなく「措置」を講ずることが基本である。

従って、一定面積で区分をすることには、本来、合理的な意味はないものである。

しかし、共同住宅については、入居者である特定の者の共有物、あるいは、使用するものであり、店舗等とは性格が異なり、多数が利用するという性格は薄い。一方、「住宅」も社会資本整備としての意味もあり、また、大規模な共同住宅や住宅団地の場合の共有空間についての公共空間化ということも考えあわせて、一定規模を超える共同住宅については、措置を講ずる対象としての「特定施設」に含むものとしている。

工場についても、就労の場として、主たる利用者が限定される施設である。しかし、本条例では、そのような施設であるとしても、一般の方を対象とした見学コースを設けていたり、受付や来客部門などの多数の者が利用する部分もあるという点に着目して、大規模なものは「特定施設」としている。

(2) 「事務所の用に供する建築物」（第2号ロ）

事務所のうち、「多数の者が利用するもの」として規則で定めるものは次のとおりである。

(イ) 国、県、市町村等の事務所の用に供する建築物又はその部分。「等」に該当する者は、条例第20条及び規則で規定されているところの、独立行政法人、公社、公団、事業団などである。

(ロ) 銀行その他の金融機関の事務所の用に供する建築物又はその部分

(ハ) 事務所の用に供する建築物又はその部分で、床面積の合計が2,000平方メートル以上のもの（（イ）、（ロ）を除く。）

（ハ）の一般の事務所については、基本的に工場と同じように、就業の場として、主たる利用者が限定される施設であるが、受付や来客部門などの多数の者が利用する部分もあるという点に着目して、大規模なものは「特定施設」としている。

第1部

(3) 「公衆便所の用に供する建築物」（第2号ハ）

ここでは、独立した公衆便所を想定しており、他の特定施設に附属して設置される公衆便所については、それぞれの特定施設の一部として扱う。

(4) 「地下街その他これに類するもの」（第2号ニ）

地下街のほか、消防法施行令（昭和36年政令第37号）別表第1第16の3項にある「建築物の地階で連続して地下道に面して設けられたものと当該地下道とを合わせたもの」が含まれる。

(5) 「道路」（第2号ホ）

道路については、道路法（昭和27年法律第180号）第2条第1項に規定する道路であって、自動車のみの一般交通の用に供する道路を除くものが対象となる。

(6) 「公園、緑地その他これらに類するもの」（第2号ヘ）

公園、緑地その他のものとしては、都市公園等の一般に「公園」、「緑地」と称されるもののほか、児童遊園、遊園地、動物園や植物園等も含んでいる。

(7) 「公共交通機関の施設」（第2号ト）

公共交通機関の施設で、「不特定かつ多数の者が利用するものとして」対象となるのは、次のとおりである。

　（イ）移動等円滑化のために必要な旅客施設又は車両等の構造及び設備に関する基準（平成18年国土交通省令第111号。以下「移動等円滑化基準」という。）第1条第1項第5号に規定する鉄道駅及び同項第6号に規定する軌道停留場

　（ロ）移動等円滑化基準第1条第1項第7号に規定するバスターミナル

　（ハ）移動等円滑化基準第1条第1項第8号に規定する旅客船ターミナル

　（ニ）移動等円滑化基準第1条第1項第9号に規定する航空旅客ターミナル施設

(8) 「駐車場」（第2号チ）

駐車場は、一般公共の用に供するものを対象としており、具体的に、規則で定めているものは次のとおりである。

　（イ）駐車場法（昭和32年法律第106号）第12条の規定による届出を要する路外駐車場。ただし、駐車の用に供する部分に、駐車場法施行令（昭和32年政令第340号）第15条に規定により国土交通大臣の認定を受けた特殊の装置を用いる路外駐車場は除かれる。

　（ロ）都市計画法（昭和43年法律第100号）第4条第6項に規定する都市計画施設のうち駐車場

なお、ここでは、独立した駐車場を想定しているが、他の特定施設に附属して設置される駐車場については、それぞれの特定施設の一部として扱う。

(9) 「一団地の住宅施設その他これに類するもの」（第2号リ）

市街地開発事業などのある種の事業行為全体などを、ひとくくりに捉えて「特定施設」として「措置」を講ずる対象とするものである。

これは、その事業区域に含まれる道路、通路、公園等個々の施設をそれぞれに個別に対象としてとらえるのではなく、集団的な「街」としてその全体をとらえ、「措置」を求めるものである。

具体的には次のものが対象となる。

　（イ）都市計画法第11条第1項第8号に規定する一団地の住宅施設

　（ロ）土地区画整理法（昭和29年法律第119号）第2条第1項に規定する土地区画整理事業

　（ハ）都市計画法第4条第7項に規定する市街地開発事業

　（ニ）都市計画法第29条第1項若しくは第2項の規定による許可を要する開発行為

　（ホ）建築基準法第86条第1項の規定による認定又は同条第3項の規定による許可を受けた総合的設計による一団地の建築物（50戸以上の住宅に限る。）

人にやさしい街づくりの推進に関する条例・同解説

３ 県の責務

（県の責務）
第２条　県は、人にやさしい街づくりに関する総合的な施策を策定し、及びこれを実施する責務を有する。

　本条は、条例上、責務を有する主体となる県、事業者二者のうち、まず、県の責務を定めている。
　本条例の目指す『人にやさしい街づくり』は、県、市町村、事業者及び県民がそれぞれの立場で責務又は役割を持ち、連携して推進することが望まれる。
　県は、その実施にあたり、県全域における各市町村のバランス、及び本条例の定める街づくりの推進方策などにかんがみ、各市町村が単独では行えない総合的な施策を策定し、実施する。あわせて、街づくりの主要な担い手の一つである市町村間の連絡調整も施策実施の項目の一つであり、また、行政各分野の個別施策としてでなく、総合的な行政施策としての実施、そして、そのための連絡調整を行うことも、その項目の一つに数えられる。
　さらには、『人にやさしい街づくり』の推進を実効的に図るため、県有施設の整備や市町村が主体となった街づくりの推進だけでなく、『人にやさしい街づくり』についての社会的合意形成や民間施設の整備促進という対民間施設の推進も必要となるが、これも、県の策定する「総合的な施策」を構成する要素の一つである。

４ 市町村に対する協力

（市町村に対する協力）
第３条　県は、市町村が実施する当該市町村の区域の状況に応じた人にやさしい街づくりに関する施策に協力するものとする。

　本条は、市町村が実施する『人にやさしい街づくり』に関する施策に対する県の協力を規定している。県は、市町村との緊密な連携を図って施策を進めていく必要がある。
　市町村は、街づくりの主要な担い手の一つである。このことは、本条例の目指す『人にやさしい街づくり』の推進にあたっても、同じである。
　さて、市町村は、『人にやさしい街づくり』の推進にあたっては、当該市町村の区域の実情に応じた施策を策定し、その推進を図ることが期待されている。県が総合的な施策の策定を行うことの対として、市町村は、自らのエリアの実情を十分に把握したうえで、『人にやさしい街づくり』の推進のために個別的・具体的な対応をしていくことが望ましい。
　ここで、「区域」とは、市町村の全エリアとしての区域である。市町村の状況の異なる地域、そして、これら地域を包括する全エリアとしての性格を持つものである。
　また、「状況」とは、自然的・地理的状況、あるいは社会的状況をいう。例えば、ある地域（区域）では、県全体に比べて、居住する高齢者・障害者等の数が多いとか、あるいは、こうした『人にやさしい街づくり』の進展の度合いとか、が配慮されるべき事柄である。
　なお、「施策」には、本条例を踏まえての施策のほか、市町村が独自に条例を制定することも含まれる。

第1部

5 事業者の責務

（事業者の責務）
第4条 事業者は、その事業の用に供する施設を高齢者、障害者等を含むすべての県民が円滑に利用できるようにするため、その施設の構造及び設備に関し必要な措置を講じ、並びに高齢者、障害者等の施設の円滑な利用に資する情報及び役務の提供に努めるとともに、県が実施する人にやさしい街づくりに関する施策に協力する責務を有する。

条例上、県と並んで責務を有する主体となる事業者の責務を定めている。
「事業者」とは、一般的な用語としての事業者で、施設で事業を営む主体を指す。ここで、「事業者」とは、いわゆる民間事業者のみではなく、例えば、道路施設の場合の道路事業者、道路管理者としての国、県、市町村も、この「事業者」に含まれることになる。

なお、第3章で規定される事業者は、特定施設に係る者として限定される事業者であって、ここでいう事業者よりは、より限定的なものである。

それでは、本条にいう事業者の具体的責務内容は何であろうか。

それは、まず第一に、それぞれの事業の用に供する施設を「高齢者、障害者等を含むすべての県民が円滑に利用できるようにする」ことである。

「事業の用に供する施設」は、建築物に限らず、「街」の様々な施設が含まれる。加えて、例えば、建築物であれば、その敷地内の外部空間や設備、家具、道具も含めて考えることになる。また、鉄道でいえば、第11条の「特定施設」では、駅舎をその対象としているが、ここでは、駅舎のみならず、鉄道車両も含めて「円滑に利用できるようにする」ことを求めている。

こうした施設をすべての県民が円滑に利用できるようにすること（利用の促進・整備・機能の維持保全等）によって、高齢者の身体機能低下による生活圏域の縮小を最小限にとどめ、障害者の生活圏域の拡大を図ることなどにつながるのである。

第11条では、特定施設に限定し、措置を講ずべきことを求め、また、その基準を示していることに対して、本条では、対象と配慮すべき内容を広く包括的にとらえている点が区別される。

また、第二には、構造及び設備に関して円滑に利用できるような措置を講ずるだけにとどまらず、施設の円滑な利用を促進するための施設に関連する情報や役務（ソフト）の提供についても、高齢者、障害者等に配慮するように努めることを求めている。例えば、施設利用ガイドブック・マップの点字等による作成、受付で気軽に筆談に応じる配慮などがあげられる。

さらに、第三には、事業者は第3条までに定められた県の施策に協力しなければならない。一人ひとりの事業者は、『人にやさしい街づくり』の推進にあたっては、いわば『点』としての存在であり、県は、この『点』をつなぐ、より広範囲かつ包括的な施策を実施するものであり、一人ひとりの事業者は、この県の施策に協力することで、『人にやさしい街づくり』という広がりを持った『面』がより力強く描かれることとなるからである。

6 県民の役割

(県民の役割)
第5条　県民は、人にやさしい街づくりに関する理解を深め、並びに高齢者、障害者等が施設を円滑に利用できるようにするための措置が講じられた施設の構造及び設備の機能を妨げることのないようにするとともに、県が実施する人にやさしい街づくりに関する施策に協力するよう努めるものとする。

　本条は、県民の役割を規定したものである。

　県、事業者が「責務を有する」こととなっているのに対し、県民は「努める」規定となっている点で区別される。

　前二者が街づくりの場面において、社会的に責任ある組織体として、『人にやさしい街づくり』を推進する責務を有する立場にあるのに対して、一般県民は、これらに協力する立場にとどまるからである。（なお、個々の街づくりの場面においては、県民が街づくりの主体者であることは、いうまでもない。）

　さて、本条例は、その性格として、①宣言的性格、②規制的性格の二つを有する。第1条は、この①の性格を如実に表したものであるが、このように宣言するということは、裏返せば、『人にやさしい街づくり』に対する県民各層の理解が、現段階では、まだ不十分である、ということを前提としている。

　また、効果的な『人にやさしい街づくり』の推進の観点から、整備された施設の構造及び設備の機能を妨げることのないようにすることが求められるが、視覚障害者向けに整備された歩道の点字ブロック上に自動車や自転車を放置する事例などがある。これらの行為は『人にやさしい街づくり』の推進のための施設整備の効果等を減殺することとなる。

　従って、本条では、まず、県民各層に、人にやさしい街づくりに関する施策に協力する努力義務を求める前段として、第1条の趣旨に則って、いま、『人にやさしい街づくり』が必要であること、及びその推進について県民各層の十分な理解を求め、また、できるだけ詳しい知識を持ち、実践してもらうよう努力することを規定している。

　そして、次に、その理解を踏まえたうえで、『人にやさしい街づくり』を実現するために県が行う施策に協力するよう求めている。

第1部

第2章　施策の基本方針等

7　施策の基本方針

（施策の基本方針）
第6条　県は、次に掲げる基本方針に基づき、人にやさしい街づくりに関する施策を実施するものとする。
　一　高齢者、障害者等を含むすべての県民が円滑に利用できるよう建築物等の整備を促進すること。
　二　高齢者、障害者等を含むすべての県民が自らの意思で円滑に移動できるよう道路、公共交通機関の施設等の整備を推進すること。

　本章は、第1章の総則を受けて、具体的な施策を規定するものである。本条は、その冒頭にあって、県の施策の基本方針を定めている。
　すなわち、高齢者、障害者等を含むすべての県民の①「利用」と、それを可能にする②「移動」ができるよう整備を促進、あるいは推進するべき旨を謳っている。
　第1号は、まず、その①利用面を定めている。
　「円滑に利用できる」とは、どういうことを指すのか。
　それは、高齢者、障害者等を含むすべての県民が、その持てる能力を発揮し、活動の障害となる要因を超えて円滑に利用できるということであり、そのように整備をすることである。
　ここで対象とされている「建築物等」とは、建築物、公園、緑地などの施設を指し、目的、直接的な「施設利用」の視点からの対象施設を意味している。（『移動』の視点からの対象施設は、第2号に規定されている。）
　また、第1号では、以上のことを「促進する」とされているが、このことは、第2号の「推進する」と区別される。すなわち、第1号の対象施設には、主として建築物が含まれ、その主体としては民間が多いため、県は、専らその整備を促す立場にとどまる（県有建築物等の場合は主体となるが）のであり、このため、あえて第2号の「推進」との使い分けがされているのである。
　次に第2号を見てみよう。
　これは、第1号の「利用」と対比して、上述の②移動面を定めたものである。
「自らの意思で円滑に移動できる」とは、具体的にはどのような状態を指すのだろうか。
　それは、高齢者、障害者等を含むすべての県民が、その心身の障害状態のいかんに関わらず、自らが望む移動を円滑に行えるということである。希望するにも関わらず、施設整備が不備であるために、移動ができないような事態を招かないようにすることが大切なのである。
　また、「道路、公共交通機関の施設等」とは、道路、公共交通機関の施設（例‥鉄道の駅舎、電車、バス）、個別移動手段としての車や駐車場などを指し、「移動」の視点からの対象施設を意味する。
　さて、この第2号では「推進する」とされているが、これは前述したように、第1号の「促進する」との対で使われている。すなわち、第2号の対象施設には、道路が含まれ、また、その比重が大きい。ところで、道路の整備、管理の主体は国、県、市町村等の「公」がほとんどであり、県は、第1号の建築物等の場合とは異なって、自らその整備を推進する立場にあるため、第1号の「促進」との使い分けがされているのである。
　「街づくり」の具体の場である「街」の構成要素として、利用という視点でみたとき、生活の場としての居住施設と、活動の場としての利用する建築物や公園等と、両者を結ぶ移動・アクセスとしての道路や交通機関等の3つがある。
　ところで、ここでは、施策の基本方針として「利用」と「移動」に限っており、「居住施設」については、触れていない。これは、居住施設としての個々人の住宅は、まさに、個々人の状況に応じて整備されるべきものであり、条例規定での一律的な対応を求めるものではないとして、別途、十分な施策対応を行うことを前提として、除いたものである。

人にやさしい街づくりの推進に関する条例・同解説

❽ 教育活動、広報活動等の推進

（教育活動、広報活動等の推進）
第7条　県は、人にやさしい街づくりに関する県民及び事業者の理解を深めるよう教育活動、広報活動等を推進するものとする。

　第1章の総則では、事業者の責務、県民の役割が定められている。
　本条は、いわば、その裏返しとして、県民及び事業者の理解を深めるために、県が教育・広報活動を積極的に推進することを規定するものである。
　『人にやさしい街づくり』の成否は、県民、事業者の理解を得ることができるか否か、そして協力を得ることができるか否かにかかっている。なぜならば、その理解がなければ、いかに行政が強力に施策を推進、リードしたとしても、県、市町村、事業者、県民の四者が一体となってはじめて実があがる『人にやさしい街づくり』は、その広がりも深みもともに限られたものになってしまうからである。
　そこで、『人にやさしい街づくり』の必要性及び推進の実際について、県民及び事業者に正しい理解と知識を持ってもらうことが必要なのである。
　それでは、本条でいう「教育活動」、「広報活動」とは、具体的にどのような内容を指すのであろうか。
　まず、「教育活動」であるが、例えば、小・中・高校等の児童・生徒を対象に、『人にやさしい街づくり』の必要性などに対する教育を行う。また、社会人等に対しても、広く教育の場を捉えて、これを実施するものである。
　また、「広報活動」では、リーフレット、解説書の配布、またマスメディアに対する的確かつ実効的な情報提供など、さまざまな機会を捉えて、県民及び事業者に対する広報活動を推進する。
　県民には、広く『人にやさしい街づくり』全般の必要性を広報するとともに、事業者に対しては、第11条に定める整備基準等も含めて詳細に広報を行う。

❾ 情報の収集及び提供等

（情報の収集及び提供等）
第8条　県は、人にやさしい街づくりの推進に資する技術に関する情報の収集及び提供その他必要な措置を講ずるものとする。

　第7条が、本条例の内容とほぼ重なる範囲での一般的な情報の提供を定めているのに対して、本条は、それを前提として、より技術的・専門的な情報の収集と提供などの措置を定めるものである。従って、その対象となるのは、建築士等の技術者や事業者あるいは、高齢者、障害者等とその周辺の人々である。
　それでは、ここでいう「人にやさしい街づくりの推進に資する技術に関する情報」とは、どのようなものであろうか。
　それは、『人にやさしい街づくり』の推進のための施設整備を行うにあたって、技術上、有用な情報をいう。
　具体的には、例えば、高低差のある空間移動を容易にする機器や、歩道等に設ける案内表示の技術開発に関する情報などである。
　県は、この情報を、メーカー、研究機関、他自治体等との情報交換の密を図るなどして、さまざまな機会を捉えて収集するとともに、そうして得た情報を事業者等に提供することで、『人にやさしい街づくり』の推進を技術的・専門的視点から支えるものである。

第1部

⑩ 推進体制の整備

（推進体制の整備）
第9条　県は、市町村、事業者及び県民と連携して、人にやさしい街づくりの推進体制を整備するものとする。

　『人にやさしい街づくり』は、様々なレベル、様々な場面で推進することが必要である。
県、市町村、事業者、県民の綿密な連携と相互協力があって始めて、その実効性を上げるものである。
　本条は、この趣旨から各者の相互協力の「受け皿」の場を用意し、相互連携して『人にやさしい街づくり』を進めるための組織体制の整備を定めるものである。
　それでは、本条がイメージする「推進体制」とは具体的にはどのようなものが想定されているのであろうか。
　例えば、事業者団体、県民代表（利用者代表など）、行政等で幅広く横断的に構成する体制・組織が一番わかりやすい例であろう。
　また、他にも、①県民代表等を構成員に加えた、『人にやさしい街づくり』の推進状況をチェックする組織、②行政内部あるいは、行政間の連絡会議（行政庁内部の各部各課横断型の連絡調整会議や地域における連絡会議など）なども、ここでいう体制整備に含まれる。
　こうした行政から民間事業者等と外へ広がる組織横断的な推進体制、また、本条例を的確に運用するための行政内部の連絡調整体制、さらには、本条例推進を第三者的立場から意見を提出する体制を、それぞれ整備することで、均衡のとれた総合的組織力が有効に発揮され、その結果、『人にやさしい街づくり』の実効をあげることにつながるのである。

⑪ 財政上の措置

（財政上の措置）
第10条　県は、人にやさしい街づくりを推進するため必要な財政上の措置を講ずるよう努めるものとする。

　県は、その施策の一環として、『人にやさしい街づくり』を推進するために必要な財政上の措置を講ずる。本条は、『人にやさしい街づくり』の推進に関して今後、県が行う財政措置の一般規定である。
　『人にやさしい街づくり』を推進するためには、財政上の措置は不可欠であり、財政的支援を含めての推進が必要であるとしている。

人にやさしい街づくりの推進に関する条例・同解説

第1部

第3章　特定施設に係る整備基準の遵守義務等

⑫ 整備基準の遵守義務等

（整備基準の遵守義務等）

第11条　特定施設の新築若しくは新設、増築又は改築（用途の変更をして特定施設にすることを含む。以下「特定施設の新築等」という。）をしようとする者は、当該特定施設（増築、改築又は用途の変更をしようとする場合にあっては、当該増築、改築又は用途の変更に係る部分その他規則で定める部分に限る。）について、次の各号に掲げる特定施設の区分に応じ、当該各号に掲げる別表に定める高齢者、障害者等が円滑に利用できるようにするために必要な特定施設の構造及び設備に関する措置の基準（以下「整備基準」という。）を遵守しなければならない。ただし、当該特定施設について整備基準を遵守する場合と同等以上の高齢者、障害者等が円滑に利用できるようにするための構造及び設備に関する措置が講じられると認められる場合又は当該特定施設について整備基準を遵守することが著しく困難な場合として規則で定める場合は、この限りでない。

一　第1条の2第2号イからヘまで、チ及びリに掲げる施設に該当する特定施設（次号に掲げる特定施設を除く。）　別表第1

二　第1条の2第2号イに掲げる施設に該当する特定施設で建築基準法第2条第2号に規定する用途に供する部分の床面積の合計が100平方メートル以下のもの　別表第2

三　第1条の2第2号トに掲げる施設に該当する特定施設　別表第3

2　知事は、特定施設を高齢者、障害者等がより円滑に利用できるようにするため必要があると認めるときは、特定施設の新築等の際に適合させることが望ましい特定施設の構造及び設備に関する措置の基準を定めることができる。

　本章は、第1章、第2章とはその構成、意味合いを根本的に異にする。

　すなわち、第2章までが、街のあらゆる施設と、それを利用するすべての県民をその対象としていたのに対し、第3章は、多数の者が利用する一定範囲の施設と、高齢者、障害者等の円滑な利用についての措置に、その対象を限定するものである。

　本条は、その趣旨から、「特定施設」については、とかく施設利用に不自由を感じがちな高齢者、障害者等の利用に焦点を絞り、その円滑な利用のための措置を講ずるよう、事業者に義務づけをするものである。

　第1項においては、特定施設の新築等をしようとする者は、特定施設を高齢者、障害者等が円滑に利用できるようにするために必要な特定施設の構造及び設備に関する措置の基準（整備基準）を遵守しなければならないことを規定し、整備基準については特定施設の種別に応じて、第1号から第3号までに、これを示している。整備基準には、最低限の基準である義務の基準に加え、より円滑な施設整備を指導するための努力義務の基準も設けている。この「整備基準」については、「第2部　整備基準」の項でまとめて解説する。

　整備基準の遵守は、利用を前提としてのものであり、「多数の者の利用」が想定される部分について求められる。「多数の者の利用」が全く想定されない部分については、当然、「遵守」を求めてはいない。

　また、整備基準を遵守する場合と同等以上の高齢者、障害者等が円滑に利用できるようにするための構造及び設備に関する措置が講じられると認められる場合、又は、地形等の様々な条件の制約により、整備基準を遵守することが客観的に著しく困難な場合には、遵守義務を免除する「ただし書」を設けている。前者については、県や市町村が本条例と同様な趣旨の条例を制定し、独自に基準を定めている場合などがあげられる。後者の適用については、整備基準による措置が著しく困難であると真にやむを得ないと認められる場合として、規則で次のように定めている。

人にやさしい街づくりの推進に関する条例・同解説

規則

（条例第11条第1項ただし書の規則で定める場合）
第5条　条例第11条第1項ただし書の規則で定める場合は、次に掲げる場合とする。
　一　高低差の著しい敷地又は区域に特定施設の新築等をしようとする場合で、傾斜路の勾配について物理的に整備基準を遵守することができないと認められるとき。
　二　用途の変更をして特定施設にしようとする場合で、廊下等、階段又はエレベーターについて構造上整備基準を遵守することができないと認められるとき。
　三　文化財としての価値が高い特定施設の新築等をしようとする場合で、整備基準を遵守すると当該価値が著しく損なわれることになると認められるとき。
　四　前3号に掲げる場合のほか、これらの場合に準ずる理由により整備基準を遵守することができないと認められるとき。

　なお、この「整備基準」は、あくまでも「円滑な利用」のための目安である。
　この「整備基準」に照らして、あるいは、これを基準として、第13条等において、「指導」、「助言」が行われるものであるが、同時に、単に、これらを遵守すれば十分であるといえるものではなく、形態として措置されていても、実際に使用・利用できないものでは有効とはいえない。
　第2項においては、知事は、特定施設を高齢者、障害者等がより円滑に利用できるようにするため必要があると認めるときは、特定施設の新築等の際に適合させることが「望ましい特定施設の構造及び設備に関する措置の基準」を定めることができることとされている。第1項の整備基準における努力規定は、義務化まではできないが、より円滑な施設整備を進めるため指導、助言ができるよう規則で定めることとしているが、「望ましい基準」については、整備基準の努力規定との区分けを明確にするため、規則という形式にとらわれず、整備基準の解説書に付記する等の方法により、施設をより円滑に利用できるようにするための望ましい方向性を明示し、県民に知らしめることもできる規定としている。人にやさしい街づくりの推進のため、事業者は、この「望ましい基準」により整備に努めることが望まれる。

⑬ 高齢者、障害者等の意見の聴取

（高齢者、障害者等の意見の聴取）
第11条の2　特定施設の新築等（規則で定める特定施設に係るものに限る。）をしようとする者は、整備基準に適合させるための措置について、高齢者、障害者等の意見を聴くよう努めなければならない。

　本条は、人にやさしい街づくり推進のための施設整備の効果等を高めるために、施設整備にあたり、整備基準に適合させるための措置について、高齢者、障害者等の意見を聴く努力を求めるものである。
　特定施設の新築等をしようとする者は、前条で規定する整備基準を遵守するだけでなく、使い勝手の良い設計、施工をすることが求められる。しかしながら、整備基準に適合させるための措置の内容が、高齢者、障害者等にとって利用しやすいか否かの判断は、健常者あるいは設計者のみでは、必ずしも十分ではない場合もあると思われる。
　この判断を行う一つの手段として、高齢者、障害者等の意見を聴き、施設整備に反映させることが考えられる。
　本条は、意見の聴取を行う高齢者、障害者等の対象を特定するものではない。しかしながら、施設を利用する高齢者、障害者等の視点に立ち、経験や知識を生かした意見を述べられるような人やその施設の利用者となる人に意見を聴くことが望ましい。

第1部

　また、意見の聴取の内容は、特定施設の新築等をしようとする者の施設整備計画について、この条例の整備基準の規定の範囲内に限定しているのであって、高齢者、障害者等も、この趣旨を十分に理解することが必要である。

> **規則**
> （条例第11条の2の規則で定める特定施設）
> 第6条　条例第11条の2の規則で定める特定施設は、次に掲げるものとする。
> 　一　第3条第1号から第8号まで及び第11号から第16号までに掲げる特定施設のうち県が新築するもので、当該特定施設の床面積の合計が2,000平方メートル以上のもの
> 　二　第3条第10号に掲げる特定施設のうち県が新設するもので、当該特定施設の区域の面積が5,000平方メートルを超えるもの

⑭ 整備計画の届出

> （整備計画の届出）
> 第12条　特定施設の新築等をしようとする者は、当該特定施設の新築等の工事に着手する日の30日前までに、規則で定めるところにより、整備基準に適合させるための措置に関する計画（以下「整備計画」という。）を知事に届け出なければならない。

　本条は、第11条を受けて、特定施設の新築等をしようとする者の整備基準に適合させるための措置が実際どうなるかを把握するための具体的な手続きを定めるものである。

　特定施設の新築等をしようとする者が、新築等の工事に着手する日の30日前までに、知事に届け出なければならないとすることで、届出後、その整備計画の内容について知事が整備基準に照らして、当該届出の内容が適切なものであるかどうかをチェックする機会を確保しようという趣旨である。

　特定施設の新築等をしようとする者は、規則で定める「特定施設整備計画届出書」に、適合状況項目表、付近見取図、配置図などの所定の添付書類を添えて、知事に提出しなければならない。

> **規則**
> （整備計画の届出）
> 第7条　条例第12条の規定による整備計画の届出をしようとする者は、特定施設整備計画届出書（様式第1）に、次の表（い）欄に掲げる特定施設の区分に応じ、それぞれ同表（ろ）欄に掲げる図書を添えて知事に提出しなければならない。（表省略）

⑮ 指導及び助言

> （指導及び助言）
> 第13条　知事は、前条の規定による届出があった場合において、当該届出に係る整備計画が整備基準に適合しないと認めるときは、当該届出をした特定施設の新築等をしようとする者に対し、必要な指導及び助言を行うことができる。

本条は、第12条の届出がされた場合に、知事が行う行政指導の根拠を定めたものである。
　整備計画の内容が第11条第1項の整備基準に適合しないと認めるとき、知事は、その整備計画の内容が基準に適合するようにするための必要な指導及び助言を行う。従って、この場合の指導及び助言は、あくまで整備基準に照らして行われるものである。

⑯ 整備計画の変更

（整備計画の変更）
第14条　第12条の規定による届出をした者は、当該届出に係る整備計画の変更（規則で定める軽微な変更を除く。）をしようとするときは、規則で定めるところにより、その旨を知事に届け出なければならない。
2　前条の規定は、前項の場合について準用する。

　本条は、特定施設の新築等をしようとする者が整備計画を提出後、工事の着手前に計画を変更しようとする場合の届出義務を規定するものである。
　規則では、「特定施設整備計画変更届出書」の様式を定めている。この届出にも、第12条の届出の場合と同様の添付書類を添えて届け出なければならない。
　ところで、実際の工事においては、工事の現場の状況により工事着手日及び完了日を変更することは、少なくない。これについては、「軽微な変更」として規則で定め、届出を免除している。
　第2項では、第13条の規定の準用を定めているが、ここで準用されるのは、届出があった場合の「指導及び助言」である。
　つまり、変更届出の内容が、整備基準に適合しないと認められるときは、知事は、届出の場合と同様に、変更の届出がされた整備計画の内容について、適切な措置を講ずるよう、必要な指導及び助言を行うのである。

規則

（軽微な変更）
第8条　条例第14条第1項の規則で定める軽微な変更は、工事の着手又は完了の予定年月日の変更とする。
（整備計画の変更の届出）
第9条　条例第14条第1項の規定による整備計画の変更の届出をしようとする者は、特定施設整備計画変更届出書（様式第3）に、第7条の表（い）欄に掲げる特定施設の区分に応じ、それぞれ同表（ろ）欄に掲げる図書を添えて知事に提出しなければならない。

⑰ 指示

（指示）
第15条　知事は、特定施設の新築等をする者が第12条若しくは前条第1項の規定による届出をしないで当該特定施設の新築等の工事に着手したとき、又は当該届出に係る整備計画の内容と異なる工事を行ったと認めるときは、必要な指示をすることができる。

第1部

　第3章では、第12条及び第14条で特定施設の新築等をしようとする者に対し、特定施設の新築等の場合の手続きとして、届出を課している。従って、その届出を行わない、あるいは、届出をしながら、その内容と異なった工事を行うといった行為は、本条例の手続き規定を根本から阻害する結果となる。

　本条では、以上の趣旨を踏まえ、この手続き規定をより実効たらしめるため、このような悪質な行為については、知事が必要な指示をすることができる旨を規定するものである。

　本条後段にいう「当該届出に係る整備計画の内容と異なる工事を行ったと認めるとき」とは、届出内容と実際の工事内容が異なる場合を指す。例えば、玄関の出入口の有効幅員を90センチメートルとする計画を届け出ておきながら、実際には、80センチメートルとする工事を行った場合などである。

　届出をせずに工事に着手した場合、届出内容と異なる工事を行ったときのいずれとも、指示が必要であるかどうか、あるいはどのような指示が必要であるかどうかは、整備基準に照らして具体的に判断される。

⑱ 報告及び調査

（報告及び調査）
第16条　知事は、前条の規定の施行に必要な限度において、特定施設の新築等をする者に対し、必要な報告を求め、又はその職員に特定施設若しくは特定施設の工事現場に立ち入り、整備基準に適合させるための措置の実施状況を調査させることができる。
2　前項の規定により立入調査をする職員は、その身分を示す証明書を携帯し、関係人に提示しなければならない。

　本条は、第15条を受けて、その「指示」をより実効たらしめるための「報告」と「立入調査」の関連規定をおいたものである。

　ところで、工事中、「報告」を求められ、とりわけ、「立入調査」を行われることは、事業者にとって負担を生じる。従って、その運用はできる限り、具体的に限定されるべきであり、本条第1項は、その趣旨から、「報告」及び「立入調査」を「指示」の関連運用の場合に限る旨を規定している。

　知事は第15条の「指示」を行うに際し、なぜ届出をしなかったのか、整備基準に適合しているか、あるいは、実際に届出内容と異なる工事をしているのか、などの点につき、報告を求めることができる。
知事は、また、第15条の「指示」を行うに際し、単に「報告」だけでは現状の把握が十分でないと思われるときには、その職員をして、特定施設若しくは特定施設の工事現場に立ち入り、整備基準に適合させるための措置の実施状況が実際にどうなっているのか、を調査させることができる。

　ところで、この「立入調査」を行うに際しては、職員はその身分を示す証明書を関係人に提示しなければならない。ここに「関係人」とは、当該特定施設の新築等をしようとする者及び、その依頼を受けて設計をした者や現場で工事を行う者などをいう。もとより行政調査は、できうる限り憲法第35条の令状主義の精神を汲み取って行われるべきものであり、いやしくも他人の管理下にある施設及び施設の工事現場に立ち入りを行う場合には、その身分を明らかにしなければならないからである。

規則

（身分証明書）
第10条　条例第16条第2項に規定する職員の身分を示す証明書の様式は、様式第4のとおりとする。

19 既存の特定施設に係る措置

（既存の特定施設に係る措置）
第17条　事業者は、その事業の用に供する特定施設でこの条例又はこの条例に基づく規則の規定の施行の際現に存するもの（現に工事中のものを含む。）について、整備基準に適合させるための措置を講ずるよう努めなければならない。

　本条は、第11条から第16条までのいわゆる新築等の特定施設に対するところの、既存の特定施設について定めたものである。

　新築等の特定施設では、事業者のとるべき措置が「整備基準の遵守義務」であったのに対し、本条例又は本条例に基づく規則の規定の施行（改正施行）の際に現に存する既存の特定施設については、施行の際にすでに工事が終了もしくは続行しており、これについて新築等の特定施設と同じ遵守義務を課すことは、事業者に対する過度な負担を強いることとなるため、「努力義務」にとどめられている。

　事業者は、本条例又は本条例に基づく規則の施行の際に現に存在する特定施設、あるいは現に工事中の特定施設について、自ら整備基準を遵守するよう努めることが要請される。

　これは、上述したように、あくまで「努力義務」ではあるが、知事は第19条第1項の規定により、事業者に対し、その事業の用に供する特定施設について、整備基準に適合させるための措置の実施状況の報告を求め、さらに、同条第2項の規定により、その報告を受けて、指導又は助言を行う場合がある。

　なお、ここでいう事業者とは、第4条に規定する一般的な「事業者」とは異なり、既存の特定施設に係る事業者であり、民間の事業者のほか、国、県、市町村等も含まれる。

20 適合証の交付

（適合証の交付）
第18条　事業者は、その事業の用に供する特定施設について、整備基準に適合させるための措置を講じたときは、規則で定めるところにより、知事に対し、適合証の交付を請求することができる。
2　知事は、前項の請求があった場合において、当該措置が整備基準に適合していると認めるときは、当該請求をした事業者に対し、適合証を交付するものとする。
3　知事は、前項の規定により適合証を交付したときは、その旨を公表することができる。

　『人にやさしい街づくり』を広く一般に周知せしめ、広く協力の精神を刺激するためには、本条例が定める措置を講じたときに、新築等、既設とも、その旨を明らかにすることが有効である。

　本条は、この趣旨から、整備基準に適合する措置を講じた事業者への「適合証」の交付を定めている。

　なお、ここでいう「事業者」とは、第17条と同じで、民間の事業主体のほか、国、県、市町村等も含まれる。

　また、本条は、新築等、既設の両施設ともを対象にしているため、新築等の特定施設の場合には「新築等」をした事業者が適合証交付の主体となるし、既存の特定施設の場合には、①第一義的には「新築等」をした事業者、②「新築等」をした者と管理者が異なる場合には「管理」する事業者が適合証交付の主体となる。

　これらの事業者は、規則で定めるとおり「適合証交付請求書」に、適合状況項目表を添えて知事に提出しなければならない。

　知事は、適合証交付請求のあった特定施設が、整備基準の各項目に照らして、これに適合していると認められるときは、当該事業者に対して適合証を交付する。整備基準は、義務規定のものと努力規定のものがあるが、義務規定である整備基準に適合すれば、適合証を交付することとしている。

第1部

　続いて、第3項では、『人にやさしい街づくり』推進のための施設整備の効果等を高めるために、適合証を交付した施設を公表できる旨を定めている。公表の対象となる特定施設は、これまでに、この条例に基づき、適合証の交付を受けたすべての施設が対象となる。

> **規則**
> （適合証の交付の請求等）
> 第11条　条例第18条第1項の規定による適合証の交付の請求をしようとする者は、適合証交付請求書（様式第5）に、適合状況項目表（様式第2）を添えて知事に提出しなければならない。
> 2　条例第18条第1項に規定する適合証の様式は、様式第6のとおりとする。

21 維持保全

> （維持保全）
> 第18条の2　事業者は、その事業の用に供する特定施設について、整備基準に適合させるための措置を講じたときは、当該措置を講じた特定施設の構造及び設備の機能を維持するよう努めなければならない。

　本条は、『人にやさしい街づくり』推進のための施設整備の効果等を高めるため、整備基準に適合させるための措置を講じた施設の構造及び設備の機能を維持保全することについての努力規定を定めたものである。
　なお、ここでいう「事業者」とは、第17条と同じで、民間の事業主体のほか、国、県、市町村等も含まれる。
　また、本条は、新設、既設の両施設ともを対象にしているため、特定施設の新築等する場合には「新築等」をした事業者が維持保全の主体となるし、既存の特定施設の場合には、①第一義的には「新築等」をした事業者、②「新築等」をした者と管理者が異なる場合には「管理」する事業者が維持保全の主体となる。

22 実施状況の報告等

> （実施状況の報告等）
> 第19条　知事は、必要があると認めるときは、事業者に対し、その事業の用に供する特定施設について、整備基準に適合させるための措置の実施状況の報告を求めることができる。
> 2　知事は、前項の報告があったときは、当該報告をした事業者に対し、整備基準に基づき、必要な指導又は助言を行うことができる。

　①新築等の特定施設について、第11条第1項に規定する整備基準の遵守義務があるのは「特定施設の新築等」の時点のみである。従って、「特定施設の新築等」の後、整備基準の適合状況がどうなっているかを知事がチェックする機会がない。
　②既存の特定施設については、そもそも第17条で「努力義務」が課せられているのみであり、手続き規定がないため、その整備基準に適合させる措置の努力義務の実際がどうなっているかを知事が把握する機会がない。
　本条は、以上の趣旨を踏まえ、知事が、①新築等の特定施設についての維持保全としての「整備基準に適合させるための措置の実施状況の報告」及び②既存の特定施設については、その「整備基準に適合させるための措置の実施状況の報告」を求める機会を確保する規定である。
　また、第20条によって、新築等であっても手続き規定（届出）を除外される国、県、市町村等も、本条によっ

て、その整備基準の遵守義務の実際につき報告を求められる対象となる。
　さて、本条により、報告を求められる主体であるが、状況報告の場合は、「特定施設を事業の用に供する」事業者が報告を求められる。この場合には、①第一義的には「新築等」をした事業者、②「新築等」をした者と管理者が異なる場合には「管理」する事業者が報告を求められる主体となる。
　また、国、県、市町村等が報告を求められるときも同様である。
　なお、本条にいう「指導又は助言」は、整備基準に基づき、その具体的必要性が判断される。
　実施状況の報告の様式については、次のとおり規則で定めている。

規則
（実施状況の報告）
第12条　条例第19条第1項の規定により整備基準に適合させるための措置の実施状況の報告を求められた事業者は、実施状況報告書（様式第7）に、適合状況項目表（様式第2）を添えて知事に提出しなければならない。

23 国等に関する特例

（国等に関する特例）
第20条　第12条から第16条までの規定は、国、県、市町村その他規則で定める者については、適用しない。

　本条は、特定施設の新築等においての一般的な手続き要求を、国、県、市町村等について除外することを定めたものである。
　これらは、建築基準法上も通常の建築確認申請に対する特例として、計画の通知をすればよい、との措置がとられているもの等である。
　このことを踏まえ、また、国、県、市町村等については、当然、自ら範を垂れる意味で、特定施設の新築等において、円滑な利用のための措置をとることは自明の理であることを前提に、手続き除外をする趣旨である。
　なお、ここでいう「その他規則で定める者」とは、国、県、市町村に準じる独立行政法人、公社、公団、事業団等をいう。
　具体的には、次のとおり規則で定めている。

規則
（適用の特例を受ける者）
第13条　条例第20条の規則で定める者は、次に掲げる者とする。
　一　地方公共団体の組合
　二　建築基準法第18条の規定の適用について、法令の規定により国、県又は市町村とみなされる法人
　三　土地開発公社
　四　土地区画整理法第2条第3項に規定する施行者

　このうち、「二　建築基準法第18条の規定の適用について、法令の規定により国、県又は市町村とみなされる法人」は、都市再生機構、地方住宅供給公社、地方道路公社等でそれぞれ個別法の規定により国、県又は市町村とみなされているものである。

第1部

第4章 雑則

24 規則への委任

（規則への委任）
第21条　この条例に定めるもののほか、この条例の施行に関し必要な事項は、規則で定める。

本条は、本条例の各条文中、規則委任が個別になされているもの以外であっても、必要があれば、必要な事項は規則で定めることを謳ったものである。

ここでいう「必要な事項」とは、例えば一般的手続き要求に従って、提出する図書の必要部数などであり、これについては、第12条の整備計画の届出、第14条の変更届出の場合は各2部、それ以外は1部とすることが規則で定められている。

規則

（提出書類の経由等）
第41条　条例の規定により知事に提出する書類（愛知県事務処理特例条例（平成11年愛知県条例第55号）の規定により同条例別表第9の35の項の下欄に掲げる市の長に提出することとなる書類を除く。）は、当該特定施設の所在地の市町村長を経由しなければならない。
2　前項の書類の部数は、第7条及び第9条に規定する書類にあっては正本1部及び副本1部、その他の書類にあっては正本1部とする。

附則

附　則

この条例は、公布の日から施行する。ただし、第3章の規定は、平成7年4月1日から施行する。
〈略〉
　（施行期日）
1　この条例は、平成17年7月1日から施行する。
　（経過措置）
2　この条例の施行の際現に新築若しくは新設、増築又は改築（用途の変更をして特定施設（改正後の人にやさしい街づくりの推進に関する条例（以下「新条例」という。）第1条の2第2号に規定する特定施設をいう。以下この項において同じ。）にすることを含む。以下「新築等」という。）の工事中の特定施設の当該新築等については、新条例第11条から第16条までの規定は、適用しない。
3　この条例の施行の際現に新築等の工事中の特定施設（改正前の人にやさしい街づくりの推進に関する条例（以下「旧条例」という。）第11条第1項に規定する特定施設をいう。以下この項及び次項において同

じ。）（旧条例第12条又は第14条第1項の規定による届出に係る整備計画の内容と異なる工事が行われた特定施設を含む。）については、旧条例第11条から第16条までの規定は、なおその効力を有する。

4　この条例の施行の際現に存する特定施設で旧条例第11条第2項の基準に適合しているもの（現に新築等の工事中のもので当該工事により旧条例第11条第2項の基準に適合することとなるものを含む。以下「旧基準適合特定施設」という。）については、この条例の施行後増築、改築又は用途の変更の工事が行われるまでの間に限り、新条例第17条の規定は、適用しない。

5　旧基準適合特定施設に係る新条例第18条第1項及び第2項並びに第18条の2の規定の適用については、この条例の施行後増築、改築又は用途の変更の工事が行われるまでの間に限り、新条例第18条第1項中「整備基準に適合させるための」とあるのは「人にやさしい街づくりの推進に関する条例の一部を改正する条例（平成16年愛知県条例第77号）による改正前の人にやさしい街づくりの推進に関する条例（以下「旧条例」という。）第11条第1項に規定する」と、新条例第18条第2項及び第18条の2中「整備基準」とあるのは「旧条例第11条第2項の基準」とする。

6　〈略〉

　条例の第1章及び第2章については、平成6年10月14日に公布、即施行しているが、第3章については、特定施設の新築等をしようとする者に新たな遵守義務や手続き要求等を課すことになるなどするため、一定の周知期間が必要である。
　この趣旨から、条例制定時には、特に第1章、第2章及び第4章と、第3章との施行の時期に差を設けている。
　なお、規則については、第3章に係る規則であり、第3章の施行に合わせて、平成7年4月1日から施行している。
　また、平成16年の改正においては、次のことを附則で定めている。
　第1項は、新条例の施行時期について定めたものである。新条例は、平成16年12月21日に公布しているが、第3章については、特定施設の新築等をしようとする者に新たな遵守義務や手続き要求等を課すことになるなどするため、一定の周知期間が必要であるため、平成17年7月1日から施行することが定められている。
　なお、規則についても、条例の施行に合わせて、平成17年7月1日から施行している。
　第2項においては、「新条例施行により新たに特定施設に該当することとなるもの」及び「旧条例より既に特定施設に該当していたもの」で、「新条例施行の際現に工事中であるもの」について、新条例による整備基準（第11条）、高齢者、障害者等の意見の聴取（第11条の2）、届出等の手続き（第12条〜第14条）、知事の指示（第15条）、報告及び調査（第16条）の規定を適用しない旨の経過措置を定めている。
　第3項においては、「新条例施行の際現に工事中であるもの」及び「既存の特定施設で届出とは異なる工事が行われたもの」について、整備基準（第11条）、届出等の手続き（第12条〜第14条）、知事の指示（第15条）、報告及び調査（第16条）の規定については、旧条例を適用する旨の経過措置を定めている。
　第4項においては、「新条例施行の際現に存するもの」又は「現に工事中のもの」で、特定施設全体として旧条例の整備基準に適合しているものについて、当該部分の努力義務の規定（第17条）については、新条例施行後に新たに増築等を行うまでの間、適用しない旨の経過措置を定めている。
　第5項においては、「新条例施行の際現に存するもの」又は「現に工事中のもの」で、旧条例の基準に適合している施設についての新条例第18条第1項及び第2項、第18条の2の規定については、新条例施行後に新たに増築等を行うまでの間、「新条例の整備基準」を「旧条例の措置基準」に読み替える旨の経過措置を定めている。

第1部

2 「人にやさしい街づくりの推進に関する条例・同施行規則」のあらまし

第1章　総則

（目的）　　　　　　　　　　　　　　　　　　　　　　　　　　　　　　　（第1条）

この条例は、すべての県民が個人として尊重され、あらゆる分野の活動に参加する機会を与えられることが街づくりにおいて極めて重要であることにかんがみ、高齢者、障害者等を含むすべての県民があらゆる施設を円滑に利用できる人にやさしい街づくりについて、県及び事業者の責務並びに県民の役割を明らかにするとともに、人にやさしい街づくりに関する施策の基本方針を定めること等により、人にやさしい街づくりの推進を図り、もって県民の福祉の増進に資することを目的とする。

（定義）　　　　　　　　　　　　　　　　　　　　　　　　　　　　　　（第1条の2）

高齢者、障害者等
高齢者、障害者、傷病者、妊産婦その他の者で日常生活又は社会生活に身体等の機能上の制限を受けるもの

特定施設（規則第3条）
① 建築基準法の特殊建築物
　・学校、博物館、病院・診療所等、社会福祉施設等、劇場、集会場、物販店、飲食店、理髪店、公衆浴場、ホテル・旅館、火葬場　等
　・50戸超又は2000㎡以上の共同住宅
　・2000㎡以上の工場
② 事務所の用に供する建築物
　・国・県・市町村等の事務所、金融機関の事務所
　・2000㎡以上の事務所（上記を除く）
③ 公衆便所
④ 地下街その他これに類するもの
⑤ 道路
⑥ 公園、緑地その他これらに類するもの
⑦ 公共交通機関の施設
⑧ 駐車場
⑨ 一団地の住宅施設その他これに類するもの

（責務と役割）

- 県の責務　　　　　（第2条）
- 事業者の責務　　　（第4条）
  - 施設のバリアフリー整備
  - 県の施策への協力
  - 情報・役務の提供の努力義務
- 市町村への協力　　（第3条）
- 県民の役割　　　　（第5条）
  - 県の施策への協力の努力義務
  - 整備施設の機能を妨げないことの努力義務

第2章　施策の基本方針等

（施策の基本方針）　　　　　　　　　　（第6条）
- 高齢者、障害者等を含むすべての県民が円滑に利用できるよう建築物等の整備を促進すること。
- 高齢者、障害者等を含むすべての県民が自らの意思で円滑に移動できるよう道路、公共交通機関の施設等の整備を推進すること。

（様々な取り組み）
- 教育、広報活動等の推進　（第7条）
- 情報の収集及び提供等　　（第8条）
- 推進体制の整備　　　　　（第9条）
- 財政上の措置　　　　　　（第10条）

人にやさしい街づくりの推進に関する条例・同解説

第3章　特定施設に係る整備基準の遵守義務等

〈整備基準〉　　　　　　　　　（第11条第1項）

【条例別表第1】
（100㎡超の特殊建築物等）
- 通路幅、段差、スロープ
- 出入口の幅
- 階段の構造
- エレベーターの設置
- 便所の設備・構造等
- 興行場等の車いす用客席
- 車いす使用者用駐車施設
- 視覚障害者誘導用ブロック　等

【条例別表第2】
（100㎡以下の特殊建築物）
段差、スロープ、出入口の幅

【条例別表第3】
（公共交通機関の施設）
バリアフリー法の上乗せ措置
（洋式便器の設置等）

〈望ましい基準〉　（第11条第2項）

知事は、特定施設を高齢者、障害者等がより円滑に利用できるようにするため必要があると認めるときは、特定施設の新築等の際に適合させることが望ましい特定施設の構造及び設備に関する措置の基準を定めることができる。

新築等の特定施設は　**整備義務**　（第11条）

既存の特定施設は　**整備努力義務**　（第17条）

特定施設の新築等者による高齢者、障害者等の意見聴取の努力義務
（第11条の2）

整備計画の届出等　　　（第12, 14条）
・工事着手の30日前

知事による指導・助言・指示・調査・報告の請求
　　　　　　（第13, 15, 16条）

適合証の交付（請求に基づき）　　　　　　　　　　　　　　（第18条）

適合証交付施設の公表　　　　　　　　　　　　　（第18条第3項）

事業者の維持保全の努力義務　　　　　　　　　　　（第18条の2）

知事による実施状況報告の請求・指導・助言　　　　　　（第19条）

第2部

整備基準

1 基本的な考え方

第2部

1 基本的な考え方

　この「整備基準」は、条例第1条の「すべての県民があらゆる施設を円滑に利用できる人にやさしい街づくり」や条例第6条の「施策の基本方針」に示した2つの項目を踏まえ、高齢者、障害者等があらゆる施設を円滑に利用できるようにするために必要な特定施設の構造及び設備に関する措置の基準として示したものである。その趣旨から、「特定施設」については、とかく施設利用に不自由を感じがちな高齢者、障害者等の利用に焦点を絞り、整備基準を遵守するよう、事業者に義務づけをするものである。

　この整備基準は、遵守すべき最低限の基準である義務の基準（義務規定）とより円滑な施設整備を指導するための努力義務の基準（努力規定）の2つの規定によって構成されている。

　本章では、これらの基準について、設計の参考としていただくため、建築物、小規模特定施設、道路、公園等、公共交通機関の施設の5項目に分けて整備箇所ごとに解説を行い、図示している。また、本文中基準の内容を分かりやすくするために、条文とは表現を変えているところがあるが、正確な内容については、条文及び規則を参照されたい。

　各項目の構成内容は以下の通りとなっている。

　1　条文及び規則　　………　それぞれの箇所に該当する条文及び規則を掲載している。
　2　整備基準（義務規定）……　本条例及び規則で規定されている、遵守すべき最低限の基準を示している。
　　　　　　　　　　　　　　　設置要件については、その整備基準の適用に関する面積等の要件を示している。
　3　整備基準（努力規定）……　本条例及び規則で規定されている、施設の円滑な利用が図られるよう努力すべき基準を示している。
　4　解　　説　　………………　整備基準の具体的な内容やその根拠・説明等を記述している。
　5　留意事項　　………………　他の整備箇所や整備基準との関連事項、その他配慮する点等を記述している。
　6　参考図の中の記号（凡例）‥　図中に示す説明文に付した記号は、次の内容を意味している。

> ○　‥整備基準（義務規定）として、整備や配慮をすべき内容
> ●　‥整備基準（努力規定）として、整備や配慮をするよう努力すべき内容
> ☆　‥整備基準の規定ではないが、配慮することが望ましい内容
> 無印‥参考となる寸法等

　7　参考事例　　………………　整備基準に適合した実例を掲載している。

　ところで、この整備基準は、高齢者や障害者があらゆる施設を円滑に利用するための必要な措置を講ずる際の目安となる基準であり、この整備基準に照らして、あるいは、これを基準として、条例第13条等において、指導、助言が行われるものであるが、必ずしも、ここに掲げる数値等を絶対視するものではない。

　一方、要求される性能に対応するものに様々な選択肢がある床の仕上げ等については、仕様書的な規定ではなく、性能規定的に示している。これは、仕様書的な数値基準を設けた場合、数値が優先されて硬直的な対応がされることによって、設計の自由度を過度に制限したり、よりよい技術開発を制約したりすることを避けるためのものである。

　なお、このことは、仕様書的な規定を設けたものについても同様であり、その数値等を絶対視するものではなく、より有効な対応については、それを促進するものである。

　設計等にあたっては、これらのことを踏まえ、さまざまな人が特定施設等を利用することを想定し、創意工夫されることを望みたい。

基本的な考え方

特定施設（規則第3条）

種類	該当号	用途等	規模
建築物	1号イ	学校その他これに類するもの	全部
建築物	1号ロ	博物館、美術館又は図書館	全部
建築物	1号ハ	体育館、ボウリング場、スキー場、スケート場、水泳場、スポーツの練習場又は遊技場	全部
建築物	1号ニ	病院、診療所、助産所又は施術所	全部
建築物	1号ホ	社会福祉施設その他これに類するもの	全部
建築物	1号ヘ	劇場、映画館、演芸場又は観覧場	全部
建築物	1号ト	公会堂又は集会場	全部
建築物	1号チ	展示場	全部
建築物	1号リ	百貨店、マーケットその他の物品販売業を営む店舗	全部
建築物	1号ヌ	飲食店、喫茶店その他これらに類するもの	全部
建築物	1号ル	理髪店、クリーニング取次店、貸衣装屋その他これらに類するもの	全部
建築物	1号ヲ	公衆浴場	全部
建築物	1号ワ	ホテル又は旅館	全部
建築物	1号カ	火葬場	全部
建築物	2号	共同住宅	50戸超又は2,000㎡以上
建築物	3号	工場	2,000㎡以上
建築物	4号	国、県、市町村等の事務所	全部
建築物	5号	銀行その他の金融機関の事務所	全部
建築物	6号	事務所（第4号及び第5号の事務所を除く）	2,000㎡以上
建築物	7号	公衆便所	全部
その他	8号	地下街その他これに類するもの	全部
その他	9号	道路（高速道路等を除く）	全部
その他	10号	公園、緑地その他これらに類するもの	全部
その他	11号	鉄道駅、軌道停留場、バスターミナル、旅客船ターミナル又は航空旅客ターミナル施設	全部
その他	12・13号	駐車場法等による駐車場	全部
住宅施設	14～16号	一団地の住宅施設等	50戸以上

第2部

【参考】規則第3条中の「類するもの」について

■規則第3条第1号イ「学校その他これに類するもの」
一例一
- ①学　　校：学校教育法（昭和22年法律第26号）第1条
- ②専修学校：学校教育法第124条
- ③各種学校：学校教育法第134条第1項
- ④職業訓練校、大学校　　日本標準産業分類の「822職業・教育支援施設」
- ⑤学習塾、音楽教室等　　日本標準産業分類の「823学習塾」、「824教養・技能教授業」、「829他に分類されない教育、学習支援業」

■規則第3条第1号ホ「社会福祉施設その他これに類するもの」
社会福祉施設及び社会福祉事業の施設を含む。
- 社会福祉施設　　　：社会福祉法（昭和26年法律第45号）第62条第1項
- 社会福祉事業　　　：社会福祉法第2条第1項
- 第1種社会福祉事業：社会福祉法第2条第2項
- 第2種社会福祉事業：社会福祉法第2条第3項

一例一
- ①児童福祉施設　　　　　：児童福祉法（昭和22年法律第164号）第7条
- ②身体障害者社会参加支援施設：身体障害者福祉法（昭和24年法律第283号）第5条第1項
- ③精神障害者社会復帰施設：精神保健及び精神障害者福祉に関する法律（昭和25年法律第123号）
- ④保護施設　　　　　　　：生活保護法（昭和25年法律第144号）第38条第1項
- ⑤婦人保護施設　　　　　：売春防止法（昭和31年法律第118号）第36条
- ⑥知的障害者援護施設　　：知的障害者福祉法（昭和35年法律第37号）
- ⑦老人福祉施設　　　　　：老人福祉法（昭和38年法律第133号）第5条の3
- ⑧有料老人ホーム　　　　：老人福祉法第29条第1項
- ⑨母子福祉施設　　　　　：母子及び寡婦福祉法（昭和39年法律第129号）第39条第1項
- ⑩母子保健センター　　　：母子保健法（昭和40年法律第141号）第22条第2項

■規則第3条第1号ヌ「飲食店、喫茶店その他これらに類するもの」
日本標準産業分類の「中分類76－飲食店」
食品衛生法（昭和22年法律第233号）の飲食店営業、喫茶店営業の施設
　営業施設：食品衛生法第51条
　　→飲食店営業その他公衆衛生に与える影響が著しい営業であって、政令で定めるものの施設
　食品衛生法施行令（昭和28年政令第229号）
　　　第35条第1号
　　　飲食店営業（一般食堂、料理店、すし屋、そば屋、旅館、仕出し屋、弁当屋、レストラン、カフェ、バー、キャバレーその他食品を調理し、又は設備を設けて客に飲食させる営業をいい、次号に該当する営業を除く。）
　　　第35条第2号
　　　喫茶店営業（喫茶店、サロンその他設備を設けて酒類以外の飲食又は茶菓を客に飲食させる営業をいう。）

■規則第3条第1号ル「理髪店、クリーニング取次店、貸衣装屋その他これらに類するもの」
サービス業を営む店舗

基本的な考え方

■規則第3条第5号「銀行その他の金融機関の事務所の用に供する建築物」
銀行その他の金融機関の『事務所』の用に供する建築物
 —例—
　①郵便局　　　　　　　　　　　　　　　　　　　：日本郵便株式会社法（平成17年法律第100号）
　②質屋の営業所　　　　　　　　　　　　　　　　：質屋営業法（昭和25年法律第158号）第1条第2項
　③日本銀行の支店及び出張所　　　　　　　　　　：日本銀行法（平成9年法律第89号）
　④銀行の本店、支店その他の営業所　　　　　　　：銀行法（昭和56年法律第59号）第2条第1項
　⑤国際協力銀行の事務所　　　　　　　　　　　　：株式会社国際協力銀行法（平成23年法律第39号）
　⑥日本政策投資銀行の事務所　　　　　　　　　　：株式会社日本政策投資銀行法（平成19年法律第85号）
　⑦長期信用銀行の本店、支店その他の営業所　　　：長期信用銀行法（昭和27年法律第187号）第2条
　⑧信用金庫及び信用金庫連合会の事務所　　　　　：信用金庫法（昭和26年法律第238号）
　⑨労働金庫及び労働金庫連合会の事務所　　　　　：労働金庫法（昭和28年法律第227号）
　⑩貸金業者の営業所及び事務所　　　　　　　　　：貸金業法（昭和58年法律第32号）第2条第2項
　⑪中小企業等協同組合の事務所　　　　　　　　　：中小企業等協同組合法（昭和24年法律第181号）第3条
　⑫証券会社の本店その他の営業所　　　　　　　　：金融商品取引法（昭和23年法律第25号）第2条第9項
　⑬商工組合中央金庫の事務所　　　　　　　　　　：株式会社商工組合中央金庫法（平成19年法律第74号）
　⑭農業協同組合及び農業協同組合連合会の事務所　：農業協同組合法（昭和22年法律第132号）
　⑮農林中央金庫の事務所　　　　　　　　　　　　：農林中央金庫法（平成13年法律第93号）
　⑯水産業協同組合の事務所　　　　　　　　　　　：水産業協同組合法（昭和23年法律第242号）第2条

■規則第3条第8号「地下街その他これに類するもの」
　①地下街：消防法（昭和23年法律第186号）第8条の2第1項
　②建築物の地階で連続して地下道に面して設けられたものと当該地下道と合わせたもの：消防法施行令（昭和36年政令第37号）別表第1（16の3）項

■規則第3条第10号「公園、緑地その他これらに類するもの」
公園、緑地、広場、野外活動施設など
 —例—
　①児童遊園　　　　　　　　　　　　　　　　　　：児童福祉法（昭和22年法律第164号）第40条
　②都市公園　　　　　　　　　　　　　　　　　　：都市公園法（昭和31年法律第79号）第2条第1項
　③遊園地、動物園、植物園、水族館
　④自然公園、国立公園、国定公園及び県立自然公園：自然公園法（昭和32年法律第161号）第2条第1号から第4号まで
　⑤港湾環境施設である緑地　　　　　　　　　　　：港湾法（昭和25年法律第218号）第2条第5項9号の3
　⑥愛知県森林公園、愛知県民の森、愛知県昭和の森：愛知県レクリエーション施設条例（昭和39年条例第16号）別表第1

第2部

■建築物の用途別基準適用表

<一覧表凡例>
- ○ 整備義務
- ● 努力義務
- △ 整備義務（一部に適用）

規則第3条に掲げる号				イ	ロ	ハ	ニ	ホ	ヘ	ト	チ	リ
整備項目			対象施設	学校その他これに類するもの	博物館、美術館又は図書館	体育館、ボウリング場、スケート場、水泳場、スポーツの練習場又は遊技場	病院、診療所、助産所又は施術所	社会福祉施設その他これに類するもの（老人ホーム、保育所、身体障害者福祉ホーム等／老人福祉センター、児童厚生施設、身体障害者福祉センター等）	劇場、映画館、演芸場又は観覧場	公会堂又は集会場	展示場	百貨店、マーケットその他の物品販売業を営む店舗
			面積要件	100㎡超	100㎡超	100㎡超	100㎡超	100㎡超	100㎡超	100㎡超	100㎡超	100㎡超
敷地内の通路	不特定多数等が利用するもの	表面	滑りにくく、平たんにする	○	○	○	○	○	○	○	○	○
		排水溝のふた	つえ等が落ち込まないもの	○	○	○	○	○	○	○	○	○
		段がある部分	階段の基準に準ずる構造	○	○	○	○	○	○	○	○	○
		傾斜路 表面	粗面又は滑りにくい材料	○	○	○	○	○	○	○	○	○
		傾斜路 手すり	設置(勾配1/12超、又は高低差16cm超かつ勾配1/20超の場合)	○	○	○	○	○	○	○	○	○
		傾斜路 色の明度差	存在を容易に識別できるもの	○	○	○	○	○	○	○	○	○
		傾斜路 転落防止	両側設置	○	○	○	○	○	○	○	○	○
	利用円滑化経路・便所までの経路	有効幅員	1.4m以上	○	○	○	○	○	○	○	○	○
		段	設けない(傾斜路又は昇降機を併設する場合を除く)	○	○	○	○	○	○	○	○	○
		傾斜路 有効幅員	1.4m以上(段に併設の場合90cm以上)	○	○	○	○	○	○	○	○	○
		傾斜路 勾配	1/15以下(高低差16cm以下の場合1/8以下)	○	○	○	○	○	○	○	○	○
		傾斜路 踊場	高低差75cm以内ごとに踏幅1.5m以上の踊場設置	○	○	○	○	○	○	○	○	○
		傾斜路 始点・終点	1.5m以上の水平部分を設置	○	○	○	○	○	○	○	○	○
		戸の構造	自動扉その他の高齢者、障害者等が容易に開閉して通過できる構造(前後に高低差なし)	○	○	○	○	○	○	○	○	○
廊下等	不特定多数等が利用するもの	表面	滑りにくく、平たんにする	○	○	○	○	○	○	○	○	○
		排水溝のふた	つえ等が落ち込まないもの	○	○	○	○	○	○	○	○	○
		段がある部分	階段の基準に準ずる構造	○	○	○	○	○	○	○	○	○
		傾斜路 表面	粗面又は滑りにくい材料	○	○	○	○	○	○	○	○	○
		傾斜路 手すり	設置(勾配1/12超、又は高低差16cm超の場合)	○	○	○	○	○	○	○	○	○
		傾斜路 色の明度差	存在を容易に識別できるもの	○	○	○	○	○	○	○	○	○
		傾斜路 転落防止	両側設置	○	○	○	○	○	○	○	○	○
	利用円滑化経路・利用居室内の主要な通路・便所までの経路	有効幅員	1.4m以上(端から10m及び区間50m以内ごとに車いすの回転できるスペースを設けた場合を除く)	○	○	○	○	○	○(客席を除く)	○(客席を除く)	○	○
		段	設けない(傾斜路又は昇降機を併設する場合を除く)	○	○	○	○	○	○(客席を除く)	○(客席を除く)	○	○
		傾斜路 有効幅員	1.4m以上(段に併設の場合90cm以上)	○	○	○	○	○	○(客席を除く)	○(客席を除く)	○	○
		傾斜路 勾配	1/12以下(高低差16cm以下の場合1/8以下)	○	○	○	○	○	○(客席を除く)	○(客席を除く)	○	○
		傾斜路 踊場	高低差75cm以内ごとに踏幅1.5m以上の踊場設置	○	○	○	○	○	○(客席を除く)	○(客席を除く)	○	○
		傾斜路 始点・終点	1.5m以上の水平部分を設置	○	○	○	○	○	○(客席を除く)	○(客席を除く)	○	○
		戸の構造	自動扉その他の高齢者、障害者等が容易に開閉して通過できる構造(前後に高低差なし)	○	○	○	○	○	○(客席を除く)	○(客席を除く)	○	○
出入口	利用円滑化経路	有効幅員	直接地上へ通ずる出入口90cm以上	○	○	○	○	○	○	○	○	○
			その他出入口80cm以上	○	○	○	○	○	○	○	○	○
		段	設けない	○	○	○	○	○	○	○	○	○
		戸の構造	自動扉その他の高齢者、障害者等が容易に開閉して通過できる構造(前後に高低差なし)	○	○	○	○	○	○	○	○	○
階段	回り階段		設けない	○	○	○	○	○	○	○	○	○
	手すり		設置	○	○	○	○	○	○	○	○	○
	段鼻		滑りにくく、つまずきにくい構造	○	○	○	○	○	○	○	○	○
	表面		粗面又は滑りにくい材料	○	○	○	○	○	○	○	○	○
	色の明度差		存在を容易に識別できるもの	○	○	○	○	○	○	○	○	○

*1 「地下街その他これに類するもの」には利用円滑化経路の考え方を取り入れていないので、不特定多数等が利用するものすべてに利用円滑化経路の基準を適用する。
*2 「小規模特定施設」には利用円滑化経路の考え方を取り入れていないので、道等から建築物の直接地上へ通ずる出入口までの経路を構成する一以上のものについて基準を適用する。

基本的な考え方

1 ヌ 飲食店、喫茶店、その他これらに類するもの 100㎡超	1 ル 理髪店、クリーニング取次店、貸衣装屋その他これらに類するもの 100㎡超	1 ヲ 公衆浴場 100㎡超	1 ワ ホテル又は旅館 100㎡超	1 カ 火葬場 100㎡超	1 左記イ～カに掲げる建築物「小規模特定施設」 100㎡以下	2 共同住宅（床面積の合計が2,000㎡以上又は50戸を超えるもの）	3 工場（床面積の合計が2,000㎡以上のもの）	4 国、県、市町村等の事務所又は公社、公団、独立行政法人等の事務所	5 銀行その他の金融機関の事務所	6 事務所（床面積の合計が2,000㎡以上のもの）	7 公衆便所	8 地下街その他これに類するもの	12・13 駐車場
○	○	○	○	○	○(*2)	○	○	○	○	○	○	−	○
○	○	○	○	○	○(*2)	○	○	○	○	○	○	−	○
○	○	○	○	○	○(*2)	○	○	○	○	○	○	−	○
○	○	○	○	○	○(*2)	○	○	○	○	○	○	−	○
○	○	○	○	○	○(*2)	○	○	○	○	○	○	−	○
○	○	○	○	○	○(*2)	○	○	○	○	○	○	−	○
○	○	○	○	○	○(*2)	○	○	○	○	○	○	−	○
○	○	○	○	○	○(*2)	○	○	○	○	○	○	−	○
○	○	○	○	○	○(*2)	○	○	○	○	○	○	−	○
○	○	○	○	○	○(*2)	○	○	○	○	○	○	−	○
○	○	○	○	○	○(*2)	○	○	○	○	○	○	−	○
○	○	○	○	○	−	○	○	○	○	○	○	○	○
○	○	○	○	○	−	○	○	○	○	○	○	○	○
○	○	○	○	○	−	○	○	○	○	○	○	○	○
○	○	○	○	○	−	○	○	○	○	○	○	○	○
○	○	○	○	○	−	○	○	○	○	○	○	○	○
○	○	○	○	○	−	○	○	○	○	○	○	○	○
○	○	○	○(客室内を除く)	○	−	○(住戸内を除く)	○	○	○	○	○	○(*1)	○
○	○	○	○(客室内を除く)	○	−	○(住戸内を除く)	○	○	○	○	○	○(*1)	○
○	○	○	○(客室内を除く)	○	−	○(住戸内を除く)	○	○	○	○	○	○(*1)	○
○	○	○	○(客室内を除く)	○	−	○(住戸内を除く)	○	○	○	○	○	○(*1)	○
○	○	○	○(客室内を除く)	○	−	○(住戸内を除く)	○	○	○	○	○	○(*1)	○
○	○	○(客室内を除く)	○	○	−	○(住戸内を除く)	○	○	○	○	○	○(*1)	○
○	○	○	○(客室内を除く)	○	−	○(住戸内を除く)	○	○	○	○	○	○(*1)	○
○	○	○	○	○	○(*2)	○(住戸を除く)	○	○	○	○	○	○(*1)	○
○	○	○	○	○	−	○(住戸を除く)	○	○	○	○	○	○(*1)	○
○	○	○	○	○	−	○(住戸を除く)	○	○	○	○	○	○(*1)	○
○	○	○	○	○	○(*2)	○(住戸を除く)	○	○	○	○	○	○(*1)	○
○	○	○	○	○	−	○	○	○	○	○	○	○	○
○	○	○	○	○	−	○	○	○	○	○	○	○	○
○	○	○	○	○	−	○	○	○	○	○	○	○	○
○	○	○	○	○	−	○	○	○	○	○	○	○	○
○	○	○	○	○	−	○	○	○	○	○	○	○	○

第2部

■建築物の用途別基準適用表

<一覧表凡例>	規則第3条に掲げる号	イ	ロ	ハ	ニ	ホ	ホ	ヘ	ト	チ	リ
○整備義務 ●努力義務 △整備義務 （一部に適用）	対象施設	学校その他これに類するもの	博物館、美術館又は図書館	体育館、ボウリング場、スケート場、水泳場、スポーツの練習場又は遊技場	病院、診療所、助産所又は施術所	社会福祉施設その他これに類するもの		劇場、映画館、演芸場又は観覧場	公会堂又は集会場	展示場	百貨店、マーケットその他の物品販売業を営む店舗
						老人ホーム、保育所、身体障害者福祉ホーム等	老人福祉センター、児童厚生施設、身体障害者福祉センター等				
整備項目	面積要件	100㎡超	100㎡超	100㎡超	100㎡超	100㎡超	100㎡超	100㎡超	100㎡超	100㎡超	100㎡超

利用円滑化経路を構成するエレベーター

整備項目			内容	イ	ロ	ハ	ニ	ホ	ホ	ヘ	ト	チ	リ
設置基準			利用円滑化経路	階数が3以上かつ床面積の合計(*3)が2,000㎡以上 ○	地上階以外で不特定多数等が利用する部分の床面積の合計(*4) 1,000㎡超 ○	地上階以外で不特定多数等が利用する部分の床面積の合計(*4) 1,000㎡超 ○	地上階以外で不特定多数等が利用する部分の床面積の合計(*4) 1,000㎡超 ○	地上階以外で不特定多数等が利用する部分の床面積の合計(*4) 1,000㎡超 ○	地上階以外で不特定多数等が利用する部分の床面積の合計(*4) 1,000㎡超 ○	地上階以外で不特定多数等が利用する部分の床面積の合計(*4) 1,000㎡超 ○	地上階以外で不特定多数等が利用する部分の床面積の合計(*4) 1,000㎡超 ○	地上階以外で不特定多数等が利用する部分の床面積の合計(*4) 1,000㎡超 ○	地上階以外で不特定多数等が利用する部分の床面積の合計(*4) 1,000㎡超 ○
一般規定		奥行き	内のり寸法1.35m以上	○	○	○	○	○	○	○	○	○	○
		出入口	有効幅員80cm以上	○	○	○	○	○	○	○	○	○	○
		停止階	利用居室等・車いす使用者用便房・車いす使用者用駐車施設のある階、地上階	○	○	○	○	○	○	○	○	○	○
	乗降ロビー	幅・奥行き	1.5m以上	○	○	○	○	○	○	○	○	○	○
		高低差	設けない	○	○	○	○	○	○	○	○	○	○
		表示	昇降方向を表示する装置を設置	○	○	○	○	○	○	○	○	○	○
	操作ボタン等		かご内及び乗降ロビーに車いす使用者の利用に配慮したものを設置	○	○	○	○	○	○	○	○	○	○
	かご内の表示		停止予定階及び現在位置を表示	○	○	○	○	○	○	○	○	○	○
不特定多数が利用	かごの幅		1.4m以上	—	○	○	○	—	○	○	○	○	○
	平面形状		車いすの転回に支障ない構造（かごの出入口が複数あり、車いす使用者が円滑に乗降できるものを除く）	—	○	○	○	—	○	○	○	○	○
不特定多数が利用又は視覚障害者が利用	音声	かご内	到着階、出入口の戸の閉鎖を知らせる装置の設置（自動車駐車施設を除く）	△（主として視覚障害者が利用するもの）	○	○	○	△（主として視覚障害者が利用するもの）	○	○	○	○	○
		かご内又は乗降ロビー	昇降方向を知らせる装置を設置（自動車駐車施設を除く）	△（主として視覚障害者が利用するもの）	○	○	○	△（主として視覚障害者が利用するもの）	○	○	○	○	○
	操作ボタン等		かご内及び乗降ロビーの操作ボタン等は、点字等視覚障害者が円滑に操作できる構造（自動車駐車施設を除く）	△（主として視覚障害者が利用するもの）	○	○	○	△（主として視覚障害者が利用するもの）	○	○	○	○	○

不特定多数等が利用する便所

整備項目			内容	イ	ロ	ハ	ニ	ホ	ホ	ヘ	ト	チ	リ
段			設けない（傾斜路設置の場合を除く）	○	○	○	○	○	○	○	○	○	○
傾斜路	勾配		1/12以下（高低差16cm以下の場合1/8以下）	○	○	○	○	○	○	○	○	○	○
	表面		粗面又は滑りにくい材料	○	○	○	○	○	○	○	○	○	○
床の表面			滑りにくくする	○	○	○	○	○	○	○	○	○	○
便房			1以上を洋式便器とし、手すりを設置（床面積1,000㎡未満は車いす使用者が利用可能な便房を設けるよう努める。）	○	○	○	○	○	○	○	○	○	○
小便器			出入口に近いものを床置式等とし、手すりを設置	○	○	○	○	○	○	○	○	○	○
付帯設備	乳幼児用いす		乳幼児連れの利用が想定される用途の施設に設置（車いす使用者用便房への設置可）	—	床面積の合計(*3) 1,000㎡超 ○	—	床面積の合計(*3) 1,000㎡超 ○	—	—	床面積の合計(*3) 1,000㎡超 ○	床面積の合計(*3) 1,000㎡超 ○	床面積の合計(*3) 1,000㎡超 ○	床面積の合計(*3) 1,000㎡超 ○
	乳幼児用ベッド		乳幼児連れの利用が想定される用途の施設に設置（車いす使用者用便房への設置可、別におむつ替えできる場所を設けても可）				○（病院・診療所に限る）						
	オストメイト対応設備		オストメイト対応の水栓器具、汚物流し、トイレットペーパーホルダー、手荷物置き台及び鏡を設置（車いす使用者用便房への設置可）	床面積の合計(*3) 2,000㎡以上 ○（特別支援学校に限る）	床面積の合計(*3) 2,000㎡以上 ○	床面積の合計(*3) 2,000㎡以上 ○（体育館・ボウリング場・水泳場（一般公共・遊技場）に限る）	床面積の合計(*3) 2,000㎡以上 ○（病院・診療所に限る）	床面積の合計(*3) 2,000㎡以上 ○（老人ホーム・福祉ホーム等に限る）	床面積の合計(*3) 2,000㎡以上 ○	床面積の合計(*3) 2,000㎡以上 ○	床面積の合計(*3) 2,000㎡以上 ○	床面積の合計(*3) 2,000㎡以上 ○	床面積の合計(*3) 2,000㎡以上 ○

*3 特定施設に該当する部分の床面積の合計（一敷地に複数の該当する用途の特定施設がある場合、それらの合計）とする。
*4 建築物全体（特定施設に該当しない部分も含む。学校等・共同住宅部分を除く。一敷地に複数棟ある場合は、すべての棟を算入。）の床面積の合計とする。

基本的な考え方

	1						2	3	4	5	6	7	8	12・13
	ヌ	ル	ヲ	ワ	カ									
	飲食店、喫茶店、その他これらに類するもの	理髪店、クリーニング取次店、貸衣装屋その他これらに類するもの	公衆浴場	ホテル又は旅館	火葬場	左記イ〜カに掲げる建築物「小規模特定施設」	共同住宅（床面積の合計が2,000㎡以上又は50戸を超えるもの）	工場（床面積の合計が2,000㎡以上のもの）	国、県、市町村等の事務所又は公社、公団、独立行政法人等の事務所	銀行その他の金融機関の事務所	事務所（床面積の合計が2,000㎡以上のもの）	公衆便所	地下街その他これに類するもの	駐車場
	100㎡超	100㎡超	100㎡超	100㎡超	100㎡超	100㎡以下								
	地上階以外で不特定多数等が利用する部分の床面積の合計（*4）1,000㎡超	地上階以外で不特定多数等が利用する部分の床面積の合計（*4）1,000㎡超	地上階以外で不特定多数等が利用する部分の床面積の合計（*4）1,000㎡超	地上階以外で不特定多数等が利用する部分の床面積の合計（*4）1,000㎡超（客室部分含む）	地上階以外で不特定多数等が利用する部分の床面積の合計（*4）1,000㎡超	—	階数が3以上かつ50戸超○	地上階以外で不特定多数等が利用する部分の床面積の合計（*4）1,000㎡超	地上階以外で不特定多数等が利用する部分の床面積の合計（*4）1,000㎡超	地上階以外で不特定多数等が利用する部分の床面積の合計（*4）1,000㎡超	地上階以外で不特定多数等が利用する部分の床面積の合計（*4）1,000㎡超	地上階以外で不特定多数等が利用する部分の床面積の合計（*4）1,000㎡超	—	地上階以外で不特定多数等が利用する部分の床面積の合計（*4）1,000㎡超
	○	○	○	○	○	—	○	○	○	○	○	○	—	○
	○	○	○	○	○	—	○	○	○	○	○	○	—	○
	○	○	○	○	○	—	○	○	○	○	○	○	—	○
	○	○	○	○	○	—	○	○	○	○	○	○	—	○
	○	○	○	○	○	—	—	○	○	○	○	○	—	○
	○	○	○	○	—	—	—	○	○	○	○	○	—	○
	○	○	○	○	○	—	—	○	○	○	○	○	—	○
	○	○	○	○	—	—	○	○	○	○	○	○	○	○
	○	○	○	○	—	—	○	○	○	○	○	○	○	○
	○	○	○	○	—	—		○	○	○	○	○	○	○
	○	○	○	○	—	—	○（共用便所を設ける場合）	○	○	○	○	○	○	○
	○	○	○	○	—	—	○	○	○	○	○	○	○	○
	○	○	○	○	—	—		○	○	○	○	○	○	○
	床面積の合計（*3）1,000㎡超○	—	—	—	—	—	—	—	床面積の合計（*3）1,000㎡超○	—	床面積の合計（*3）50㎡以上○	—	—	—
	床面積の合計（*3）2,000㎡以上○	床面積の合計（*3）2,000㎡以上○	床面積の合計（*3）2,000㎡以上○	床面積の合計（*3）2,000㎡以上○	—	—	—	—	床面積の合計（*3）2,000㎡以上○	床面積の合計（*3）2,000㎡以上○	床面積の合計（*3）50㎡以上○	—	床面積の合計（*3）2,000㎡以上○	

第2部

■建築物の用途別基準適用表

<一覧表凡例> ○整備義務 ●努力義務 △整備義務（一部に適用）	規則第3条に掲げる号 対象施設			イ 学校その他これに類するもの	ロ 博物館、美術館又は図書館	ハ 体育館、ボウリング場、スキー場、スケート場、水泳場、スポーツの練習場又は遊技場	ニ 病院、診療所、助産所又は施術所	ホ 社会福祉施設その他これに類するもの 老人ホーム、保育所、身体障害者福祉ホーム等	ホ 老人福祉センター、児童厚生施設、身体障害者福祉センター等	ヘ 劇場、映画館、演芸場又は観覧場	ト 公会堂又は集会場	チ 展示場	リ 百貨店、マーケットその他の物品販売業を営む店舗
整備項目	面積要件			100㎡超	100㎡超	100㎡超	100㎡超	100㎡超	100㎡超	100㎡超	100㎡超	100㎡超	100㎡超
不特定多数等が利用する便所	小規模特定施設	出入口から便所までの経路	有効幅員90cm以上	−	−	−	−	−	−	−	−	−	−
		出入口	80cm以上	−	−	−	−	−	−	−	−	−	−
		便房 便器	洋式	−	−	−	−	−	−	−	−	−	−
		手すり	設置	−	−	−	−	−	−	−	−	−	−
		大きさ	車いす使用者が利用することができる空間を確保	−	−	−	−	−	−	−	−	−	−
		案内表示	洋式便器及び手すりを設けた便房の戸に標識を掲示	−	−	−	−	−	−	−	−	−	−
車いす使用者用便房	設置基準		1以上（男女の別がある場合それぞれ1以上）設置	床面積の合計(*5)1,000㎡超 ○ 1,000㎡以下 ●	床面積の合計(*5)1,000㎡超 ○ 1,000㎡以下 ●	床面積の合計(*5)1,000㎡超 ○ 1,000㎡以下 ●	床面積の合計(*5)1,000㎡超 ○ 1,000㎡以下 ●	床面積の合計(*5)1,000㎡超 ○ 1,000㎡以下 ●	床面積の合計(*5)1,000㎡超 ○ 1,000㎡以下 ●	床面積の合計(*5)1,000㎡超 ○ 1,000㎡以下 ●	床面積の合計(*5)1,000㎡超 ○ 1,000㎡以下 ●	床面積の合計(*5)1,000㎡超 ○ 1,000㎡以下 ●	床面積の合計(*5)1,000㎡超 ○ 1,000㎡以下 ●
	出入口有効幅員		80cm以上	○	○	○	○	○	○	○	○	○	○
	戸の構造		施錠しやすく、緊急の場合は外部からも解錠することができ、自動的に開閉する構造その他の高齢者、障害者等が容易に開閉して通過できる構造とし、かつその前後に高低差がないこと	○	○	○	○	○	○	○	○	○	○
	洗面台		レバー式又は光感知式等の水栓器具を設置	○	○	○	○	○	○	○	○	○	○
	便房	設備	洋式便器とし、手すりを設置	○	○	○	○	○	○	○	○	○	○
		大きさ	車いす使用者等が円滑に利用できるよう十分な空間を確保	1,000㎡以下 ●	1,000㎡以下 ●	1,000㎡以下 ●	1,000㎡以下 ●	1,000㎡以下 ●	1,000㎡以下 ●	1,000㎡以下 ●	1,000㎡以下 ●	1,000㎡以下 ●	1,000㎡以下 ●
興行場等の客席	設置基準		客席の床面積の合計が200㎡以上	−	−	−	−	−	−	○	○	−	−
	車いす使用者が利用できる客席の部分	数	客席数の1/200（又は10席）以上	−	−	−	−	−	−	○	○	−	−
		位置	出入口から容易に到達でき、観覧しやすい位置	−	−	−	−	−	−	○	○	−	−
		床	水平で、滑りにくく、平たん	−	−	−	−	−	−	○	○	−	−
	車いす使用者が利用できる通路	有効幅員	90cm以上	−	−	−	−	−	−	○	○	−	−
		段	設けない（傾斜路設置の場合を除く）	−	−	−	−	−	−	○	○	−	−
		傾斜路 勾配	1/12以下（高低差16cm以下の場合1/8以下）	−	−	−	−	−	−	○	○	−	−
		始点・終点	1.5m以上の水平部分を設置	−	−	−	−	−	−	○	○	−	−
		表面	滑りにくく、平たん	−	−	−	−	−	−	○	○	−	−
	聴覚障害者への配慮		集団補聴設備等を設置	−	−	−	−	−	−	●	●	−	−
車いす使用者用駐車施設	設置数		不特定多数等が利用する駐車場の台数が25台超の場合、台数の1/50（又は3台）以上設置	○	○	○	○	○	○	○	○	○	○
	構造	位置	利用円滑化経路又は主要な出入口までの経路が短くなる位置に設置	○	○	○	○	○	○	○	○	○	○
		有効幅員	3.5m以上	○	○	○	○	○	○	○	○	○	○
		地面・床面	水平で、滑りにくく、平たん	○	○	○	○	○	○	○	○	○	○
	車いす使用者が通行できる通路の構造		利用円滑化経路を構成する敷地内の通路又は廊下等と同等の構造	○	○	○	○	○	○	○	○	○	○
案内表示	不特定多数又は主として視覚障害者が利用する部分	廊下等の段又は傾斜路の上端に近接する部分	点状ブロック等の設置（勾配1/20以下・高低差16cm以下かつ勾配1/12以下・自動車駐車施設の場合を除く）	床面積の合計(*3)1,000㎡超○1,000㎡以下●（主として視聴覚障害者が利用する部分に限る）	床面積の合計(*3)1,000㎡超○1,000㎡以下●	床面積の合計(*3)1,000㎡超○1,000㎡以下●	床面積の合計(*3)1,000㎡超○1,000㎡以下●	床面積の合計(*3)1,000㎡超○1,000㎡以下●（主として視聴覚障害者が利用する部分に限る）	床面積の合計(*3)1,000㎡超○1,000㎡以下●	床面積の合計(*3)1,000㎡超○1,000㎡以下●	床面積の合計(*3)1,000㎡超○1,000㎡以下●	床面積の合計(*3)1,000㎡超○1,000㎡以下●	床面積の合計(*3)1,000㎡超○1,000㎡以下●
		傾斜路の上端に近接する踊場	点状ブロック等の設置（勾配1/20以下・高低差16cm以下かつ勾配1/12以下・自動車駐車施設・連続手すりを設ける場合を除く）										
		階段の上端に近接する踊場	点状ブロック等の設置（自動車駐車施設・連続手すりを設ける場合を除く）										

基本的な考え方

	1						2	3	4	5	6	7	8	12・13
	ヌ	ル	ヲ	ワ	カ	左記イ〜カに掲げる建築物「小規模特定施設」	共同住宅（床面積の合計が2,000㎡以上又は50戸を超えるもの）	工場（床面積の合計が2,000㎡以上のもの）	国、県、市町村等の事務所又は公社、公団、独立行政法人等の事務所	銀行その他の金融機関の事務所	事務所（床面積の合計が2,000㎡以上のもの）	公衆便所	地下街その他これに類するもの	駐車場
	飲食店、喫茶店、その他これらに類するもの	理髪店、クリーニング取次店、貸衣装屋その他これらに類するもの	公衆浴場	ホテル又は旅館	火葬場									
	100㎡超	100㎡超	100㎡超	100㎡超	100㎡超	100㎡以下								
	―	―	―	―	―	●	―	―	―	―	―	―	―	―
	―	―	―	―	―	●	―	―	―	―	―	―	―	―
	―	―	―	―	―	●	―	―	―	―	―	―	―	―
	―	―	―	―	―	●	―	―	―	―	―	―	―	―
	―	―	―	―	―	●	―	―	―	―	―	―	―	―
	床面積の合計(*5)1,000㎡超○ 1,000㎡以下●	床面積の合計(*5)1,000㎡超○ 1,000㎡以下●	床面積の合計(*5)1,000㎡超○ 1,000㎡以下●	床面積の合計(*5)1,000㎡超○ 1,000㎡以下●	床面積の合計(*5)1,000㎡超○ 1,000㎡以下●	―	不特定多数が利用する部分の床面積の合計(*6)が1,000㎡超○ 1,000㎡以下●	床面積の合計(*5)1,000㎡超○ 1,000㎡以下●	床面積の合計(*5)1,000㎡超○ 1,000㎡以下●	不特定多数が利用する部分の床面積の合計(*6)が1,000㎡超○ 1,000㎡以下●	床面積の合計(*5)50㎡以上○ 50㎡未満●	―	―
	○	○	○	○	○	―	○	○	○	○	○	○	―	―
	○	○	○	○	○	―	○	○	○	○	○	○	―	―
	○	○	○	○	○	―	○	○	○	○	○	○	―	―
	○ 1,000㎡以下●	○ 1,000㎡以下●	○ 1,000㎡以下●	○ 1,000㎡以下●	○ 1,000㎡以下●	―	―	○ 1,000㎡以下●	○ 1,000㎡以下●	○ 1,000㎡以下●	○ 1,000㎡以下●	○ 50㎡未満●	―	―
	―	―	―	―	―	―	―	―	―	―	―	―	―	―
	―	―	―	―	―	―	―	―	―	―	―	―	―	―
	―	―	―	―	―	―	―	―	―	―	―	―	―	―
	―	―	―	―	―	―	―	―	―	―	―	―	―	―
	―	―	―	―	―	―	―	―	―	―	―	―	―	―
	○	○	○	○	○	―	○	○	○	○	○	○	○	○
	○	○	○	○	○	―	○	○	○	○	○	○	○	○
	○	○	○	○	○	―	○	○	○	○	○	○	○	○
	○	○	○	○	○	―	○	○	○	○	○	○	○	○
	○	○	○	○	○	―	○	○	○	○	○	○	○	○
	床面積の合計(*3)1,000㎡超○ 1,000㎡以下●	床面積の合計(*3)1,000㎡超○ 1,000㎡以下●	床面積の合計(*3)1,000㎡超○ 1,000㎡以下●	床面積の合計(*3)1,000㎡超○ 1,000㎡以下●	床面積の合計(*3)1,000㎡超○ 1,000㎡以下●	―	―	不特定多数が利用する部分の床面積の合計(*3)1,000㎡超○ 1,000㎡以下●	床面積の合計(*3)1,000㎡超○ 1,000㎡以下●	床面積の合計(*3)1,000㎡超○ 1,000㎡以下●	不特定多数が利用する部分の床面積の合計(*3)1,000㎡超○ 1,000㎡以下●	床面積の合計(*3)50㎡以上○ 50㎡未満●	―	―

45

第2部

■建築物の用途別基準適用表

<一覧表凡例>
- ○ 整備義務
- ● 努力義務
- △ 整備義務（一部に適用）

整備項目	面積要件	イ 学校その他これに類するもの	ロ 博物館、美術館又は図書館	ハ 体育館、ボウリング場、スキー場、スケート場、水泳場、スポーツの練習場又は遊技場	ニ 病院、診療所、助産所又は施術所	ホ 社会福祉施設その他これに類するもの（老人ホーム、保育所、身体障害者福祉ホーム等）	ホ （老人福祉センター、児童厚生施設、身体障害者福祉センター等）	ヘ 劇場、映画館、演芸場又は観覧場	ト 公会堂又は集会場	チ 展示場	リ 百貨店、マーケットその他の物品販売業を営む店舗
		100㎡超	100㎡超	100㎡超	100㎡超	100㎡超	100㎡超	100㎡超	100㎡超	100㎡超	100㎡超
案内表示 — 視覚障害者利用円滑化経路 — 経路上の措置	誘導ブロック又は音声誘導装置の設置（進行方向を変更する必要がない風除室・自動車駐車施設を除く。受付から出入口を視認できる場合は出入口まで設置。）	床面積の合計(*5)1,000㎡超 ○ 1,000㎡以下 ●	床面積の合計(*5)1,000㎡超 ○ 1,000㎡以下 ●（主として視覚障害者が利用する部分に限る）	床面積の合計(*5)1,000㎡超 ○ 1,000㎡以下 ●	床面積の合計(*5)1,000㎡超 ○ 1,000㎡以下 ●	床面積の合計(*5)1,000㎡超 ○ 1,000㎡以下 ●（主として視覚障害者が利用する部分に限る）	床面積の合計(*5)1,000㎡超 ○ 1,000㎡以下 ●	床面積の合計(*5)1,000㎡超 ○ 1,000㎡以下 ●	床面積の合計(*5)1,000㎡超 ○ 1,000㎡以下 ●	床面積の合計(*5)1,000㎡超 ○ 1,000㎡以下 ●	床面積の合計(*5)1,000㎡超 ○ 1,000㎡以下 ●
経路を構成する敷地内の通路	車路に近接する部分、段又は傾斜のある部分の上端に近接する部分に点状ブロック等を設置（勾配1/20以下・高低差16cm以下かつ勾配1/12以下の傾斜路・連続手すりを設ける踊場等を除く）										
その他の案内表示 — 洋式便器・手すり	当該設備を設けた便房の戸に標識を掲示	○	○	○	○	○	○	○	○	○	○
乳幼児用いす、乳幼児用ベッド、オストメイト対応設備	当該設備を設けた便所の出入口又はその付近及び便房の戸に標識を掲示	○	○	○	○	○	○	○	○	○	○
車いす使用者用便房	便所の出入口又はその付近及び便房の戸に標識を掲示	○	○	○	○	○	○	○	○	○	○
車いす使用者用駐車施設	車いす使用者駐車施設並びに便房の戸又はその付近に表示	○	○	○	○	○	○	○	○	○	○
案内設備	位置、表記方法、文字の大きさ等を高齢者、障害者等に配慮	○	○	○	○	○	○	○	○	○	○
文字情報表示設備	官公庁、医療施設、金融機関の事務所へ設置	—	—	—	●（病院・診療所に限る）	—	—	—	—	—	—
避難用誘導灯	点滅型誘導音装置付誘導灯その他の視覚障害者及び聴覚障害者に配慮した誘導灯を設置	●	●	●	●	●	●	●	●	●	●
利用円滑化経路とするものに係る駐車場（建築物である場合）	地上階又は利用円滑化経路を構成するエレベーターが停止する階に設置	○	○	○	○	○	○	○	○	○	○
車いす使用者用浴室等 — 設置基準	不特定多数等が利用する浴室等を設ける場合、その1以上（男女の区分があるときはそれぞれ1以上）設置	—	—	○	—	—	—	—	—	—	—
浴室内の構造 — 設備	浴槽、シャワー、手すり等を適切に配置	—	—	○	—	—	—	—	—	—	—
大きさ	車いす使用者が円滑に利用できる十分な空間を確保	—	—	○	—	—	—	—	—	—	—
床面	粗面又は滑りにくい材料	—	—	○	—	—	—	—	—	—	—
段	出入口から浴槽等まで段を設けない	—	—	○	—	—	—	—	—	—	—
出入口 — 有効幅員	80cm以上	—	—	○	—	—	—	—	—	—	—
戸の構造	自動扉その他の車いす使用者が容易に開閉して通過できる構造（前後に高低差なし）	—	—	○	—	—	—	—	—	—	—
車いす使用者用客室 — 設置基準	床面積が2,000㎡以上かつ客室総数50室以上のホテル・旅館に1以上設置	—	—	—	—	—	—	—	—	—	—
出入口 — 有効幅員	80cm以上	—	—	—	—	—	—	—	—	—	—
戸の構造	自動扉その他の車いす使用者が容易に開閉して通過できる構造（前後に高低差なし）	—	—	—	—	—	—	—	—	—	—
便所（同一階に車いす使用者用便房が設けられている場合を除く） — 便房	車いす使用者用便房を設置	—	—	—	—	—	—	—	—	—	—
出入口	有効幅員80cm以上	—	—	—	—	—	—	—	—	—	—
戸の構造	自動扉その他の高齢者、障害者等が容易に開閉して通過できる構造（前後に高低差なし）	—	—	—	—	—	—	—	—	—	—
浴室等	車いす使用者用浴室等と同じ構造（当該建築物に車いす使用者用浴室等が設けられている場合を除く）	—	—	—	—	—	—	—	—	—	—
カウンター及び記載台又は公衆電話台	高齢者、障害者等の利用に配慮したものを1つ以上設置	○	○	○	○	○	○	○	○	○	○
授乳及びおむつ替えの場所	官公庁、医療施設、店舗等へ設置	—	●	—	●（病院・診療所に限る）	—	—	●	●	●	●

*5 建築物全体（特定施設に該当しない部分も含む。共同住宅部分を除く。一敷地に複数棟ある場合は、すべての棟を算入。）の床面積の合計とする。
*6 特定施設に該当する部分の床面積の合計とする。他用途の特定施設との複合施設である場合は、*5で算定する。

基本的な考え方

	1						2	3	4	5	6	7	8	12・13
	ヌ 飲食店、喫茶店、その他これらに類するもの	ル 理髪店、クリーニング取次店、貸衣装屋その他これらに類するもの	ヲ 公衆浴場	ワ ホテル又は旅館	カ 火葬場	左記イ～カに掲げる建築物「小規模特定施設」	共同住宅（床面積の合計が2,000㎡以上又は50戸を超えるもの）	工場（床面積の合計が2,000㎡以上のもの）	国、県、市町村等の事務所又は公社、公団、独立行政法人等の事務所	銀行その他の金融機関の事務所	事務所（床面積の合計が2,000㎡以上のもの）	公衆便所	地下街その他これに類するもの	駐車場
	100㎡超	100㎡超	100㎡超	100㎡超	100㎡超	100㎡以下								
	床面積の合計(*5)1,000㎡超 ○ 1,000㎡以下 ●	床面積の合計(*5)1,000㎡超 ○ 1,000㎡以下 ●	床面積の合計(*5)1,000㎡超 ○ 1,000㎡以下 ●	床面積の合計(*5)1,000㎡超 ○ 1,000㎡以下 ●	床面積の合計(*5)1,000㎡超 ○ 1,000㎡以下 ●	—	不特定多数が利用する部分の床面積の合計(*6)1,000㎡超 ○ 1,000㎡以下 ●	—	床面積の合計(*5)1,000㎡超 ○ 1,000㎡以下 ●	床面積の合計(*5)1,000㎡超 ○ 1,000㎡以下 ●	不特定多数が利用する部分の床面積の合計(*6)1,000㎡超 ○ 1,000㎡以下 ●	床面積の合計(*5)50㎡以上 ○ 50㎡未満 ●	—	—
	○	○	○	○	○	—	○	○	○	○	○	○	○	○
	○	○	○	○	—	—	—	○	○	—	○	—	○	○
	○	○	○	○	○	—	○	○	○	○	○	○	○	○
	—	—	—	—	—	—	—	—	●	●	—	—	—	—
	●	●	●	●	●	—	●	●	●	●	●	●	●	—
	○	○	○	○	○	—	○	○	○	○	○	○	○	○
	—	—	○	○	—	—	—	—	—	—	—	—	—	—
	—	—	○	○	—	—	—	—	—	—	—	—	—	—
	—	—	○	○	—	—	—	—	—	—	—	—	—	—
	—	—	○	○	—	—	—	—	—	—	—	—	—	—
	—	—	○	○	—	—	—	—	—	—	—	—	—	—
	—	—	—	○	—	—	—	—	—	—	—	—	—	—
	—	—	—	○	—	—	—	—	—	—	—	—	—	—
	—	—	—	○	—	—	—	—	—	—	—	—	—	—
	—	—	—	○	—	—	—	—	—	—	—	—	—	—
	—	—	—	○	—	—	—	—	—	—	—	—	—	—
	—	—	—	○	—	—	—	—	—	—	—	—	—	—
	—	—	—	○	—	—	—	—	—	—	—	—	—	—
	○	○	○	○	○	—	○	○	○	○	○	○	○	○
	●	—	—	—	—	—	—	—	●	—	—	●	—	—

注1　不特定多数等が利用する：不特定かつ多数が利用し、又は主として高齢者、障害者等が利用すること（規則第3条第1号イ又は第2号に掲げる特定施設の場合にあっては、多数の者が利用すること）をいう。
注2　一団地の住宅施設については、当該一団地内にある建築物・道路・公園等それぞれの施設に関する整備基準を適用することとする。

2
整備マニュアル

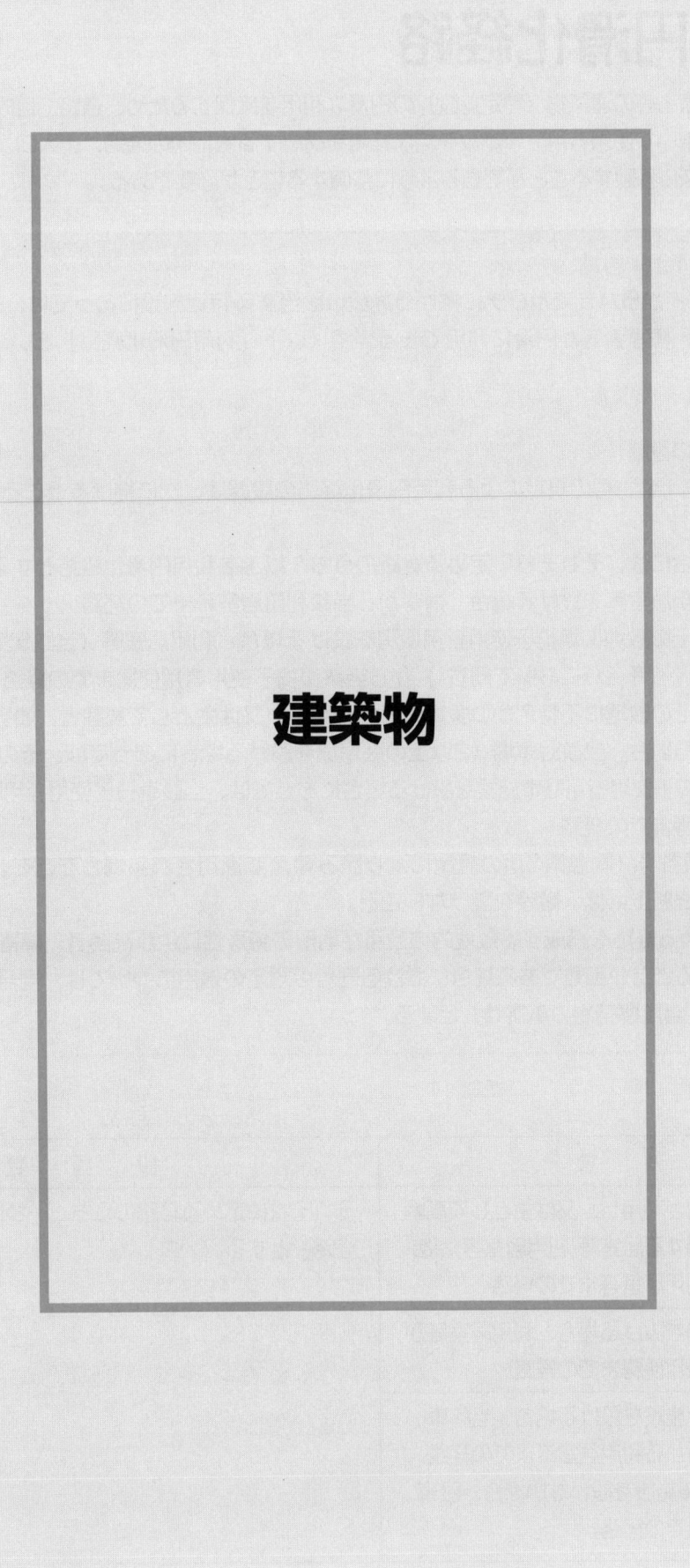

建築物

第2部

2 建築物 利用円滑化経路

高齢者や障害者等の建築物（特定施設）の円滑な利用を確保するため、道路、目的とする居室、車いす使用者用便房、車いす使用者用駐車施設を結ぶ経路を構成する敷地内の通路、出入口、廊下等、エレベーターなどをスムーズに移動することができるように整備することが必要である。

【条　例（別表第1第1号）】
一　第1条の2第2号イからハまで及びチに掲げる施設に該当する特定施設にあっては、規則で定めるところにより、高齢者、障害者等が円滑に利用できる経路（以下「利用円滑化経路」という。）を設けること。

【規則（第14条）】
（利用円滑化経路の設置）
第14条　条例別表第1第1号の規定による利用円滑化経路の設置は、次に掲げるところによって行わなければならない。
一　次に掲げる場合には、それぞれに定める経路のうち1以上を利用円滑化経路とすること。
　　イ　建築物に利用居室等を設ける場合　道等から当該利用居室等までの経路
　　ロ　建築物又はその敷地に車椅子使用者用便房を設ける場合　利用居室等（当該建築物に利用居室等がないときは、道等。ハにおいて同じ。）から当該車椅子使用者用便房までの経路
　　ハ　建築物又はその敷地に不特定かつ多数の者が利用し、又は主として高齢者、障害者等が利用する駐車場を設ける場合　当該駐車場（2以上の駐車場を設ける場合にあっては、そのうち1以上の駐車場とし、車椅子使用者用駐車施設を設ける場合にあっては、当該車椅子使用者用駐車施設とする。）から利用居室等までの経路
二　第19条第1項各号（同条第3項の規定により読み替えて適用される場合を含む。）に掲げる特定施設の利用円滑化経路上には、階段を設けないこと。
2　前項第1号に定める経路を構成する敷地内の通路が地形の特殊性により高齢者、障害者等が円滑に利用できる構造とすることが困難である場合における同号の規定の適用については、同号イ及びロ中「道等」とあるのは、「当該建築物の車寄せ」とする。

設置要件

対　　象	設　置　数
不特定かつ多数の者が利用し、又は主として高齢者、障害者等が利用する居室等(利用居室等)がある場合、道等から利用居室等までの経路	それぞれに定める経路のうち、一つ以上を「利用円滑化経路」とする。
車いす使用者用便房を設ける場合、利用居室等から当該車いす使用者用便房までの経路	
車いす使用者用駐車施設を設ける場合、当該車いす使用者用駐車施設から利用居室等までの経路（車いす使用者用駐車施設を設けない場合、駐車場から利用居室等までの経路）	

整備マニュアル

解　説

- 建築物において、高齢者、障害者等が円滑に利用できる経路を最低限一つは確保しなければならないという考えから、「利用円滑化経路」を規定し、当該経路を構成する敷地内の通路、廊下等、出入口、エレベーターについて一般の通路等よりレベルの高い整備を求めている。
- 規則第14条第1項第1号イでは、道等から利用居室等までの経路を「利用円滑化経路」と定義している。
- 規則第14条第1項第1号ロ、ハでは、利用居室等から車いす使用者用便房及び車いす使用者用駐車施設までの経路を「利用円滑化経路」と定義している。なお、車いす使用者用駐車施設を設けない場合は、利用居室等から1以上の駐車場までの経路を「利用円滑化経路」とする。
- 規則第14条第2項では、地形の特殊性により、敷地内の通路を高齢者、障害者等が円滑に利用できる構造とすることが困難である場合（例：山間部の保養施設などで、道等からの出入口から建物の入口までの距離が長く、高低差も大きいような場合）には、同条第1項第1号イ及びロの中の「道等」を「当該建築物の車寄せ」と読み替え、玄関先の車寄せから利用居室等や車いす使用者用便房までの経路を「利用円滑化経路」としている。
- 規則第14条第1項第2号は、規則第19条第1項各号に該当する特定施設の利用円滑化経路上には、階段を設けてはならない（つまり、エレベーター又は傾斜路の設置が必要）という規定である。逆に言えば、規則第19条第1項各号に定める規模未満の施設では、階段を利用円滑化経路としても良いことになる。
- なお、規則第14条第1項第1号ロ、ハに規定する経路に係る車いす使用者用便房及び車いす使用者用駐車施設については、規則第21条第1項及び第23条第2項第2号の規定で、それぞれ地上階又は利用円滑化経路を構成するエレベーターが停止する階に設けることとしている。

【利用居室等】
　①不特定かつ多数の者が利用し、又は主として高齢者、障害者等が利用する居室（＝利用居室）
　②ホテル・旅館の客室
　③共同住宅の住戸
　　（規則第4条第1号）

【学校等に関する読替え】
- 学校その他これに類するもの、または共同住宅については、これらの規定中「不特定かつ多数の者が利用し、又は主として高齢者、障害者等が利用する」とあるのは、「多数の者が利用する」と読み替えることとする(規則第40条)。

第2部

【新築の場合】　　　［条件］2階以上の階にも利用居室等がある。

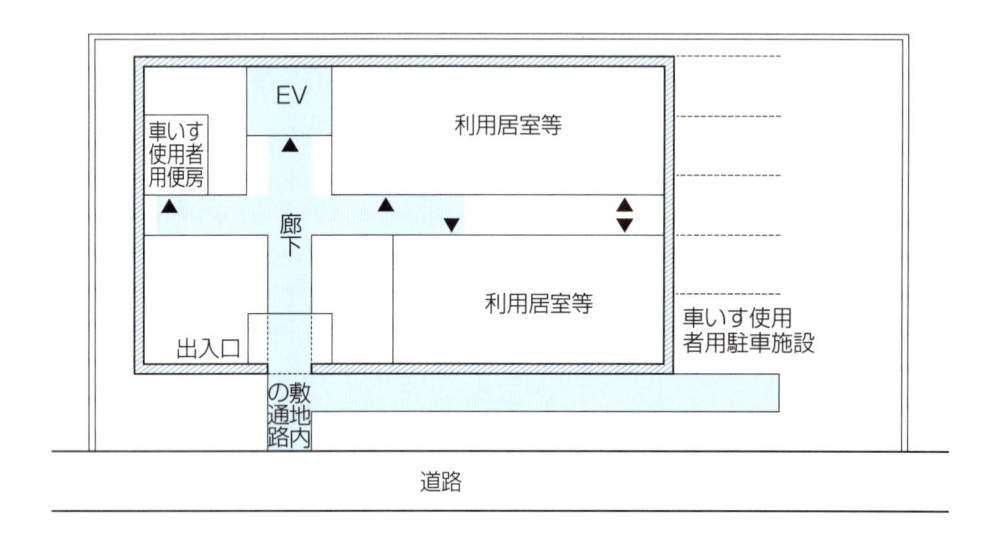

【増築の場合】　　　［条件］増築等部分のみで、車いす使用者用便房の設置対象規模となる。
　　　　　　　　　　※規則第4条第2号、117頁参照

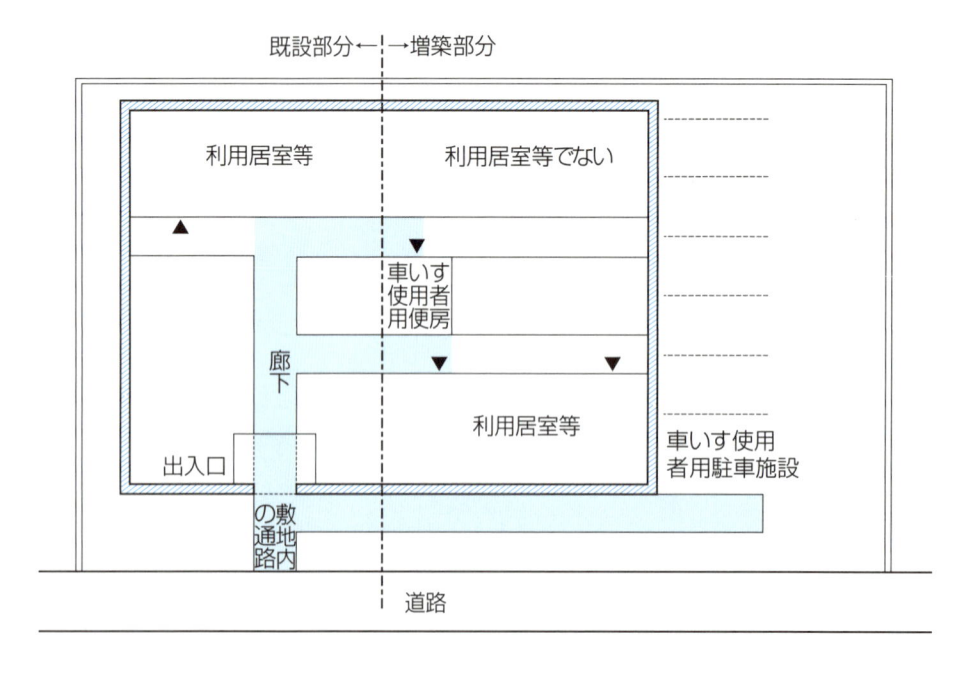

　　　利用円滑化経路
▼　　出入口

2 建築物
敷地内の通路

　道路、又は駐車場から建築物（特定施設）の出入口までの通路においては、車いすでの通行を考慮して、車いすと人とのすれ違いや車いすでの方向転換ができるよう幅員を確保することが必要である。また、水平移動の確保という点で、極力段を設けないこと、障害物を設けないことなどが求められる。

【条　例（別表第1第2号）】

二　歩道及び自転車歩行者道並びに敷地内の通路、廊下その他これに類するもの及び園路（以下「通路等」という。）で利用円滑化経路を構成するものその他の規則で定める通路等は、次に定める構造その他の規則で定める構造とすること。
　イ　有効幅員は、歩道にあっては2メートル以上、自転車歩行者道にあっては3メートル以上、通路等にあっては1.4メートル以上とすること。
　ロ　段を設けないこと。
　ハ　表面は、滑りにくく、平たんにすること。
　ニ　歩道及び自転車歩行者道並びに通路等を横断する排水溝のふたは、つえ、車いすのキャスター等が落ち込まないものとすること。

【規則（第15条抜粋）】

（通路等）

第15条　条例別表第1第2号の規則で定める通路等は、次の表（い）欄に掲げるものとし、同号の規則で定める構造は、それぞれ同表（ろ）欄に定めるとおりとする。

	（い）	（ろ）
（2）	不特定かつ多数の者が利用し、又は主として高齢者、障害者等が利用する敷地内の通路（(3)項に掲げるものを除く。）	一　表面は、滑りにくく、平たんにすること。 二　敷地内の通路を横断する排水溝のふたは、つえ、車いすのキャスター等が落ち込まないものとすること。 三　段を設ける場合には、第18条に定める構造に準じたものとすること。 四　傾斜路を設ける場合には、第2号に定めるもののほか、次に定める構造とすること。 　イ　表面は、粗面とし、又は滑りにくい材料で仕上げること。 　ロ　勾配が12分の1を超え、又は高さが16センチメートルを超え、かつ、勾配が20分の1を超える傾斜がある部分には、手すりを設けること。 　ハ　傾斜路とその前後の敷地内の通路との色の明度の差が大きいこと等によりその存在を容易に識別できるものとすること。 　ニ　両側は、転落を防ぐ構造とすること。ただし、側面が壁面である場合は、この限りでない。
（3）	利用円滑化経路を構成する敷地内の通路及び不特定かつ多数の者が利用し、又は主として高齢者、障害者等が利用する便所と利用円滑化経路との間の敷地内の通路	一　（2）項（ろ）欄に定める構造とするほか、次号から第5号までに定める構造とすること。 二　有効幅員は、1.4メートル以上とすること。 三　段を設けないこと。ただし、次号に定める構造の傾斜路又は次条に定める構造の昇降機を併設する場合は、この限りでない。 四　傾斜路を設ける場合には、次に定める構造とすること。 　イ　有効幅員は、段に代わるものにあっては1.4メートル以上、段に併設するものにあっては90センチメートル以上とすること。 　ロ　勾配は、15分の1以下とすること。ただし、高さが16センチメー

		トル以下のものにあっては、8分の1以下とすること。 ハ　高さが75センチメートルを超えるもの（勾配が20分の1を超えるものに限る。）にあっては、高さ75センチメートル以内ごとに踏幅が1.5メートル以上の踊場を設けること。 ニ　始点及び終点には、それぞれ長さ1.5メートル以上の高低差のない部分を設けること。 五　戸を設ける場合には、自動的に開閉する構造その他の高齢者、障害者等が容易に開閉して通過できる構造とし、かつ、その前後に高低差がないこと。

整備基準（義務規定）

不特定かつ多数の者が利用し、又は主として高齢者、障害者等が利用するものである場合・・・A

- ○表面は滑りにくく、平たんにする
- ○排水溝のふたは、つえ及び車いすのキャスター等が落ち込まないようにする
- ○段がある部分
  - 階段に準じた構造とする（規則第18条、70頁参照）
- ○傾斜路を設ける場合
  - 表面は粗面又は滑りにくい材料とする
  - 手すりを設ける(勾配1/12超、又は高さ16cm超かつ勾配1/20超の傾斜路がある場合)
  - 色等で、前後の通路と傾斜路を識別できるようにする
  - 傾斜路の左右に転落防止措置をとる

利用円滑化経路を構成するもの及び便所と利用円滑化経路との間の経路を構成するものである場合・・・B

上記A規定に加えて、下記基準についても整備する。
- ○有効幅員は1.4m以上とする
- ○段は設けない（傾斜路又は昇降機併設の場合可）
- ○戸の構造は、自動扉その他高齢者、障害者等が容易に開閉して通過できる構造とする
- ○戸の前後には高低差を設けない
- ○傾斜路を設ける場合
  - 有効幅員1.4m以上とする(段に併設の場合90cm以上)
  - 勾配は、1/15以下とする(高低差16cm以下の場合1/8以下)
  - 高低差75cm以内ごとに踏幅1.5m以上の踊場を設置する
  - 始点及び終点には1.5m以上の水平部分を設置する

整備マニュアル

解　説

- 敷地内の通路については、「不特定かつ多数の者が利用し、又は主として高齢者、障害者等が利用するもの」と高齢者、障害者等が円滑に利用できるものとしてワンランク上のレベルを求める「利用円滑化経路を構成するもの」及び「便所と利用円滑化経路との間の経路を構成するもの」の2種類で構成し、整備基準を定めている。
- 敷地内の通路すべてについて、段を設けないことが望ましい。やむを得ず段が発生し、敷地内に十分な余地がない等の理由により、傾斜路を設置することが困難な場合は、昇降機を設ける（65頁参照）。
- 「戸の前後に高低差を設けない」とは、戸の前後にレベル差を生じさせないとともに、車いす使用者が戸の開閉を行うための水平なスペースを確保することを言う。

留意事項

- 床面積の合計が1,000㎡を超える施設においては、道等から当該特定施設の案内設備までの経路（不特定かつ多数の者が利用し、又は主として視覚障害者が利用するものに限る。）のうち1以上を、視覚障害者利用円滑化経路にすることが求められる（規則第24条第1項第4号、100頁参照）。

【学校等に関する読替え】
- 学校その他これに類するもの、または共同住宅については、これらの規定中「不特定かつ多数の者が利用し、又は主として高齢者、障害者等が利用する」とあるのは、「多数の者が利用する」と読み替えることとする(規則第40条)。

敷地内の通路の例1（利用円滑化経路、視覚障害者利用円滑化経路として整備する場合）

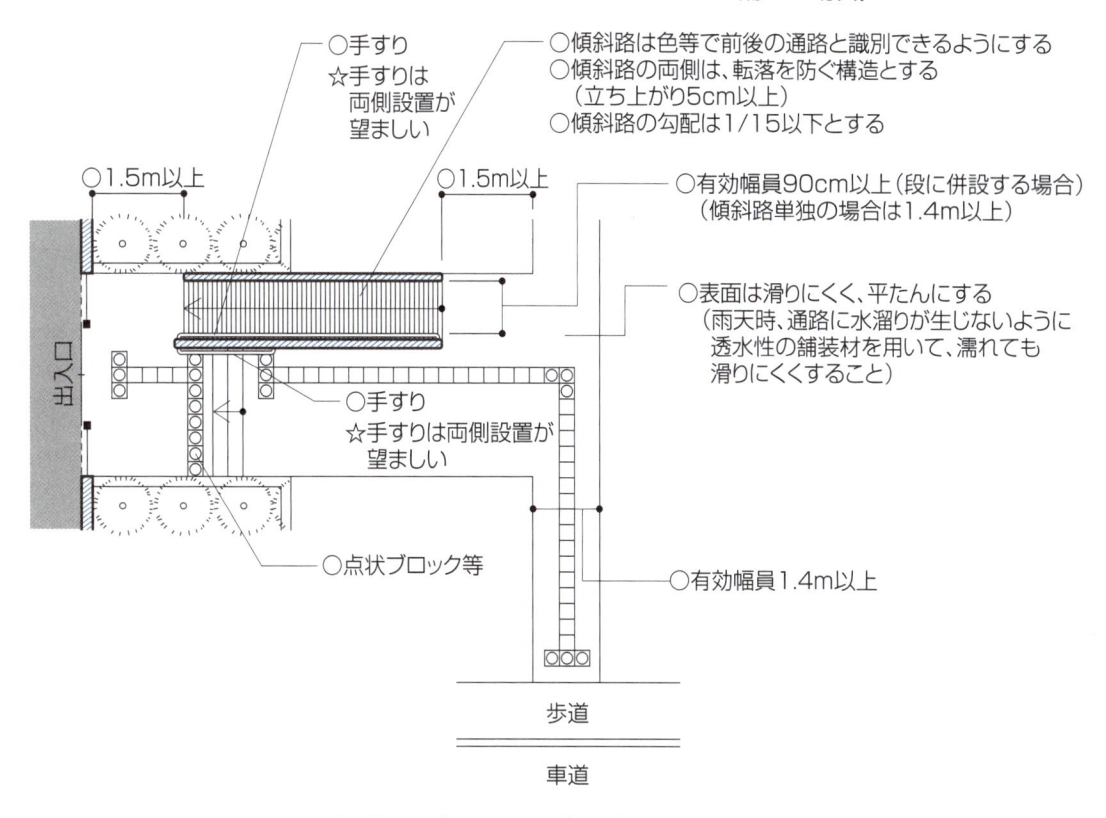

- ○手すり
  ☆手すりは両側設置が望ましい
- ○傾斜路は色等で前後の通路と識別できるようにする
- ○傾斜路の両側は、転落を防ぐ構造とする（立ち上がり5cm以上）
- ○傾斜路の勾配は1/15以下とする
- ○1.5m以上
- ○1.5m以上
- ○有効幅員90cm以上（段に併設する場合）（傾斜路単独の場合は1.4m以上）
- ○表面は滑りにくく、平たんにする（雨天時、通路に水溜りが生じないように透水性の舗装材を用いて、濡れても滑りにくくすること）
- ○手すり
  ☆手すりは両側設置が望ましい
- ○点状ブロック等
- ○有効幅員1.4m以上
- 歩道
- 車道

車いすのキャスターが落下しない配慮（細目グレーチングの例）

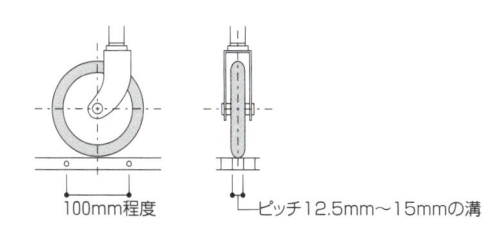

- 100mm程度
- ピッチ12.5mm～15mmの溝

第2部

敷地内の通路の例2（利用円滑化経路、視覚障害者利用円滑化経路として整備する場合）

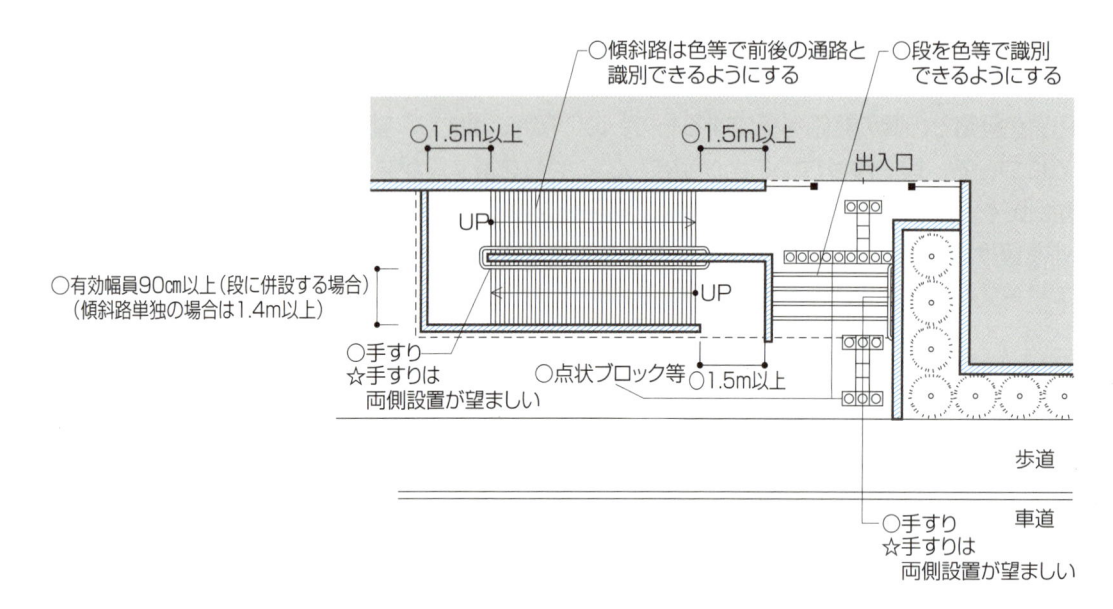

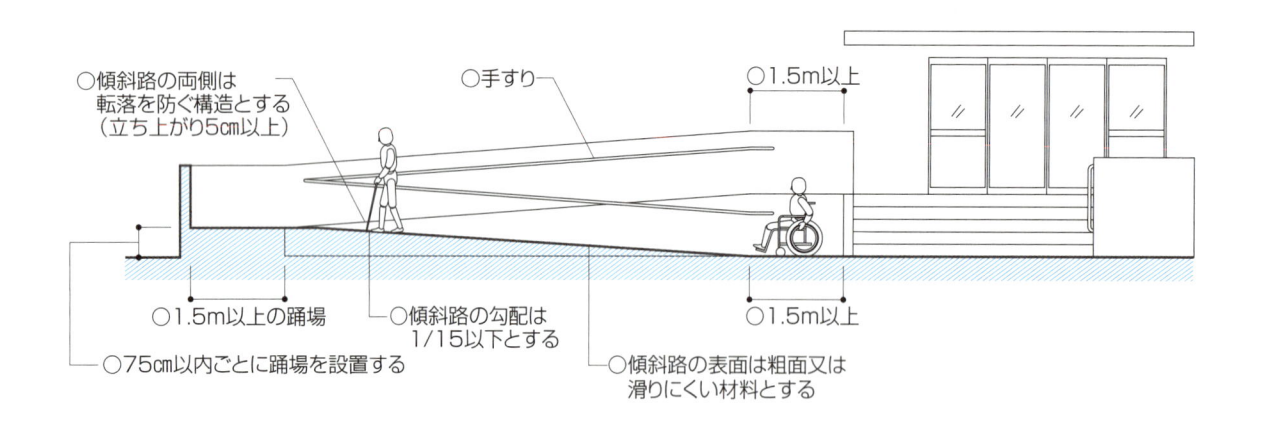

- 傾斜路は色等で前後の通路と識別できるようにする
- 段を色等で識別できるようにする
- 1.5m以上
- 1.5m以上
- 出入口
- 有効幅員90cm以上（段に併設する場合）（傾斜路単独の場合は1.4m以上）
- 手すり ☆手すりは両側設置が望ましい
- 点状ブロック等
- 1.5m以上
- 歩道
- 車道
- 手すり ☆手すりは両側設置が望ましい

- 傾斜路の両側は転落を防ぐ構造とする（立ち上がり5cm以上）
- 手すり
- 1.5m以上
- 1.5m以上の踊場
- 傾斜路の勾配は1/15以下とする
- 1.5m以上
- 75cm以内ごとに踊場を設置する
- 傾斜路の表面は粗面又は滑りにくい材料とする

敷地内の通路の基本的な寸法

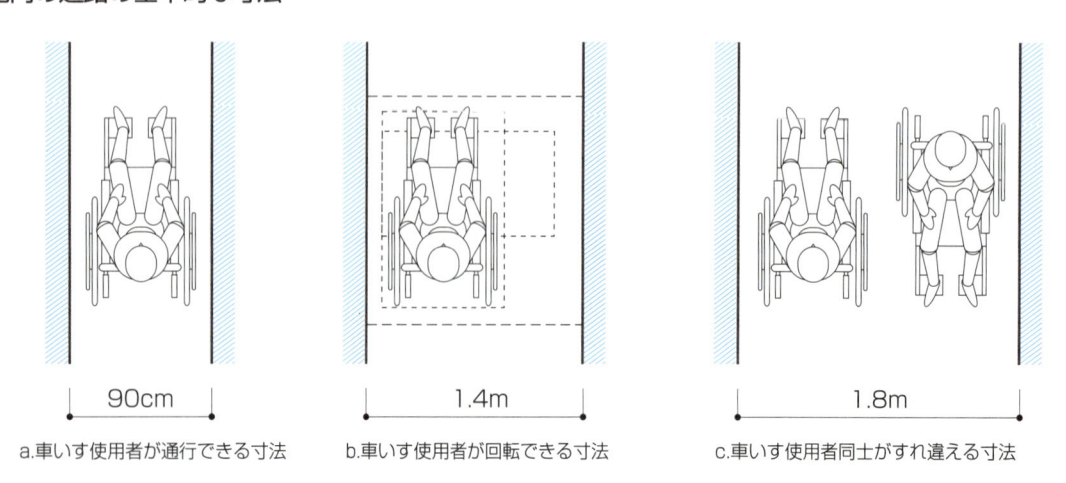

90cm	1.4m	1.8m
a.車いす使用者が通行できる寸法	b.車いす使用者が回転できる寸法	c.車いす使用者同士がすれ違える寸法

58

整備マニュアル

参考事例

敷地内の通路を横断する排水溝のふたは、つえ及び車いすのキャスター等が落ち込まないようにする。

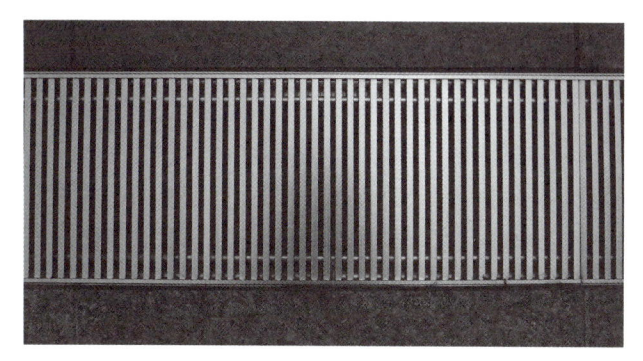

傾斜路は色、誘導ブロック・ライン等で前後の通路と傾斜路を識別できるようにするとともに、左右に転落防止措置をとる。

第2部

2 建築物
廊下等

廊下、ロビー、ホール等においては、車いすでの通行を考慮して、車いすと人とのすれ違いや車いすでの方向転換ができるよう幅員を確保したり、極力段を設けたりしないことなどが求められる。また、視覚障害者の利用を考慮した整備を行うことが必要である。

【条　例（別表第1第2号）】

二　歩道及び自転車歩行者道並びに敷地内の通路、廊下その他これに類するもの及び園路（以下「通路等」という。）で利用円滑化経路を構成するものその他の規則で定める通路等は、次に定める構造その他の規則で定める構造とすること。
　イ　有効幅員は、歩道にあっては2メートル以上、自転車歩行者道にあっては3メートル以上、通路等にあっては1.4メートル以上とすること。
　ロ　段を設けないこと。
　ハ　表面は、滑りにくく、平たんにすること。
　ニ　歩道及び自転車歩行者道並びに通路等を横断する排水溝のふたは、つえ、車いすのキャスター等が落ち込まないものとすること。

【規則（第15条抜粋）】

（通路等）
第15条　条例別表第1第2号の規則で定める通路等は、次の表（い）欄に掲げるものとし、同号の規則で定める構造は、それぞれ同表（ろ）欄に定めるとおりとする。

	（い）	（ろ）
（4）	不特定かつ多数の者が利用し、又は主として高齢者、障害者等が利用する廊下等（(5)項に掲げるもの及び利用居室等内の通路を除く。）	一　表面は、滑りにくく、平たんにすること。 二　廊下等を横断する排水溝のふたは、つえ、車いすのキャスター等が落ち込まないものとすること。 三　段を設ける場合には、第18条に定める構造に準じたものとすること。 四　傾斜路を設ける場合には、第2号に定めるもののほか、次に定める構造とすること。 　イ　表面は、粗面とし、又は滑りにくい材料で仕上げること。 　ロ　勾配が12分の1を超え、又は高さが16センチメートルを超える傾斜がある部分には、手すりを設けること。 　ハ　傾斜路とその前後の廊下等との色の明度の差が大きいこと等によりその存在を容易に識別できるものとすること。 　ニ　両側は、転落を防ぐ構造とすること。ただし、側面が壁面である場合は、この限りでない。
（5）	利用円滑化経路を構成する廊下等、利用居室内の主要な通路（第22条第4号に規定する通路を除く。）、不特定かつ多数の者が利用し、又は主として高齢者、障害者等が利用する便所と利用円滑化経路との間の廊下等及び第3条第8号に掲げる特定施設に設ける不特定かつ多数の者が	一　(4)項（ろ）欄に定める構造とするほか、次号から第5号までに定める構造とすること。 二　有効幅員は、1.4メートル以上とすること。ただし、端から10メートル以内及び区間50メートル以内ごとに、幅及び奥行きがそれぞれ1.4メートル以上の部分その他の車いすの転回に支障がない部分を設ける場合は、この限りでない。 三　段を設けないこと。ただし、次号に定める構造の傾斜路又は次条に定める構造の昇降機を併設する場合は、この限りでない。 四　傾斜路を設ける場合には、次に定める構造とすること。

整備マニュアル

利用する通路	イ　有効幅員は、段に代わるものにあっては1.4メートル以上、段に併設するものにあっては90センチメートル以上とすること。 ロ　勾配は、12分の1以下とすること。ただし、高さが16センチメートル以下のものにあっては、8分の1以下とすること。 ハ　高さが75センチメートルを超えるものにあっては、高さ75センチメートル以内ごとに踏幅が1.5メートル以上の踊場を設けること。 ニ　始点及び終点には、それぞれ長さ1.5メートル以上の高低差のない部分を設けること。 五　戸を設ける場合には、自動的に開閉する構造その他の高齢者、障害者等が容易に開閉して通過できる構造とし、かつ、その前後に高低差がないこと。

整備基準（義務規定）

不特定かつ多数の者が利用し、又は主として高齢者、障害者等が利用するものである場合・・・A
- ○表面は滑りにくく、平たんにする
- ○排水溝のふたは、つえ及び車いすのキャスター等が落ち込まないようにする
- ○段がある部分
  - 階段に準じた構造とする（規則第18条、70頁参照）
- ○傾斜路を設ける場合
  - 表面は粗面又は滑りにくい材料とする
  - 手すりを設ける(勾配1/12超、又は高さ16cm超の傾斜路がある場合)
  - 色等で、前後の通路と傾斜路を識別できるようにする
  - 傾斜路の左右に転落防止措置をとる

利用円滑化経路を構成するもの、利用居室内の主要な通路、便所と利用円滑化経路との間の経路を構成するもの及び地下街で不特定かつ多数の者が利用するものである場合・・・B
- 上記A規定に加えて、下記基準についても整備する。
- ○有効幅員は1.4m以上とする（端から10m以内及び区間50m以内ごとに、幅及び奥行きがそれぞれ1.4m以上の部分その他の車いすの転回に支障がない部分を設けた場合可）
- ○段は設けない(傾斜路又は昇降機併設の場合可)
- ○戸の構造は、自動扉その他高齢者、障害者等が容易に開閉して通過できる構造とする
- ○戸の前後には高低差を設けない
- ○傾斜路を設ける場合
  - 有効幅員1.4m以上とする(段に併設の場合90cm以上)
  - 勾配は、1/12以下とする(高低差16cm以下の場合1/8以下)
  - 高低差75cm以内ごとに踏幅1.5m以上の踊場を設置する
  - 始点及び終点には1.5m以上の水平部分を設置する

第2部

解　説

- 廊下等については、「不特定かつ多数の者が利用し、又は主として高齢者、障害者等が利用するもの」と高齢者、障害者等が円滑に利用できるものとしてワンランク上のレベルを求める「利用円滑化経路を構成するもの」、「利用居室内の主要な通路」及び「便所と利用円滑化経路との間の経路を構成するもの」の2種類で構成し、整備基準を定めている。
- 「利用居室内の主要な通路」とは、利用居室内の出入口から車いす使用者が利用できる部分（例：教室の机、病室のベッド、飲食店のテーブル席、車いす使用者が利用できるカウンター）までの通路のことである。
- 地下街については、利用円滑化経路の考え方を導入していないので、その通路で不特定かつ多数の者が利用するものについては、その利用形態から考えて「利用円滑化経路を構成する廊下等」と同様の基準としている。
- 「その他の車いすの転回に支障がない部分」とは、具体的には十字、T字の交差部で幅及び奥行きが1.2m以上ある部分のことをいう。

留意事項

- 不特定かつ多数の者が利用し、又は主として視覚障害者等が利用する廊下等の、階段又は傾斜路の上端に近接する部分には、点状ブロック等の設置を行う（規則第24条第1項第1号イ、100頁参照）。
- 床面積の合計が1,000㎡を超える施設においては、道等から当該特定施設の案内設備までの経路（不特定かつ多数の者が利用し、又は主として視覚障害者が利用するものに限る。）のうち1以上を、視覚障害者利用円滑化経路にすることが求められる（規則第24条第1項第4号、100頁参照）。

【学校等に関する読替え】
- 学校その他これに類するもの、または共同住宅については、これらの規定中「不特定かつ多数の者が利用し、又は主として高齢者、障害者等が利用する」とあるのは、「多数の者が利用する」と読み替えることとする(規則第40条)。

整備マニュアル

廊下等の例

○有効幅員が1.2m以上の廊下が交差する部分は転回スペースとみなす

廊下

1.2m

○1.4m以上

（有効幅員が1.4mに満たない場合は、50m区間ごとに車いすが回転できるスペースを設ける。）

○車いすの転回スペース（1.4m角）

○区間50m以内
○廊下の端から10m以内

UP
EV
階段

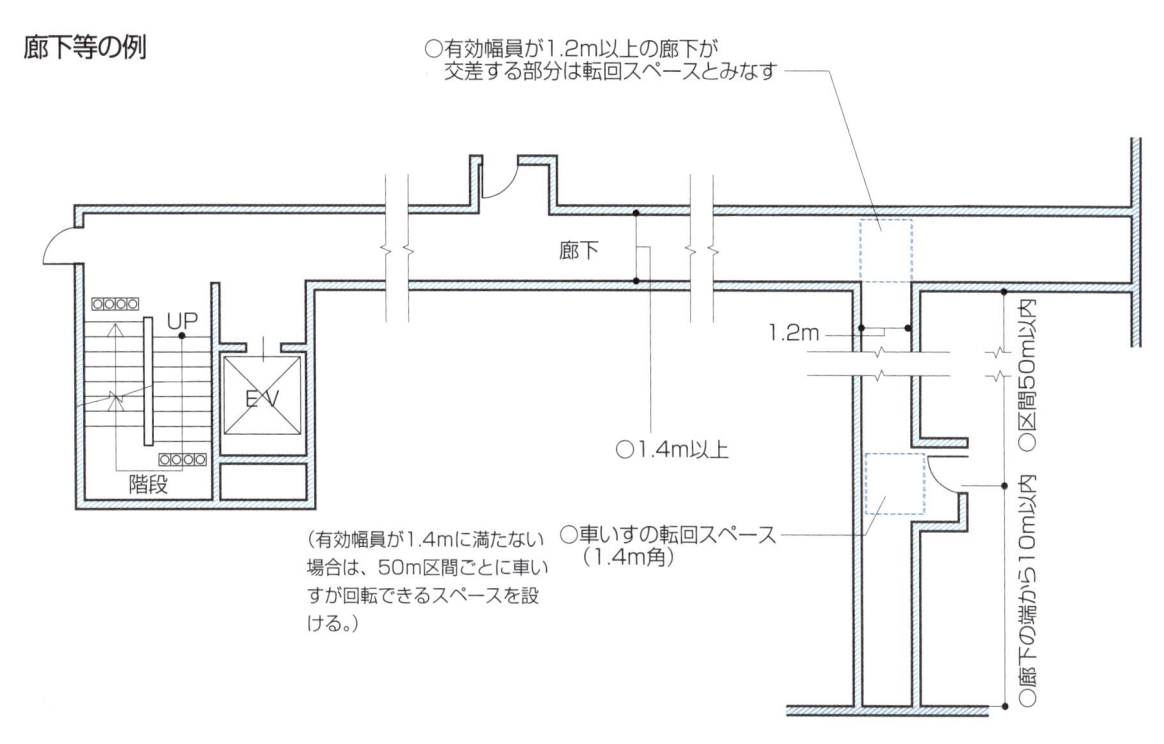

廊下等の有効幅員の考え方

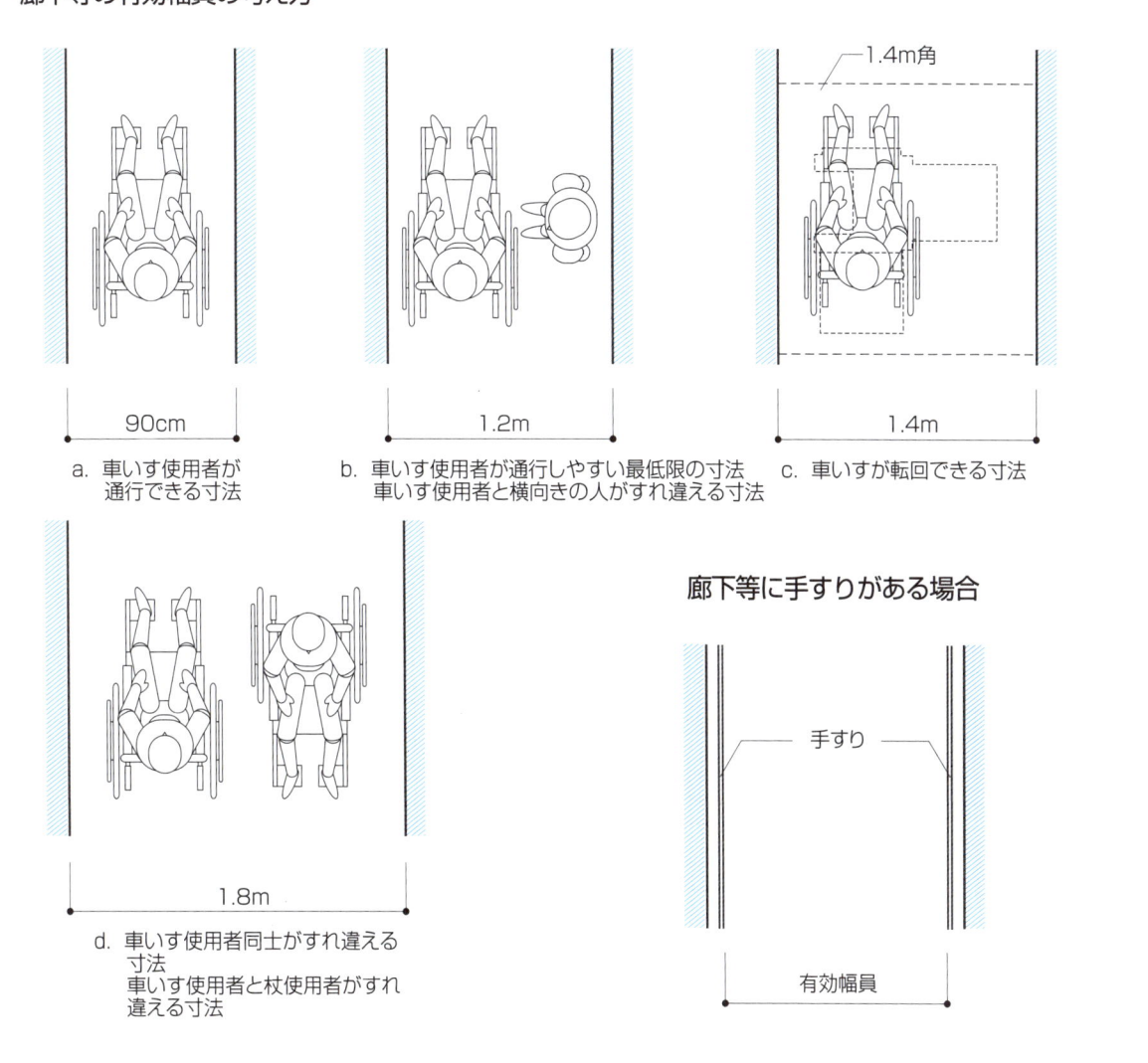

- 90cm
  a. 車いす使用者が通行できる寸法

- 1.2m
  b. 車いす使用者が通行しやすい最低限の寸法 車いす使用者と横向きの人がすれ違う寸法

- 1.4m角 / 1.4m
  c. 車いすが転回できる寸法

- 1.8m
  d. 車いす使用者同士がすれ違う寸法
     車いす使用者と杖使用者がすれ違う寸法

廊下等に手すりがある場合

手すり

有効幅員

第2部

参考事例

利用居室内の主要な通路は、テーブルやいすなどの可動物が設置された場合でも、有効幅員1.4m以上を確保する。

廊下等で有効幅員が1.4m未満の場合は、幅及び奥行きがそれぞれ1.4m以上の部分その他の車いすに支障のない部分を端から10m以内及び区間50m以内ごとに設ける。

傾斜路は色、誘導ブロック・ライン等で前後の通路と傾斜路を識別できるようにする。

整備マニュアル

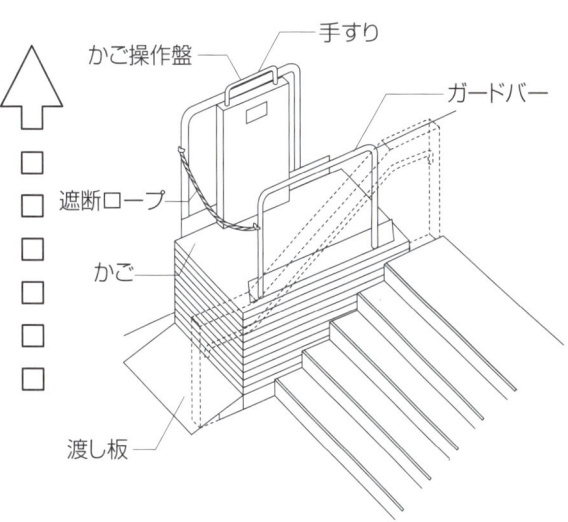

2 建築物
段差の解消

　高齢者や障害者等の建築物（特定施設）の円滑な利用を確保するため、敷地内の通路や廊下等及び地下街の通路にやむを得ず段を設ける場合は、傾斜路やエレベーター等を設置するほかに、段差解消機等を設けることも、一つの手段として有効である。

> 【規則（第16条）】
> （段に併設する昇降機の構造）
> 第16条　前条の表（3）項（ろ）欄第3号ただし書、（5）項（ろ）欄第3号ただし書及び（6）項（ろ）欄第2号ただし書に規定する昇降機の構造は、第19条第2項各号に定める構造又は次に定める構造とする。
> 　一　エレベーターにあっては、次に定める構造とすること。
> 　　イ　平成12年建設省告示第1413号第1第9号に規定する構造とすること。
> 　　ロ　籠の幅は70センチメートル以上とし、かつ、奥行きは1.2メートル以上とすること。
> 　　ハ　車椅子使用者が籠内で方向を変更する必要がある場合にあっては、籠の幅及び奥行きが十分に確保されていること。
> 　二　エスカレーターにあっては、平成12年建設省告示第1417号第1ただし書に規定する構造とすること。

解　説

- 利用円滑化経路を構成する敷地内の通路、廊下等及び地下街の通路に段がある場合、水平な移動を確保するために必要な措置のうち、昇降機の構造について規定している。
- 規則第19条第2項各号に定める一般的な昇降機（エレベータ）のほか、車いす使用者が昇降可能な特殊な構造又は使用形態の昇降機について規定している。

段差解消機の例

斜行型　　　　　　　　　　　　　　鉛直型

第2部

2 建築物 出入口

玄関や各居室の出入口は、高齢者や障害者等が円滑に通過できるようにすることが必要である。特に、直接地上に通ずる出入口の一つ以上においては、有効幅員等の基準を設けて施設の円滑な利用を確保する。

【条例（別表第1第3号）】

三　利用円滑化経路を構成する出入口その他の規則で定める出入口は、次に定める構造その他の規則で定める構造とすること。
　イ　有効幅員は、建築物の直接地上へ通ずる出入口のうち1以上のものは90センチメートル以上、その他の建築物の出入口は80センチメートル以上とすること。
　ロ　段を設けないこと。

【規則（第17条抜粋）】
（出入口）
第17条　条例別表第1第3号の規則で定める出入口は、次の表（い）欄に掲げるものとし、同号の規則で定める構造は、それぞれ同表（ろ）欄に定めるとおりとする。

	（い）	（ろ）
(1)	利用円滑化経路を構成する出入口（第3条第2号に掲げる特定施設の住戸の出入口を除く。）及び同条第8号に掲げる特定施設の不特定かつ多数の者が利用する出入口	一　有効幅員は、建築物の直接地上へ通ずる出入口のうち1以上のものは90センチメートル以上、その他の出入口は80センチメートル以上とすること。 二　段を設けないこと。 三　戸を設ける場合には、自動的に開閉する構造その他の高齢者、障害者等が容易に開閉して通過できる構造とし、かつ、その前後に高低差がないこと。

整備基準（義務規定）

利用円滑化経路を構成する出入口及び地下街で不特定かつ多数が利用する出入口
　〇有効幅員
　　・直接地上へ通ずる1以上の出入口は、90cm以上とする
　　・その他の利用居室や駐車場の出入口は、80cm以上とする
　〇段は設けない
　〇戸の構造は、自動扉その他高齢者、障害者等が容易に開閉して通過できる構造とする
　〇戸の前後には高低差を設けない

解　説

- 直接地上へ通ずる出入口のうち1以上のものとは、通常玄関のことを言う。
- 出入口については利用円滑化経路を構成するものにのみ基準を適用する。ただし、利用円滑化経路の考え方を導入していない地下街については、不特定かつ多数の者が利用する出入口すべてについて基準を適用する。
- 共同住宅の住戸の出入口は、多数のものが利用する部分ではないので、除外しているが、この基準を満足することが望ましい。
- 回転扉については、「高齢者、障害者等が容易に開閉して通過できる構造」に該当しないので、利用円滑化経路上には設けることができない。

整備マニュアル

玄関の例1（利用円滑化経路、視覚障害者利用円滑化経路として整備する場合）

- 点字等による案内板
- 戸の構造は自動式引き戸、又は高齢者、障害者等が容易に開閉して通過できるようにする
- 段は設けない
- 戸の前後は水平部分を設ける
- 有効幅員 90cm以上

（屋内）
（屋外）

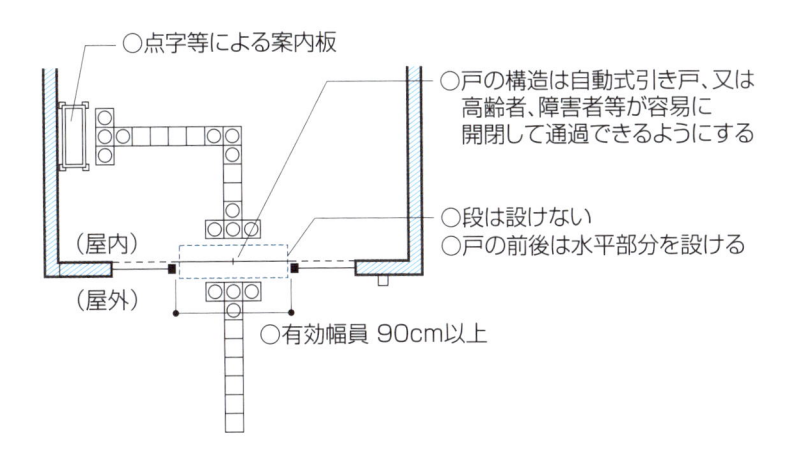

玄関の例2（風除室を設けた場合）
　　　　　（利用円滑化経路、視覚障害者利用円滑化経路として整備する場合）

受付
カウンター
ホール
風除室
出入口

- 有効幅員90cm以上
- 段は設けない
- 戸の前後は水平部分を設ける
- ☆風除室内で進行方向が変わらなければ視覚障害者誘導用ブロックの省略が可
- ☆受付に常勤者がいて出入口が見通せる場合、屋内側の視覚障害者誘導用ブロックは省略が可
- 戸の構造は自動式引き戸、又は高齢者、障害者等が容易に開閉して通過できるようにする
- 風除室は、屋内側、屋外側とも有効幅員90cm以上
- 有効幅員1.4m以上

（屋内）（屋外）

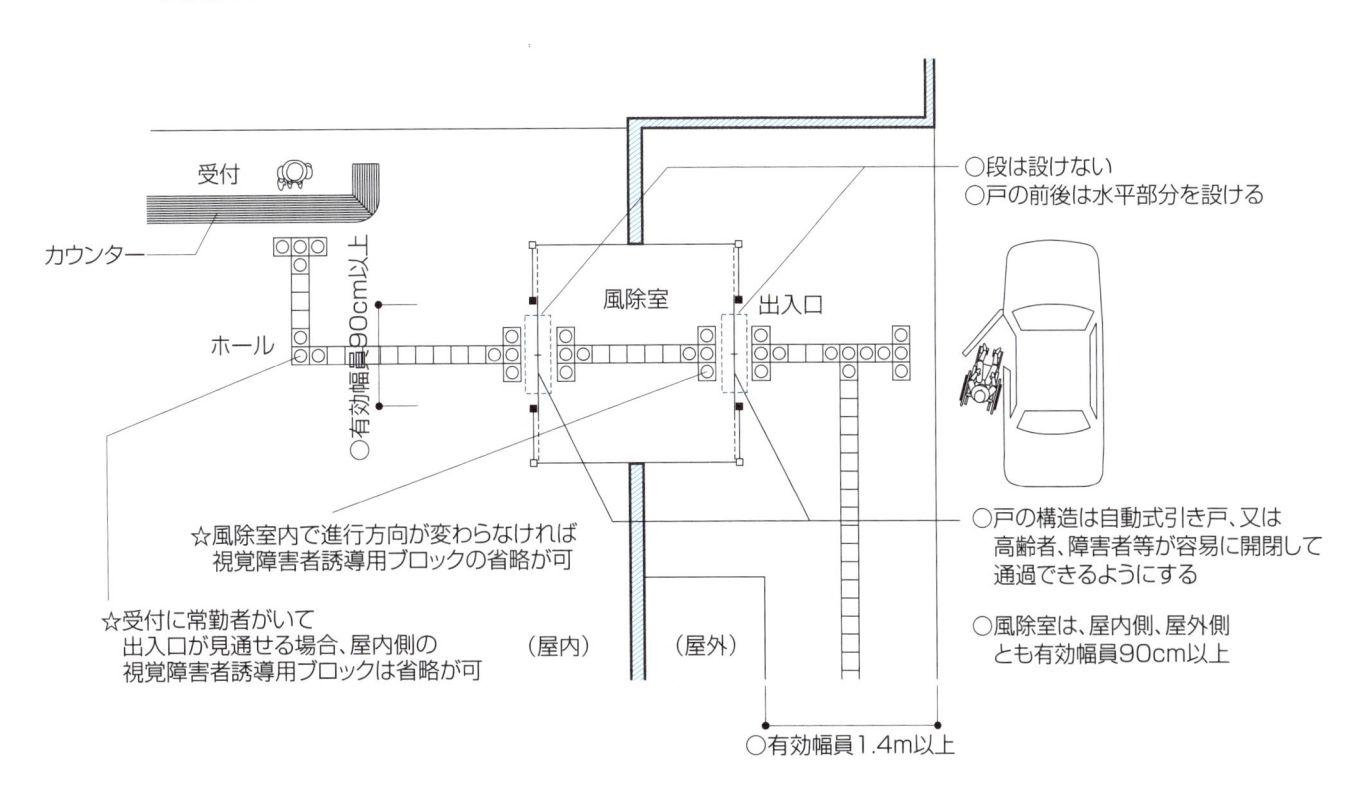

第2部

出入口の例

引き戸の場合

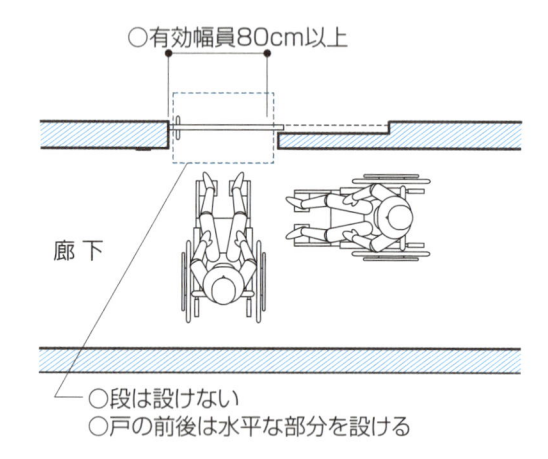

- ○有効幅員80cm以上
- ○段は設けない
- ○戸の前後は水平な部分を設ける

開き戸の場合

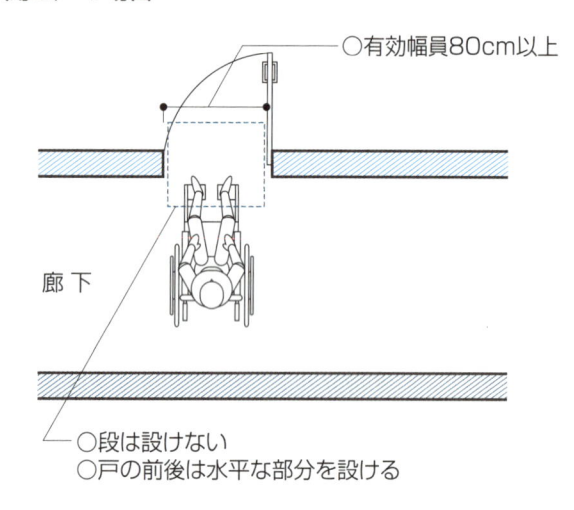

- ○有効幅員80cm以上
- ○段は設けない
- ○戸の前後は水平な部分を設ける

- ○有効幅員80cm以上
- ☆90cm程度
- ☆45cm以上あると出入りしやすい
- ○段は設けない
- ○戸の前後は水平な部分を設ける

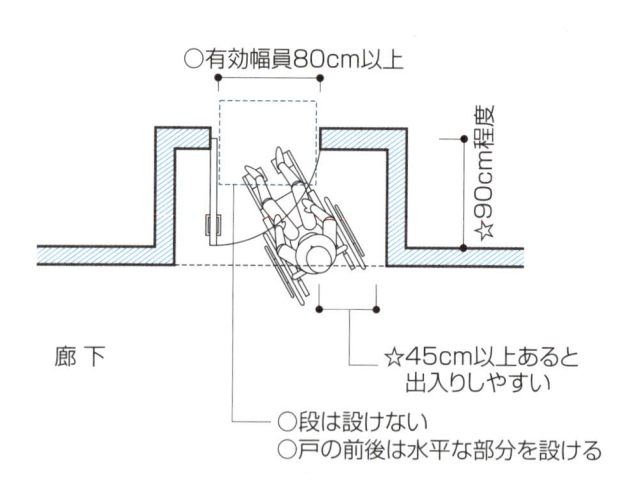

出入口の有効幅員の考え方

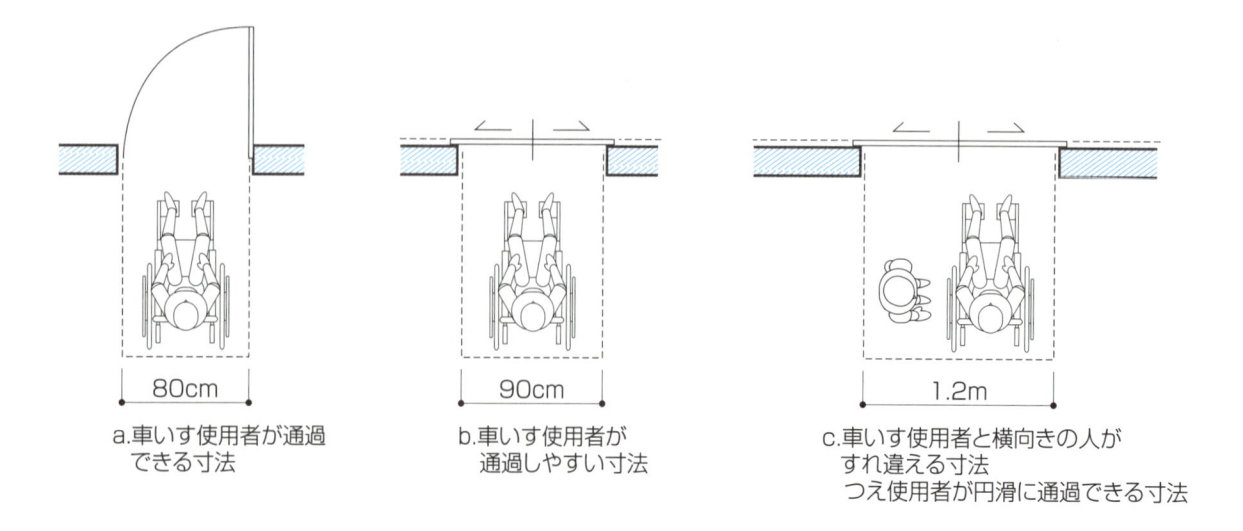

a. 車いす使用者が通過できる寸法 … 80cm

b. 車いす使用者が通過しやすい寸法 … 90cm

c. 車いす使用者と横向きの人がすれ違える寸法
   つえ使用者が円滑に通過できる寸法 … 1.2m

整備マニュアル

参考事例

戸の構造は自動扉その他の高齢者障害者等が容易に開閉して通過できる構造とする。

手前に開く開き戸の場合、扉の軌跡の外側に開閉しやすいスペースを確保する。

出入口の扉には段を設けない。

第2部

2 建築物 階段

階段は、高齢者や障害者等にとって大きな負担になるとともに、転倒や転落などの事故の危険性が高い部分であるため、エレベーターの設置の有無に関わらず安全面も含めて円滑に利用できるようにするための整備を行う。

【条例（別表第1第4号）】
四　不特定かつ多数の者が利用する階段その他の規則で定める階段は、次に定める構造その他の規則で定める構造とすること。
　イ　回り階段としないこと。
　ロ　手すりを設けること。
　ハ　段鼻は、滑りにくくすること。

【規則（第18条）】
（階段）
第18条　条例別表第1第4号の規則で定める階段は、不特定かつ多数の者が利用し、又は主として高齢者、障害者等が利用する階段とし、同号の規則で定める構造は、次のとおりとする。
　一　回り階段としないこと。
　二　手すりを設けること。
　三　段鼻は、滑りにくくすること。
　四　表面は、粗面とし、又は滑りにくい材料で仕上げること。
　五　踏面の端部とその周囲の部分との色の明度の差が大きいこと等により段を容易に識別できるものとすること。
　六　段鼻の突き出しがないこと等によりつまずきにくい構造とすること。

整備基準（義務規定）

○回り階段としない
○手すりを設ける
○段鼻は滑りにくく、つまずきにくい構造(段鼻の突き出しがないこと等)とする
○表面は粗面又は滑りにくい材料とする
○色等で段を容易に識別できるようにする

解　説

- 基準は不特定かつ多数の者が利用し、又は主として高齢者、障害者等が利用する階段すべてについて適用する。逆に、従業員のみしか使用しないような階段、災害時に非常開放して使用する形式のいわゆる非常階段は、ここでは対象にしていない。

留意事項

- 不特定かつ多数の者が利用し、又は主として視覚障害者が利用する階段の踊場には、点状ブロック等の設置を行う（規則第24条第1項第1号ハ、100頁参照）。
- 階段の形式については、Q＆Aによる（193頁参照）。

【学校等に関する読替え】
- 学校その他これに類するもの、または共同住宅については、これらの規定中「不特定かつ多数の者が利用し、又は主として高齢者、障害者等が利用する」とあるのは、「多数の者が利用する」と読み替えることとする(規則第40条)。

整備マニュアル

階段の例（点状ブロック等を敷設する場合）

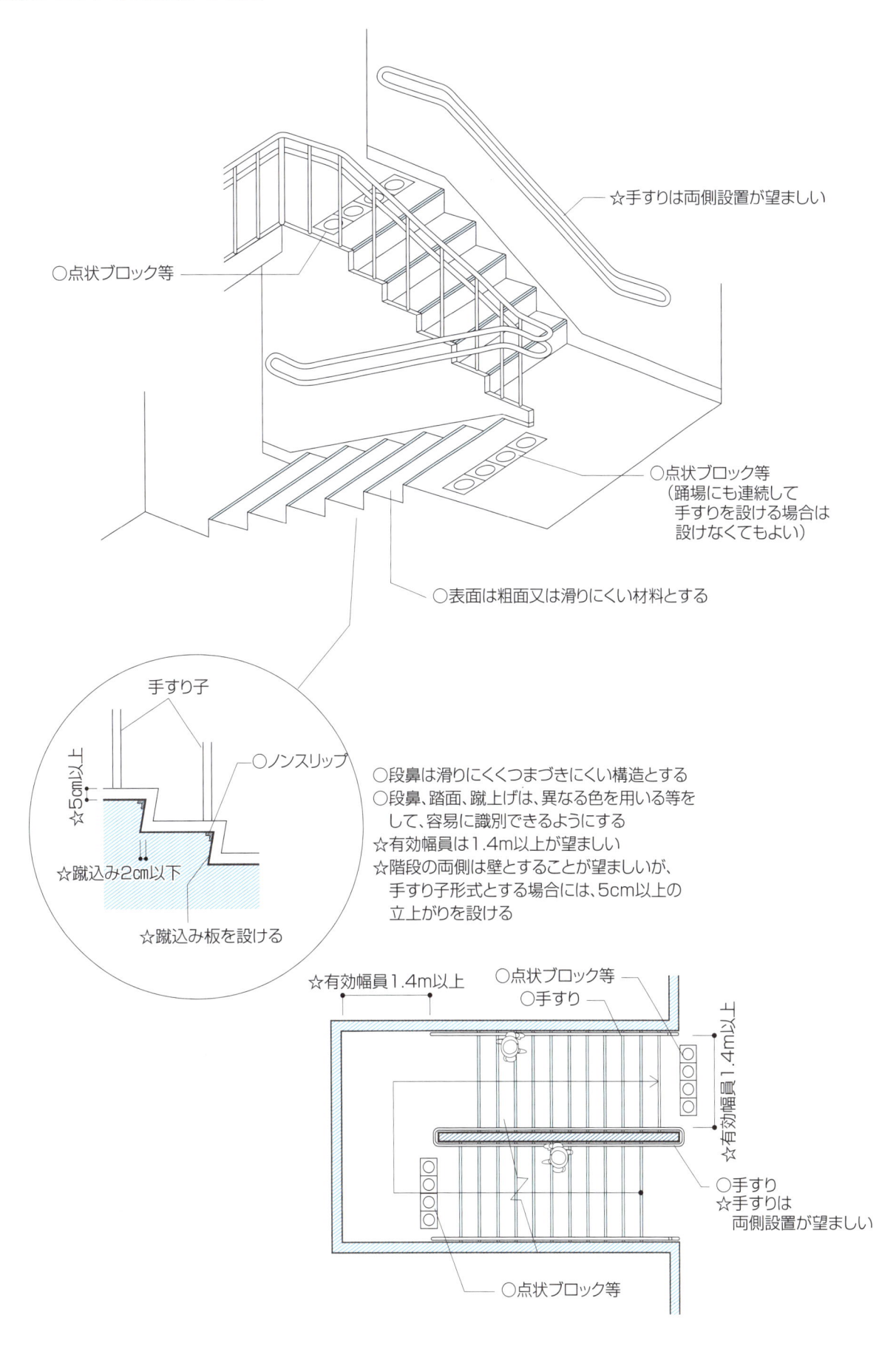

- ☆手すりは両側設置が望ましい
- ○点状ブロック等
- ○点状ブロック等
  （踊場にも連続して手すりを設ける場合は設けなくてもよい）
- ○表面は粗面又は滑りにくい材料とする

手すり子
○ノンスリップ
☆5cm以上
☆蹴込み2cm以下
☆蹴込み板を設ける

- ○段鼻は滑りにくくつまづきにくい構造とする
- ○段鼻、踏面、蹴上げは、異なる色を用いる等をして、容易に識別できるようにする
- ☆有効幅員は1.4m以上が望ましい
- ☆階段の両側は壁とすることが望ましいが、手すり子形式とする場合には、5cm以上の立上がりを設ける

☆有効幅員1.4m以上
○点状ブロック等
○手すり
☆有効幅員1.4m以上
○手すり
☆手すりは両側設置が望ましい
○点状ブロック等

71

第2部

手すりの基本的寸法

手すりの高さの例（1本の場合）

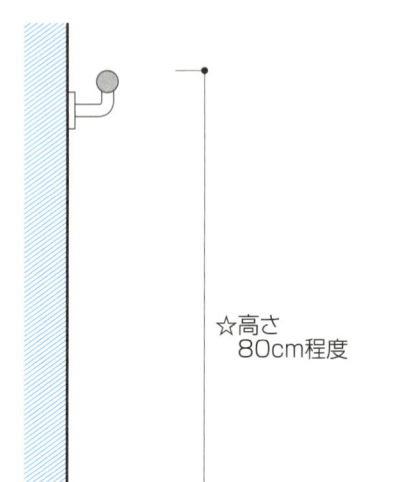

☆高さ 80cm程度

手すりの位置と形状の例（1本の場合）

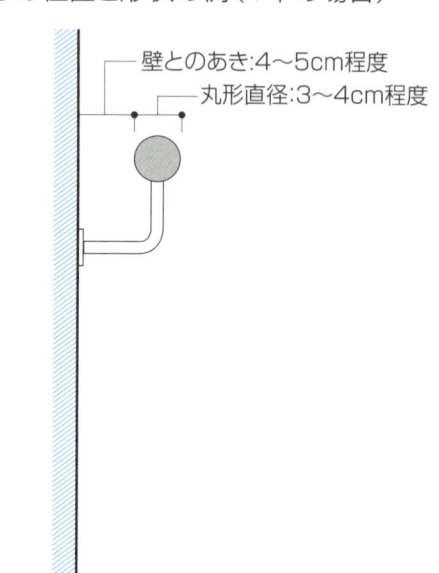

- 壁とのあき：4～5cm程度
- 丸形直径：3～4cm程度

手すりの高さの例（2本の場合）

☆手すりは2段とすることが望ましい

- ☆下段高さ 60～65cm程度
- ☆上段高さ 75～85cm程度

手すりの位置と形状の例（2本の場合）

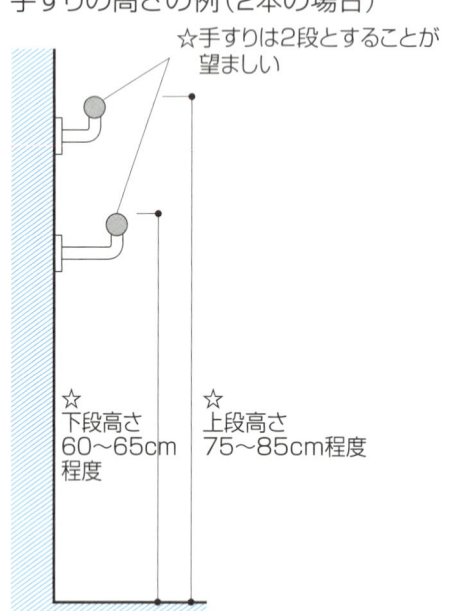

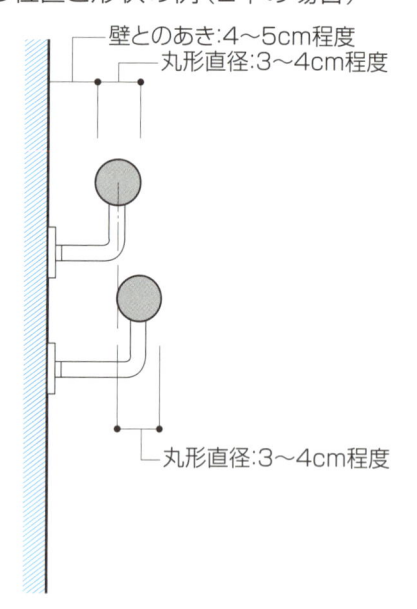

- 壁とのあき：4～5cm程度
- 丸形直径：3～4cm程度
- 丸形直径：3～4cm程度

手すりの端部の例

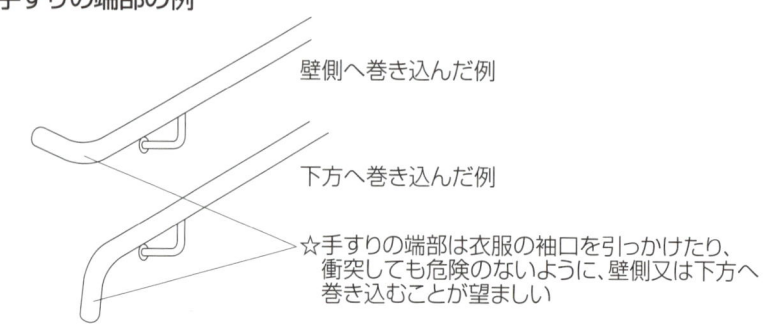

- 壁側へ巻き込んだ例
- 下方へ巻き込んだ例

☆手すりの端部は衣服の袖口を引っかけたり、衝突しても危険のないように、壁側又は下方へ巻き込むことが望ましい

整備マニュアル

参考事例

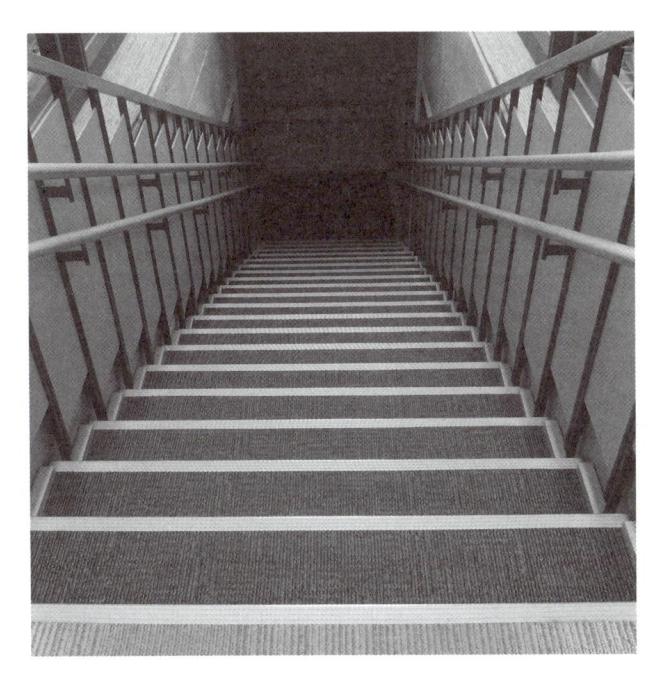

手すりを設けるとともに、色等で段を容易に識別できるようにする。

段鼻はノンスリップ等により滑りにくくし、段鼻の突き出しをなくす等つまづきにくい構造とする。

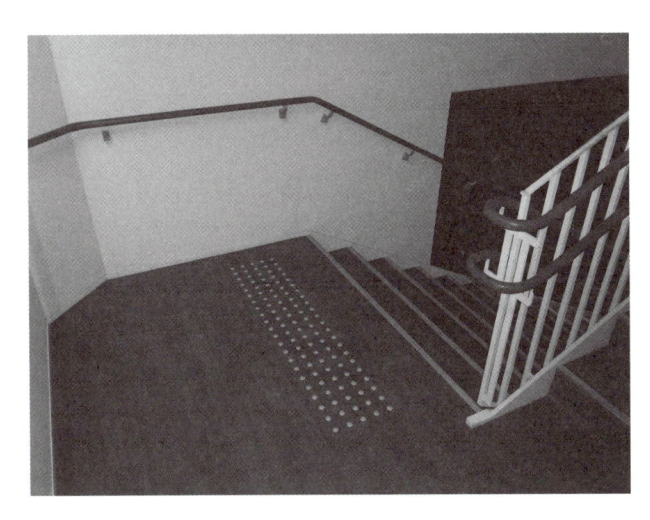

踊場には段を設けず、回り階段としない。

73

第2部

2 建築物 エレベーター

　エレベーターは、高齢者や障害者等にとって非常に困難な垂直移動を、安全かつ円滑に行う手段として最も有効なものである。そのため、誰もが利用しやすいように建築物の中でなるべくわかりやすい位置に設けるとともに、案内表示についても音声案内や点字表示、電光掲示など、視覚障害者、聴覚障害者に対する配慮を行うなど、特定施設の利用形態に応じて適切な整備を行うことが求められる。

【条例（別表第1第5号）】

五　第1条の2第2号イからハまで及びチに掲げる施設に該当する特定施設で規則で定めるものの利用円滑化経路を構成するエレベーターは、次に定める構造その他の規則で定める構造とすること。
　イ　かごの奥行きの内のり寸法は、1.35メートル以上とすること。
　ロ　出入口の有効幅員は、80センチメートル以上とすること。
　ハ　車いす使用者及び視覚障害者の利用に配慮した操作ボタン等を設けること。

【規則（第19条）】

（利用円滑化経路を構成するエレベーター）
第19条　条例別表第1第5号の規則で定める特定施設は、次に掲げるものとする。
　一　第3条第1号に掲げる特定施設（同号イに掲げる用途に供するものを除く。）並びに同条第3号から第7号まで、第12号及び第13号に掲げる特定施設で、当該特定施設（当該特定施設が建築物の一部である場合にあっては、当該特定施設を含む建築物）の直接地上へ通ずる出入口のある階（以下「地上階」という。）以外の階における不特定かつ多数の者が利用し、又は主として高齢者、障害者等が利用する部分（同条第1号イに掲げる用途及び共同住宅の用に供する部分を除き、同号ワに掲げる用途に供する特定施設にあっては、その客室部分を含むものとする。）の床面積の合計が1,000平方メートルを超えるもの
　二　第3条第1号イに掲げる用途に供する特定施設で、当該特定施設の階数が3以上で、かつ、床面積の合計が2,000平方メートル以上のもの
　三　第3条第2号に掲げる特定施設で、当該特定施設の階数が3以上で、かつ、戸数が50戸を超えるもの
2　条例別表第1第5号の規則で定める構造は、第16条第1号に定める構造のエレベーターを段に併設する場合を除き、次のとおりとする。
　一　籠の奥行きの内のり寸法は、1.35メートル以上とすること。
　二　出入口の有効幅員は、80センチメートル以上とすること。
　三　籠は、利用居室等、車椅子使用者用便房及び車椅子使用者用駐車施設がある階並びに地上階に停止すること。
　四　乗降ロビーは、高低差がないものとし、その幅及び奥行きは、1.5メートル以上とすること。
　五　籠内及び乗降ロビーには、車椅子使用者の利用に配慮した操作ボタン等を設けること。
　六　籠内に、籠が停止する予定の階及び籠の現在位置を表示する装置を設けること。
　七　乗降ロビーに、到着する籠の昇降方向を表示する装置を設けること。
　八　不特定かつ多数の者が利用するエレベーターにあっては、前各号に定めるもののほか、次に定める構造とすること。
　　イ　籠の幅は、1.4メートル以上とすること。
　　ロ　籠は、車椅子の転回に支障がない構造とすること。ただし、籠の出入口が複数あるエレベーターであって、車椅子使用者が円滑に乗降できる構造のものについては、この限りでない。
　九　不特定かつ多数の者が利用し、又は主として視覚障害者が利用するエレベーターにあっては、前各号に定めるもののほか、次に定める構造とすること。ただし、エレベーターが主として自動車の駐車

整備マニュアル

> 　　　の用に供する施設に設けるものである場合は、この限りでない。
> 　イ　籠内に、籠が到着する階並びにかご及び昇降路の出入口の戸の閉鎖を音声により知らせる装
> 　　　置を設けること。
> 　ロ　籠内及び乗降ロビーに設ける操作ボタン等（車椅子使用者が利用しやすい位置及びその他の位
> 　　　置に操作ボタン等を設ける場合にあっては、当該その他の位置に設けるものに限る。）は、点字によ
> 　　　り表示する等視覚障害者が円滑に操作することができる構造とすること。
> 　ハ　籠内又は乗降ロビーに、到着する籠の昇降方向を音声により知らせる装置を設けること。
> 3　増築等の場合（増築等により第1項各号に掲げる特定施設となる場合であって、増築等に係る部分に
> 　利用円滑化経路を構成するエレベーターを設けるときを除く。）における第1項の規定の適用については、
> 　同項中「床面積」とあるのは「増築等に係る部分の床面積」と、「階数」とあるのは「増築等に係る部分
> 　の階数」と、「戸数」とあるのは「増築等に係る部分の戸数」とする。

整備基準（義務規定）

設置要件
■下記施設に設ける利用円滑化経路を構成するエレベーターは整備基準に適合させなければならない。
- 地上階以外の階における不特定かつ多数の者が利用し、又は主として高齢者、障害者等が利用する部分の床面積の合計が1,000㎡を超えるもの
- 学校その他これに類する施設で、階数が3以上かつ床面積が2,000㎡以上のもの
- 共同住宅で、階数が3以上かつ戸数が50戸を超えるもの

一般規定・・・・A
- ○かごの奥行きは1.35m以上とする
- ○出入口有効幅員は80cm以上とする
- ○停止階は、利用居室等、車いす使用者用便房及び車いす使用者用駐車施設のある階、地上階とする
- ○乗降ロビーの仕様
  - 幅及び奥行きは1.5m以上を確保する
  - 高低差は設けない
  - 昇降方向を表示する装置を設置する
- ○かご内及び乗降ロビーには、車いす使用者の利用に配慮した操作ボタン等を設置する
- ○かご内の表示は、停止予定階及び現在位置を表示する

不特定かつ多数の者が利用する施設に設ける場合・・・・B
上記A規定に加えて、下記基準についても整備する。
- ○かごの幅は1.4m以上とする
- ○かごの平面形状は、車いすの転回に支障がない構造とする(かごの出入口が複数あり、車いす使用者が円滑に乗降できるものを除く)

不特定かつ多数の者が利用し、又は主として視覚障害者が利用する施設に設ける場合・・・・C
上記A又はB規定に加え、下記基準についても整備する。
- ○音声装置の設置(駐車場を除く。)
  - かご内では到着階、出入口の戸の閉鎖を知らせる装置を設置する

第2部

- かご内又は乗降ロビーでは、昇降方向を知らせる装置を設置する
- ○視覚障害者対応装置の設置
  - かご内及び乗降ロビーに設ける操作ボタン等は、点字により表示するなど視覚障害者が円滑に操作できる構造とする

解　説

- 地上階（玄関のある階）以外の階における不特定かつ多数の者が利用し、又は主として高齢者、障害者等が利用する部分の床面積の合計が1,000㎡を超える場合、エレベーターの設置を求めている。
- 学校等の新築、増築等をする場合で、当該新築、増築等をする部分の階数が3以上で、かつ当該部分の床面積が2,000㎡以上である場合、エレベーターの設置を求めている。
- 共同住宅は特定施設とする2,000㎡以上のもののうち、階数が3以上かつ戸数が50戸超のものに設置を求めている。
- 工場、事務所の不特定かつ多数の者が利用する部分としては、工場見学をする部分や来客への対応をする部分などがあげられる。
- 不特定かつ多数の者が利用する特定施設については、音声案内や点字表示、電光掲示など、視覚障害者、聴覚障害者に対する配慮を行う。
- 鉄道駅などでは、かごの出入口が異なる方向にあり、車いす使用者が転回を伴わずに前進して退出する方式のエレベーター（いわゆるスルー型エレベーター）が多くみられるようになった。これらのものは転回するスペースがなくても車いす使用者が円滑に利用できるもので、有効である。
- 車いす使用者の利用に配慮した操作ボタンは、かご内及び乗降ロビーに車いす使用者専用の操作ボタンを床上1m程度の位置に設置すること。

留意事項

- 規則第19条第1項各号に該当する特定施設については、規則第14条第1項第2号の規定により、階段を利用円滑化経路上に設けることはできないので、エレベーターか傾斜路を設けなければならないが、増築等で既設を含めた全体で同号に該当する場合であっても、増築等に係る部分のみで同号に定める規模にならない場合は、エレベーターの設置義務はない。ただし、そのような場合でも増築等に係る部分に利用円滑化経路を構成するエレベーターを設ける場合、同条第2項に定める構造としなければならない
（117頁参照）。
- 敷地内に複数棟の建築物を新築等する場合、各棟の2階以上の不特定かつ多数の者が利用する部分の面積が1,000㎡以下であっても、2棟の合計が1,000㎡を超えるときは、各棟にエレベーターを設置する必要がある。

整備マニュアル

不特定かつ多数の者が利用するエレベーターの例

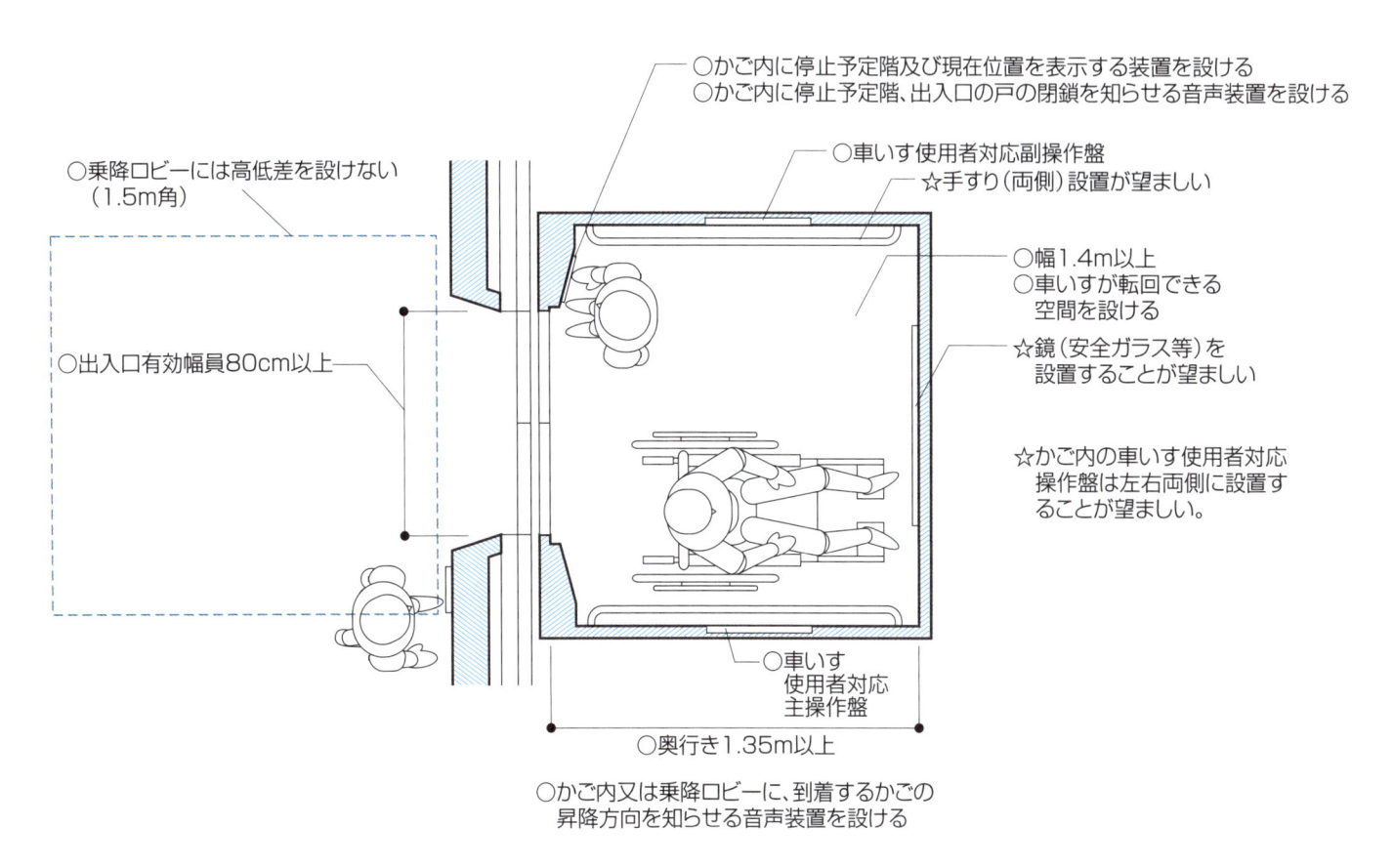

- ○かご内に停止予定階及び現在位置を表示する装置を設ける
- ○かご内に停止予定階、出入口の戸の閉鎖を知らせる音声装置を設ける
- ○車いす使用者対応副操作盤
- ☆手すり（両側）設置が望ましい
- ○幅1.4m以上
- ○車いすが転回できる空間を設ける
- ☆鏡（安全ガラス等）を設置することが望ましい
- ☆かご内の車いす使用者対応操作盤は左右両側に設置することが望ましい。
- ○乗降ロビーには高低差を設けない（1.5m角）
- ○出入口有効幅員80cm以上
- ○車いす使用者対応主操作盤
- ○奥行き1.35m以上
- ○かご内又は乗降ロビーに、到着するかごの昇降方向を知らせる音声装置を設ける

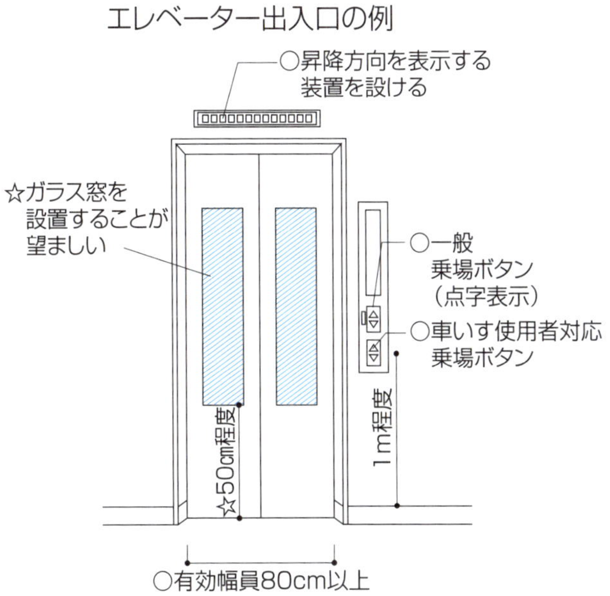

エレベーター出入口の例

- ○昇降方向を表示する装置を設ける
- ☆ガラス窓を設置することが望ましい
- ○一般乗場ボタン（点字表示）
- ○車いす使用者対応乗場ボタン
- ☆50cm程度
- 1m程度
- ○有効幅員80cm以上

かご内の例

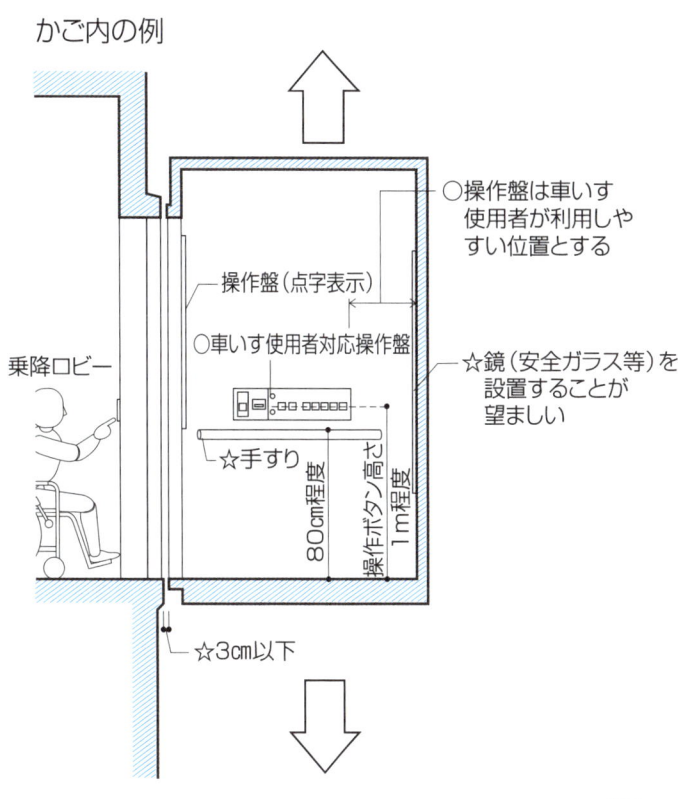

- ○操作盤は車いす使用者が利用しやすい位置とする
- 操作盤（点字表示）
- ○車いす使用者対応操作盤
- ☆鏡（安全ガラス等）を設置することが望ましい
- 乗降ロビー
- ☆手すり
- 80cm程度
- 操作ボタン高さ1m程度
- ☆3cm以下

第2部

縦型操作盤の例

- 方向表示
- 階数表示
- ☆文字表示装置は、文字の大きさとコントラストを大きくすることが望ましい
- インターホン
- 点字表示
- インターホンボタン
- 点字表示
- 階数ボタン
- 点字表示
- 開閉ボタン

車いす使用者対応主操作盤の例
（背面パネルにかご位置表示灯、方向灯を設けない場合）

- 注意銘板
- 方向灯
- 戸閉ボタン
- かご位置表示板
- 戸開ボタン
- 方向灯
- インターホン
- インターホンボタン
- ☆行先ボタンは、到着する階がわかるように点灯することが望ましい
- 床面から1m程度

車いす使用者対応副操作盤の例

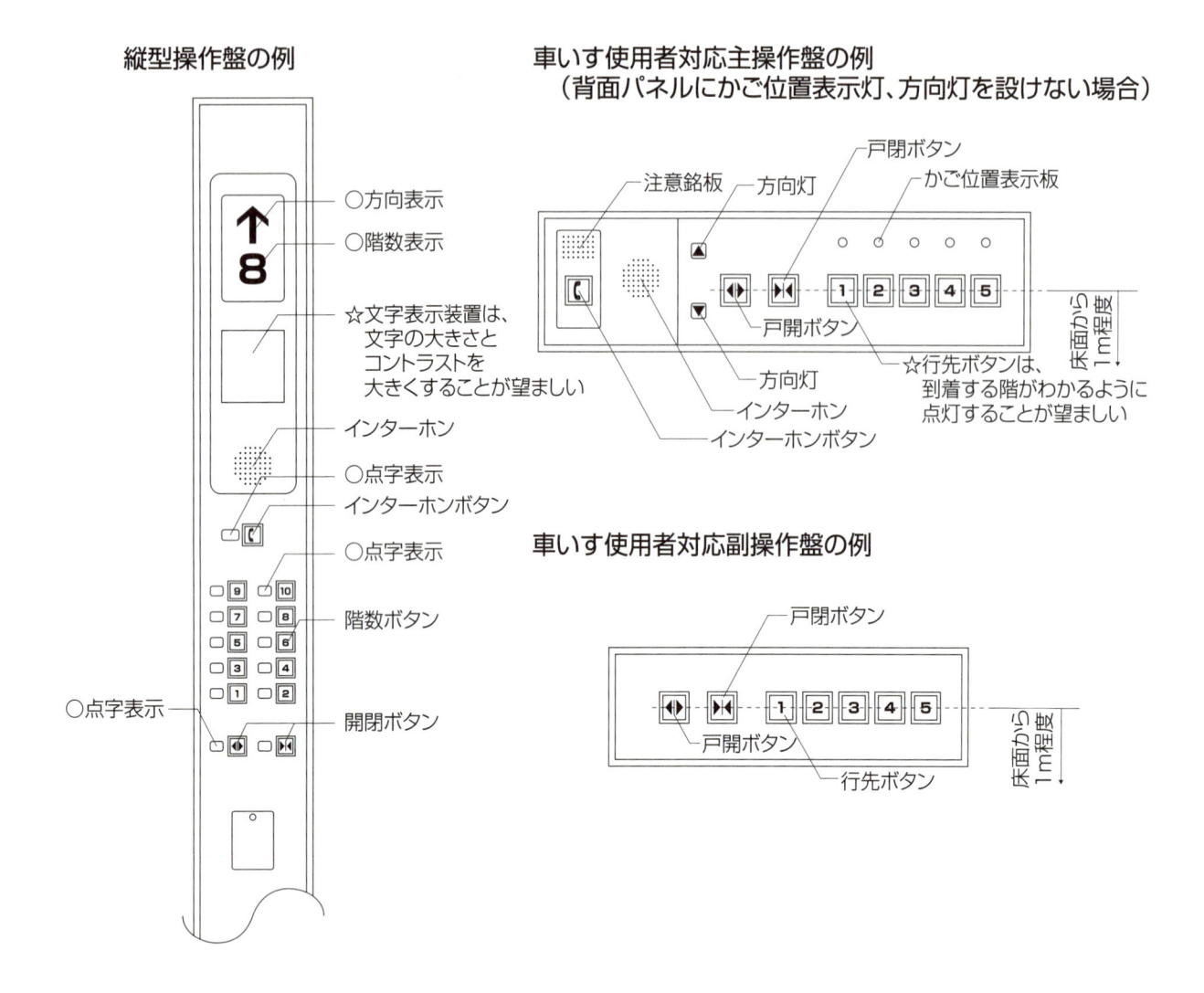

- 戸閉ボタン
- 戸開ボタン
- 行先ボタン
- 床面から1m程度

階数ボタンの例

☆階数ボタンは浮彫階数表示が望ましい
☆階数ボタンが2列になる場合は千鳥配列が望ましい

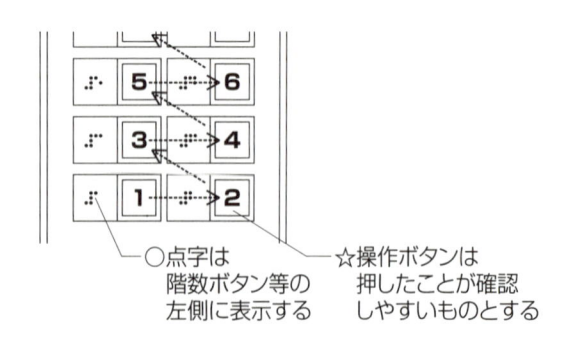

- 点字は階数ボタン等の左側に表示する
- ☆操作ボタンは押したことが確認しやすいものとする

78

整備マニュアル

参考事例

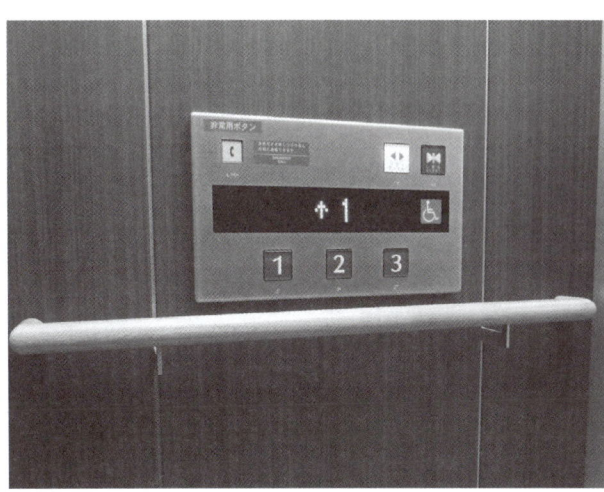

かご内には、車いす使用者の利用に配慮した操作ボタン等を設置する。

不特定かつ多数の者が利用するエレベーターのかごの平面形状は車いすの回転に支障がない構造とする。（出入口を複数設け、円滑に乗降できる構造も有効である。）

かご内に設ける操作ボタンは、点字により表示するなど視覚障害者が円滑に操作できる構造とする。

第2部

2 建築物
一般便所

　高齢者や障害者が積極的に街に出て行くためには、車いす使用者をはじめ、子どもから高齢者までが利用できる便所の整備が必要である。また、車いす使用者が利用できる便房と一体的に整備するとともに、乳幼児を連れた人が乳幼児と一緒に便所を利用したり、オストメイトが利用したりすることができるよう、誰もが気軽に利用できる配慮が求められる。

【条例（別表第1第6号）】

六　不特定かつ多数の者が利用する便所その他の規則で定める便所は、次に定める構造その他の規則で定める構造とすること。
　イ　段を設けないこと。
　ロ　床の表面は、滑りにくくすること。
　ハ　次に定める構造の便房を設けること。
　　(1) 便器は、洋式とすること。
　　(2) 手すりを設けること。
　ニ　出入口に近い小便器には、周囲に手すりを設けること。

【規則（第20条）】

（便所）

第20条　条例別表第1第6号の規則で定める便所は、次の表（い）欄に掲げるものとし、同号の規則で定める構造は、それぞれ同表（ろ）欄に定めるとおりとする。

	（い）	（ろ）
(1)	第3条第1号から第10号まで、第12号及び第13号に掲げる特定施設に設ける不特定かつ多数の者が利用し、又は主として高齢者、障害者等が利用する便所（(2)項及び(3)項に掲げるものを除く。）	一　段を設けないこと。ただし、次に定める構造の傾斜路を設ける場合は、この限りでない。 　イ　勾配は、12分の1以下とすること。ただし、高さが16センチメートル以下のものにあっては、8分の1以下とすること。 　ロ　表面は、粗面とし、又は滑りにくい材料で仕上げること。 二　床の表面は、滑りにくくすること。 三　次に定める構造の便房を1以上（男子用及び女子用の区別があるときは、それぞれ1以上）設けること。 　イ　便器は、洋式とすること。 　ロ　手すりを設けること。 四　出入口に近い小便器は、周囲に手すりを設け、床置式その他これに類する構造とすること。
(2)	第3条第1号ロに掲げる用途に供する特定施設、同号ニに掲げる用途（病院及び診療所の用途に限る。）に供する特定施設及び同号ヘからヌまでに掲げる用途に供する特定施設並びに同条第4号及び第7号に掲げる特定施設で、当該特定施設の床面積の合計が1,000平方メートルを超えるもの又は同号に掲げる特定施設で、当該特定施設のみの床面積の合計が50平方メートル以上のものに設ける1以上（男子用及び女子用	一　(1)項（ろ）欄に定めるもののほか、次号に定める構造とすること。 二　乳幼児用いす等乳幼児を座らせることができる設備を設けた便房及び乳幼児用ベッド等乳幼児のおむつ替えができる設備を設けること。ただし、乳幼児のおむつ替えができる設備にあっては、おむつ替えができる場所を別に設ける場合は、この限りでない。

	の区別があるときは、それぞれ1以上）の不特定かつ多数の者が利用し、又は主として高齢者、障害者等が利用する便所	
(3)	第3条第1号イに掲げる用途（特別支援学校の用途に限る。）に供する特定施設、同号ロに掲げる用途に供する特定施設、同号ハに掲げる用途（体育館（一般公共の用に供されるものに限る。）、ボウリング場、水泳場（一般公共の用に供されるものに限る。）及び遊技場の用途に限る。）に供する特定施設、同号ニに掲げる用途（病院及び診療所の用途に限る。）に供する特定施設、同号ホに掲げる用途（老人ホーム、福祉ホームその他これらに類するもの（主として高齢者、障害者等が利用するものに限る。）及び老人福祉センター、児童厚生施設、身体障害者福祉センターその他これらに類するものの用途に限る。）に供する特定施設及び同号へからワまでに掲げる用途に供する特定施設並びに同条第4号、第5号、第7号、第12号及び第13号に掲げる特定施設で、当該特定施設の床面積の合計が2,000平方メートル以上のもの又は同条第7号に掲げる特定施設で、当該特定施設のみの床面積の合計が50平方メートル以上のものに設ける1以上（男子用及び女子用の区別があるときは、それぞれ1以上）の不特定かつ多数の者が利用し、又は主として高齢者、障害者等が利用する便所	一　（1）項（ろ）欄に定めるもののほか、次号に定める構造とすること。 二　人工肛門又は人工ぼうこうを使用している者がパウチを洗浄することができる水栓器具、汚物流し、トイレットペーパーホルダー、手荷物置き台及び鏡を設けた便房を設けること。

【規則（第31条抜粋）】
（特定施設の新築等をしようとする者の努力義務）
第31条　第3条第1号から第8号までに掲げる特定施設の新築等をしようとする者は、次の各号に掲げる区分に応じ、それぞれ当該各号に定める基準を遵守するよう努めなければならない。
一　第3条第1号、第4号、第5号及び第7号に掲げる特定施設（第21条第1項の表（1）項（い）欄に掲げる特定施設に該当するものを除く。）又は第3条第3号及び第6号に掲げる特定施設（同表（2）項（い）欄に掲げる特定施設に該当するものを除く。）に、不特定かつ多数の者が利用し、又は主として高齢者、障害者等が利用する便所を設ける場合　第20条の表（1）項（ろ）欄第3号に定める構造の便房のうち1以上（男子用及び女子用の区別があるときは、それぞれ1以上）を次に定める構造とすること。
　イ　出入口の有効幅員は、80センチメートル以上とすること。
　ロ　車いす使用者が利用できるよう空間を確保すること。

第2部

整備基準（義務規定）

一般規定・・・・A
○段を設けない。やむを得ず段を設ける場合は傾斜路を設ける
○傾斜路を設ける場合
・勾配は、1/12以下とする(高低差16cm以下の場合1/8以下)
・表面は粗面又は滑りにくい材料とする
○床は滑りにくい仕上げとする
○各便所の1以上の便房は便座を洋式とし、手すりを設ける
○出入口に近い1以上の小便器を床置式等とし、手すりを設置する

官公庁、物品販売店舗等で床面積の合計が1,000㎡を超える施設の場合・・・・B
（公衆便所で床面積の合計が50㎡以上の場合）
上記A規定に加え、下記基準についても整備する
○1以上の便所の1以上の便房に乳幼児用いすを設ける（車いす使用者用便房に設けてもよい）
○1以上の便所に乳幼児用ベッドを設ける（車いす使用者用便房に設けてもよい）

官公庁、物品販売店舗等で床面積の合計が2,000㎡以上の施設の場合・・・・C
（公衆便所で床面積の合計が50㎡以上の場合）
上記B規定に加え、下記基準についても整備する
○1以上の便所の1以上の便房にオストメイト対応の水栓器具、汚物流し、トイレットペーパーホルダー、手荷物置き台及び鏡を設置する（車いす使用者用便房に設けてもよい）

整備基準（努力規定）

床面積の合計が1,000㎡以下の施設の場合
上記A規定に加え、下記基準についても整備するよう努力する
●便房
・出入口の有効幅員は、80cm以上とする
・便房の大きさは車いす使用者が利用できる空間を確保する

解　説

- 規則第20条の表（1）項の基準は、不特定かつ多数の者が利用する便所を複数設ける場合、そのすべての便所について遵守する必要がある。したがって、同一階に不特定かつ多数の者が利用する便所を2カ所以上設けた場合においても、すべての便所について基準を遵守しなければならない。
- 便房とは、便所内の便器のあるブース（個室）のことをいう。複数ある便房のうち、1以上（一つのみの場合はその便房）を洋式とし、手すりを設けなければならない。
- 便所に男女用の区別がある場合、1以上の設置を求めるものについては、男女それぞれの便所内に1以上設置する。
- 小さな子どもやつえ使用者等様々な障害のある人への対応のため、出入口に近い小便器には手すりを設け、床置式や低リップ型等とする。
- 床面積が1,000㎡を超える特定施設（公衆便所については50㎡以上）には、車いす使用者用便房の設置が義務付けられているので、当該便房内に乳幼児用いす、乳幼児用ベッド、オストメイト対応設備をあわせて設けることも可能である。
- 床面積が1,000㎡以下の特定施設には、車いす使用者用便房の設置は義務付けられていないが、スペースに余裕がある場合は、車いす使用者が利用可能な便房を設置するよう努力する。
- 女子便所や車いす使用者用便房に設ける小児用小便器にも、1以上手すりを設ける。
- オストメイト対応設備とは、水栓器具、汚物流し、トイレットペーパーホルダー、手荷物置き台、鏡をいう。

整備マニュアル

留意事項

- 洋式便器及び手すりがある便房並びに上記B規定及びC規定の設備が設けられている便所の出入口又はその付近並びに便房の戸又はその付近には、その旨を示す案内標識を掲示することが求められる。標識は、「ピクトグラム（高齢者、障害者をはじめ子ども、外国人等が案内表示を理解しやすいよう、絵や図を用い施設や設備等の情報を提供する記号のこと。以下、「ピクトグラム」と言う。）」など分かりやすいものとする（規則第24条第１項第6号、101頁参照）。

【学校等に関する読替え】
- 学校その他これに類するもの、または共同住宅については、規則第20条の表（１）項（い）欄中「不特定かつ多数の者が利用し、又は主として高齢者、障害者等が利用する」とあるのは、「多数の者が利用する」と読み替えることとする(規則第40条）。
- 学校その他これに類するものについては、規則第31条第１項第１号中「不特定かつ多数の者が利用し、又は主として高齢者、障害者等が利用する」とあるのは、「多数の者が利用する」と読み替えることとする(規則第40条）。

手すりと洋式便器を設置した一般便房の例

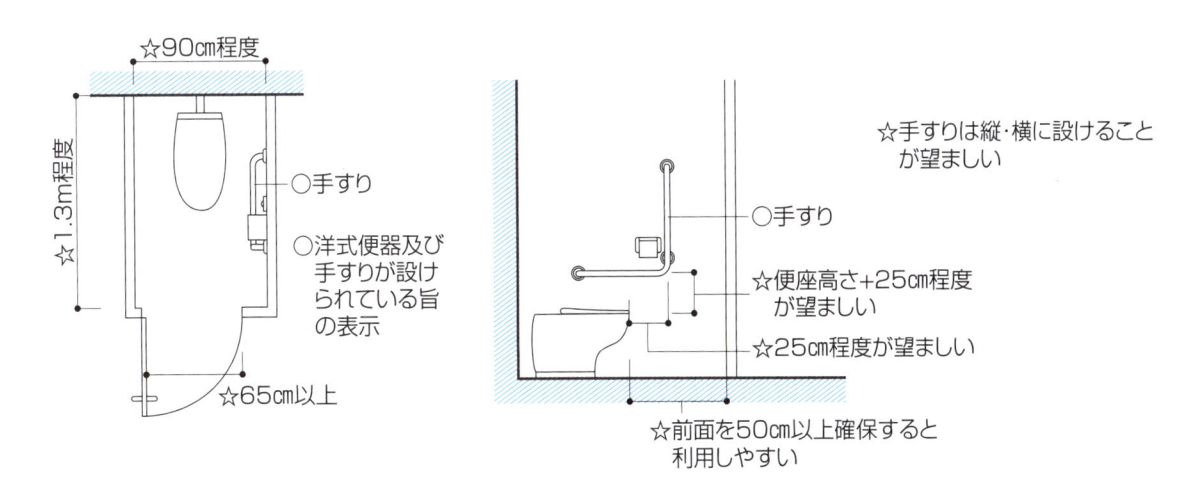

- ☆90cm程度
- ☆1.3m程度
- ○手すり
- ○洋式便器及び手すりが設けられている旨の表示
- ☆65cm以上
- ☆手すりは縦・横に設けることが望ましい
- ○手すり
- ☆便座高さ+25cm程度が望ましい
- ☆25cm程度が望ましい
- ☆前面を50cm以上確保すると利用しやすい

出入口に近い小便器の例

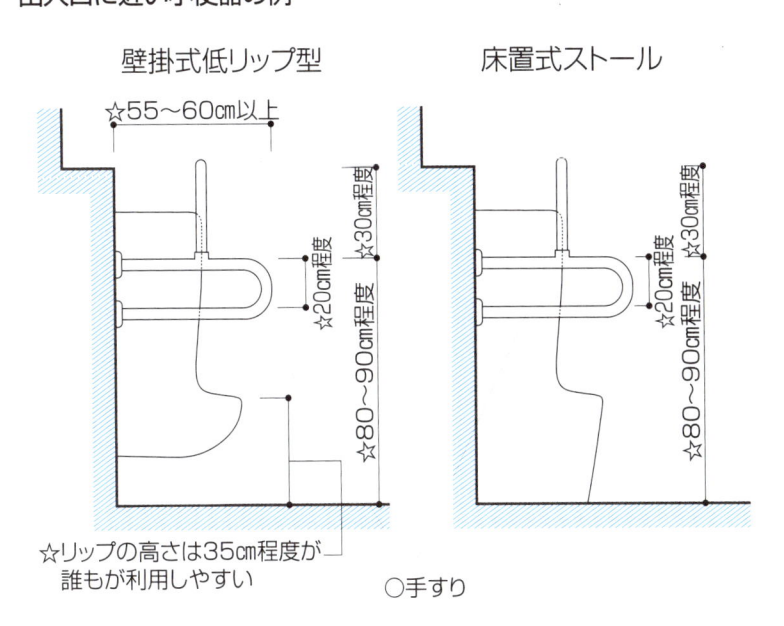

壁掛式低リップ型
- ☆55〜60cm以上
- ☆30cm程度
- ☆20cm程度
- ☆80〜90cm程度
- ☆リップの高さは35cm程度が誰もが利用しやすい

床置式ストール
- ☆30cm程度
- ☆20cm程度
- ☆80〜90cm程度
- ○手すり

第2部

便所の配置例1

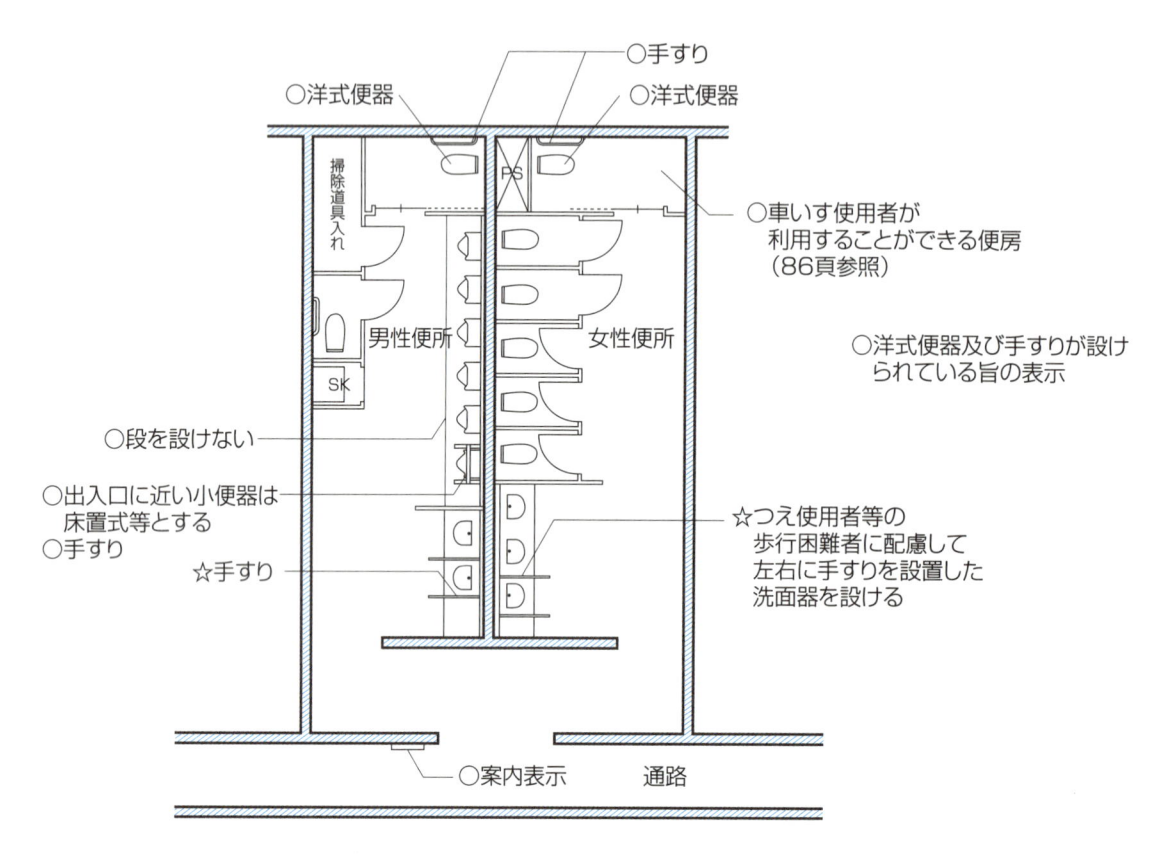

- ○手すり
- ○洋式便器
- ○洋式便器
- 掃除道具入れ
- PS
- 男性便所
- 女性便所
- SK
- ○車いす使用者が利用することができる便房（86頁参照）
- ○洋式便器及び手すりが設けられている旨の表示
- ○段を設けない
- ○出入口に近い小便器は床置式等とする
- ○手すり
- ☆手すり
- ☆つえ使用者等の歩行困難者に配慮して左右に手すりを設置した洗面器を設ける
- ○案内表示
- 通路

オストメイトに配慮した水洗機器の例

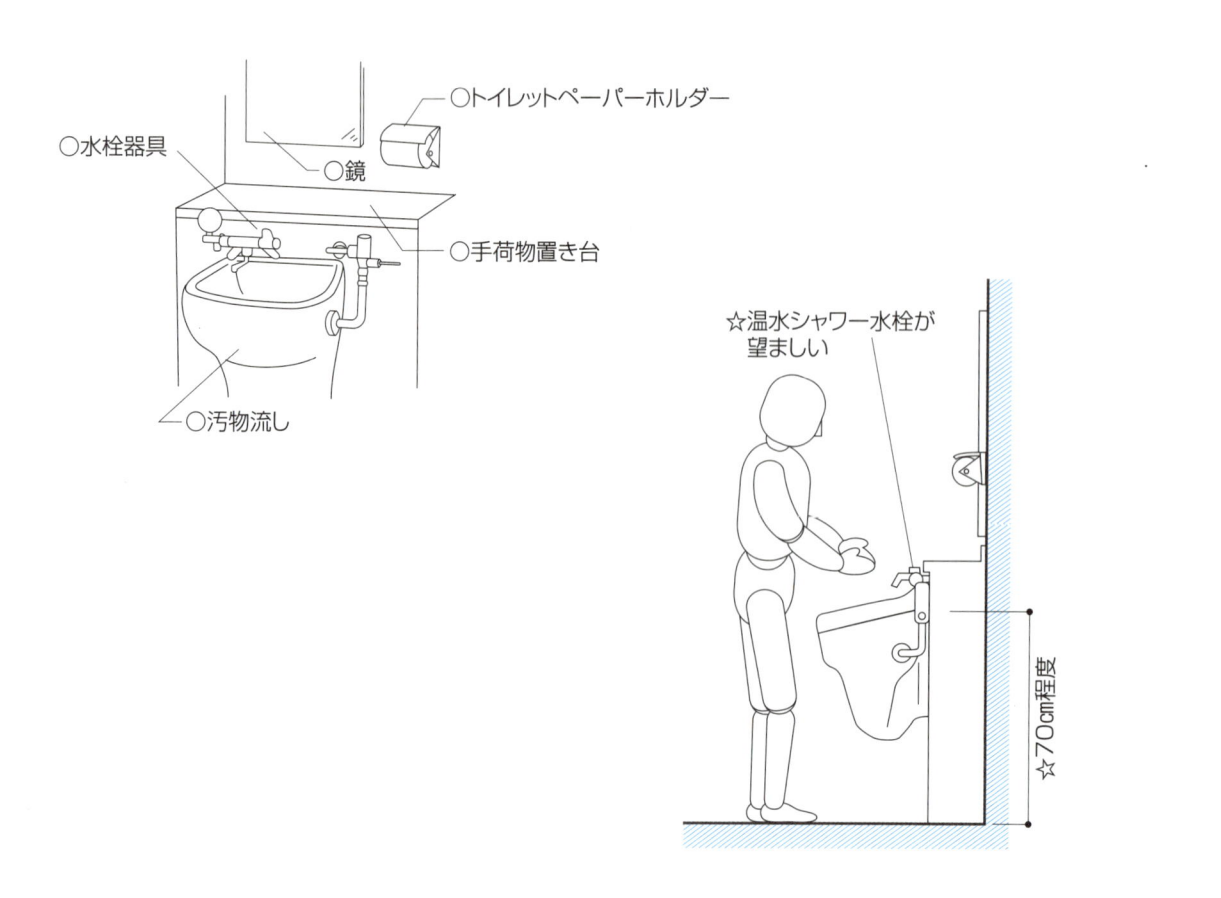

- ○水栓器具
- ○トイレットペーパーホルダー
- ○鏡
- ○手荷物置き台
- ○汚物流し
- ☆温水シャワー水栓が望ましい
- ☆70cm程度

整備マニュアル

便所の配置例2

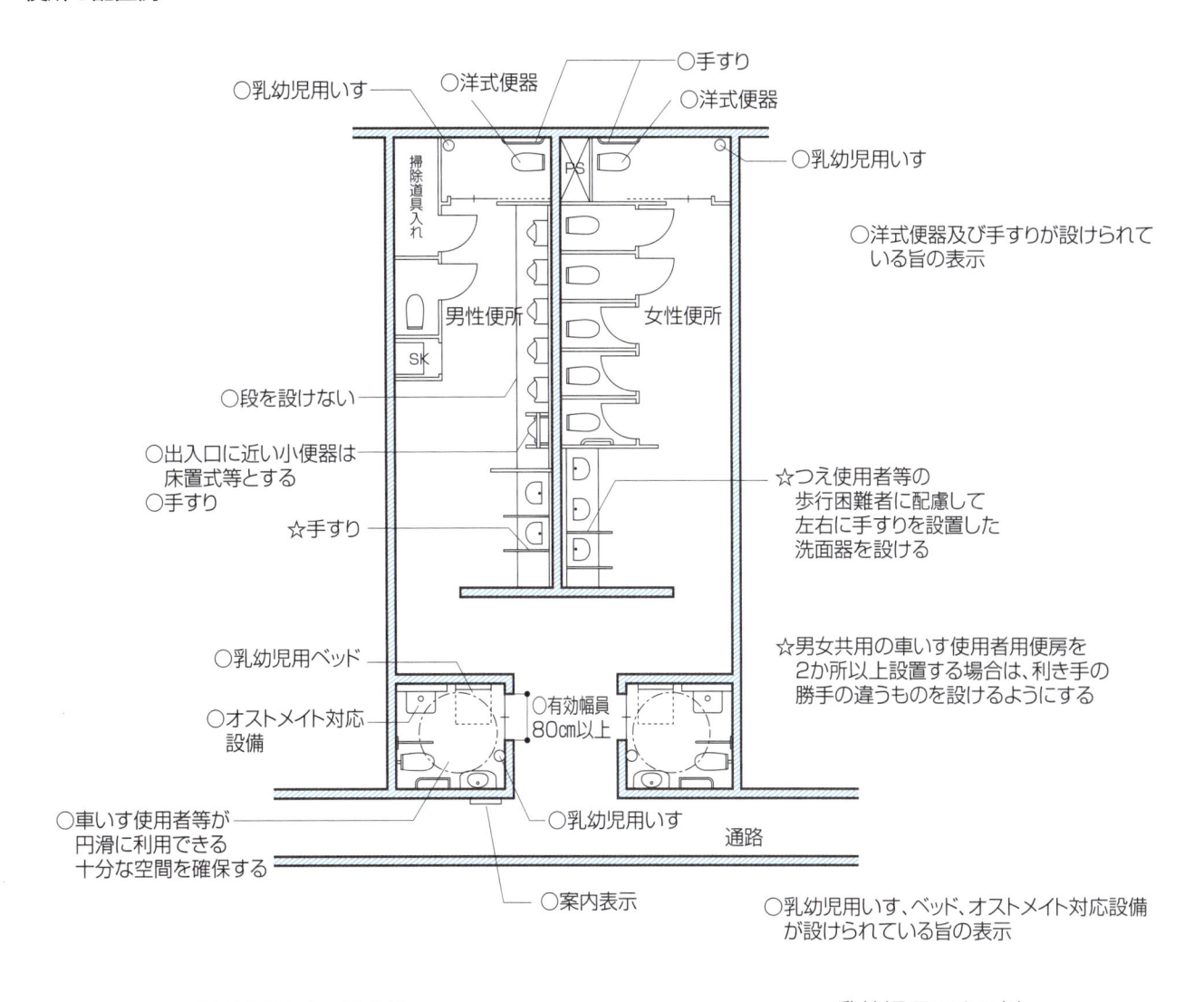

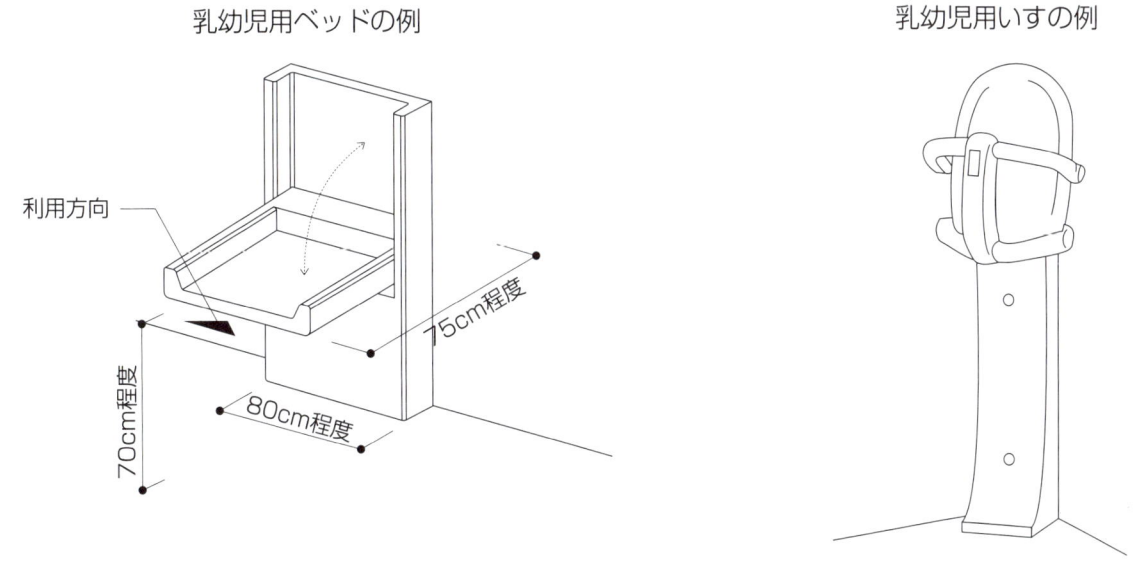

図中ラベル:
- ○乳幼児用いす
- ○洋式便器
- ○手すり
- ○洋式便器
- ○乳幼児用いす
- 掃除道具入れ
- 男性便所
- 女性便所
- SK
- ○洋式便器及び手すりが設けられている旨の表示
- ○段を設けない
- ○出入口に近い小便器は床置式等とする
- ○手すり
- ☆手すり
- ☆つえ使用者等の歩行困難者に配慮して左右に手すりを設置した洗面器を設ける
- ○乳幼児用ベッド
- ○オストメイト対応設備
- ○有効幅員80cm以上
- ☆男女共用の車いす使用者用便房を2か所以上設置する場合は、利き手の勝手の違うものを設けるようにする
- ○車いす使用者等が円滑に利用できる十分な空間を確保する
- ○乳幼児用いす
- 通路
- ○案内表示
- ○乳幼児用いす、ベッド、オストメイト対応設備が設けられている旨の表示

乳幼児用ベッドの例
- 利用方向
- 75cm程度
- 70cm程度
- 80cm程度

乳幼児用いすの例

第2部

車いす使用者が利用することができる便房の例（努力規定）
正面から入る場合

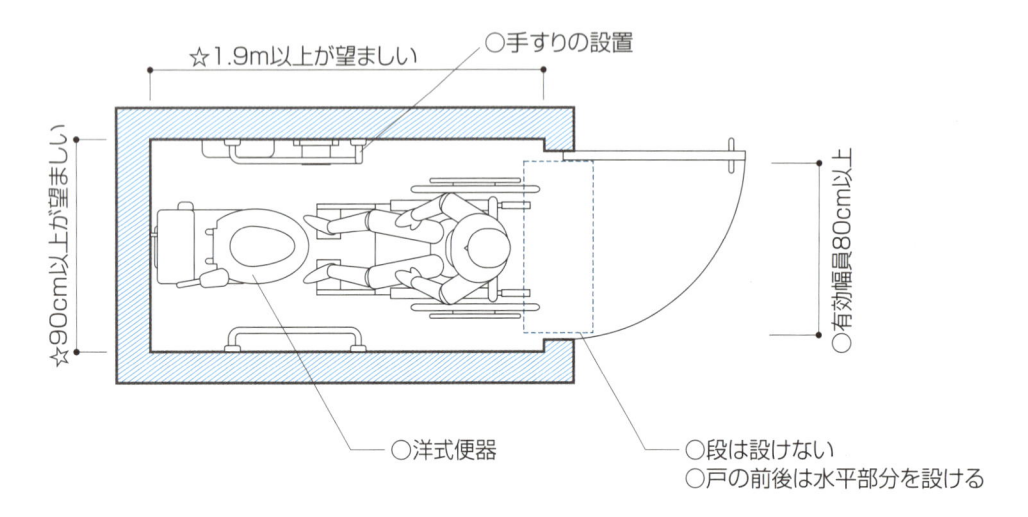

- ☆1.9m以上が望ましい
- ○手すりの設置
- ☆90cm以上が望ましい
- ○有効幅員80cm以上
- ○洋式便器
- ○段は設けない
- ○戸の前後は水平部分を設ける

側面から入る場合

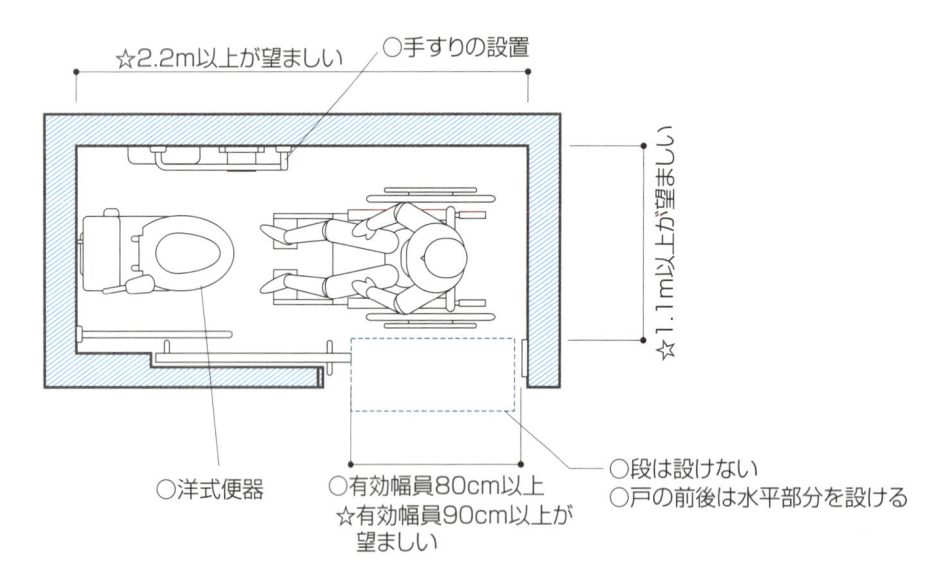

- ☆2.2m以上が望ましい
- ○手すりの設置
- ☆1.1m以上が望ましい
- ○洋式便器
- ○有効幅員80cm以上
- ☆有効幅員90cm以上が望ましい
- ○段は設けない
- ○戸の前後は水平部分を設ける

整備マニュアル

参考事例

便所内は汚垂石など、仕上げが切り替わる部分も段差を設けない。

特定施設の床面積が1,000平方メートルを超える場合、1以上の乳児用いすを設ける。

オストメイトに配慮した水栓器具を設けた例。鏡、トイレットペーパーホルダー、手荷物置き台も設ける。

2 建築物 車いす使用者用便房

車いす使用者等が円滑に利用できる便房は、玄関付近や階段付近など分かりやすく利用しやすい場所に設置し、一般便所と一体的に整備することが必要である。また、車いす使用者の利用にとどまらず、乳幼児を連れた人やオストメイトの利用も想定した配慮が求められる。

【条例（別表第1第7号）】

七　第1条の2第2号イからハまで及びへに掲げる施設に該当する特定施設で規則で定めるものの不特定かつ多数の者が利用する便所その他の規則で定める便所については、前号に定める構造とするほか、出入口の有効幅員を80センチメートル以上とするとともに、車いす使用者等が利用できる規則で定める構造の便房を設けること。

【規則（第21条抜粋）】

（車椅子使用者等が利用できる便所）

第21条　条例別表第1第7号の規則で定める特定施設は、次の表（い）欄に掲げるものとし、同号の規則で定める便所は、それぞれ同表（ろ）欄に掲げるものとする。

	（い）	（ろ）
(1)	第3条第1号、第4号、第5号及び第7号に掲げる特定施設で、当該特定施設（当該特定施設が建築物の一部である場合にあっては、当該特定施設を含む建築物）の床面積（共同住宅の用に供する部分の床面積を除く。）の合計が1,000平方メートルを超えるもの又は同号に掲げる特定施設で、当該特定施設のみの床面積の合計が50平方メートル以上のもの	地上階又は利用円滑化経路を構成するエレベーター（第19条第2項各号に定める構造のものに限る。）が停止する階の便所のうちの1以上（男子用及び女子用の区別があるときは、それぞれ1以上）の不特定かつ多数の者が利用し、又は主として高齢者、障害者等が利用する便所
(2)	第3条第3号及び第6号に掲げる特定施設で、当該特定施設の不特定かつ多数の者の利用する部分の床面積の合計が1,000平方メートルを超えるもの	地上階又は利用円滑化経路を構成するエレベーター（第19条第2項各号に定める構造のものに限る。）が停止する階の便所のうちの1以上（男子用及び女子用の区別があるときは、それぞれ1以上）の不特定かつ多数の者が利用する便所

2　条例別表第1第7号の規則で定める構造は、次のとおりとする。
　一　出入口の有効幅員は、80センチメートル以上とすること。
　二　出入口の戸は、次に定める構造とすること（第3条第10号に掲げる特定施設を除く。）。
　　イ　施錠の操作がしやすく、緊急の場合は、外部からも解錠することができるものとすること。
　　ロ　自動的に開閉する構造その他の高齢者、障害者等が容易に開閉して通過できる構造とし、かつ、その前後に高低差がないこと。
　三　レバー式又は光感知式等の水栓器具を備えた洗面台を設けること。ただし、当該便房のある便所内にレバー式又は光感知式等の水栓器具を備えた洗面台を設ける場合は、この限りでない。
　四　前条の表（1）項（ろ）欄第3号に定める構造とすること。
　五　車椅子使用者等が円滑に利用できるよう十分な空間を確保すること。

整備マニュアル

整備基準（義務規定）

設置要件
■車いす使用者用便房の設置
- 工場、一般の事務所の場合　　特定施設の不特定かつ多数の者が利用する部分の床面積の合計が、1,000㎡を超える施設
- その他の施設の場合　　　　　特定施設を含む建築物の床面積の合計が1,000㎡を超える施設

○便所の出入口の有効幅員は、80cm以上とする
○便房
- 出入口の有効幅員は、80cm以上とする
- 戸の構造は、施錠の操作がしやすく、緊急の場合は外部からも解錠することができ、自動的に開閉する構造その他の高齢者、障害者等が容易に開閉して通過できる構造とする
- 戸の前後には高低差がない
- 便座は洋式とし、手すりを設ける
- 便房の大きさは車いす使用者等が円滑に利用できる十分な空間を確保する
- 便房の中の洗面台はレバー式又は光感知式等の水栓器具を備えたものとする

解説

- 車いす使用者等が円滑に到達できなければならないことから、車いす使用者用便房は、地上階（玄関のある階）又は利用円滑化経路を構成するエレベーターが停止する階の便所に設置しなければならない。
- 男女兼用の車いす使用者便房を1以上設置した場合には、他の男子便所及び女子便所に車いす使用者便房を設置する必要はない。

留意事項

- 当該便所の出入口又はその付近並びに便房の戸又はその付近に、上記設備が設けられていることを示す案内標識を掲示することが求められる。標識は、ピクトグラムなど分かりやすいものとする（規則第24条第1項第6号ロ、101頁参照）。
- 増築等の場合の車いす使用者用便房の規定については、建築物全体の床面積が1,000㎡を超えても、増築等をする部分に不特定かつ多数の者が利用し、又は主として高齢者、障害者等が利用する便所を設けない場合は適用されない（規則第4条、120頁参照）。
- 床面積が1,000㎡以下でもスペースに余裕がある場合は、車いす使用者が利用可能な便房を設置するよう努力する（規則第31条第1項第1号、86頁参照）。
- 敷地内に複数の建築物があり、利用時間が異なる場合は、利用時間すべてにおいて車いす使用者用便房が利用できるような計画とする（1階と2階で営業日が異なる場合も同様）。

【学校に関する読替え】
- 学校その他これに類するものについては、これらの規定中「不特定かつ多数の者が利用し、又は主として高齢者、障害者等が利用する」とあるのは、「多数の者が利用する」と読み替えることとする（規則第40条）。

第2部

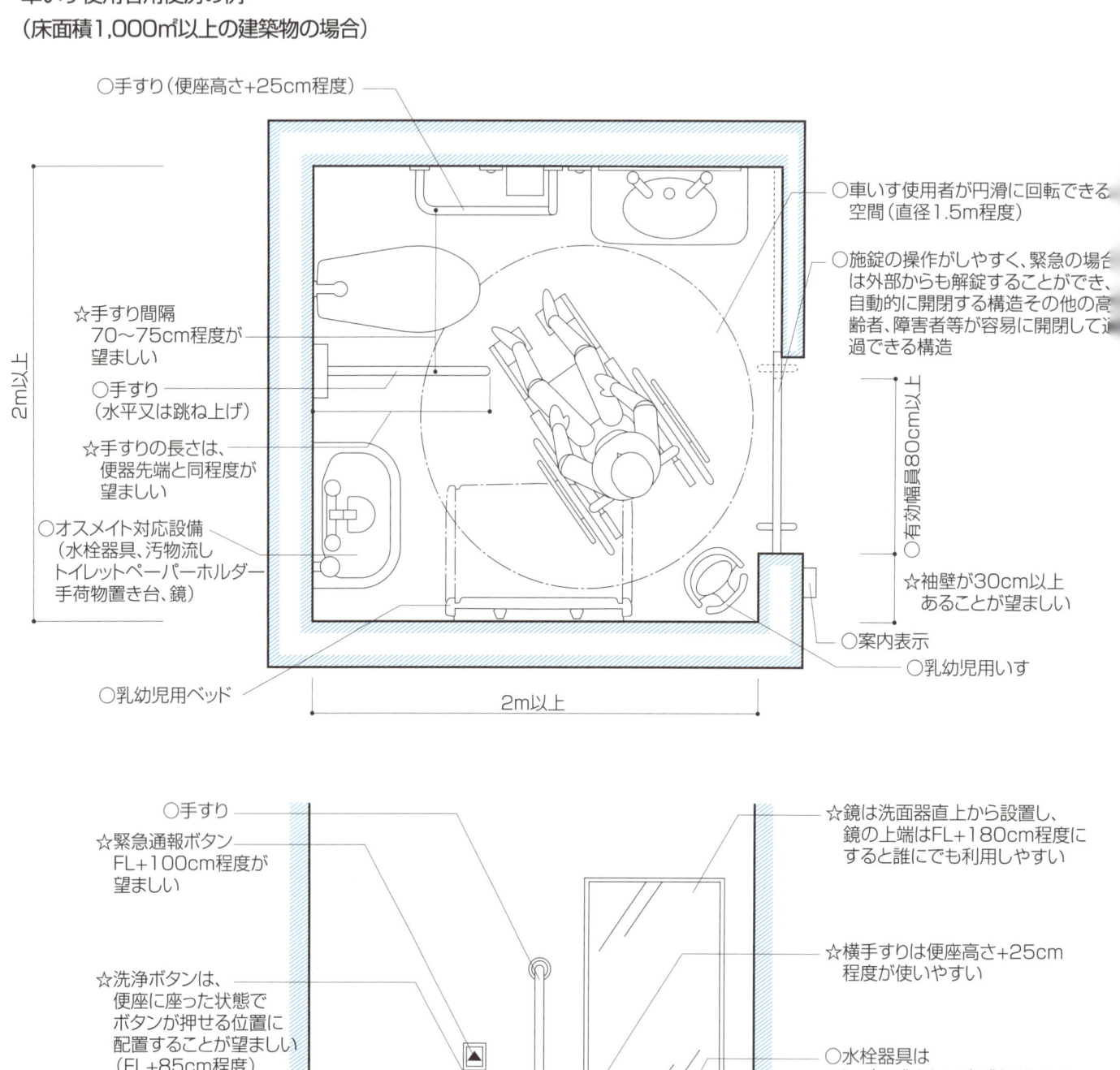

車いす使用者用便房の例
（床面積1,000㎡以上の建築物の場合）

- ○手すり（便座高さ+25cm程度）
- ○車いす使用者が円滑に回転できる空間（直径1.5m程度）
- ○施錠の操作がしやすく、緊急の場合は外部からも解錠することができ、自動的に開閉する構造その他の高齢者、障害者等が容易に開閉して通過できる構造
- ☆手すり間隔70～75cm程度が望ましい
- ○手すり（水平又は跳ね上げ）
- ☆手すりの長さは、便器先端と同程度が望ましい
- ○オストメイト対応設備（水栓器具、汚物流しトイレットペーパーホルダー手荷物置き台、鏡）
- 2m以上
- ○有効幅員80cm以上
- ☆袖壁が30cm以上あることが望ましい
- ○案内表示
- ○乳幼児用いす
- ○乳幼児用ベッド
- 2m以上

- ○手すり
- ☆緊急通報ボタン FL+100cm程度が望ましい
- ☆鏡は洗面器直上から設置し、鏡の上端はFL+180cm程度にすると誰にでも利用しやすい
- ☆洗浄ボタンは、便座に座った状態でボタンが押せる位置に配置することが望ましい（FL+85cm程度）
- ☆横手すりは便座高さ+25cm程度が使いやすい
- ○水栓器具はレバー式または光感知式とする
- ☆40cm程度
- 85cm程度
- 65cm程度
- ☆車いす使用者の使用に配慮し、洗面器の下に床上65cm程度の高さを確保することが望ましい
- ☆緊急通報ボタン（FL+30cm程度）使用者が倒れた時でも緊急通報ができるようプルスイッチを設けることが望ましい
- ☆縦手すりは便器先端から25cm程度が望ましい

整備マニュアル

参考事例

戸は引戸等、容易に開閉ができるものとし、戸の前後は段を設けない。

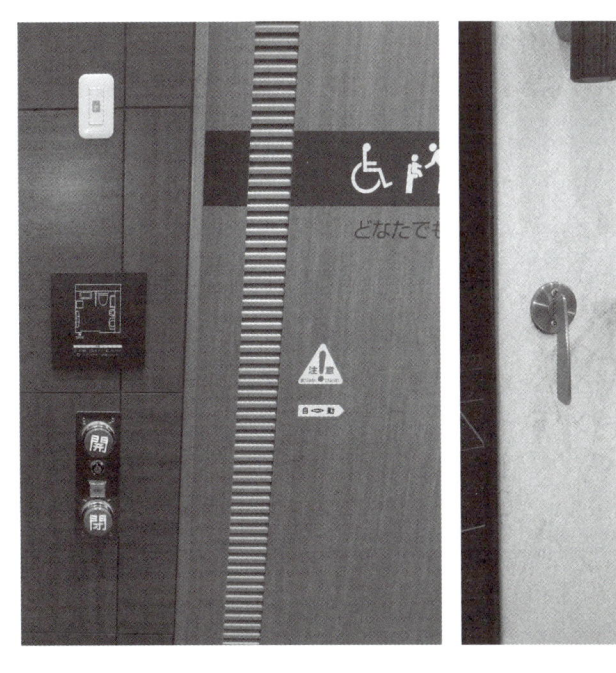

電動式や大型サムターンなど、施錠解錠の操作が容易なものとする。

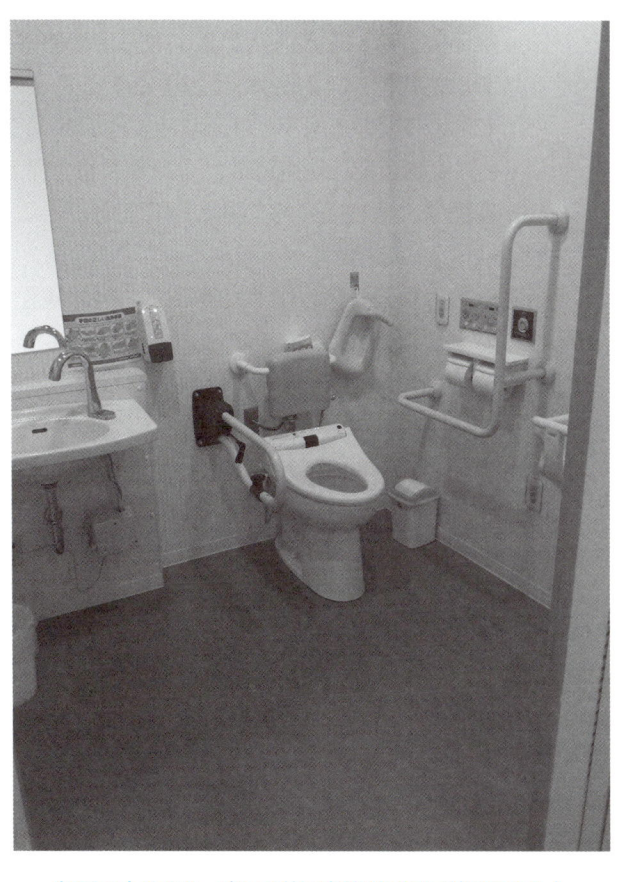

便房の大きさは、車いす使用者等が円滑に利用できる十分な空間（直径1.5m程度）を確保する。

第2部

2 建築物 客席

車いす使用者等が観劇、音楽鑑賞、スポーツ観戦等趣味を楽しむことができるよう、興行場等においては、車いす使用者が利用できるスペースを設けることが必要である。また、聴覚障害者に配慮した設備の整備も求められる。

【条例（別表第1第8号）】

八　愛知県建築基準条例（昭和39年愛知県条例第49号）第12条に規定する興行場等にあっては、規則で定めるところにより、車いす使用者が利用できる客席の部分及び通路を設けること。

【規則（第22条）】
（車いす使用者が利用できる客席の部分及び通路の設置）
第22条　条例別表第1第8号の規定による車いす使用者が利用できる客席の部分及び通路の設置は、次に掲げるところによって行わなければならない。
　一　車いす使用者が利用できる客席の部分の数は、客席のいすの総数に200分の1を乗じて得た数（当該乗じて得た数が10を超える場合にあっては、10）以上とすること。
　二　車いす使用者が利用できる客席の部分は、客席の出入口（利用円滑化経路を構成するものに限る。第4号において同じ。）から容易に到達でき、かつ、観覧しやすい位置に設けること。
　三　車いす使用者が利用できる客席の部分及びその接する部分の床は、水平とし、その表面は、滑りにくく、平たんにすること。
　四　車いす使用者が利用できる通路は、客席の出入口から車いす使用者が利用できる客席の部分へ通ずるものとし、次に定める構造とすること。
　　イ　有効幅員は、90センチメートル以上とすること。
　　ロ　段を設けないこと。ただし、次に定める構造の傾斜路を設ける場合は、この限りでない。
　　　（1）　勾配は、12分の1以下とすること。ただし、高さが16センチメートル以下のものにあっては、8分の1以下とすること。
　　　（2）　始点及び終点には、それぞれ長さ1.5メートル以上の高低差のない部分を設けること。
　　ハ　表面は、滑りにくく、平たんにすること。

【規則（第31条抜粋）】
（特定施設の新築等をしようとする者の努力義務）
第31条
2　次の各号に掲げる特定施設の新築等をしようとする者は、それぞれ当該各号に定める基準を遵守するよう努めなければならない。
　一　第3条第1号ヘ及びトに掲げる用途に供する特定施設で、条例別表第1第8号に規定する興行場等に該当するもの　客席に集団補聴設備その他の聴覚障害者の利用に配慮した設備を設けること。

整備基準（義務規定）

設置要件
■車いす使用者が利用できる客席の数は、客席のいす総数の1/200以上（又は10以上）確保する。

○出入口から容易に到達でき、観覧しやすい位置に設ける
○客席の床は、水平で、滑りにくく、平たんとする
○通路
　・有効幅員は、90cm以上とする

- 表面は滑りにくく、平たんにする
- 段は設けない(傾斜路設置の場合可)

○傾斜路を設ける場合
- 勾配は1/12以下とする(高低差16cm以下の場合1/8以下)
- 始点及び終点には、1.5m以上の水平部分を設置する

整備基準（努力規定）

● 聴覚障害者への配慮として、磁気誘導ループや赤外線送受信装置など集団補聴設備等を設置するよう努力する

解　説

- 「興行場等」とは愛知県建築基準条例第12条で、「劇場、映画館、演芸場、観覧場、公会堂及び集会場（不特定多数の者の集会のためのもので、客席のいすが固定されているものに限る）」としている。客席のいすが固定されている場合、車いす使用者の利用が困難となるケースがある。したがって、車いす使用者が利用できる措置を求めるものである。

第2部

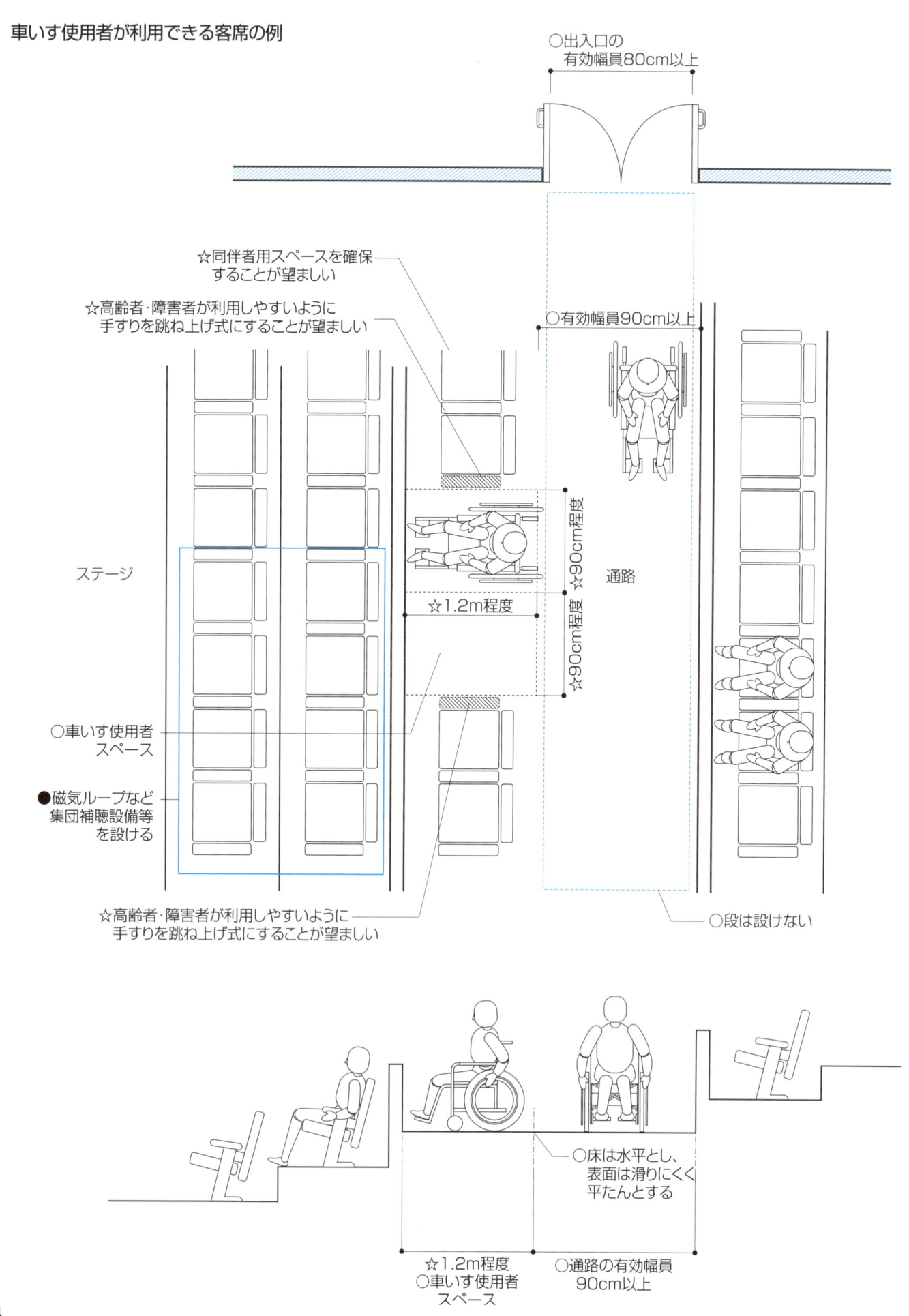

車いす使用者が利用できる客席の例

- ○出入口の有効幅員80cm以上
- ☆同伴者用スペースを確保することが望ましい
- ☆高齢者・障害者が利用しやすいように手すりを跳ね上げ式にすることが望ましい
- ○有効幅員90cm以上
- ☆90cm程度
- ☆1.2m程度
- ☆90cm程度
- 通路
- ステージ
- ○車いす使用者スペース
- ●磁気ループなど集団補聴設備等を設ける
- ☆高齢者・障害者が利用しやすいように手すりを跳ね上げ式にすることが望ましい
- ○段は設けない
- ○床は水平とし、表面は滑りにくく平たんとする
- ☆1.2m程度 ○車いす使用者スペース
- ○通路の有効幅員90cm以上

整備マニュアル

参考事例

車いす使用者が利用できる客席の部分は、出入口から容易に到達でき、観覧しやすい位置に設ける。

車いす使用者が利用できる客席の部分及びその接する部分の床は、水平で滑りにくく平坦とする。

第2部

2 建築物
駐車場

　自動車は、高齢者や障害者等が自由に移動を行うための重要な移動手段である。したがって、その移動手段を確保するために、特に車いす使用者が自動車に円滑に乗降ができるよう、配慮することが求められる。また、駐車場から主要な出入口までの経路について、安全にかつ円滑に利用できるよう整備を行う必要がある。

【条例（別表第1第9号）】

九　第1条の2第2号チに掲げる施設に該当する特定施設及び同号イからへまでに掲げる施設に該当する特定施設に附属する駐車場で規則で定めるものにあっては、規則で定めるところにより、車いす使用者が乗車する自動車を駐車できる部分及び車いす使用者が通行できる通路を設けること。

【規則（第23条）】

（車椅子使用者用駐車施設及び車椅子使用者が通行できる通路の設置）

第23条　条例別表第1第9号の規則で定める駐車場は、第3条第12号及び第13号に掲げる駐車場並びに同条第1号から第10号までに掲げる特定施設に附属する駐車場で、不特定かつ多数の者が利用し、又は主として高齢者、障害者等が利用する部分の駐車台数（駐車場法施行令第15条の規定による国土交通大臣の認定を受けた特殊の装置を用いるものの駐車台数を除く。以下この条において同じ。）が25台を超えるもの（当該特定施設に2以上の附属する駐車場がある場合にあっては、それらの不特定かつ多数の者が利用し、又は主として高齢者、障害者等が利用する部分の駐車台数の合計が25台を超えるときにおけるそれらの駐車場）とする。

2　条例別表第1第9号の規定による車椅子使用者用駐車施設及び車椅子使用者が通行できる通路の設置は、次に掲げるところによって行わなければならない。

一　車椅子使用者用駐車施設の数は、不特定かつ多数の者が利用し、又は主として高齢者、障害者等が利用する部分の駐車台数（当該特定施設に2以上の附属する駐車場がある場合にあっては、それらの不特定かつ多数の者が利用し、又は主として高齢者、障害者等が利用する部分の駐車台数を合計した数）に50分の1を乗じて得た数（当該乗じて得た数が3を超える場合にあっては、3）以上とすること。

二　車椅子使用者用駐車施設は、第14条第1項第1号ハに定める経路で同号の規定により利用円滑化経路とするもの又は当該車椅子使用者用駐車施設から駐車場の主要な出入口若しくは第3条第10号に掲げる特定施設の主要な出入口までの経路の長さができるだけ短くなる位置に設け、かつ、当該駐車場が建築物である場合にあっては、地上階又は利用円滑化経路を構成するエレベーター（第19条第2項各号に定める構造のものに限る。）が停止する階に設けること。

三　車椅子使用者用駐車施設は、次に定める構造とすること。

　イ　有効幅員は、3.5メートル以上とすること。
　ロ　地面又は床は、水平とし、その表面は、滑りにくく、平たんにすること。

四　第2号に規定する車椅子使用者用駐車施設から駐車場の主要な出入口又は第3条第10号に掲げる特定施設の主要な出入口までの経路を構成する通路は、屋外にあるものにあっては第15条の表（3）項（ろ）欄に定める構造とし、屋内にあるものにあっては同表（5）項（ろ）欄に定める構造とすること。

【規則（第26条）】

（駐車場）

第26条　第14条第1項第1号ハに定める経路で同号の規定により利用円滑化経路とするものに係る駐車場が建築物である場合には、当該駐車場は、地上階又は利用円滑化経路を構成するエレベーター（第19条第2項各号に定める構造のものに限る。）が停止する階に設けなければならない。

整備マニュアル

整備基準（義務規定）

設置要件
■ 不特定かつ多数の者が利用し、又は主として高齢者、障害者等が利用する駐車場の駐車台数が、25台を超える場合は、車いす使用者用駐車施設を駐車台数の1/50以上（又は3台以上）確保する。

○ 車いす使用者用駐車施設は、利用円滑化経路ができるだけ短くなる位置に設ける
○ 駐車スペースの有効幅員は、3.5m以上とする
○ 地面又は床は水平とし、粗面又は滑りにくく平たんとする
○ 車いす使用者が通行できる通路の構造は、利用円滑化経路を構成する敷地内の通路等と同等の構造とする
○ 車いす使用者用駐車施設を建築物の中に設ける場合は、地上階又は利用円滑化経路を構成するエレベーターが停止する階に設ける

解説

- 車いす使用者用駐車施設は、次の①～④の経路の長さができるだけ短くなるように設置する。
  ① 建築物に附属するものの場合⇒規則第14条第1項第1号ハに規定する車いす使用者用駐車施設から利用居室等までの経路（利用円滑化経路）
  ② 駐車場単体（建築物）の場合⇒規則第14条第1項第1号ハ（同号ロによる読み替え）に規定する車いす使用者用駐車施設から道等までの経路（利用円滑化経路）
  ③ 駐車場単体（青空）の場合⇒車いす使用者用駐車施設から駐車場の主要な出入口
  ④ 公園に附属するものの場合⇒車いす使用者用駐車施設から公園の主要な出入口
- 上記③、④経路を構成するものの一つ以上は規則第14条に規定する利用円滑化経路を構成する敷地内の通路（屋外の場合）又は廊下等（屋内の場合）の基準を準用する。

留意事項

- 案内表示は、当該車いす使用者駐車施設又はその付近に表示することが求められる。標識は、ピクトグラムなど分かりやすいものとする。（規則第24条第1項第6号、101頁参照）
- 車いす使用者用駐車施設を設けない場合でも、1以上の駐車場について規則第23条第2項第2号から4号までの整備を求める。

【学校に関する読替え】
- 学校その他これに類するものについては、これらの規定中「不特定かつ多数の者が利用し、又は主として高齢者、障害者等が利用する」とあるのは、「多数の者が利用する」と読み替えることとする(規則第40条)。

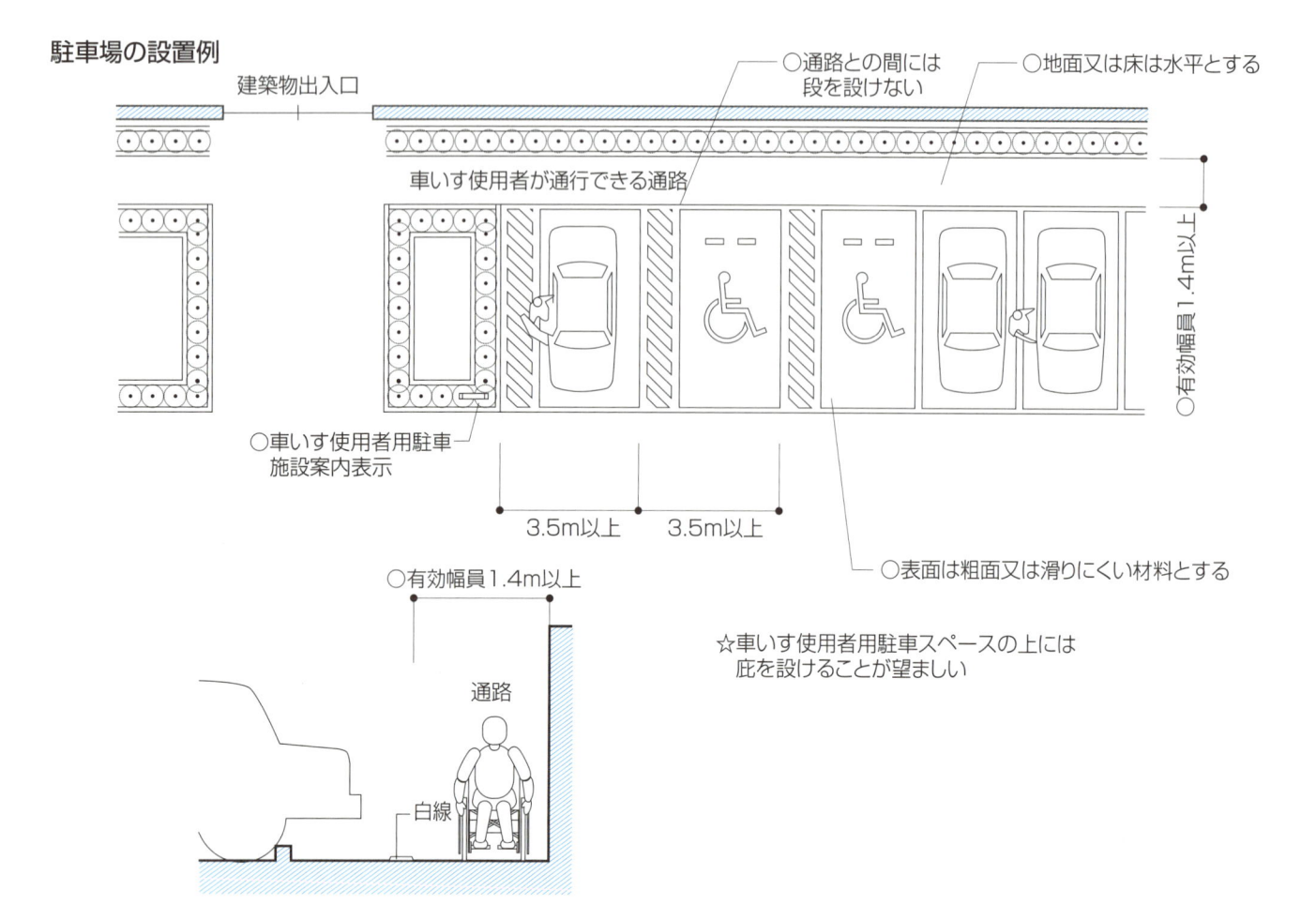

第2部

駐車場の設置例

- 建築物出入口
- ○通路との間には段を設けない
- ○地面又は床は水平とする
- 車いす使用者が通行できる通路
- ○有効幅員1.4m以上
- ○車いす使用者用駐車施設案内表示
- 3.5m以上　3.5m以上
- ○表面は粗面又は滑りにくい材料とする
- ○有効幅員1.4m以上
- 通路
- 白線
- ☆車いす使用者用駐車スペースの上には庇を設けることが望ましい

整備マニュアル

参考事例

車いす使用者用駐車施設は、利用円滑化経路ができるだけ短くなる位置に設ける。

車いす使用者用駐車施設を建築物の中に設ける場合は、地上階または利用円滑化経路を構成するエレベーターが停止する階に設ける。

第2部

2 建築物
案内表示

　　高齢者や障害者等が、安全かつ確実に施設の目的の場所に到達することができるようにするためには、案内表示を分かりやすくかつ適切に行うことが求められる。したがって、高齢者、障害者等の身体特性及び案内表示の基本的目的を認識し、整備を行うことが必要である。

　　また、「視覚障害者誘導用ブロック」は、視覚障害者の移動にあたり、「誘導」あるいは「危険表示・注意喚起」に有効なものである。施設の状況に応じ、容易に確認できて分かりやすく誘導できる方法で設置することが求められる。

【条例（別表第1第10号）】

十　高齢者、障害者等に配慮した案内表示を規則で定めるところにより行うこと。

【規則（第24条抜粋）】
（案内表示）

第24条　条例別表第1第10号の規定による案内表示は、次に掲げるところによって行わなければならない。

一　第3条第1号及び第3号から第7号までに掲げる特定施設で、当該特定施設の床面積（同条第3号及び第6号に掲げる特定施設にあっては、当該特定施設の不特定かつ多数の者の利用する部分の床面積）の合計が1,000平方メートルを超えるもの又は同条第7号に掲げる特定施設で、当該特定施設のみの床面積の合計が50平方メートル以上のものにあっては、次の部分に、点状ブロック等（視覚障害者に対し段差又は傾斜の存在の警告を行うために床面に敷設されるブロックその他これに類するものであって、点状の突起が設けられており、かつ、周囲の床面との色の明度の差が大きいこと等により容易に識別できるものをいう。以下同じ。）を敷設すること。

　イ　不特定かつ多数の者が利用し、又は主として視覚障害者が利用する廊下等の段がある部分及び傾斜がある部分の上端に近接する部分。ただし、その部分が次のいずれかに該当するものである場合は、この限りでない。
　　（1）　勾配が20分の1以下の傾斜がある部分の上端に近接するもの
　　（2）　高さが16センチメートル以下で、かつ、勾配が12分の1以下の傾斜がある部分の上端に近接するもの
　　（3）　主として自動車の駐車の用に供する施設に設けるもの
　ロ　不特定かつ多数の者が利用し、又は主として視覚障害者が利用する第15条の表（4）項（ろ）欄第4号又は（5）項（ろ）欄第4号に規定する傾斜路を設ける場合には、傾斜がある部分の上端に近接する踊場の部分。ただし、その部分がイ（1）から（3）までのいずれかに該当するものである場合又はその部分に傾斜がある部分と連続して手すりを設ける場合は、この限りでない。
　ハ　不特定かつ多数の者が利用し、又は主として視覚障害者が利用する階段の段がある部分の上端に近接する踊場の部分。ただし、その部分がイ（3）に該当するものである場合又はその部分に段がある部分と連続して手すりを設ける場合は、この限りでない。

四　第3条第1号及び第3号から第7号までに掲げる特定施設で、当該特定施設（当該特定施設が建築物の一部である場合にあっては、当該特定施設を含む建築物）の床面積（共同住宅の用に供する部分の床面積を除く。）（同条第3号及び第6号に掲げる特定施設にあっては、当該特定施設の不特定かつ多数の者の利用する部分の床面積）の合計が1,000平方メートルを超えるもの又は同条第7号に掲げる特定施設で、当該特定施設のみの床面積の合計が50平方メートル以上のものに案内設備を設ける場合には、道等から当該特定施設の案内設備までの経路（不特定かつ多数の者が利用し、又は主として視覚障害者が利用するものに限る。）のうち1以上を視覚障害者が円滑に利用できる経路（以下「視覚障害者利用円滑化経路」という。）とすること。ただし、次のいずれかに該当する場合は、この限りでない。

　イ　道等から当該特定施設の案内設備までの経路が主として自動車の駐車の用に供する施設に設けるも

のである場合
　　ロ　当該特定施設内にある当該特定施設を管理する者等が常時勤務する案内設備から直接地上へ通ずる出入口を容易に視認でき、かつ、道等から当該出入口までの経路が次号に定める基準に適合するものである場合
　五　視覚障害者利用円滑化経路は、次に掲げるものとすること。
　　イ　当該視覚障害者利用円滑化経路に、線状ブロック等及び点状ブロック等を適切に組み合わせて敷設し、又は音声その他の方法により視覚障害者を誘導する設備を設けること。ただし、進行方向を変更する必要がない風除室内においては、この限りでない。
　　ロ　当該視覚障害者利用円滑化経路を構成する敷地内の通路の次の部分には、点状ブロック等を敷設すること。
　　　（1）　車路に近接する部分
　　　（2）　段がある部分及び傾斜がある部分の上端に近接する部分。ただし、その部分が第1号イ（1）若しくは（2）に該当するもの又は段がある部分若しくは傾斜がある部分と連続して手すりを設ける踊場等である場合は、この限りでない。
　六　前各号に掲げるもののほか、案内表示は、次に定めるところにより行うこと。
　　イ　第20条の表（1）項（ろ）欄第3号に規定する便房を設ける場合には、当該便房の戸又はその付近に、洋式便器及び手すりが設けられている旨を表示した標識を掲示すること。
　　ロ　第20条の表（2）項（ろ）欄第2号又は（3）項（ろ）欄第2号に規定する設備を設ける場合には、当該設備が設けられている便所の戸又はその付近及び当該設備が設けられている便所の出入口又はその付近に、その旨を表示した標識を掲示すること。
　　ハ　車椅子使用者用便房を設ける場合には、当該便房の戸又はその付近及び当該便房が設けられている便所の出入口又はその付近に、その旨及び高齢者、障害者等の誰もが利用できる旨を表示した標識を掲示すること。
　　ニ　車椅子使用者用駐車施設を設ける場合には、当該施設又はその付近に、車椅子使用者用駐車施設の表示をすること。
　　ホ　第3条第1号から第8号まで、第10号、第12号及び第13号に掲げる特定施設に施設の利用に関する情報を提供する案内設備を設ける場合には、案内表示の位置、表記方法、文字の大きさ等を高齢者、障害者等に配慮したものとすること。
　2　増築等の場合における前項第4号の規定の適用については、同号中「に案内設備を設ける場合」とあるのは、「の増築等に係る部分に案内設備を設ける場合並びに同条第1号及び第3号から第7号までに掲げる特定施設で、当該特定施設（当該特定施設が建築物の一部である場合にあっては、当該特定施設を含む建築物）の増築等に係る部分の床面積（共同住宅の用に供する部分の床面積を除く。）（同条第3号及び第6号に掲げる特定施設にあっては、当該特定施設の増築等に係る部分の不特定かつ多数の者の利用する部分の床面積）の合計が1,000平方メートルを超えるもの又は同条第7号に掲げる特定施設で、当該特定施設のみの増築等に係る部分の床面積の合計が50平方メートル以上のものの増築等に係る部分以外に案内設備がある場合」とする。

【規則（第31条抜粋）】
（特定施設の新築等をしようとする者の努力義務）
第31条　第3条第1号から第8号までに掲げる特定施設の新築等をしようとする者は、次の各号に掲げる区分に応じ、それぞれ当該各号に定める基準を遵守するよう努めなければならない。
　二　第3条第1号及び第3号から第7号までに掲げる特定施設（第24条第1項第4号に規定する特定施設に該当するものを除く。）に案内設備を設ける場合　同項第4号及び第5号に掲げる措置を講ずること。

第2部

> 　　　ただし、同項第4号イ又はロのいずれかに該当する場合は、この限りでない。
> 　　三　第3条第1号ニに掲げる用途（病院及び診療所の用途に限る。）に供する特定施設並びに同条第4号及び第5号に掲げる特定施設に案内設備を設ける場合　文字情報表示設備を設けること。
> 　　四　誘導灯を設ける場合　点滅型誘導音装置付誘導灯その他の視覚障害者及び聴覚障害者に配慮したものとすること。
> 2　次の各号に掲げる特定施設の新築等をしようとする者は、それぞれ当該各号に定める基準を遵守するよう努めなければならない。
> 　　二　第3条第1号及び第3号から第7号までに掲げる特定施設（第24条第1項第1号に規定する特定施設に該当するものを除く。）　同項第1号に掲げる措置を講ずること。

整備基準（義務規定）

> 設置要件
> ■段又は傾斜路の上端に近接する廊下等、傾斜路の上端に近接する踊場、階段の上端に近接する踊場への点状ブロック等の敷設
> 　・工場、一般の事務所の場合　　特定施設の不特定かつ多数の者が利用する部分の床面積の合計が、1,000㎡を超える施設
> 　・その他の施設の場合　　　　　特定施設の床面積の合計が1,000㎡を超える施設（50㎡以上の公衆便所）
> ■視覚障害者利用円滑化経路
> 　・工場、一般の事務所の場合　　特定施設の不特定かつ多数の者が利用する部分の床面積の合計が、1,000㎡を超える施設
> 　・その他の施設の場合　　　　　特定施設を含む建築物の床面積の合計が1,000㎡を超える施設（50㎡以上の公衆便所）

不特定かつ多数の者が利用し、又は主として視覚障害者が利用する部分

　○段又は傾斜路の上端に近接する廊下等に、点状ブロック等の敷設を行う
　　（傾斜路で勾配1/20以下、又は高低差16cm以下かつ勾配1/12以下の場合、自動車駐車施設の場合を除く）
　○傾斜路の上端に近接する踊場に、点状ブロック等の敷設を行う
　　（傾斜路で勾配1/20以下、又は高低差16cm以下かつ勾配1/12以下の場合、自動車駐車施設の場合、踊場に連続して手すりを設ける場合を除く）
　○階段の上端に近接する踊場に、点状ブロック等の敷設を行う
　　（自動車駐車施設の場合、踊場に連続して手すりを設ける場合を除く）

道等から案内設備までの経路（不特定かつ多数の者が利用し、又は主として視覚障害者が利用するものに限る）

　○1以上を視覚障害者利用円滑化経路（＝視覚障害者が円滑に利用できる経路）とする
　　（自動車駐車施設の場合、人が常駐する受付から出入口が視認でき、かつ道等から当該出入口まで線状ブロック等と点状ブロック等を適切に組み合わせたもの（以下、「視覚障害者誘導用ブロック」と言う）、又は音声装置が設置されている場合を除く）

視覚障害者利用円滑化経路

　○視覚障害者誘導用ブロック又は音声装置を設置する
　○視覚障害者利用円滑化経路を構成する敷地内の通路
　　・車路に近接する部分、段又は傾斜のある部分の上端に近接する部分に点状ブロック等を敷設する
　　　（傾斜路で勾配1/20以下、又は高低差16cm以下かつ勾配1/12以下の場合、踊場に連続して手すりを設ける場合を除く）

その他の案内表示
- 洋式便器及び手すりがある便房は、当該便房の戸又はその付近にその旨の表示をする
- 乳幼児用ベッド、乳幼児用いす、オストメイト対応設備のある便所は、当該便所の出入口又は付近並びに便房の戸又はその付近に、その案内を表示する
- 車いす使用者用便房のある便所は、当該便所の出入口又は付近並びに便房の戸又はその付近に、その案内を表示する
- 車いす使用者用駐車施設のある施設は、当該駐車施設、又は付近に、その案内を表示する
- 施設の案内表示等は、位置、表記方法、文字の大きさ等を高齢者、障害者等に配慮する

整備基準（努力規定）

● 以下の施設においても、上記整備基準と同様の整備を行うよう努力する。

設置要件
■ 段又は傾斜路の上端に近接する廊下等、傾斜路の上端に近接する踊場、階段の上端に近接する踊場への点状ブロック等の敷設
- 工場、一般の事務所の場合　　特定施設の不特定かつ多数の者が利用する部分の床面積の合計が、1,000㎡以下の施設
- その他の施設の場合　　特定施設の床面積の合計が1,000㎡以下の施設（50㎡未満の公衆便所）

■ 視覚障害者利用円滑化経路
- 工場、一般の事務所の場合　　特定施設の不特定かつ多数の者が利用する部分の床面積の合計が、1,000㎡以下の施設
- その他の施設の場合　　特定施設を含む建築物の床面積の合計が1,000㎡以下の施設（50㎡未満の公衆便所）

その他の案内表示
- 官公庁、医療施設、銀行等の案内設備には、文字情報表示設備を設けるよう努力する
- 避難用誘導灯等を設ける場合には、点滅型誘導音装置付誘導灯その他視覚障害者及び聴覚障害者に配慮した誘導灯を設けるよう努力する

解説

- 視覚障害者利用円滑化経路の「案内設備」とは、受付、施設全体を把握することができる案内表示、モニター付きインターフォンのような音声案内装置等（不特定かつ多数の者が利用し、又は主として視覚障害者が利用するものに限る。）をいう。
- 特定施設内にある人が常駐する受付から直接地上に通ずる出入口が容易に視認でき、かつ、道等から当該出入口までの経路上に視覚障害者誘導用ブロック又は音声誘導装置を適切に設置した場合、当該出入口から受付までの経路への視覚障害者誘導用ブロック又は音声誘導装置の設置は免除される。
- 視覚障害者利用円滑化経路上に風除室がある場合、その内部で進行方向を変えない場合は、当該風除室の内部への視覚障害者誘導用ブロックや音声装置の設置が免除される。
- 視覚障害者利用円滑化経路を構成する敷地内の通路が、敷地外の車道や敷地内の車回し等の車路に近接する場合、当該部分に点状ブロック等を敷設する必要がある。
- 標識はピクトグラムなど分かりやすいものとする。
- 学校は視覚障害者誘導用ブロックの敷設対象とはならないが、一般開放が予想されるため、不特定かつ多数の者の利用が想定される道から案内設備に至る経路は、視覚障害者利用円滑化経路の基準が適用され、一般開放部分へ至る経路の段や傾斜路の上端には点状ブロックの敷設が必要である。

第2部

留意事項

- 視覚障害者利用円滑化経路の規定は、「案内設備を設ける場合」の規定であるため、増築等の場合、既設部分を含めた全体の面積で1,000㎡を超えても、増築部分に案内設備を設けなければ、基準の適用はない。ただし、増築等に係る部分のみで床面積が1,000㎡を超えるものにあっては、既設部分にある案内設備までの経路について、基準が適用される（規則第4条第4号、117頁参照）。
- 不特定かつ多数の者が出入りする公共施設や商業施設、公共交通機関の施設等に設置される案内表示にピクトグラムを使うことは、誰もが一見してその表現内容を理解できることから、文字表示に比べて優れた情報提供手段である。従って、標識等の設置にあたっては、日本工業規格（JIS）を参考とする等、標準的で分かりやすいピクトグラムを活用することが求められる。（166頁参照）

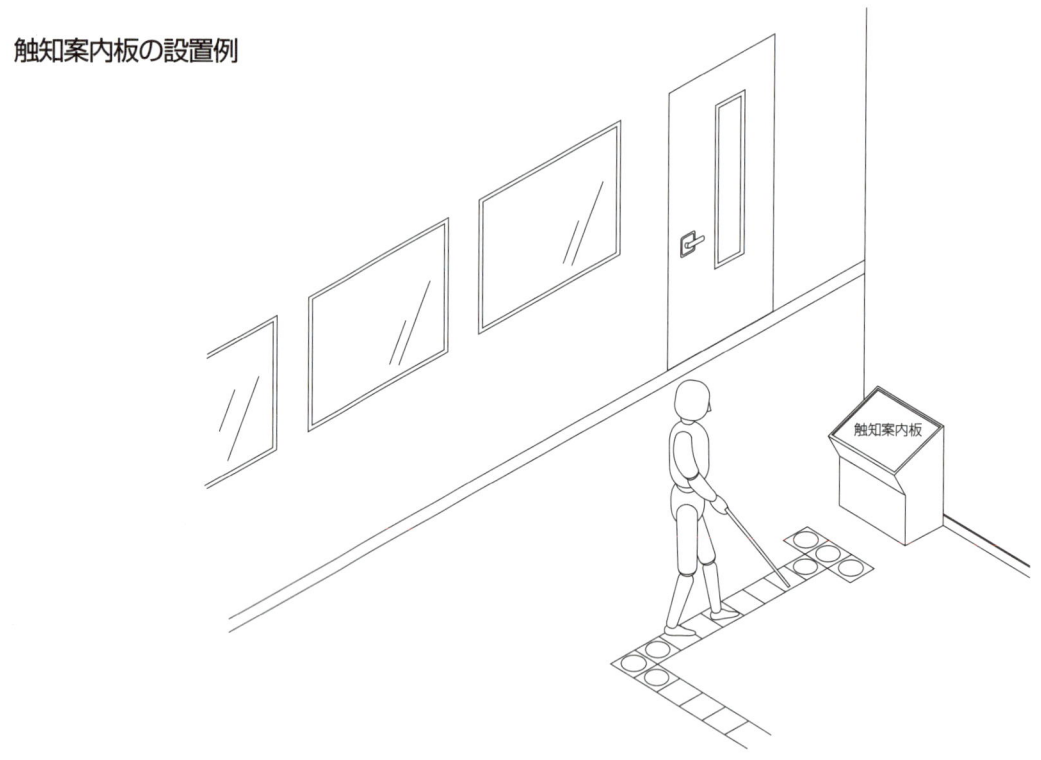

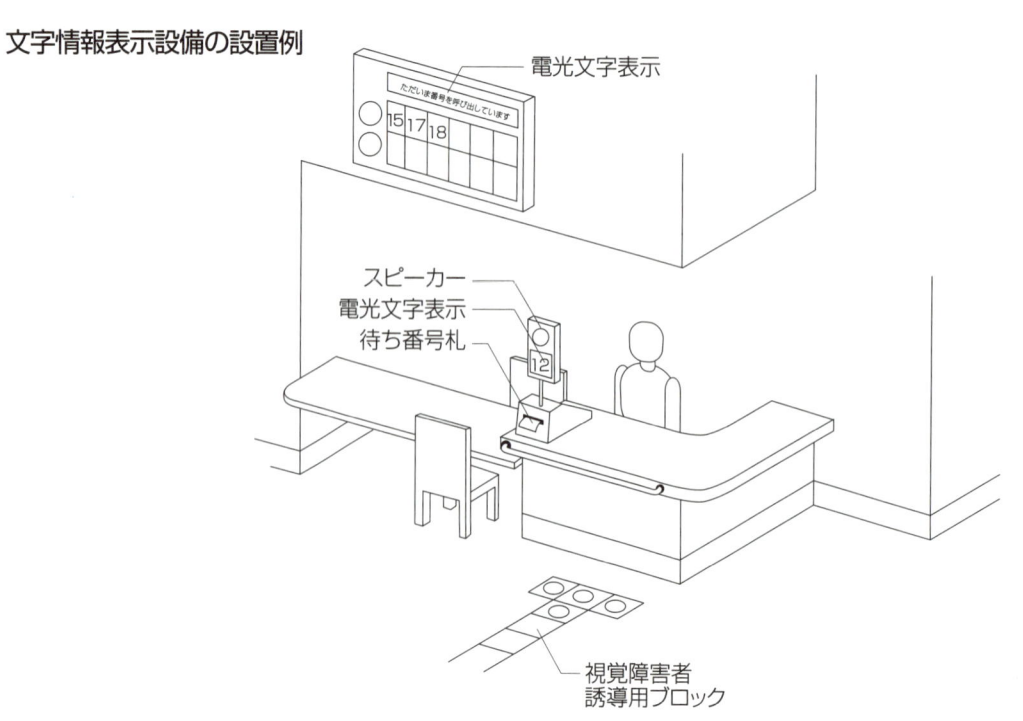

触知案内板の設置例

文字情報表示設備の設置例

整備マニュアル

「耳マーク」の表示例

聞こえない方、聞こえにくい方は
お気軽にお申し出くださいませ

☆受付窓口等では「耳マーク」を表示し、手話、筆談、FAX等の聴覚障害者への対応をすることが望ましい

視覚障害者誘導用ブロックの敷設例
（各ブロックの形状については164、165頁参照）

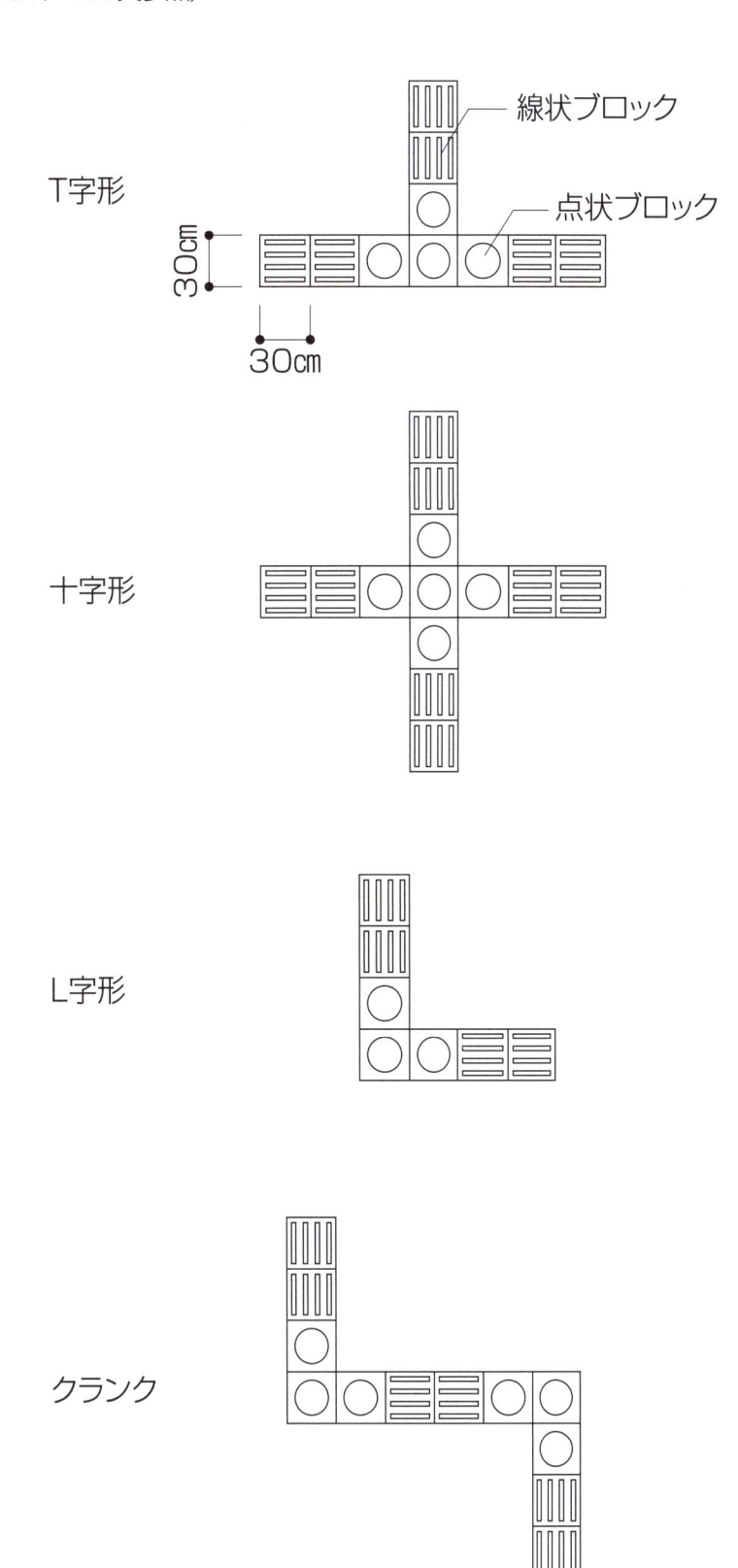

T字形 ─ 線状ブロック、点状ブロック、30cm、30cm

十字形

L字形

クランク

105

第2部

洋式便器及び手すりの案内表示例

車いす使用者用便房の案内表示例

オストメイト対応器具がある場合の例

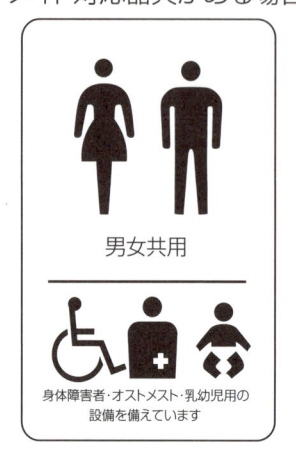

オストメイト図記号

車いす使用者用駐車施設の案内表示例

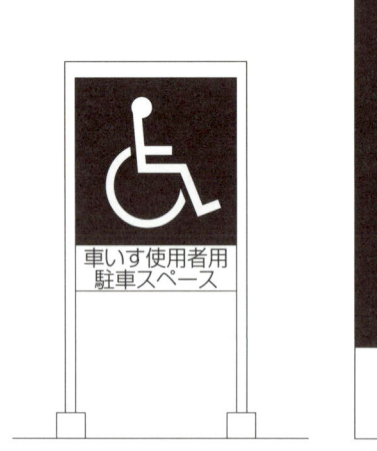

☆必要に応じて車いす使用者用駐車施設の位置を示した案内表示を設置する。

点滅型誘導音装置付誘導灯（壁埋め込み型）の例

（参考）非常時の通報装置の例

整備マニュアル

参考事例

視覚障害者利用円滑化経路には、視覚障害者誘導用ブロック又は音声装置を設置する。

触知案内板の例

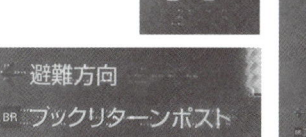

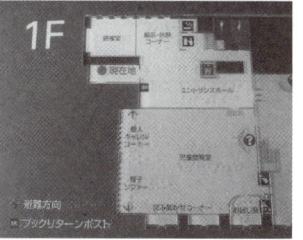

視覚障害者利用円滑化経路に設ける案内設備は、受付、施設全体を把握することができる案内表示、モニター付インターフォンのような音声案内装置等とする。

洋式便器及び手すりが設けられている旨を表示した標識を当該便房の戸又はその付近に掲示する。

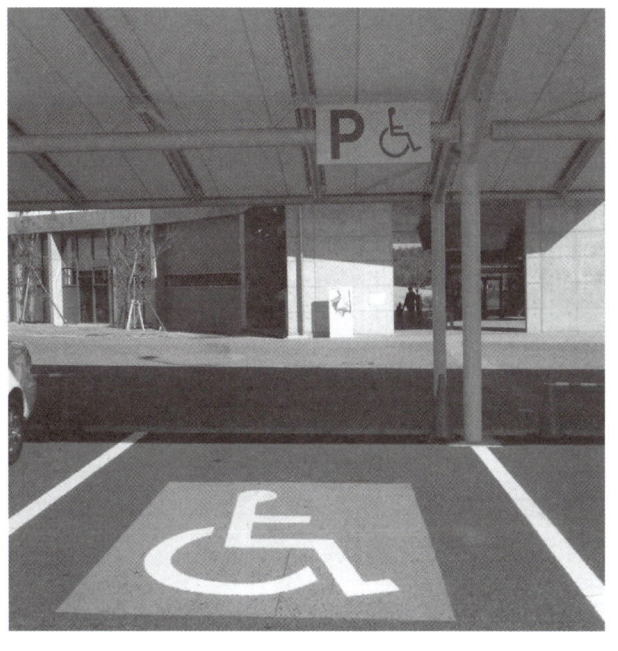

車いす使用者用駐車施設のある施設は当該駐車施設、又は付近に、その案内を表示する。

第2部

2 建築物 浴室等

浴室等は、高齢者や障害者等にとって転倒などによる事故が多い危険の大きな場所であり、段を設けないようにしたり、手すりや滑りにくい材料で仕上げたりするなど、特に安全面での配慮が必要である。

> **【規則（第27条）】**
>
> （車いす使用者用浴室等）
> 第27条　第3条第1号ハ、ヲ及びワに掲げる用途に供する特定施設に不特定かつ多数の者が利用し、又は主として高齢者、障害者等が利用する浴室又はシャワー室（以下「浴室等」という。）を設ける場合には、そのうち1以上（男子用及び女子用の区分があるときは、それぞれ1以上）は、次に定める構造としなければならない。
> 一　車いす使用者が円滑に利用できるよう浴槽、シャワー、手すり等を適切に配置し、かつ、十分な空間を確保すること。
> 二　床面は、粗面とし、又は滑りにくい材料で仕上げること。
> 三　出入口から浴槽又はシャワー設備までの床面には、段を設けないこと。
> 四　出入口は、次に定める構造とすること。
> 　イ　有効幅員は、80センチメートル以上とすること。
> 　ロ　戸を設ける場合には、自動的に開閉する構造その他の高齢者、障害者等が容易に開閉して通過できる構造とし、かつ、その前後に高低差がないこと。

整備基準（義務規定）

設置要件
■公衆浴場、スポーツ施設、ホテル・旅館に、不特定かつ多数の者が利用し、又は主として高齢者、障害者等が利用する浴室またはシャワー室を設ける場合、その1以上(男女の区分があるときはそれぞれ1以上)は、車いす使用者等に配慮したものとする。

○車いす使用者が円滑に利用できるよう、浴槽、シャワー、手すり等を適切に配置する
○浴室又はシャワー室の大きさは、車いす使用者が円滑に利用できる十分な空間を確保する
○出入口は、有効幅員80cm以上とする
○戸の構造は、自動扉その他高齢者、障害者等が容易に開閉して通過できる構造とする
○戸の前後には高低差を設けない
○床面は、粗面又は滑りにくい材料を用いる
○段は、出入口から浴槽等まで設けない

解　説

- 公衆浴場、スポーツ施設、ホテル・旅館の施設における共用の浴室やシャワー室のうち1以上を車いす使用者が円滑に利用できる構造とすることについて規定しており、建築物の用途や利用者の状況に応じて適切な計画を行うことが重要である。

留意事項

- 公衆浴場、スポーツ施設、ホテル・旅館であるかにかかわらず、不特定かつ多数の者が利用し、又は主として高齢者、障害者等が利用する浴室等及び脱衣室は、「利用居室」に該当するので、浴室等及び脱衣室までの経路は、利用円滑化経路及び利用居室内の主要な通路の基準に適合させる必要がある（規則第14条、52頁参照）。

整備マニュアル

車いす使用者が利用できるシャワー室・更衣室の例

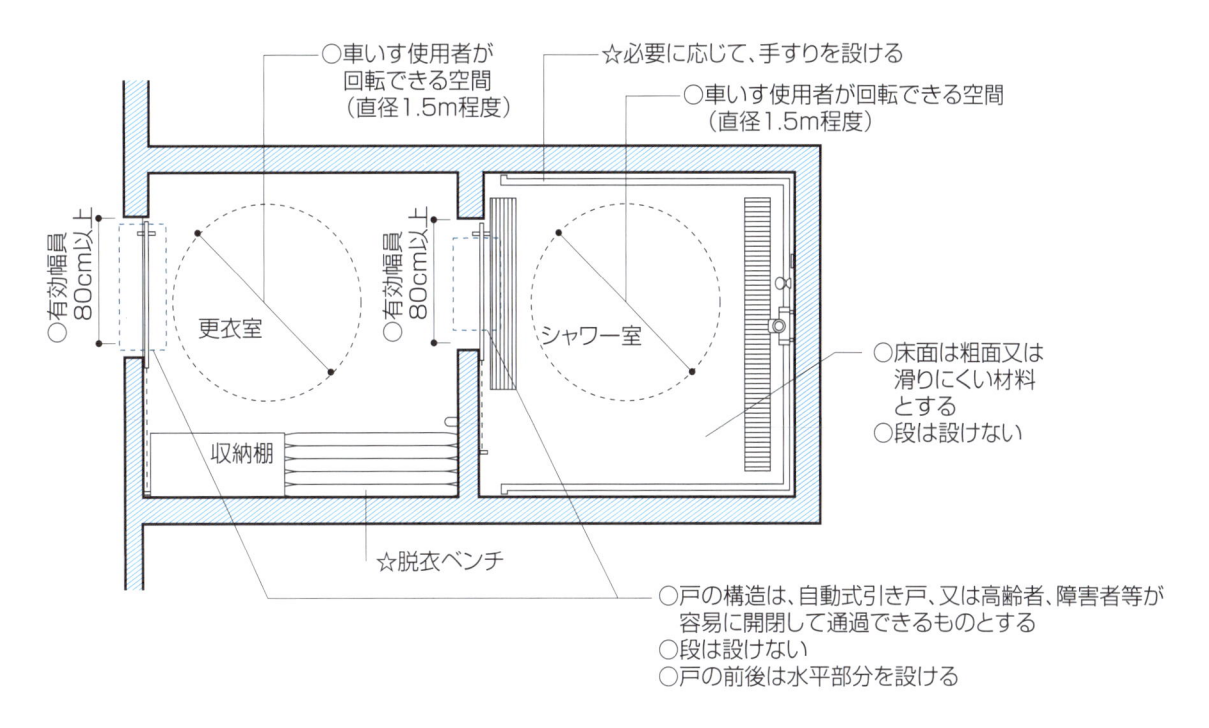

- ○車いす使用者が回転できる空間（直径1.5m程度）
- ☆必要に応じて、手すりを設ける
- ○車いす使用者が回転できる空間（直径1.5m程度）
- ○有効幅員80cm以上
- 更衣室
- ○有効幅員80cm以上
- シャワー室
- ○床面は粗面又は滑りにくい材料とする
- ○段は設けない
- 収納棚
- ☆脱衣ベンチ
- ○戸の構造は、自動式引き戸、又は高齢者、障害者等が容易に開閉して通過できるものとする
- ○段は設けない
- ○戸の前後は水平部分を設ける

車いす使用者が利用できる浴室の例

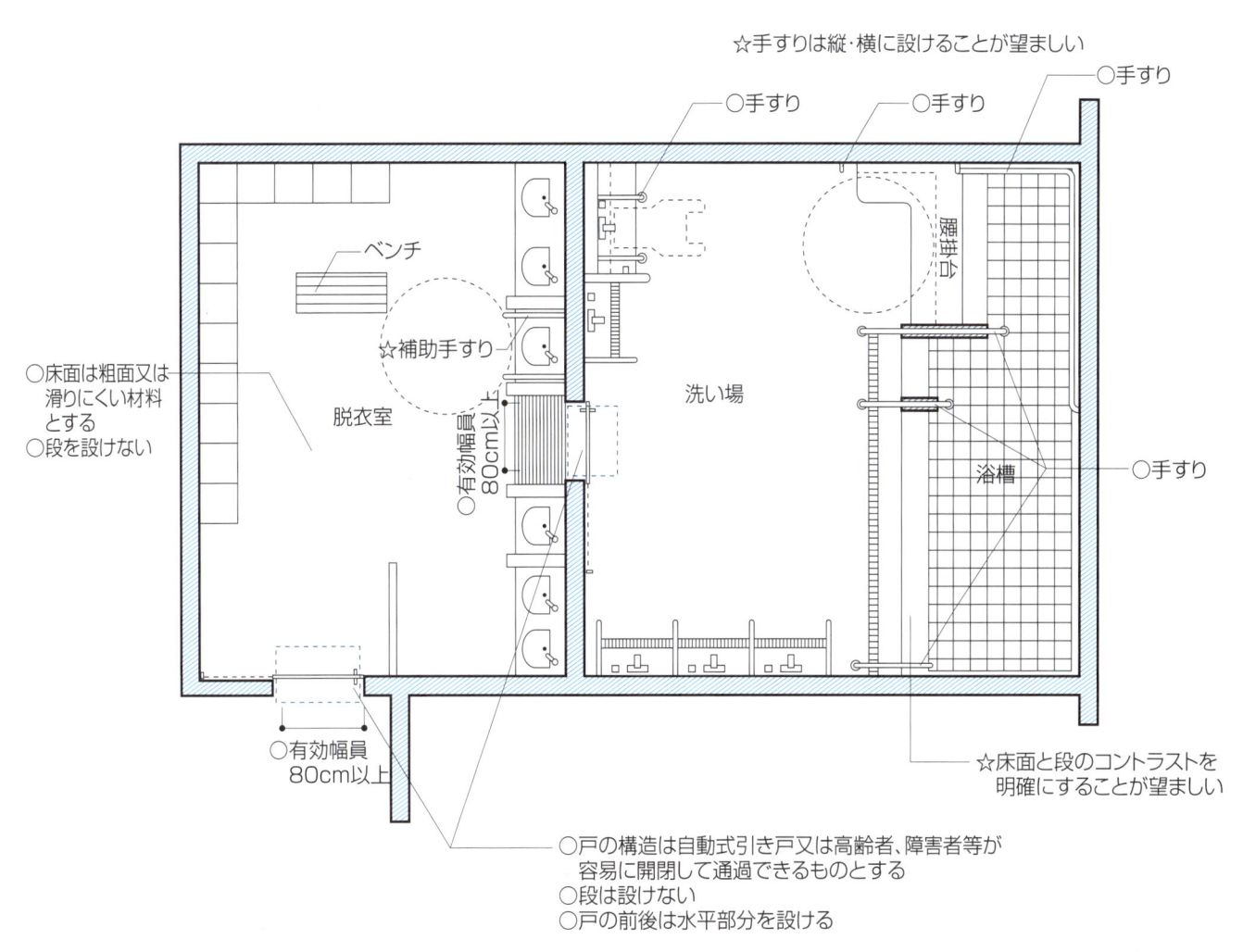

- ☆手すりは縦・横に設けることが望ましい
- ○手すり
- ○手すり
- ○手すり
- ベンチ
- ☆補助手すり
- ○床面は粗面又は滑りにくい材料とする
- ○段を設けない
- 脱衣室
- ○有効幅員80cm以上
- 洗い場
- 洗場
- 浴槽
- ○手すり
- ○有効幅員80cm以上
- ☆床面と段のコントラストを明確にすることが望ましい
- ○戸の構造は自動式引き戸又は高齢者、障害者等が容易に開閉して通過できるものとする
- ○段は設けない
- ○戸の前後は水平部分を設ける

第2部

参考事例

車いす使用者が円滑に利用できるよう、浴槽、シャワー手すり等を適切に配置し、十分な空間を確保する。

床面は粗面又は滑りにくい材料とする。

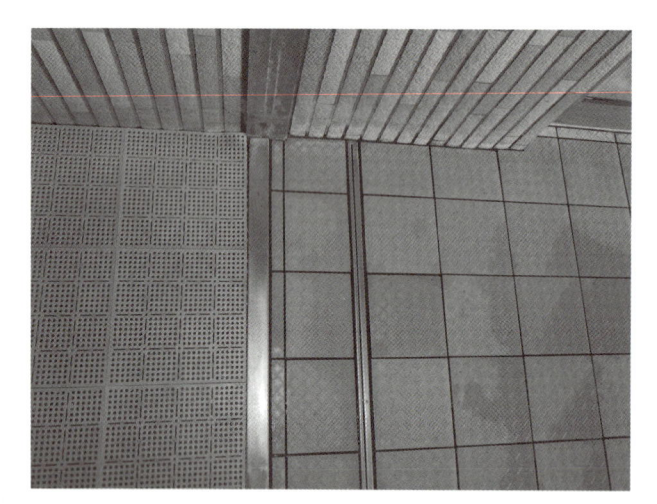

浴室の入り口から浴槽又はシャワー室まで段を設けない。

整備マニュアル

2 建築物
客室

高齢者や障害者等が安心して旅行をすることができるよう、ホテルや旅館の客室においては、車いす使用者が安全かつ快適に利用することができるように、配慮した整備を行う。

【規則（第28条）】

（車椅子使用者用客室）

第28条　第3条第1号ワに掲げる用途に供する特定施設で、当該特定施設の床面積の合計が2,000平方メートル以上で、かつ、客室の総数が50以上のものには、車椅子使用者が円滑に利用できる客室を1以上設けなければならない。

2　車椅子使用者が円滑に利用できる客室は、次に定める構造としなければならない。
　一　出入口は、次に定める構造とすること。
　　イ　有効幅員は、80センチメートル以上とすること。
　　ロ　戸を設ける場合には、自動的に開閉する構造その他の高齢者、障害者等が容易に開閉して通過できる構造とし、かつ、その前後に高低差がないこと。
　二　便所は、次に定める構造とすること。ただし、当該客室が設けられている階に車椅子使用者用便房が設けられた便所がある場合は、この限りでない。
　　イ　第21条第2項に定める構造の便房を設けること。
　　ロ　便所の出入口の有効幅員は、80センチメートル以上とすること。
　　ハ　便房及び便所の出入口に戸を設ける場合には、自動的に開閉する構造その他の高齢者、障害者等が容易に開閉して通過できる構造とし、かつ、その前後に高低差がないこと。
　三　浴室等は、前条に定める構造とすること。ただし、当該客室が設けられている建築物に同条に規定する浴室等（同条に定める構造のものに限る。）が設けられている場合は、この限りでない。

整備基準（義務規定）

設置要件
■床面積の合計が2,000㎡以上で、かつ50室以上のホテル・旅館に車いす使用者等に配慮した客室を1以上設置する。

○出入口の有効幅員は、80cm以上とする
○戸の構造は、自動扉その他高齢者、障害者等が容易に開閉して通過できる構造とする
○戸の前後には高低差を設けない
○便所には、車いす使用者用の便房を設置する(同一階に不特定かつ多数の者が利用する車いす使用者用便房が設けられている場合を除く)
○浴室等は、車いす使用者用の浴室等とする(当該建築物に不特定かつ多数の者が利用する車いす使用者用浴室等が設けられている場合を除く)

解　説

- ホテル又は旅館の客室は「利用居室等」であるので、その出入口は、規則第17条の表（1）項により、利用円滑化経路を構成するものとなるので、有効幅員を80㎝以上としなければならない。
- この客室を「車いす使用者用客室」とした場合、客室内の各室への出入口についても有効幅員を80㎝以上としなければならない。

第2部

車いす使用者用客室の例

ツインルームの場合

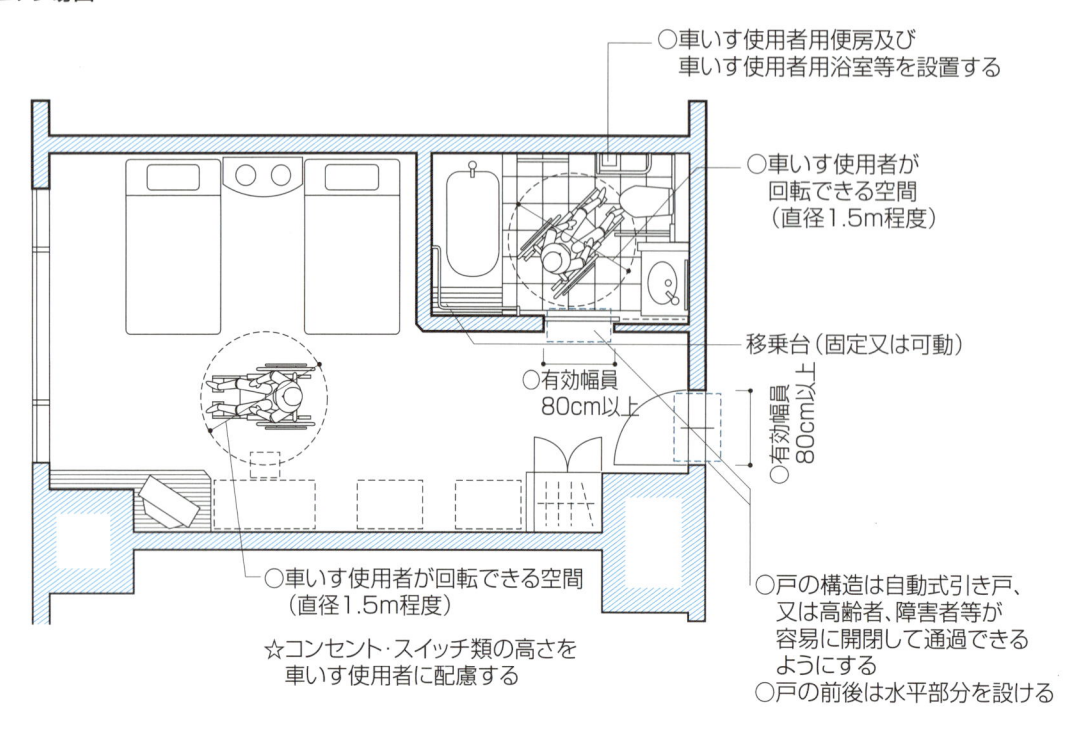

- ○車いす使用者用便房及び車いす使用者用浴室等を設置する
- ○車いす使用者が回転できる空間（直径1.5m程度）
- 移乗台（固定又は可動）
- ○有効幅員80cm以上
- ○有効幅員80cm以上
- ○車いす使用者が回転できる空間（直径1.5m程度）
- ☆コンセント・スイッチ類の高さを車いす使用者に配慮する
- ○戸の構造は自動式引き戸、又は高齢者、障害者等が容易に開閉して通過できるようにする
- ○戸の前後は水平部分を設ける

シングルルームの場合

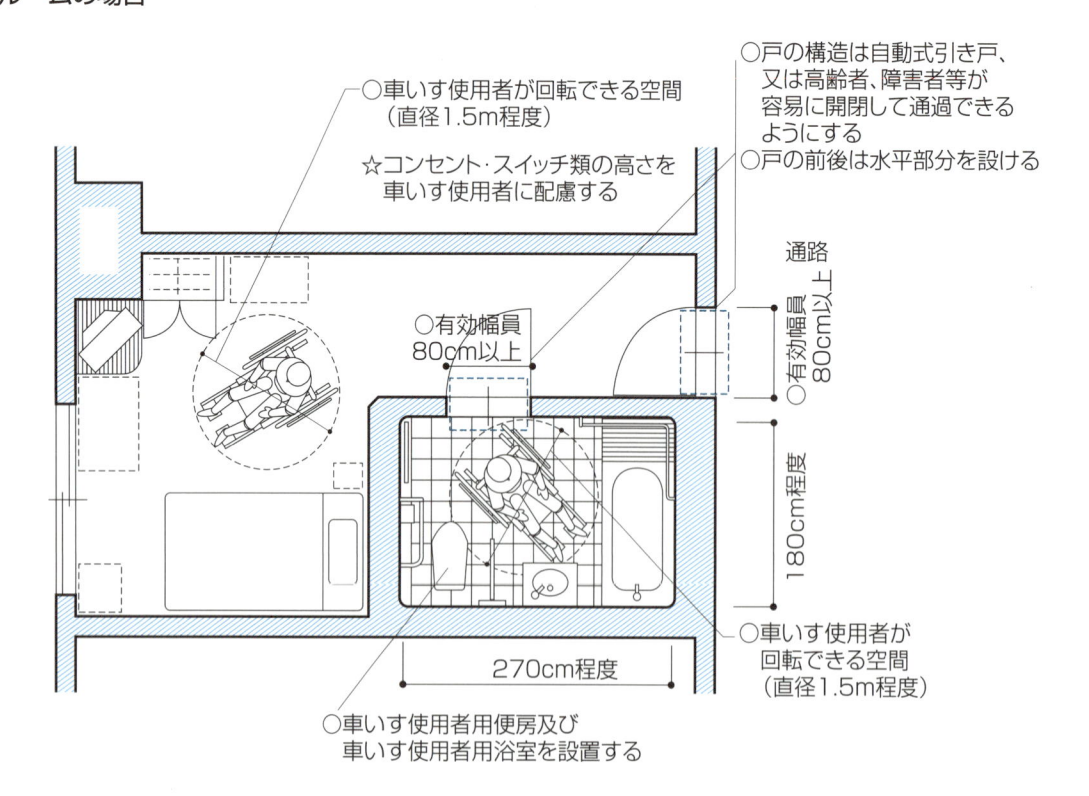

- ○車いす使用者が回転できる空間（直径1.5m程度）
- ☆コンセント・スイッチ類の高さを車いす使用者に配慮する
- ○戸の構造は自動式引き戸、又は高齢者、障害者等が容易に開閉して通過できるようにする
- ○戸の前後は水平部分を設ける
- 通路
- ○有効幅員80cm以上
- ○有効幅員80cm以上
- 180cm程度
- 270cm程度
- ○車いす使用者が回転できる空間（直径1.5m程度）
- ○車いす使用者用便房及び車いす使用者用浴室を設置する

整備マニュアル

参考事例

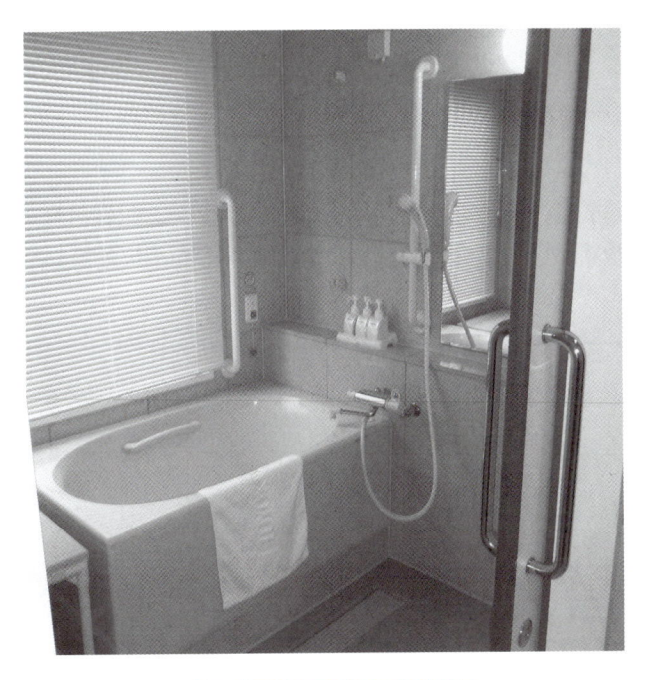

客室は車いす使用者用浴室及び便房を設ける。

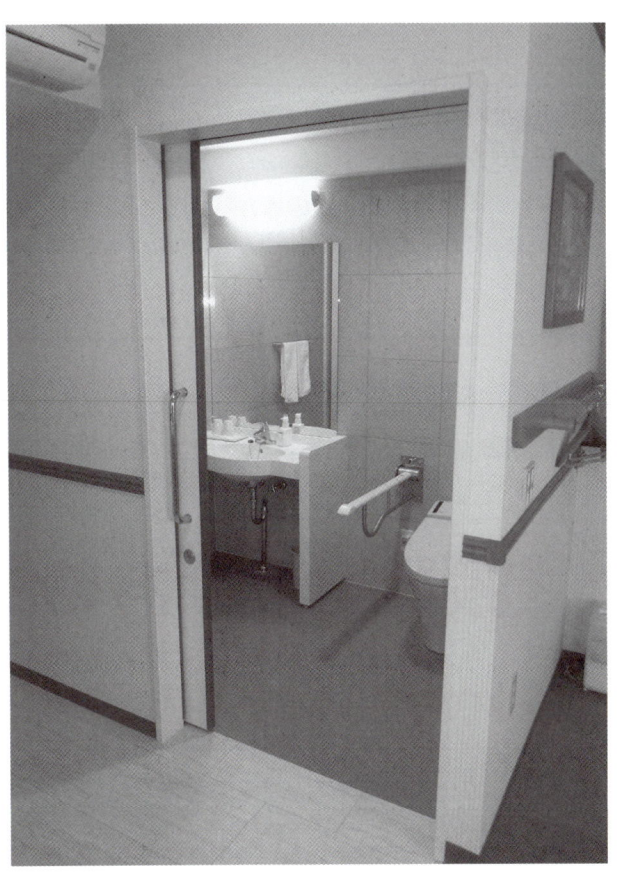

客室は有効幅員1.4m以上とする。

113

第2部

2 建築物
カウンター及び記載台又は公衆電話台

カウンター等は、車いす使用者や視覚障害者、高齢者等が利用しやすいように配慮したものを使うことが求められる。

> 【規則（第29条）】
> （カウンター等）
> 第29条　不特定かつ多数の者が利用し、又は主として高齢者、障害者等が利用するカウンター、記載台及び公衆電話台（以下「カウンター等」という。）を設置する場合には、高齢者、障害者等の利用に配慮したカウンター等を1以上設けなければならない。

整備基準（義務規定）
○高齢者、障害者等の利用に配慮したカウンター等を1以上設置する

授乳室及びおむつ替えの場所

乳幼児を連れて出かけてもさまざまな場面で制約を受けることがないように、特に、乳児に欠かせない授乳、おむつ替え等を落ち着いた雰囲気の中で行うことができる場所を整備する。

> 【規則（第31条抜粋）】
> （特定施設の新築等をしようとする者の努力義務）
> 第31条
> 2　次の各号に掲げる特定施設の新築等をしようとする者は、それぞれ当該各号に定める基準を遵守するよう努めなければならない。
> 　三　第3条第1号ロに掲げる用途に供する特定施設、同号ニに掲げる用途（病院及び診療所の用途に限る。）に供する特定施設及び同号ヘからヌまでに掲げる用途に供する特定施設並びに同条第4号及び第7号に掲げる特定施設　授乳及びおむつ替えができる場所を設けること。

整備基準（努力規定）
●官公庁、病院、物品販売店舗等に1以上設置するよう努力する

一団地の住宅施設

> 【規則（第32条）】
> （一団地の住宅施設等の整備基準）
> 第32条　第3条第14号から第16号までに掲げる特定施設の建築物、道路、駐車場及び公園、緑地その他これらに類するものの整備基準は、第14条から前条までに定めるとおりとする。

解説
- 一団地の住宅施設については、それぞれその一団地内にある建築物、道路、駐車場、公園等について個々の施設にかかる整備基準を適用する。

整備マニュアル

カウンター及び記載台の例

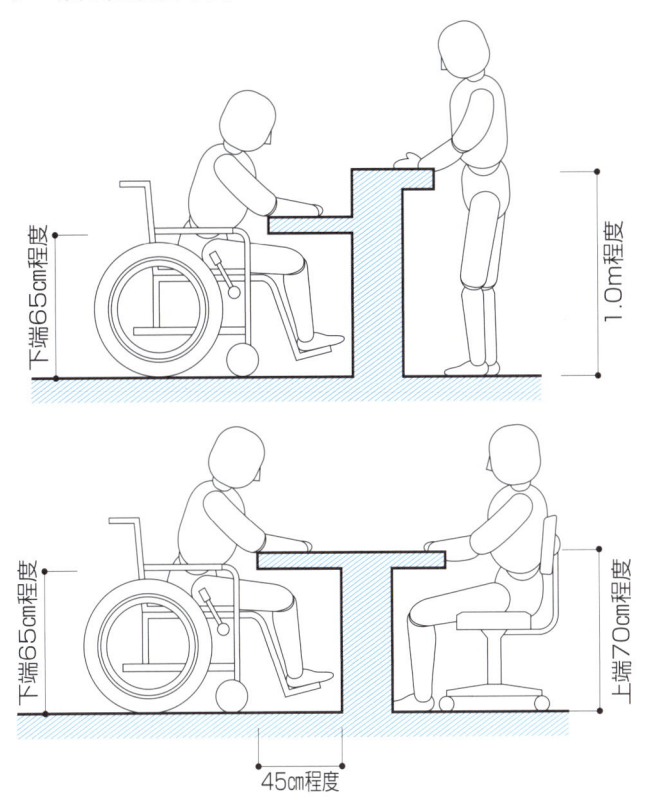

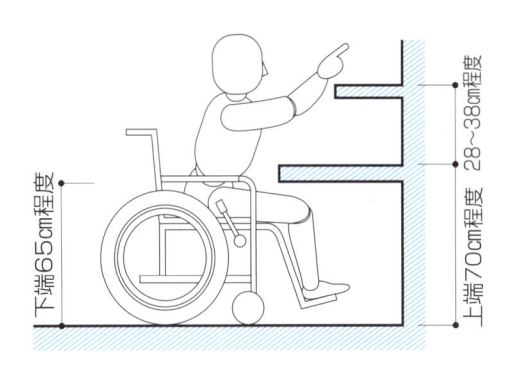

- 下端65cm程度
- 1.0m程度
- 下端65cm程度
- 上端70cm程度
- 45cm程度
- 下端65cm程度
- 上端70cm程度
- 28~38cm程度

公衆電話台の例

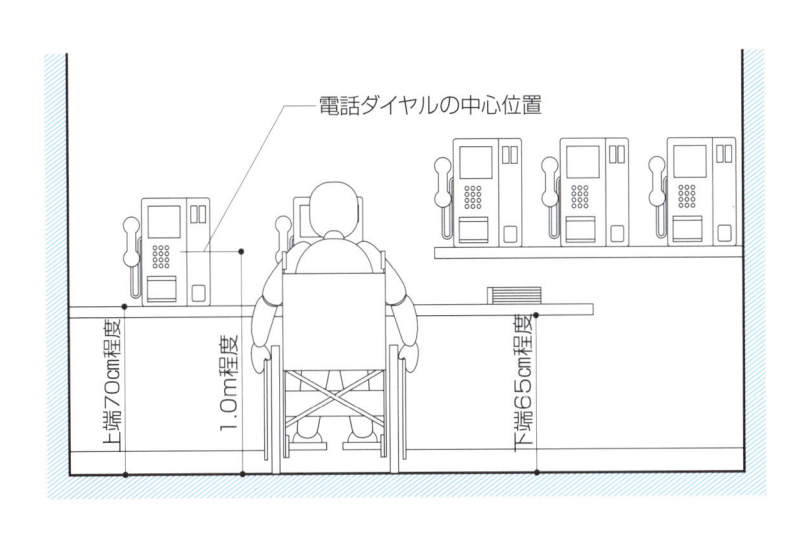

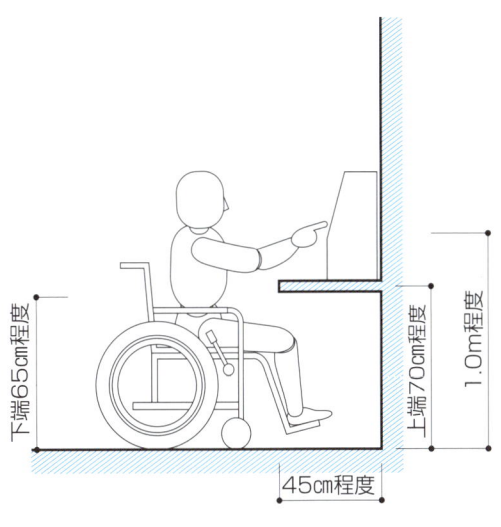

- 電話ダイヤルの中心位置
- 上端70cm程度
- 1.0m程度
- 下端65cm程度
- 下端65cm程度
- 上端70cm程度
- 1.0m程度
- 45cm程度

第2部

参考事例

高齢者、障害者等の利用に配慮したカウンター、公衆電話台を設ける。

2 建築物 増築等に関する事項

【条例（第11条抜粋）】
（整備基準の遵守義務等）
第11条　特定施設の新築若しくは新設、増築又は改築（用途の変更をして特定施設にすることを含む。以下「特定施設の新築等」という。）をしようとする者は、当該特定施設（増築、改築又は用途の変更をしようとする場合にあっては、当該増築、改築又は用途の変更に係る部分その他規則で定める部分に限る。）について、次の各号に掲げる特定施設の区分に応じ、当該各号に掲げる別表に定める高齢者、障害者等が円滑に利用できるようにするために必要な特定施設の構造及び設備に関する措置の基準（以下「整備基準」という。）を遵守しなければならない。（以下略）

【規則（第4条）】
（条例第11条第1項の規則で定める部分）
第4条　条例第11条第1項の規則で定める部分は、同項第1号に掲げる特定施設の次に掲げる経路を構成する敷地内の通路、廊下その他これに類するもの（以下「廊下等」という。）、昇降機、出入口及び階段とする。
一　道又は公園、広場その他の空地（以下「道等」という。）から増築、改築又は用途の変更（以下「増築等」という。）に係る部分にある不特定かつ多数の者が利用し、若しくは主として高齢者、障害者等が利用する居室（以下「利用居室」という。）又は前条第1号ワに掲げる用途に供する特定施設の客室若しくは同条第2号に掲げる特定施設の住戸（以下「利用居室等」という。）までの1以上の経路
二　増築等に係る部分にある利用居室等（当該部分に利用居室等がないときは、道等。次号において同じ。）から増築等に係る部分にある車椅子使用者等が利用できる構造の便房（第21条第1項の表（い）欄に掲げる特定施設の同表（ろ）欄に掲げる便所に設けるものに限る。以下「車椅子使用者用便房」という。）までの1以上の経路
三　増築等に係る部分にある駐車場（第23条第1項に規定するものに限る。）の車椅子使用者が乗車する自動車を駐車できる部分（以下「車椅子使用者用駐車施設」という。）から増築等に係る部分にある利用居室等までの1以上の経路
四　第24条第2項の規定により読み替えて適用される同条第1項第4号に規定する前条第1号及び第3号から第7号までに掲げる特定施設で、当該特定施設（当該特定施設が建築物の一部である場合にあっては、当該特定施設を含む建築物）の増築等に係る部分の床面積（共同住宅の用に供する部分の床面積を除く。）（同条第3号及び第6号に掲げる特定施設にあっては、当該特定施設の増築等に係る部分の不特定かつ多数の者の利用する部分の床面積）の合計が1,000平方メートルを超えるもの又は同条第7号に掲げる特定施設で、当該特定施設のみの増築等に係る部分の床面積の合計が50平方メートル以上のものの道等から増築等に係る部分以外にある案内設備までの経路

【規則（第19条抜粋）】
（利用円滑化経路を構成するエレベーター）
第19条
3　増築等の場合（増築等により第1項各号に掲げる特定施設となる場合であって、増築等に係る部分に利用円滑化経路を構成するエレベーターを設けるときを除く。）における第1項の規定の適用については、同項中「床面積」とあるのは「増築等に係る部分の床面積」と、「階数」とあるのは「増築等に係る部分の階数」と、「戸数」とあるのは「増築等に係る部分の戸数」とする。

【規則（第24条抜粋）】
（案内表示）

第2部

> 第24条
> 2　増築等の場合における前項第4号の規定の適用については、同号中「に案内設備を設ける場合」とあるのは、「の増築等に係る部分に案内設備を設ける場合並びに同条第1号及び第3号から第7号までに掲げる特定施設で、当該特定施設（当該特定施設が建築物の一部である場合にあっては、当該特定施設を含む建築物）の増築等に係る部分の床面積（共同住宅の用に供する部分の床面積を除く。）（同条第3号及び第6号に掲げる特定施設にあっては、当該特定施設の増築等に係る部分の不特定かつ多数の者の利用する部分の床面積）の合計が1,000平方メートルを超えるもの又は同条第7号に掲げる特定施設で、当該特定施設のみの増築等に係る部分の床面積の合計が50平方メートル以上のものの増築等に係る部分以外に案内設備がある場合」とする。

解説

- 増築等の場合、当該増築部分だけでなく、敷地の接する道等から当該増築等をする部分にある利用居室等・車いす使用者用便房・車いす使用者用駐車施設までの経路（敷地内通路、廊下等、昇降機、出入口及び階段）についても整備基準を遵守しなければならない。
- 2、3号は、増築等に係る部分にある利用居室等から同じく増築等に係る部分にある車いす使用者用便房及び車いす使用者用駐車施設までの経路についてであるが、当該経路は場合によっては既設部分を通る可能性があるので本号を設けている。また、駐車場などで利用居室等がない場合には道等からの経路と読み替えて適用している。

エレベーター

- 規則第19条第1項各号に該当する特定施設については、規則第14条第1項第2号の規定により、階段を利用円滑化経路上に設けることはできないので、エレベーターか傾斜路を設けなければならないが、増築等で既設を含めた全体で規則第19条第1項各号に該当する場合であっても、増築等に係る部分のみで同号に定める規模にならない場合は、エレベーターの設置義務はない。ただし、そのような場合でも増築等に係る部分に利用円滑化経路を構成するエレベーターを設ける場合、同条第2項に定める構造としなければならない。

車いす使用者用便房

- 増築等の場合の車いす使用者用便房の規定については、建築物全体の床面積が1,000㎡を超えても、増築等をする部分に不特定かつ多数の者、又は主として高齢者、障害者等が利用する便所を設けない場合は適用されない。

視覚障害者利用円滑化経路

- 視覚障害者利用円滑化経路の規定は、「案内設備を設ける場合」の規定であるため、増築等の場合、既設部分を含めた全体の面積で1,000㎡を超えても（公衆便所は50㎡以上）、増築部分に案内設備を設けなければ、基準の適用はない。ただし、増築等に係る部分のみで床面積が1,000㎡を超えるもの（公衆便所は50㎡以上）にあっては、既設部分にある案内設備までの経路について、基準が適用される。

【学校等に関する読替え】
- 学校その他これに類するもの、または共同住宅については、これらの規定中「不特定かつ多数の者が利用し、若しくは主として高齢者、障害者等が利用する」とあるのは、「多数の者が利用する」と読み替えることとする（規則第40条）。

整備マニュアル

増築等の場合の整備基準適用の考え方

○総括

【増築等をする部分で下記2の経路が確保できる場合】　【増築等をする部分で下記2の経路が確保できない場合】

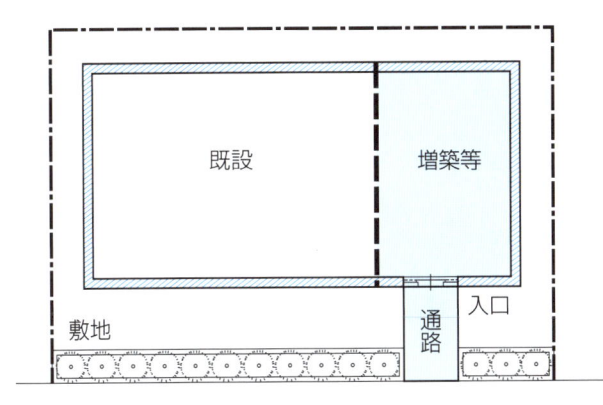

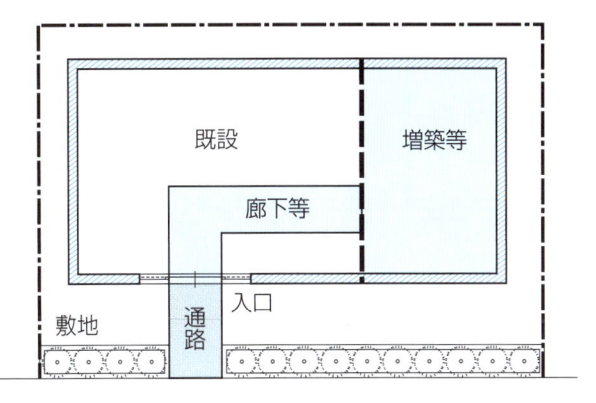

※ 増築、改築、及び用途変更（増築等）をする場合の整備基準の適用範囲
1. 当該増築等に係る部分
2. 道等から増築等をする部分にある利用居室等までの一以上の経路を構成する出入口、廊下等、階段、傾斜路、昇降機及び敷地内の通路

　　　　整備基準適用範囲

○利用円滑化経路へのエレベーターの設置

【増築等に係る部分のみで設置対象規模とならない場合（全体としては設置対象規模）】

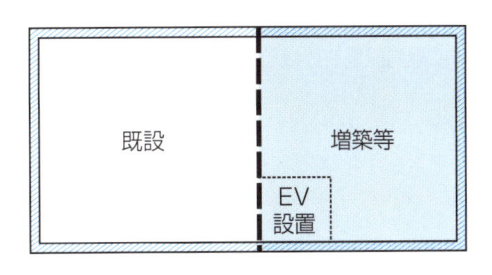

　　　　整備基準適用範囲

※ 増築等に係る部分に利用円滑化経路を構成するエレベーターを設置する場合のみ整備基準への適合義務あり

【増築等に係る部分のみで設置対象規模となる場合】

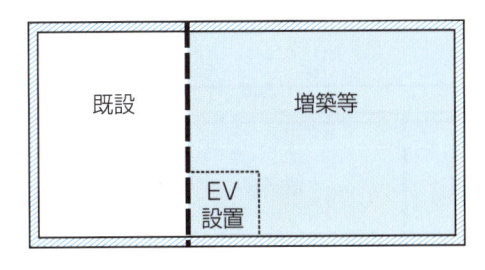

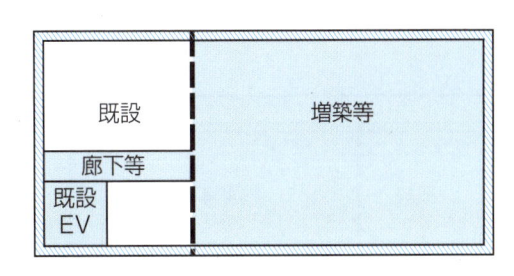

※ 利用円滑化経路上に整備基準に適合したEVの設置義務あり

第2部

○不特定多数等が利用するトイレへの車いす使用者用便房の設置

【増築等に係る部分の規模に関係なし（全体としては1,000㎡超）】

― 不特定多数等が利用する便所

※ 増築等に係る部分に不特定多数等が利用するトイレを設ける場合のみ設置義務あり

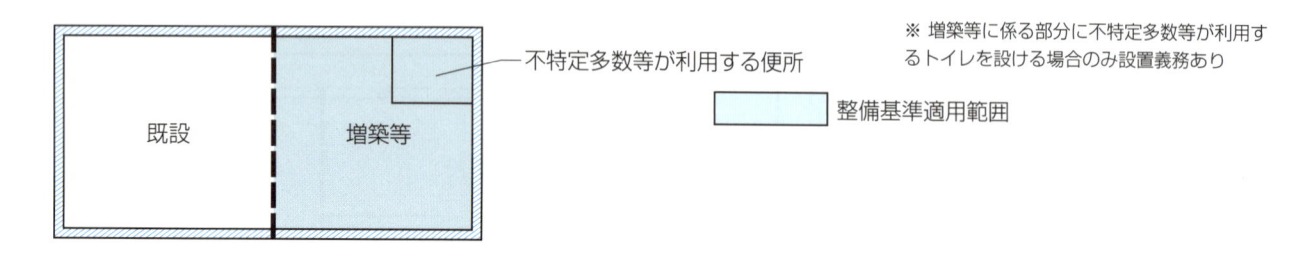

　　整備基準適用範囲

既設 ／ 増築等

○視覚障害者利用円滑経路

【増築等に係る部分が1,000㎡以下の場合（全体としては1,000㎡超）】

既設 ／ 増築等

案内設備設置

敷地／通路／入口／道路

　　視覚障害者利用円滑化経路に係る整備基準適用範囲

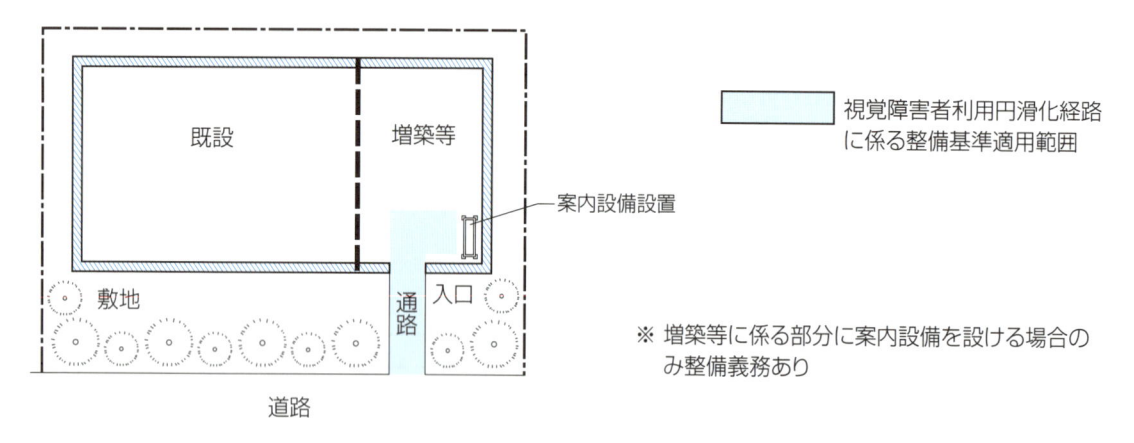

※ 増築等に係る部分に案内設備を設ける場合のみ整備義務あり

【増築等に係る部分が1,000㎡超の場合】

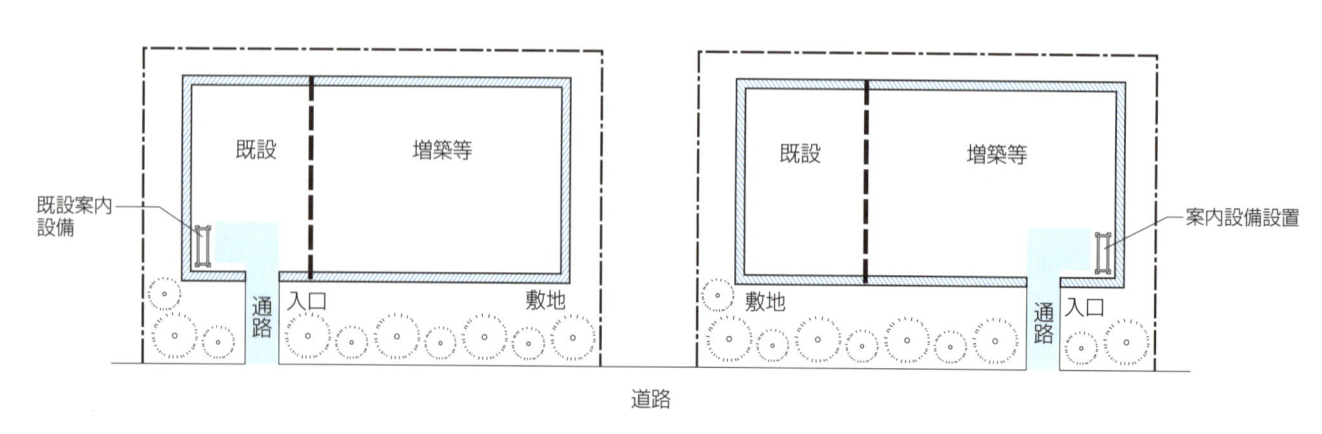

既設案内設備

既設／増築等
通路／入口／敷地／道路

既設／増築等
案内設備設置
敷地／通路／入口／道路

※ 視覚障害者利用円滑化経路の整備義務あり

整備マニュアル

2 建築物 第11条ただし書きに関する事項

【条例（第11条抜粋）】
（整備基準の遵守義務等）
第11条　（前半略）ただし、当該特定施設について整備基準を遵守する場合と同等以上の高齢者、障害者等が円滑に利用できるようにするための構造及び設備に関する措置が講じられると認められる場合又は当該特定施設について整備基準を遵守することが著しく困難な場合として規則で定める場合は、この限りでない。

【規則（第5条）】
（条例第11条第1項ただし書の規則で定める場合）
第5条　条例第11条第1項ただし書の規則で定める場合は、次に掲げる場合とする。
　一　高低差の著しい敷地又は区域に特定施設の新築等をしようとする場合で、傾斜路の勾配について物理的に整備基準を遵守することができないと認められるとき。
　二　用途の変更をして特定施設にしようとする場合で、廊下等、階段又はエレベーターについて構造上整備基準を遵守することができないと認められるとき。
　三　文化財としての価値が高い特定施設の新築等をしようとする場合で、整備基準を遵守すると当該価値が著しく損なわれることになると認められるとき。
　四　前3号に掲げる場合のほか、これらの場合に準ずる理由により整備基準を遵守することができないと認められるとき。

解説

- 新たな建築技術や設備機器の登場等により、整備基準を遵守する場合と同等以上の措置が講じられるような場合が想定され、また、地形等の様々な条件の制約を受けて設置する場合など整備基準の遵守が客観的に困難である場合もあり、それらの状況・条件に応じて弾力的な運用が行えるようにする必要があることから、これらの場合についてただし書で整備基準の適用を除外している。
- 規則第5条第1号については、計画上、スロープの設置が可能であるにもかかわらず、意識的にそのスペースを確保しない場合は該当しない。
- 規則第5条第2号については、用途を変更し特定施設にする場合で、建物の構造上重要な柱・梁・壁等について、条例を遵守するため（例：廊下の幅員を拡幅、エレベーターの設置のため）に一部取り除いたり、形を変えたりすることが必要な場合などが該当する。ただし、計画上、可能であるにもかかわらず、対応しない場合は該当しない。

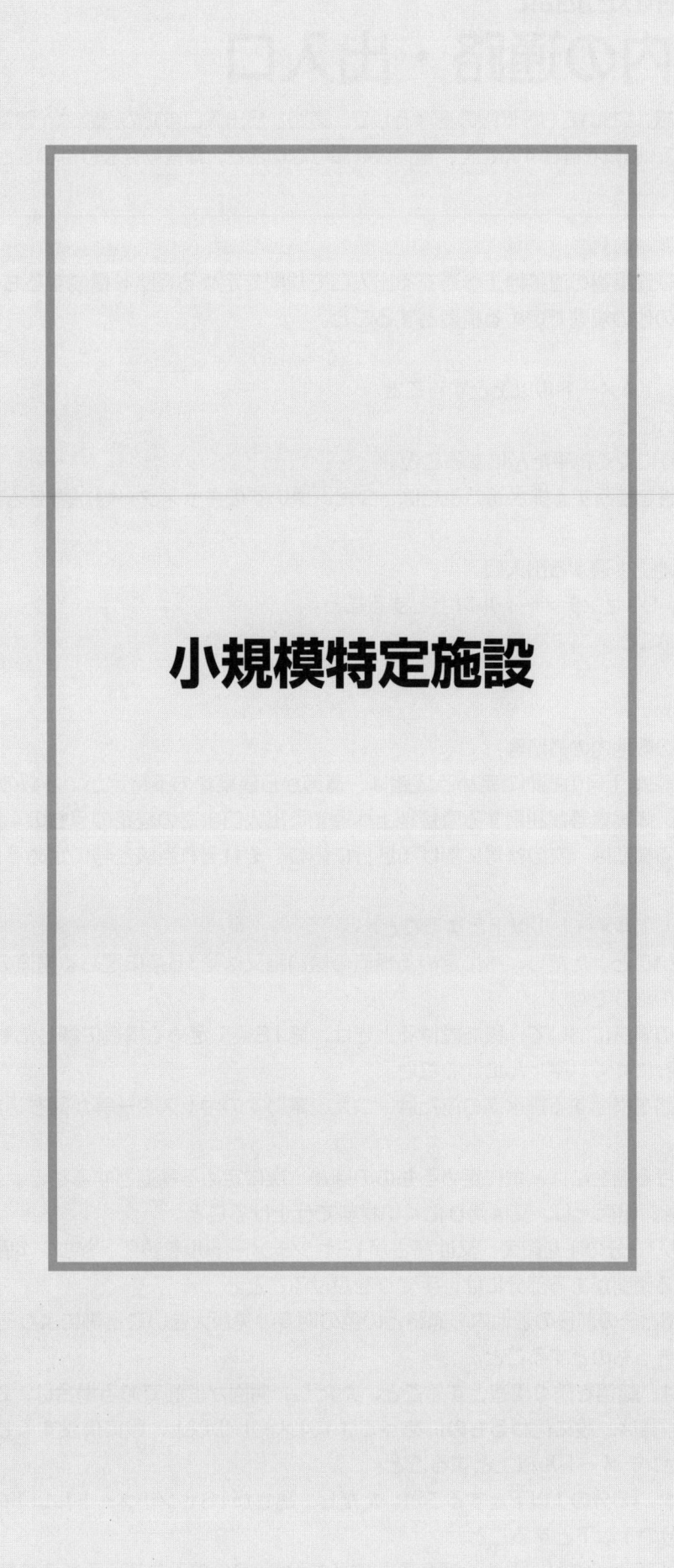

小規模特定施設

第2部

2 小規模特定施設
敷地内の通路・出入口

小規模特定施設においても最低限の基準として、道路から出入口までの通路は、建築物と同様車いすでの通行を考慮して、幅員を確保すること、極力段を設けないこと、障害物を設けないこと等が求められる。

【条例（別表第2第1号）】

一　敷地内の通路及び建築物の直接地上へ通ずる出入口で規則で定める経路を構成するものは、それぞれ次に定める構造その他の規則で定める構造とすること。
　イ　敷地内の通路
　　(1) 有効幅員は、1.4メートル以上とすること。
　　(2) 段を設けないこと。
　　(3) 表面は、滑りにくく、平たんにすること。
　　(4) 敷地内の通路を横断する排水溝のふたは、つえ、車いすのキャスター等が落ち込まないものとすること。
　ロ　建築物の直接地上へ通ずる出入口
　　(1) 有効幅員は、90センチメートル以上とすること。
　　(2) 段を設けないこと。

【規則（第33条）】

（小規模特定施設の敷地内の通路等）

第33条　条例別表第2第1号の規則で定める経路は、道等から建築物の不特定かつ多数の者が利用し、又は主として高齢者、障害者等が利用する直接地上へ通ずる出入口までの経路のうちの1以上の経路とし、同号の規則で定める構造は、次の各号に掲げる区分に応じ、それぞれ当該各号に定めるとおりとする。
一　敷地内の通路
　イ　有効幅員は、1.4メートル以上とすること。
　ロ　段を設けないこと。ただし、ヘに定める構造の傾斜路又は第16条に定める構造の昇降機を併設する場合は、この限りでない。
　ハ　ロただし書の場合において、段を設けるときは、第18条に定める構造に準じたものとすること。
　ニ　表面は、滑りにくく、平たんにすること。
　ホ　敷地内の通路を横断する排水溝のふたは、つえ、車いすのキャスター等が落ち込まないものとすること。
　ヘ　傾斜路を設ける場合には、ホに定めるもののほか、次に定める構造とすること。
　　(1)　表面は、粗面とし、又は滑りにくい材料で仕上げること。
　　(2)　勾配が12分の1を超え、又は高さが16センチメートルを超え、かつ、勾配が20分の1を超える傾斜がある部分には、手すりを設けること。
　　(3)　傾斜路とその前後の敷地内の通路との色の明度の差が大きいこと等によりその存在を容易に識別できるものとすること。
　　(4)　両側は、転落を防ぐ構造とすること。ただし、側面が壁面である場合は、この限りでない。
　　(5)　有効幅員は、段に代わるものにあっては1.4メートル以上、段に併設するものにあっては90センチメートル以上とすること。
　　(6)　勾配は、15分の1以下とすること。ただし、高さが16センチメートル以下のものにあっては、8分の1以下とすること。
　　(7)　高さが75センチメートルを超えるもの（勾配が20分の1を超えるものに限る。）にあっては、高さ75センチメートル以内ごとに踏幅が1.5メートル以上の踊場を設けること。

(8)　始点及び終点には、それぞれ長さ1.5メートル以上の高低差のない部分を設けること。
　ト　戸を設ける場合には、自動的に開閉する構造その他の高齢者、障害者等が容易に開閉して通過できる構造とし、かつ、その前後に高低差がないこと。
　ニ　建築物の直接地上へ通ずる出入口
　　イ　有効幅員は、90センチメートル以上とすること。
　　ロ　段を設けないこと。
　　ハ　戸を設ける場合には、自動的に開閉する構造その他高齢者、障害者等が容易に開閉して通過できる構造とし、かつ、その前後に高低差がないこと。

整備基準（義務規定）

※敷地内の通路については、55頁参照
※出入口については、66頁参照

解　説

- 100㎡以下の特殊建築物に対しても、敷地が接する道等から当該建築物の出入口までの経路（アプローチ部分）の整備を義務化している。
- 敷地内の通路及び出入口の基準は、建築物における利用円滑化経路の基準と同様である。

【学校に関する読替え】
- 学校その他これに類するものについては、これらの規定中「不特定かつ多数の者が利用し、又は主として高齢者、障害者等が利用する」とあるのは、「多数の者が利用する」と読み替えることとする(規則第40条)。

第2部

2 小規模特定施設
一般便所

便所においては、車いす使用者をはじめ、子どもから高齢者までが利用できる便所の整備が求められるが、設置要件によって義務規定とはなってない。ただし、高齢者や障害者が積極的に街に出て行くためには、これらの便所の整備が欠かせないことから、誰もが気軽に利用することができるよう整備に向けた努力が求められる。

> 【規則（第34条）】
> （小規模特定施設の新築等をしようとする者の努力義務）
> 第34条　条例第11条第1項第2号に掲げる特定施設に不特定かつ多数の者が利用し、又は主として高齢者、障害者等が利用する便所を設ける場合には、そのうち1以上は、次のとおりとするよう努めなければならない。
> 　一　条例別表第2第1号に規定する経路を構成する建築物の直接地上へ通ずる出入口から当該便所の次号に掲げる便房までの経路の有効幅員を90センチメートル以上とすること。
> 　二　次に定める構造の便房を設けること。
> 　　イ　出入口の有効幅員は、80センチメートル以上とすること。
> 　　ロ　便器は、洋式とすること。
> 　　ハ　手すりを設けること。
> 　　ニ　車いす使用者が利用できるよう空間を確保すること。
> 　　ホ　戸又はその付近に、洋式便器及び手すりが設けられている旨を表示した標識を掲示すること。

整備基準（努力規定）

- 出入口から便所までの経路の有効幅員は、90cm以上とする
- 便房
  - 出入口の有効幅員は、80cm以上とする
  - 便座は洋式とし、手すりを設ける
  - 便房の大きさは車いす使用者等が利用できる空間を確保する
  - 便房の戸に洋式便器及び手すりが設けられている旨を表示する

解説

- 便所設置の努力規定については、車いす使用者が何とか便所まで到達でき、用を足すことができる基準としている。
- したがって、便所の整備レベルとしては第21条に定める車いす使用者用便房よりも低いものとなる。そのため、車いすが内部で転回できるような「円滑に利用できる空間」を求めてはいない。
（86頁参照）

【学校に関する読替え】
- 学校その他これに類するものについては、これらの規定中「不特定かつ多数の者が利用し、又は主として高齢者、障害者等が利用する」とあるのは、「多数の者が利用する」と読み替えることとする(規則第40条)。

道　路

第2部

2 道路
歩道等

　歩道及び自転車歩行者道については、高齢者や障害者等を含む歩行者の安全を確保するため、歩車道分離を原則とし、また容易に歩道上を通行することができるよう、水平な移動を確保すべき部分について、極力段を設けないこと、障害物を設けないことなどが求められる。
　なお、ここでは、道路整備にあたっての一般的な基準とされるものを示している。

【条例（別表第1第2号）】

二　歩道及び自転車歩行者道並びに敷地内の通路、廊下その他これに類するもの及び園路（以下「通路等」という。）で利用円滑化経路を構成するものその他の規則で定める通路等は、次に定める構造その他の規則で定める構造とすること。
　イ　有効幅員は、歩道にあっては2メートル以上、自転車歩行者道にあっては3メートル以上、通路等にあっては1.4メートル以上とすること。
　ロ　段を設けないこと。
　ハ　表面は、滑りにくく、平たんにすること。
　ニ　歩道及び自転車歩行者道並びに通路等を横断する排水溝のふたは、つえ、車いすのキャスター等が落ち込まないものとすること。

【規則（第15条抜粋）】

（通路等）

第15条　条例別表第1第2号の規則で定める通路等は、次の表（い）欄に掲げるものとし、同号の規則で定める構造は、それぞれ同表（ろ）欄に定めるとおりとする。

	（い）	（ろ）
(1)	歩道及び自転車歩行者道（以下「歩道等」という。）	一　有効幅員は、歩道にあっては2メートル以上、自転車歩行者道にあっては3メートル以上とすること。 二　段を設けないこと。 三　表面は、滑りにくく、平たんにすること。 四　歩道等を横断する排水溝のふたは、つえ、車いすのキャスター等が落ち込まないものとすること。 五　舗装は、水はけの良いものとすること。 六　歩道等の切下げ部等ですりつけが発生する場合の縦断勾配は、5パーセント以下とすること。ただし、地形の状況その他の特別な理由によりやむを得ない場合には、8パーセント以下とすることができる。 七　横断勾配は、2パーセント以下とすること（車両乗入れ部を除く。）。 八　歩道等が交差点又は横断歩道において車道と接する部分は、車いす使用者の通行に支障のない構造とすること。 九　横断歩道に接続する歩道等の部分は、車いす使用者が円滑に転回できる平たんな部分を設けること。

【規則（第31条抜粋）】

（特定施設の新築等をしようとする者の努力義務）

第31条
2　次の各号に掲げる特定施設の新築等をしようとする者は、それぞれ当該各号に定める基準を遵守するよう努めなければならない。
五　第3条第14号及び第15号に掲げる特定施設である道路

> イ 歩道等は、次に定める構造とすること。
> (1) 有効幅員は、歩行者の交通量が多い道路にあっては、歩道は3.5メートル以上、自転車歩行者道は4メートル以上とすること。
> (2) 横断勾配は、1パーセント以下とすること（車両乗入れ部を除く。）。

整備基準（義務規定）

○有効幅員
- 歩道の場合は、2m以上とする
- 自転車歩行車道の場合は、3m以上とする

○段を設けない
○表面は滑りにくく、平たんにする
○排水溝のふたは、つえ、車いすのキャスター等が落ち込まないようにする
○路面は水はけの良いものとする
○すりつけ勾配は、5％以下とする（やむを得ない場合は8％以下とする）
○横断勾配は、2％以下とする（車両乗入れ部を除く）
○歩道等が交差点等において車道と接する部分は、車いす使用者の通行に支障のない構造とする
○歩道等が横断歩道と接する部分は、車いす使用者が円滑に転回できる平場を設ける

整備基準（努力義務）

●有効幅員（歩行者の交通量が多い道路）
- 歩道の場合は、3.5m以上とする
- 自転車歩行車道の場合は、4m以上とする

●横断勾配は、1％以下とする（車両乗入れ部を除く）

解　説

- 歩道等については、「移動等円滑化のために必要な道路の構造に関する基準」、道路の移動等円滑化整備ガイドライン、愛知県道路構造の手引きを参考に基準を作成している。
- 都市計画法第29条の開発許可により築造される道路についても、整備基準は適用される。したがって、都市計画法施行令第25条第5号で、幅員9m以上の道路の場合、歩道の設置が必要であり、歩道の有効幅員2mを確保する必要がある。
- 整備基準（努力義務）の対象となる道路は、都市計画法第11条第1項第8号に規定する一団地の住宅施設（道路）、土地区画整理法第2条第1項に規定する土地区画整理事業（同条第2項の事業を含む。）の道路、都市計画法第4条第7項に規定する市街地開発事業又は同法第29条第1項若しくは第2項の規定による許可を要する開発行為による道路。
- 【参考】愛知県の開発許可技術基準3－(3)歩道等の幅員
　　歩道の幅員は、歩行者の交通量が多い道路にあっては3.5m以上、その他の道路にあっては2.0m以上、自転車歩行者道の幅員は、歩行者の交通量が多い道路にあっては4.0m以上、その他の道路にあっては3.0m以上とする。

第2部

歩道の例

- ☆歩行者の交通量が多い道路の有効幅員3.5m以上
  （自転車歩行者道の場合は4m以上）
- ○有効幅員2m以上
  （自転車歩行者道の場合は3m以上）
- （車道）
- （歩道）
- 1.5m程度
- 雨水ますの設置
- ○縦断勾配5％以下
- 歩道・段部
- 歩道すりつけ区間
- 横断歩道
- ○横断勾配2％以下
- ☆横断勾配1％以下
- ○平たん部分を設ける
- ※歩道すりつけ区間は、歩道高の変化が必要な場合に設置する

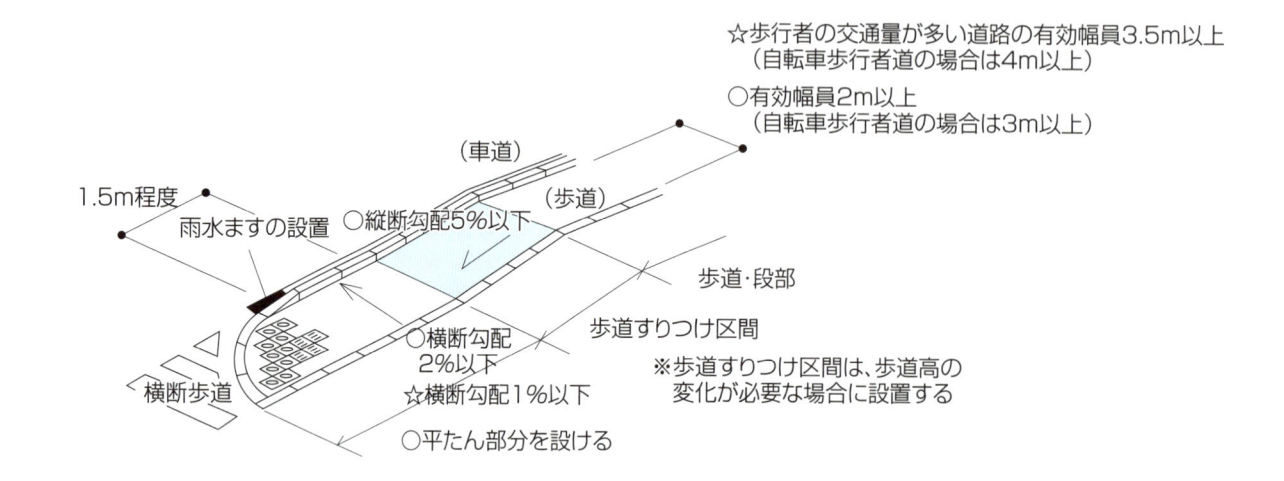

横断歩道のある交差点の例

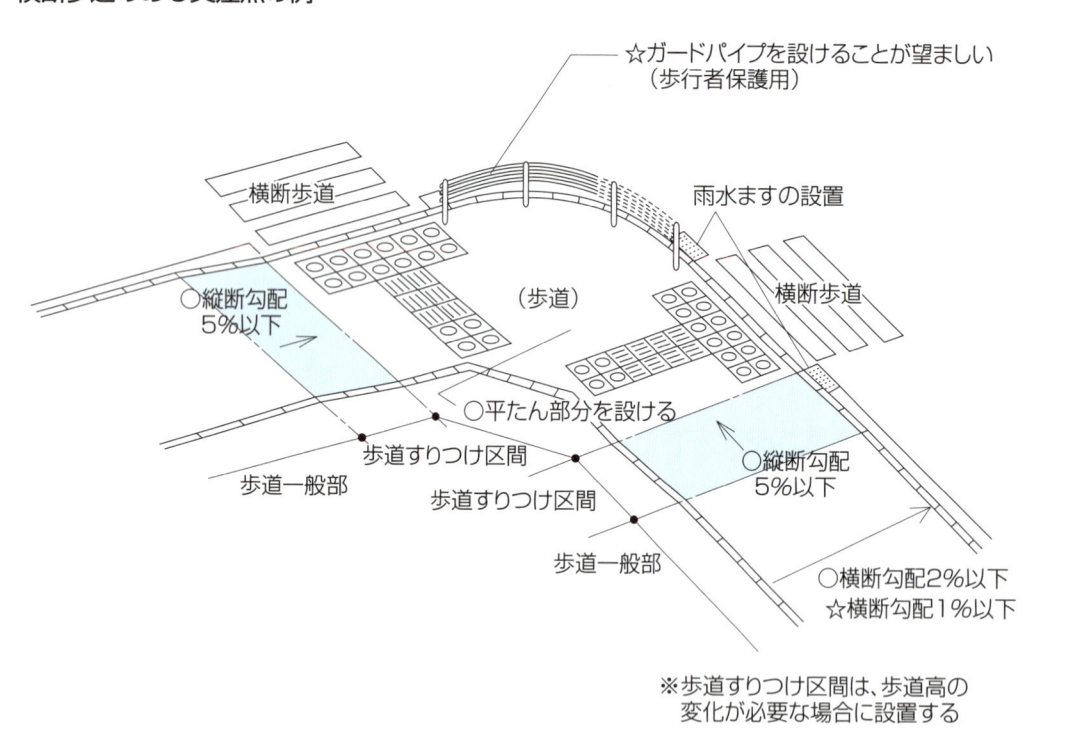

- ☆ガードパイプを設けることが望ましい（歩行者保護用）
- 横断歩道
- 雨水ますの設置
- 横断歩道
- ○縦断勾配5％以下
- （歩道）
- ○平たん部分を設ける
- 歩道すりつけ区間
- 歩道一般部
- 歩道すりつけ区間
- ○縦断勾配5％以下
- 歩道一般部
- ○横断勾配2％以下
- ☆横断勾配1％以下
- ※歩道すりつけ区間は、歩道高の変化が必要な場合に設置する

交差点又は横断歩道において車道と接する部分の構造の例

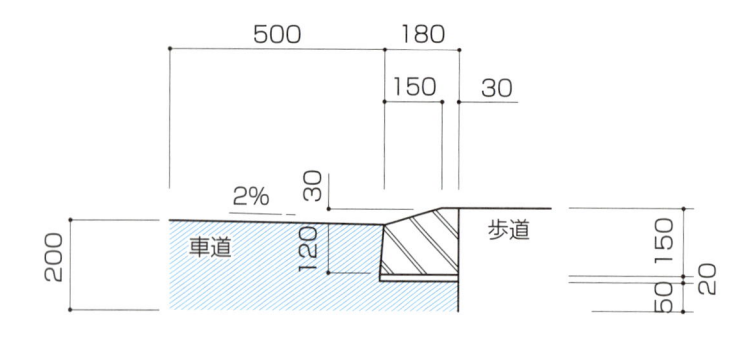

（寸法：500、180、150、30、2%、30、車道、120、歩道、200、150、50、20）

130

整備マニュアル

参考事例

歩道等が横断歩道と接する部分は、車いす使用者が円滑に回転できる平場を設ける。

歩道等の横断歩道に接する部分及び歩道巻き込み部に視覚障害者誘導用ブロックを敷設する。

歩道等が交差点において車道と接する部分は、車いす使用者の通行に支障のない構造とする。

第2部

2 道路
案内表示

　高齢者や障害者等が、安全かつ確実に目的の施設に到達することができるようにするためには、案内表示を分かりやすくかつ適切に行うことが求められる。また、視覚障害者の移動にあたり、「視覚障害者誘導用ブロック」は、「誘導」あるいは「危険表示・注意喚起」に有効なものであるため、容易に確認できて分かりやすく誘導できる方法で敷設することが求められる。

【条例（別表第1第10号）】
十　高齢者、障害者等に配慮した案内表示を規則で定めるところにより行うこと。

【規則（第24条抜粋）】
（案内表示）
第24条　条例別表第1第10号の規定による案内表示は、次に掲げるところによって行わなければならない。
　二　第3条第9号に掲げる特定施設にあっては、次の部分に、線状ブロック等（視覚障害者の誘導を行うために床面に敷設されるブロックその他これに類するものであって、線状の突起が設けられており、かつ、周囲の床面との色の明度の差が大きいこと等により容易に識別できるものをいう。以下同じ。）及び点状ブロック等を適切に組み合わせて敷設すること。
　　イ　次の道路の歩道等の横断歩道に接する部分及び歩道巻き込み部
　　　（1）　市街地を形成している地域及び市街地を形成する見込みの高い地域の道路
　　　（2）　官公庁施設、社会福祉施設その他の施設で視覚障害者の利用が多いものの周辺の道路
　　ロ　歩道等及び交通島の立体横断施設の昇降口並びに乗合自動車停留所及び路面電車停留場の乗降口の部分
　　ハ　中央分離帯の人が滞留する部分

整備基準（義務規定）

○下記の道路で、歩道等の横断歩道に接する部分及び歩道巻き込み部に視覚障害者誘導用ブロックを敷設する
- 市街地を形成している地域及び市街地を形成する見込みの高い地域の道路
- 官公庁施設、社会福祉施設その他の施設で視覚障害者の利用が多いものの周辺の道路

○歩道等及び交通島の立体横断施設の昇降口並びに乗合自動車停留所及び路面電車停留場の乗降口の部分に視覚障害者誘導用ブロックを敷設する
○中央分離帯の人が滞留する部分に視覚障害者誘導用ブロックを敷設する

解　説

- 視覚障害者の利用が多い施設には、駅舎等の旅客施設を含む。

留意事項

- 住民も、視覚障害者誘導用ブロック等の上に自転車を放置したり、障害物を置いたりするなど、高齢者や障害者等が施設を円滑に利用するために整備された機能を、妨げることがないよう人にやさしい街づくりの推進に協力することが求められる。

整備マニュアル

視覚障害者誘導用ブロックの設置例（横断歩道部）

（一般）

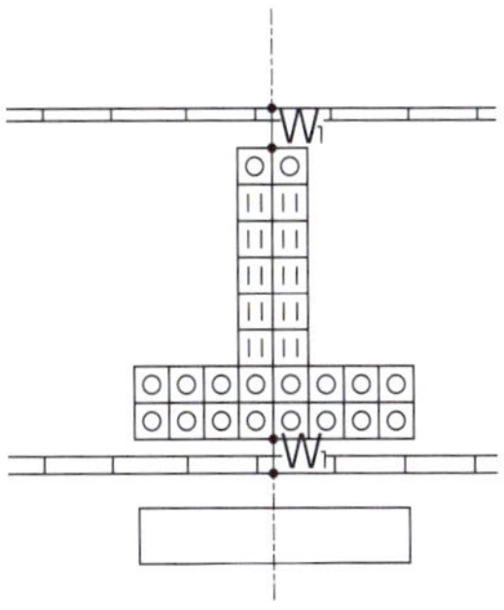

W_1：30cm程度

（自転車横断帯がある場合）

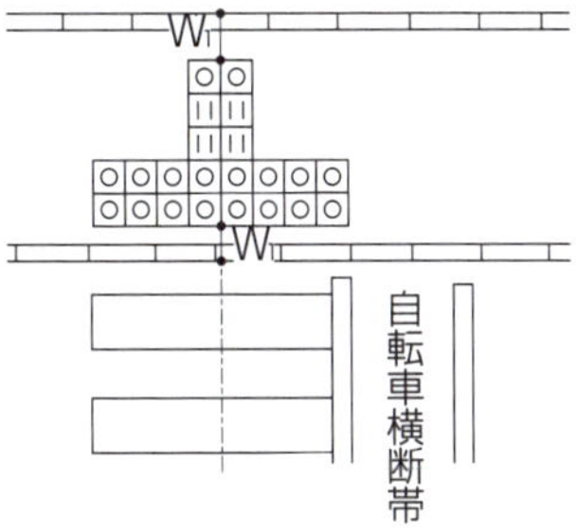

（信号柱等の構造物がある場合）

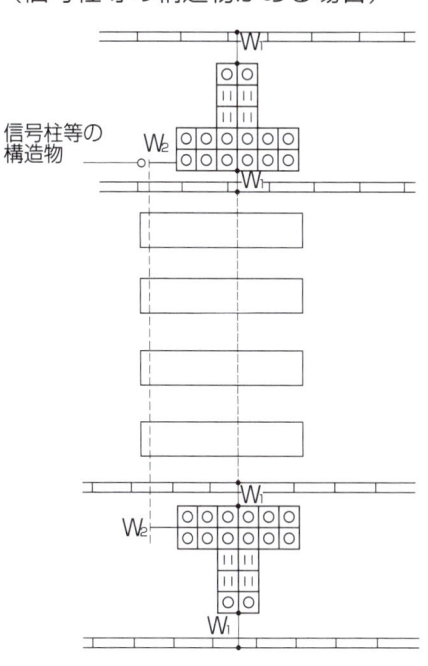

信号柱等の構造物

W_1：30cm程度
W_2：30〜60cm程度

（横断歩道が斜めの場合）

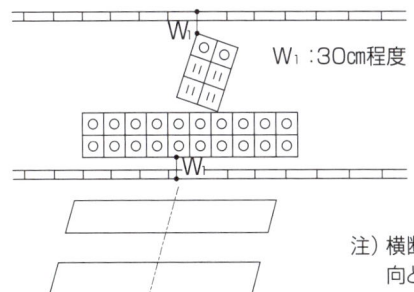

W_1：30cm程度

注）横断歩道の方向と線状ブロックの線状突起方向とを同一方向にすることが望ましい。

（歩道幅員が狭い場合）

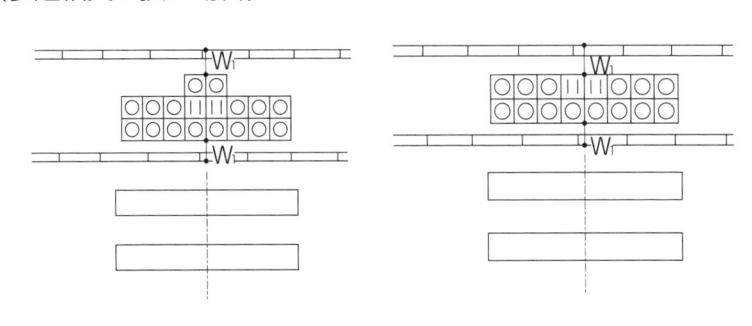

W_1：30cm程度

注）線状ブロックで、横断歩道上の歩行方向及び横断歩道の中心部を案内することが望ましい。

（歩道幅員が広い場合）※歩道に線状ブロックを連続して設ける場合

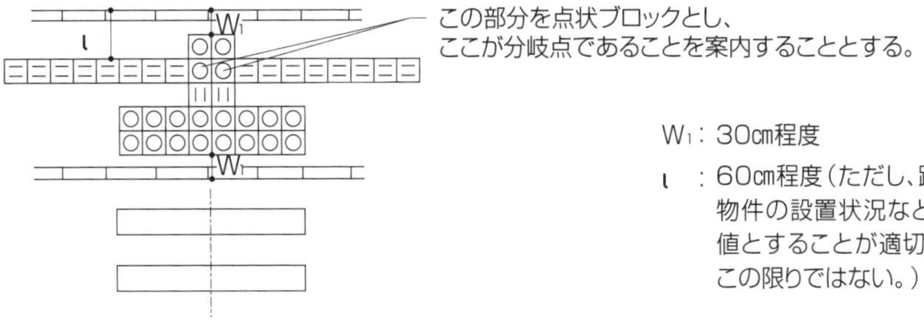

この部分を点状ブロックとし、ここが分岐点であることを案内することとする。

W_1：30cm程度
l：60cm程度（ただし、路上施設や占用物件の設置状況などによって、この値とすることが適切でない場合は、この限りではない。）

133

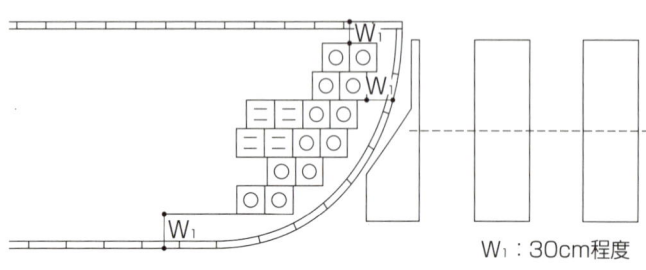

第2部

注）横断歩道の方向と線状ブロックの線状突起の方向とを同一方向にすることが望ましい。

横断歩道又は通常の通行可能範囲の中心線を歩道上まで延長し、その延長した中心線から、順次、左右に点状ブロックは、中心線の左右に合計4枚（2枚幅2列）設置する。
Wの大きさが30cm未満となるまで、点状ブロックを敷く。

W_1：30cm程度

（歩道上、自転車の通行すべき部分が指定されている場合）

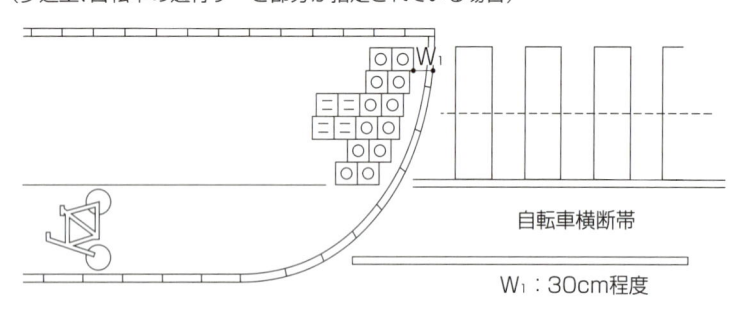

注）視覚障害者は、視覚障害者誘導用ブロック及び縁石の配列と横断歩道が垂直に交わるという認識により、横断歩道を横断するという意見があり、横断歩道が斜めの場合の対策を検討する必要がある。

自転車横断帯

W_1：30cm程度

（2方向に横断が生じる場合）

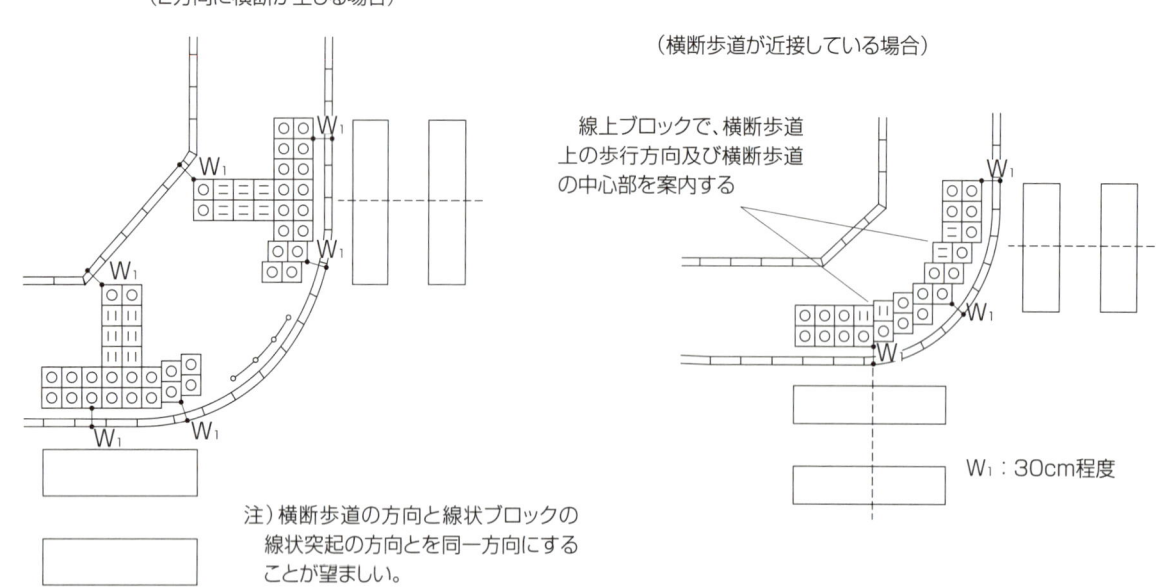

（横断歩道が近接している場合）

線上ブロックで、横断歩道上の歩行方向及び横断歩道の中心部を案内する

W_1：30cm程度

注）横断歩道の方向と線状ブロックの線状突起の方向とを同一方向にすることが望ましい。

（参考）PRシートの例

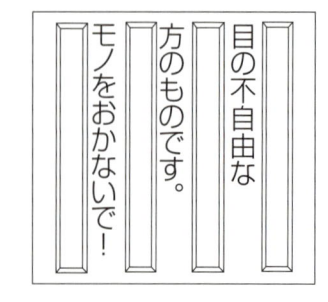

目の不自由な方のものです。モノをおかないで！

☆視覚障害者誘導用ブロックの上に自転車を放置したり、障害物を置いたりするなど、機能を妨げることがないようにする

2 道路
立体横断施設等

道路に設ける立体横断施設等について、高齢者、障害者等の利用に配慮した整備をする。

【規則（第31条抜粋）】
（特定施設の新築等をしようとする者の努力義務）
第31条
2　次の各号に掲げる特定施設の新築等をしようとする者は、それぞれ当該各号に定める基準を遵守するよう努めなければならない。
五　第3条第14号及び第15号に掲げる特定施設の道路
　ロ　立体横断施設、自動車駐車場、案内標識、乗合自動車停留所、路面電車停留場、休憩施設、照明施設又は防雪施設を設ける場合には、移動等円滑化のために必要な道路の構造に関する基準を定める省令（平成18年国土交通省令第116号）に定める基準に適合させること。

整備基準（努力義務）

● 移動等円滑化のために必要な道路の構造に関する基準を定める省令による

解　説

・整備基準（努力義務）の対象となる道路は第3条第14号及び第15号に掲げる特定施設の道路。

公 園 等

第2部

2 公園等
園　路

　公園等の主要動線となる園路は、車いすでの通行を考慮して、車いすと人とのすれ違いや車いすでの方向転換ができるよう幅員を確保することが必要である。また、水平移動の確保という点で、極力段を設けないこと、障害物を置かないことなどが求められる。

【条例（別表第1第2号）】

二　歩道及び自転車歩行者道並びに敷地内の通路、廊下その他これに類するもの及び園路（以下「通路等」という。）で利用円滑化経路を構成するものその他の規則で定める通路等は、次に定める構造その他の規則で定める構造とすること。
　イ　有効幅員は、歩道にあっては2メートル以上、自転車歩行者道にあっては3メートル以上、通路等にあっては1.4メートル以上とすること。
　ロ　段を設けないこと。
　ハ　表面は、滑りにくく、平たんにすること。
　ニ　歩道及び自転車歩行者道並びに通路等を横断する排水溝のふたは、つえ、車いすのキャスター等が落ち込まないものとすること。

【規則（第15条抜粋）】

（通路等）

第15条　条例別表第1第2号の規則で定める通路等は、次の表（い）欄に掲げるものとし、同号の規則で定める構造は、それぞれ同表（ろ）欄に定めるとおりとする。

	（い）	（ろ）
（6）	第3条第10号に掲げる特定施設に設ける主要な園路	一　有効幅員は、1.4メートル以上とすること。 二　段を設けないこと。ただし、第6号に定める構造の傾斜路又は次条に定める構造の昇降機を併設する場合は、この限りでない。 三　前号ただし書の場合において、段を設けるときは、第18条に定める構造に準じたものとすること。 四　表面は、滑りにくく、平たんにすること。 五　園路を横断する排水溝のふたは、つえ、車いすのキャスター等が落ち込まないものとすること。 六　傾斜路を設ける場合には、前号に定めるもののほか、次に定める構造とすること。 　イ　有効幅員は、段に代わるものにあっては1.4メートル以上、段に併設するものにあっては90センチメートル以上とすること。 　ロ　勾配は、15分の1以下とすること。ただし、高さが16センチメートル以下のものにあっては、8分の1以下とすること。 　ハ　高さが75センチメートルを超えるもの（勾配が20分の1を超えるものに限る。）にあっては、高さ75センチメートル以内ごとに踏幅が1.5メートル以上の踊場を設けること。 　ニ　始点及び終点には、それぞれ長さ1.5メートル以上の高低差のない部分を設けること。 　ホ　表面は、粗面とし、又は滑りにくい材料で仕上げること。 　ヘ　勾配が12分の1を超え、又は高さが16センチメートルを超え、かつ、勾配が20分の1を超える傾斜がある部分には、手す

		りを設けること。
		ト　傾斜路とその前後の園路との色の明度の差が大きいこと等によりその存在を容易に識別できるものとすること。
		チ　両側は、転落を防ぐ構造とすること。ただし、側面が壁面である場合は、この限りでない。
		七　縦断勾配は、4パーセント以下とすること。ただし、地形の状況その他の特別な理由によりやむを得ない場合には、8パーセント以下とすることができる。
		八　横断勾配は、1パーセント以下とすること。ただし、地形の状況その他の特別な理由によりやむを得ない場合には、2パーセント以下とすることができる。

【規則（第31条抜粋）】
（特定施設の新築等をしようとする者の努力義務）
第31条
2　次の各号に掲げる特定施設の新築等をしようとする者は、それぞれ当該各号に定める基準を遵守するよう努めなければならない。
四　第3条第10号に掲げる特定施設（都市公園法（昭和31年法律第79号）第2条第1項に規定する都市公園を除く。）
　イ　第15条の表（六）項（ろ）欄第2号ただし書きの場合において、主要な園路に段を設けるときは、手すりを両側に設けること。
　ロ　主要な園路に設ける傾斜路は、次に定める構造とすること。
　　（1）　縦断勾配は15分の1以下とすること。ただし、高さが16センチメートル以下のものにあっては、8パーセント以下とすること。
　　（2）　横断勾配は、設けないこと。
　　（3）　高さが75センチメートルを超えるものにあっては、高さ75センチメートル以内ごとに踏幅が1.5メートル以上の踊場を設けること。
　　（4）　手すりを両側に設けること。

整備基準（義務規定）

○園路の有効幅員は、1.4m以上とする
○段を設けない（傾斜路又は昇降機併設の場合可）
○傾斜路を設ける場合
- 有効幅員は、1.4m以上とする(段に併設の場合90cm以上)
- 勾配は1/15以下とする(高低差16cm以下の場合1/8以下)
- 高低差75cm以内ごとに踏幅1.5m以上の踊場を設置する(勾配が1/20超の場合)
- 始点及び終点には1.5m以上の水平部分を設置する
- 表面は粗面、又は滑りにくい材料とする
- 手すりを設ける(勾配1/12超、又は高さ16cm超かつ勾配1/20超の傾斜路がある場合)

第2部

- 色等で、前後の通路と傾斜路を識別できるようにする
- 傾斜路の左右に転落防止措置をとる

○表面は滑りにくく、平たんにする
○排水溝のふたは、つえ、車いすのキャスター等が落ち込まないようにする
○縦断勾配は、4％以下とする(やむを得ない場合は8％以下)
○横断勾配は、1％以下とする(やむを得ない場合2％以下)
○段がある部分
- 階段に準じた構造とする（規則第18条、70頁参照）

整備基準（努力義務）

●段がある場合
- 手すりを両側に設置する。

●傾斜路を設ける場合
- 縦断勾配は、8％以下とする（高さ16cm以下の場合）
- 横断勾配は、設けない
- 高低差75cm以内ごとに踏幅1.5m以上の踊場を設置する
- 手すりを両側に設置する

解　説

- 基本的に利用円滑化経路を構成する敷地内の通路の基準に準ずるものとする。
- 「主要な園路」とは公園を利用するのに必要な一つ以上経路のことである。
- 整備基準（努力義務）の対象となる公園は都市公園を除く、公園緑地その他これらに類するもの。（公園、緑地、広場、野外活動施設など）

整備マニュアル

2 公園等
出入口

　公園等の出入口は、高齢者や障害者等が円滑に通過できるようにすることが必要である。そのため、主要な出入口の一つ以上においては、有効幅員等の基準を設けて施設の利用を確保する。
　また、誘導方法や案内表示の位置、表記方法、文字の大きさ等を高齢者、障害者等に配慮することによって、誰もが利用しやすいものとすることが求められる。

【条例（別表第1第3号）】
三　利用円滑化経路を構成する出入口その他の規則で定める出入口は、次に定める構造その他の規則で定める構造とすること。
　イ　有効幅員は、建築物の直接地上へ通ずる出入口のうち1以上のものは90センチメートル以上、その他の建築物の出入口は80センチメートル以上とすること。
　ロ　段を設けないこと。

【規則（第17条抜粋）】
（出入口）
第17条　条例別表第1第3号の規則で定める出入口は、次の表（い）欄に掲げるものとし、同号の規則で定める構造は、それぞれ同表（ろ）欄に定めるとおりとする。

	（い）	（ろ）
(2)	第3条第10号に掲げる特定施設の出入口	一　有効幅員は、1以上の出入口を1.2メートル以上とし、その出入口に車止めのさくを設ける場合には、さくとさくの間隔は、90センチメートル以上とすること。 二　段を設けないこと。 三　表面は、滑りにくく、平たんにすること。 四　戸を設ける場合には、自動的に開閉する構造その他の高齢者、障害者等が容易に開閉して通過できる構造とし、かつ、その前後に高低差がないこと。

整備基準（義務規定）

○出入口の有効幅員は、一つ以上を1.2m以上とする
　ただし、車止めのさくを配置する場合は、さくとさくとの間隔を90㎝以上とする
○段を設けない
○表面は滑りにくく、平たんにする
○戸を設ける場合、自動扉その他高齢者、障害者等が容易に開閉して通過できる構造とする
○戸の前後には高低差を設けない

解　説

- 公園の出入口については、有効幅員1.2m以上を確保することを基本とするが、車両及びバイク等の進入を防止するための車止めさくやポールを設ける場合は、さくやポール相互の間隔を90㎝以上とする。
- ここでいう出入口とは出入口そのもののみでなく、前後のスペースも含むものとする。

141

第2部

留意事項

- 直接車道等に接する出入口には、点状ブロック等を設置するなど、車道等との境界を明示することが求められている（100頁参照）。

公園の園路及び出入口の例

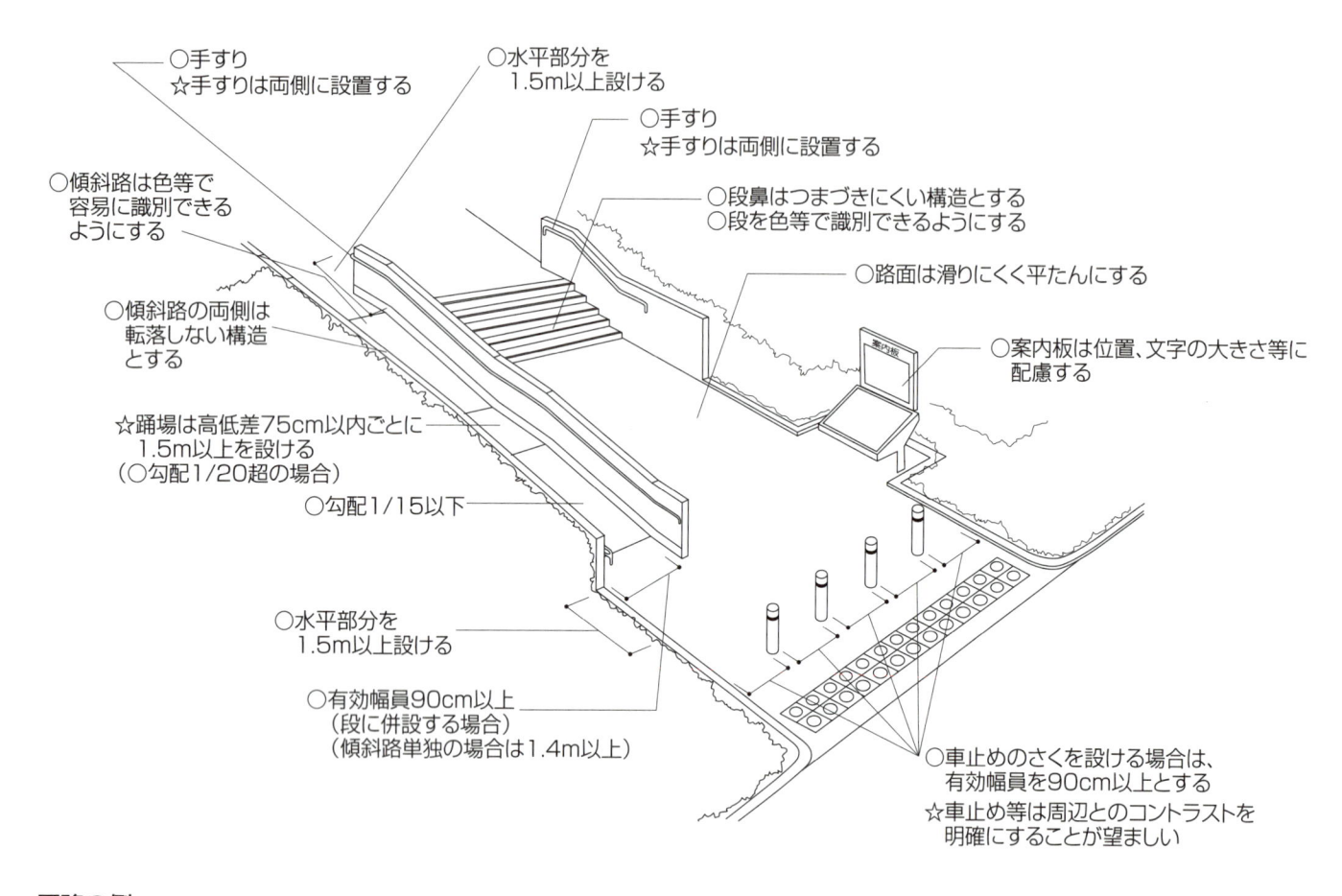

- ○手すり
  ☆手すりは両側に設置する
- ○水平部分を1.5m以上設ける
- ○手すり
  ☆手すりは両側に設置する
- ○傾斜路は色等で容易に識別できるようにする
- ○段鼻はつまづきにくい構造とする
- ○段を色等で識別できるようにする
- ○路面は滑りにくく平たんにする
- ○傾斜路の両側は転落しない構造とする
- ○案内板は位置、文字の大きさ等に配慮する
- ☆踊場は高低差75cm以内ごとに1.5m以上を設ける（○勾配1/20超の場合）
- ○勾配1/15以下
- ○水平部分を1.5m以上設ける
- ○有効幅員90cm以上（段に併設する場合）（傾斜路単独の場合は1.4m以上）
- ○車止めのさくを設ける場合は、有効幅員を90cm以上とする
  ☆車止め等は周辺とのコントラストを明確にすることが望ましい

園路の例

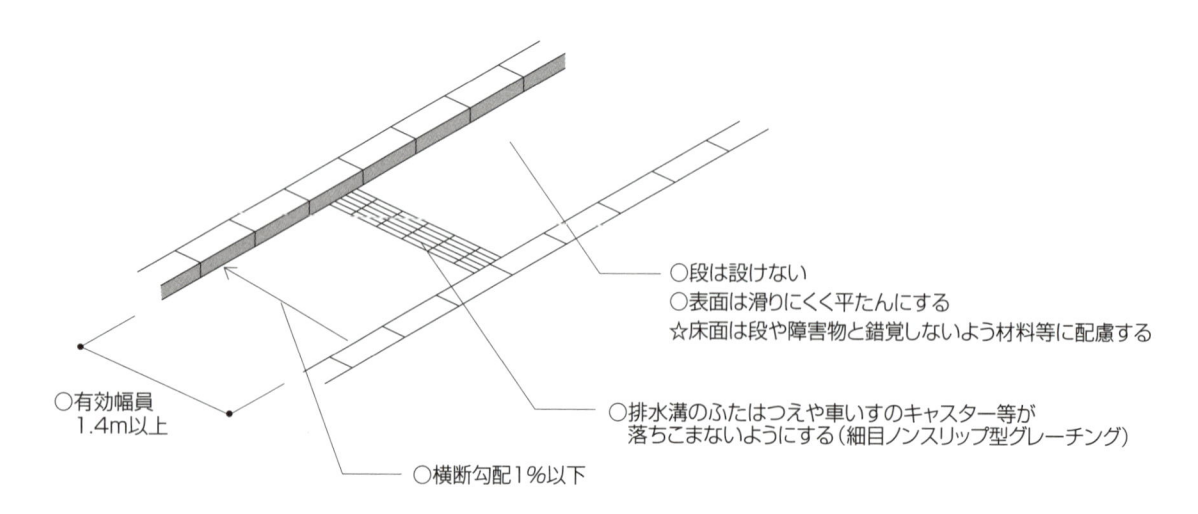

- ○段は設けない
- ○表面は滑りにくく平たんにする
- ☆床面は段や障害物と錯覚しないよう材料等に配慮する
- ○排水溝のふたはつえや車いすのキャスター等が落ちこまないようにする（細目ノンスリップ型グレーチング）
- ○有効幅員1.4m以上
- ○横断勾配1%以下

整備マニュアル

参考事例

園路の傾斜路は高低差75cm以内ごとに踏幅1.5m以上の踊場を設置し手すり及び左右に転落防止措置をとる。

段鼻はつまずきにくい構造とし、段を色等で識別できるようにする。また、手すりを設ける。

車止めのさくを配置する場合は、さくとさくとの間隔を90cm以上とする。

143

2 公園等 一般便所

公園等にある便所においても、建築物と同様に整備を行うことが必要である。車いす使用者をはじめ、子どもから高齢者まで、誰もが気軽に利用できる配慮を行う。

【条例（別表第1第6号）】

六　不特定かつ多数の者が利用する便所その他の規則で定める便所は、次に定める構造その他の規則で定める構造とすること。
　イ　段を設けないこと。
　ロ　床の表面は、滑りにくくすること。
　ハ　次に定める構造の便房を設けること。
　　(1) 便器は、洋式とすること。
　　(2) 手すりを設けること。
　ニ　出入口に近い小便器には、周囲に手すりを設けること。

【規則（第20条抜粋）】
（便所）
第20条　条例別表第1第6号の規則で定める便所は、次の表（い）欄に掲げるものとし、同号の規則で定める構造は、それぞれ同表（ろ）欄に定めるとおりとする。

	（い）	（ろ）
(1)	第3条第1号から第10号まで、第12号及び第13号に掲げる特定施設に設ける不特定かつ多数の者が利用し、又は主として高齢者、障害者等が利用する便所（(2) 項及び (3) 項に掲げるものを除く。）	一　段を設けないこと。ただし、次に定める構造の傾斜路を設ける場合は、この限りでない。 　イ　勾配は、12分の1以下とすること。ただし、高さが16センチメートル以下のものにあっては、8分の1以下とすること。 　ロ　表面は、粗面とし、又は滑りにくい材料で仕上げること。 二　床の表面は、滑りにくくすること。 三　次に定める構造の便房を1以上（男子用及び女子用の区別があるときは、それぞれ1以上）設けること。 　イ　便器は、洋式とすること。 　ロ　手すりを設けること。 四　出入口に近い小便器は、周囲に手すりを設け、床置式その他これに類する構造とすること。

【規則（第31条抜粋）】
（特定施設の新築等をしようとする者の努力義務）
第31条
2　次の各号に掲げる特定施設の新築等をしようとする者は、それぞれ当該各号に定める基準を遵守するよう努めなければならない。
四　第3条第10号に掲げる特定施設（都市公園法（昭和31年法律第79号）第2条第1項に規定する都市公園を除く。）
　ハ　不特定かつ多数の者が利用する便所を設ける場合には、そのうち1以上（男子用及び女子用の区別があるときは、それぞれ1以上）の便所内に、乳幼児用いす等乳幼児を座らせることができる設備を設けた便房及び乳幼児用ベッド等乳幼児のおむつ替えができる設備を設けること。ただし、乳幼児のおむつ替えができる設備にあっては、おむつ替えができる場所を別に設ける場合は、この限りでない。

> 二　不特定かつ多数の者が利用する便所を設ける場合には、そのうち１以上（男子用及び女子用の区別があるときは、それぞれ１以上）の便所内に、人工肛門又は人工ぼうこうを使用している者がパウチを洗浄することができる水栓器具、汚物流し、トイレットペーパーホルダー、手荷物置き台及び鏡を設けた便房を設けること。

整備基準（義務規定）
※整備基準については、80頁参照

整備基準（努力規定）
- １以上の便所の１以上の便房に乳幼児用いすを設けるよう努力する（車いす使用者用便房に設けてもよい）
- １以上の便所に乳幼児用ベッドを設けるよう努力する（車いす使用者用便房に設けてもよい）
- １以上の便所にオストメイト対応設備を設けるよう努力する（車いす使用者用便房に設けてもよい）

留意事項
- 当該設備が設けられている便房の戸又はその付近又は便所の出入口又はその付近に、上記設備が設けられていることを示す案内表示を掲示することが求められる（106頁参照）。標識は、ピクトグラムなど分かりやすいものとする。

第2部

2 公園等 車いす使用者用便房

【条例（別表第1第7号）】

七　第1条の2第2号イからハまで及びへに掲げる施設に該当する特定施設で規則で定めるものの不特定かつ多数の者が利用する便所その他の規則で定める便所については、前号に定める構造とするほか、出入口の有効幅員を80センチメートル以上とするとともに、車いす使用者等が利用できる規則で定める構造の便房を設けること。

【規則（第21条抜粋）】

（車いす使用者等が利用できる便所）

第21条　条例別表第1第7号の規則で定める特定施設は、次の表（い）欄に掲げるものとし、同号の規則で定める便所は、それぞれ同表（ろ）欄に掲げるものとする。

	（い）	（ろ）
(3)	第3条第10号に掲げる特定施設で、当該特定施設の区域の面積が5,000平方メートルを超えるもの	1以上（男子用及び女子用の区別があるときは、それぞれ1以上）の不特定かつ多数の者が利用する便所

2　条例別表第1第7号の規則で定める構造は、次のとおりとする。
　一　出入口の有効幅員は、80センチメートル以上とすること。
　二　出入口の戸は、次に定める構造とすること（第3条第10号に掲げる特定施設を除く。）。
　　イ　施錠の操作がしやすく、緊急の場合は、外部からも解錠することができるものとすること。
　　ロ　自動的に開閉する構造その他の高齢者、障害者等が容易に開閉して通過できる構造とし、かつ、その前後に高低差がないこと。
　三　レバー式又は光感知式等の水栓器具を備えた洗面台を設けること。ただし、当該便房のある便所内にレバー式又は光感知式等の水栓器具を備えた洗面台を設ける場合は、この限りでない。
　四　前条の表（1）項（ろ）欄第3号に定める構造とすること。
　五　車いす使用者等が円滑に利用できるよう十分な空間を確保すること。

【規則（第31条抜粋）】

（特定施設の新築等をしようとする者の努力義務）

第31条

2　次の各号に掲げる特定施設の新築等をしようとする者は、それぞれ当該各号に定める基準を遵守するよう努めなければならない。
　ホ　車椅子使用者用便房を設ける場合には、出入口の戸は、次に定める構造とすること。
　　（1）　施錠の操作がしやすく、緊急の場合は外部からも解錠することができるものとすること。
　　（2）　自動的に開閉する構造その他の高齢者、障害者等が容易に開閉して通過できる構造とし、かつ、その前後に高低差がないこと。

整備基準（義務規定）

設置要件

■車いす使用者用便房の設置
- 区域面積が5,000㎡を超える公園

※整備基準については、88頁参照。

整備マニュアル

整備基準（努力規定）

●車いす使用者用便房の戸の基準については、88頁参照

留意事項

- 当該設備が設けられている便房の戸又はその付近又は便所の出入口又はその付近に、上記設備が設けられていることを示す案内表示を掲示することが求められる（106頁参照）。標識は、ピクトグラムなど分かりやすいものとする。

2 公園等 駐車場

公園等にある駐車場においても、建築物と同様に整備を行うことが必要である。車いす使用者をはじめ、子どもから高齢者まで、誰もが気軽に利用できる配慮を行う。

【条例（別表第1第9号）】

九　第1条の2第2号チに掲げる施設に該当する特定施設及び同号イからヘまでに掲げる施設に該当する特定施設に附属する駐車場で規則で定めるものにあっては、規則で定めるところにより、車いす使用者が乗車する自動車を駐車できる部分及び車いす使用者が通行できる通路を設けること。

【規則（第23条）】

（車椅子使用者用駐車施設及び車椅子使用者が通行できる通路の設置）

第23条　条例別表第1第9号の規則で定める駐車場は、第3条第12号及び第13号に掲げる駐車場並びに同条第1号から第10号までに掲げる特定施設に附属する駐車場で、不特定かつ多数の者が利用し、又は主として高齢者、障害者等が利用する部分の駐車台数（駐車場法施行令第15条の規定による国土交通大臣の認定を受けた特殊の装置を用いるものの駐車台数を除く。以下この条において同じ。）が25台を超えるもの（当該特定施設に2以上の附属する駐車場がある場合にあっては、それらの不特定かつ多数の者が利用し、又は主として高齢者、障害者等が利用する部分の駐車台数の合計が25台を超えるときにおけるそれらの駐車場）とする。

2　条例別表第1第9号の規定による車椅子使用者用駐車施設及び車椅子使用者が通行できる通路の設置は、次に掲げるところによって行わなければならない。

一　車椅子使用者用駐車施設の数は、不特定かつ多数の者が利用し、又は主として高齢者、障害者等が利用する部分の駐車台数（当該特定施設に2以上の附属する駐車場がある場合にあっては、それらの不特定かつ多数の者が利用し、又は主として高齢者、障害者等が利用する部分の駐車台数を合計した数）に50分の1を乗じて得た数（当該乗じて得た数が3を超える場合にあっては、3）以上とすること。

二　車椅子使用者用駐車施設は、第14条第1項第1号ハに定める経路で同号の規定により利用円滑化経路とするもの又は当該車椅子使用者用駐車施設から駐車場の主要な出入口若しくは第3条第10号に掲げる特定施設の主要な出入口までの経路の長さができるだけ短くなる位置に設け、かつ、当該駐車場が建築物である場合にあっては、地上階又は利用円滑化経路を構成するエレベーター（第19条第2項各号に定める構造のものに限る。）が停止する階に設けること。

三　車椅子使用者用駐車施設は、次に定める構造とすること。

　イ　有効幅員は、3.5メートル以上とすること。
　ロ　地面又は床は、水平とし、その表面は、滑りにくく、平たんにすること。

四　第2号に規定する車椅子使用者用駐車施設から駐車場の主要な出入口又は第3条第10号に掲げる特定施設の主要な出入口までの経路を構成する通路は、屋外にあるものにあっては第15条の表（3）項（ろ）欄に定める構造とし、屋内にあるものにあっては同表（5）項（ろ）欄に定める構造とすること。

整備マニュアル

整備基準（義務規定）

> **設置要件**
> ■不特定かつ多数の者が利用し、又は主として高齢者、障害者等が利用する駐車場の駐車台数が、25台を超える場合は、車いす使用者用駐車施設を駐車台数の1/50以上（又は3台以上）確保する。

○車いす使用者用駐車施設は、公園の主要な出入口までの経路ができるだけ短くなる位置に設ける
○駐車スペースの有効幅員は、3.5m以上とする
○地面及び床は水平とし、粗面又は滑りにくい材料とする
○車いす使用者が通行できる通路は、利用円滑化経路を構成する敷地内の通路と同等の構造とする

解　説

- 車いす使用者用駐車施設は、車いす使用者用駐車施設から公園の主要な出入口までの経路の長さができるだけ短くなる位置に設置する。
- 車いす使用者が駐車場で車を降りてから施設の主要な出入口に至るまでの通路のうち一つ以上は、利用円滑化経路を構成する敷地内の通路の基準を準用する。

留意事項

- 案内表示は、当該車いす使用者用駐車施設又はその付近に表示することが求められる（106頁参照）。標識は、ピクトグラムなど、分かりやすいものとする。

第2部

2 公園等 案内表示

公園等の案内表示及び休憩施設においても、建築物と同様に整備を行うことが必要である。車いす使用者をはじめ、子どもから高齢者まで、誰もが気軽に利用できる配慮を行う。

【条例（別表第1第10号）】

十　高齢者、障害者等に配慮した案内表示を規則で定めるところにより行うこと。

【規則（第24条抜粋）】

（案内表示）

第24条　条例別表第1第10号の規定による案内表示は、次に掲げるところによって行わなければならない。

　三　第3条第10号に掲げる特定施設にあっては、その出入口が直接車道に接する場合には、点状ブロック等の敷設、舗装材を変化させること等により車道との境界を認識できるようにすること。

　六　前各号に掲げるもののほか、案内表示は、次に定めるところにより行うこと。

　　イ　第20条の表（一）項（ろ）欄第3号に規定する便房を設ける場合には、当該便房の戸又はその付近に、洋式便器及び手すりが設けられている旨を表示した標識を掲示すること。

　　ロ　第20条の表（二）項（ろ）欄第2号又は（三）項（ろ）欄第2号に規定する設備を設ける場合には、当該設備が設けられている便房の戸又はその付近及び当該設備が設けられている便所の出入口又はその付近に、その旨を表示した標識を掲示すること。

　　ハ　車椅子使用者用便房を設ける場合には、当該便房の戸又はその付近及び当該便房が設けられている便所の出入口又はその付近に、その旨及び高齢者、障害者等の誰もが利用できる旨を表示した標識を掲示すること。

　　ニ　車椅子使用者用駐車施設を設ける場合には、当該施設又はその付近に、車椅子使用者用駐車施設の表示をすること。

　　ホ　第3条第1号から第8号まで、第10号、第12号及び第13号に掲げる特定施設に施設の利用に関する情報を提供する案内設備を設ける場合には、案内表示の位置、表記方法、文字の大きさ等を高齢者、障害者等に配慮したものとすること。

整備基準（義務規定）

視覚障害者誘導用ブロック

○出入口が直接車道等に接する場合は、点状ブロック等を敷設したり、舗装材を変化させたりするなど、車道等との境界を認識できるようにする

その他の案内表示

※103頁参照

整備マニュアル

2 公園等 休憩施設

> 【規則（第30条）】
> （ベンチ等）
> 第30条　第3条第10号に掲げる特定施設にベンチ、水飲場等を設置する場合には、高齢者、障害者等の利用に配慮した構造としなければならない。

整備基準（義務規定）

○ベンチや水のみ場の構造は、高齢者、障害者等の利用に配慮する

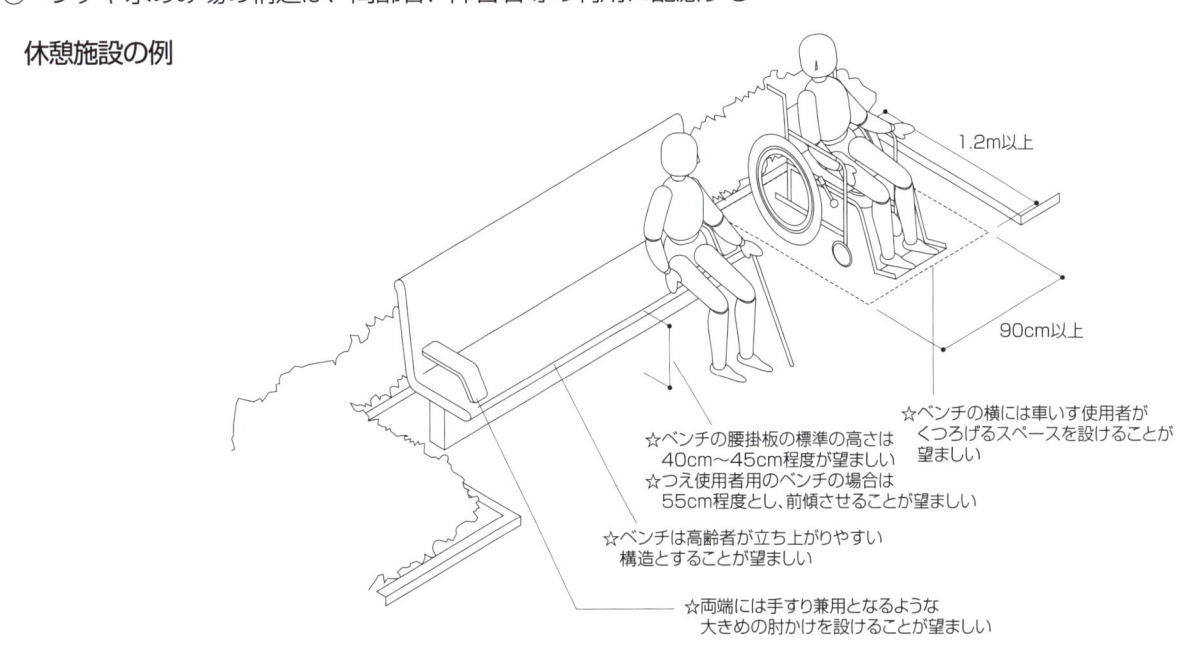

休憩施設の例

- 1.2m以上
- 90cm以上
- ☆ベンチの腰掛板の標準の高さは40cm〜45cm程度が望ましい
- ☆つえ使用者用のベンチの場合は55cm程度とし、前傾させることが望ましい
- ☆ベンチの横には車いす使用者がくつろげるスペースを設けることが望ましい
- ☆ベンチは高齢者が立ち上がりやすい構造とすることが望ましい
- ☆両端には手すり兼用となるような大きめの肘かけを設けることが望ましい

野外卓の例

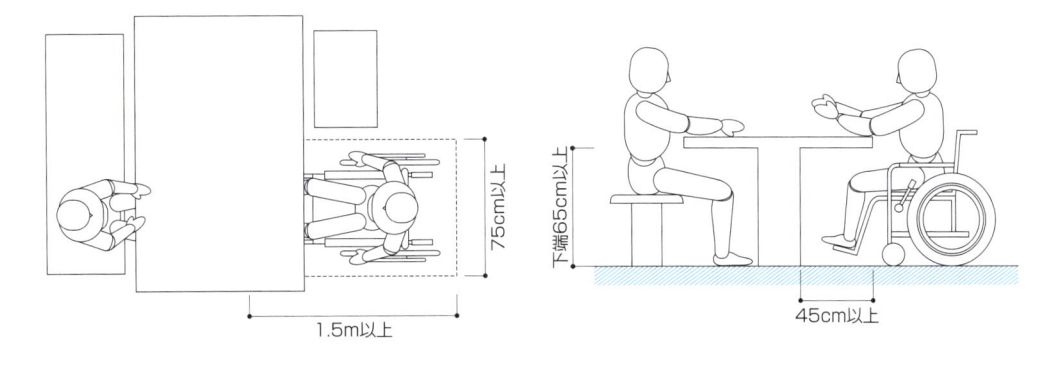

- 1.5m以上
- 75cm以上
- 下端65cm以上
- 45cm以上

水飲み場の例

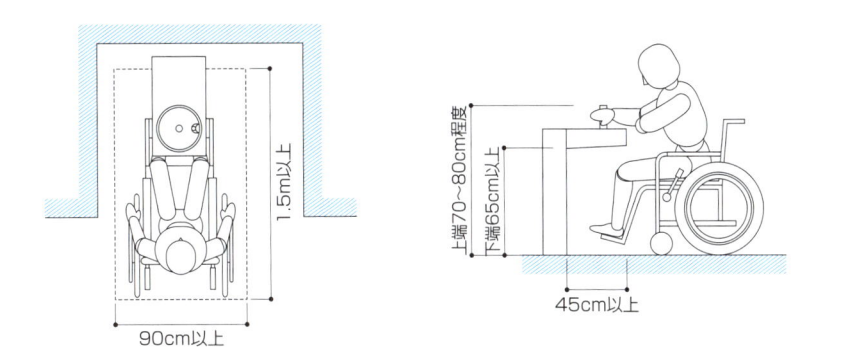

- 90cm以上
- 1.5m以上
- 上端70〜80cm程度
- 下端65cm以上
- 45cm以上

151

2 公園等 休憩所等

公園に設ける休憩所等について、高齢者、障害者等の利用に配慮した整備をする。

> 【規則（第31条抜粋）】
> （特定施設の新築等をしようとする者の努力義務）
> 第31条
> 2　次の各号に掲げる特定施設の新築等をしようとする者は、それぞれ当該各号に定める基準を遵守するよう努めなければならない。
> 　四　第3条第10号に掲げる特定施設（都市公園法（昭和31年法律第79号）第2条第1項に規定する都市公園を除く。）
> 　　ヘ　休憩所、管理事務所、掲示板、標識、屋根付広場、野外劇場又は野外音楽堂を設ける場合には、移動等円滑化のために必要な特定公園施設の設置に関する基準を定める省令（平成18年国土交通省令第115号）に定める基準に適合させること。

整備基準（努力義務）

●移動等円滑化のために必要な特定公園施設に関する基準を定める省令による。

整備マニュアル

参考事例

ベンチの構造は、車いす使用者のスペースを確保し、高齢者、障害者等の利用に配慮する。

水飲場の構造は、車いす使用者が水飲場の下に足が入る形状とし、高齢者、障害者等の利用に配慮する。

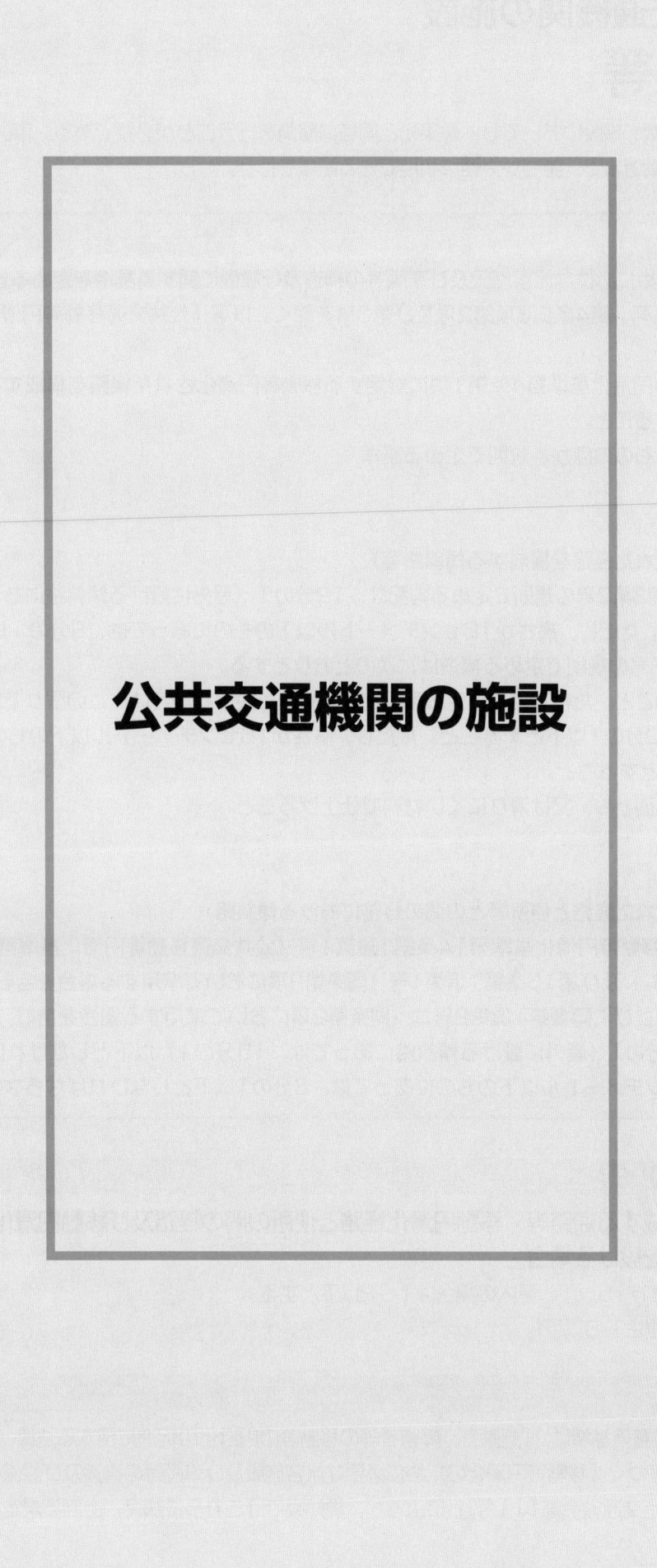

公共交通機関の施設

第2部

2 公共交通機関の施設
通路等

公共交通機関の施設においても、建築物と同様に整備を行うことが必要である。車いす使用者をはじめ、子どもから高齢者まで、誰もが気軽に利用できる配慮を行う。

【条例（別表第3抜粋）】
一 移動円滑化のために必要な旅客施設及び車両等の構造及び設備に関する基準を定める省令（平成18年国土交通省令第111号。第4条第6項第2号及び第3章を除く。以下「公共交通移動等円滑化基準」という。）に定める基準
二 公共交通移動等円滑化基準第4条第1項に規定する移動等円滑化された経路を構成する傾斜路は、規則で定める勾配とすること。
五 前各号に掲げるもののほか、規則で定める基準

【規則（第35条抜粋）】
（移動等円滑化された経路を構成する傾斜路等）
第35条　条例別表第3第2号の規則で定める勾配は、12分の1（屋外に設ける傾斜路にあっては、15分の1）以下とする。ただし、高さが16センチメートル以下のものにあっては、8分の1以下とする。
2　条例別表第3第3号の規則で定める構造は、次のとおりとする。
　一　段を設けないこと。ただし、次に定める構造の傾斜路を設ける場合は、この限りでない。
　　イ　勾配は、12分の1以下とすること。ただし、高さが16センチメートル以下のものにあっては、8分の1以下とすること。
　　ロ　表面は、粗面とし、又は滑りにくい材料で仕上げること。

【規則（第37条）】
（移動等円滑化された経路と便所等との間の経路における傾斜路）
第37条　公共交通移動等円滑化基準第14条第1項第1号（公共交通移動等円滑化基準第15条において準用する場合を含む。）及び第16条第1項第1号（同条第2項において準用する場合を含む。）に規定する通路に設ける傾斜路並びに同条第1項第2号ニ（同条第2項において準用する場合を含む。）に規定する傾斜路の勾配は、12分の1（屋外に設ける傾斜路にあっては、15分の1）以下としなければならない。ただし、高さが16センチメートル以下のものにあっては、8分の1以下としなければならない。

整備基準（義務規定）

移動円滑化経路を構成する通路等、移動円滑化経路と便所の間の経路及び移動円滑化経路と券売所等の間の経路に傾斜路を設ける場合
○勾配は、屋外の場合は1/15以下、屋内の場合は1/12以下とする
　（高低差16cm以下の場合1/8以下）

解説

・公共交通機関の施設の整備基準は、「高齢者、障害者等の移動等の円滑化の促進に関する法律（平成18年法律第91号）」第8条第1項に基づく「移動等円滑化のために必要な旅客施設及び車両等の構造及び設備に関する基準を定める省令（平成18年国土交通省令第111号）」によるが、愛知県ではこれらに加え、上回る規定を設けている。

整備マニュアル

2 公共交通機関の施設
一般便所

【条例（別表第3第3号）】

三　不特定かつ多数の者が利用する便所は、公共交通移動等円滑化基準第13条第1項に掲げる基準に適合させるほか、次に定める構造その他の規則で定める構造とすること。
　　イ　段を設けないこと。
　　ロ　次に定める構造の便房を設けること。
　　　(1) 便器は、洋式とすること。
　　　(2) 手すりを設けること。

【規則（第35条抜粋）】
（移動等円滑化された経路を構成する傾斜路等）
第35条
2　条例別表第3第3号の規則で定める構造は、次のとおりとする。
　一　段を設けないこと。ただし、次に定める構造の傾斜路を設ける場合は、この限りでない。
　　イ　勾配は、12分の1以下とすること。ただし、高さが16センチメートル以下のものにあっては、8分の1以下とすること。
　　ロ　表面は、粗面とし、又は滑りにくい材料で仕上げること。
　二　次に定める構造の便房を1以上（男子用及び女子用の区別があるときは、それぞれ1以上）設けること。
　　イ　便器は、洋式とすること。
　　ロ　手すりを設けること。

【規則（第38条）】
（乳幼児用いす、乳幼児用ベッド等）
第38条　不特定かつ多数の者が利用する便所を設ける場合にあっては、そのうち1以上（男子用及び女子用の区別があるときは、それぞれ1以上）の便所内に、乳幼児用いす等乳幼児を座らせることができる設備を設けた便房及び乳幼児用ベッド等乳幼児のおむつ替えができる設備を設けなければならない。ただし、乳幼児のおむつ替えができる設備にあっては、おむつ替えができる場所を別に設ける場合は、この限りでない。

【規則（第39条）】
（公共交通機関の施設の新築等をしようとする者の努力義務）
第39条　条例第11条第1項第3号に掲げる特定施設に不特定かつ多数の者が利用する便所を設ける場合にあっては、そのうち1以上（男子用及び女子用の区別があるときは、それぞれ1以上）の便所内に、人工肛門又は人工ぼうこうを使用している者がパウチを洗浄することができる水栓器具、汚物流し、トイレットペーパーホルダー、手荷物置き台及び鏡を設けた便房を設けるよう努めなければならない。
2　前項に規定する便房を設ける場合にあっては、当該便房の戸又はその付近及び当該便房が設けられている便所の出入口又はその付近に、その旨を表示した標識を掲示するよう努めなければならない。

第2部

整備基準（義務規定）
○段を設けない
○やむを得ず傾斜路を設ける場合
　・勾配は、1/12以下とする(高低差16cm以下の場合1/8以下)
　・表面は粗面又は滑りにくい材料とする
○各便所の1以上の便房は便座を洋式とし、手すりを設ける
○1以上の便所の1以上の便房に乳幼児用いすを設ける（車いす使用者用便房に設けてもよい）
○1以上の便所に乳幼児用ベッドを設ける（車いす使用者用便房に設けてもよい）

整備基準（努力規定）
●1以上の便所の1以上の便房にオストメイト対応設備を設けるよう努力する（車いす使用者用便房に設けてもよい）

整備マニュアル

2 公共交通機関の施設
案内表示

> 【条例（別表第3第4号）】
> 四 高齢者、障害者等に配慮した案内表示を規則で定めるところにより行うこと。
>
> 【規則（第35条抜粋）】
> （移動等円滑化された経路を構成する傾斜路等）
> 第35条
> 3 条例別表第3第4号の規定による案内表示は、次に掲げるところによって行わなければならない。
>   一 前項第2号に規定する便房を設ける場合には、当該便房の戸又はその付近に、洋式便器及び手すりが設けられている旨を表示した標識を掲示すること。
>   二 第38条に規定する設備を設ける場合には、当該設備が設けられている便房の戸又はその付近又は便所の出入口又はその付近に、その旨を表示した標識を掲示すること。
>   三 施設の利用に関する情報を提供する案内設備を設ける場合には、案内表示の位置、表記方法、文字の大きさ等を高齢者、障害者等に配慮したものとすること。

整備基準（義務規定）

○洋式便器及び手すりのある便所は、当該便房の戸又はその付近に、その案内を表示する
○乳幼児用ベッド、乳幼児用いすのある便所は、当該便房の戸又はその付近又は便所の出入口又はその付近に、その案内を表示する
○車いす使用者用便房のある便所は、当該便房の戸又はその付近又は便所の出入口又はその付近に、その案内を表示する
○施設の案内板等は、位置、表記方法、文字の大きさ等を高齢者、障害者等に配慮する

3

参考図集・資料

第2部

3 参考図集・資料

1 JIS

車いすの寸法

①手動車いす（JIS T 9201：2006）

手動車いすの形状及び寸法は、日本工業規格（ＪＩＳ）により定められている。

この型式分類は、その外観及び用途によって自走用と介助用に分類され、自走用には標準型、座位変換型、スポーツ型、特殊型があり、介助用には標準型、座位変換型、浴用型、特殊型がある。

また、下表の通り、車いすの全幅は700mm以下としているが、日本国内の建築関係の現状を考慮し、当分の間650mm以下が推薦されている。

以下に、自走用標準型（シングルブレース型）及び介助用標準型（ダブルブレース式）の形状及び基本的な寸法を、抜粋して紹介する。

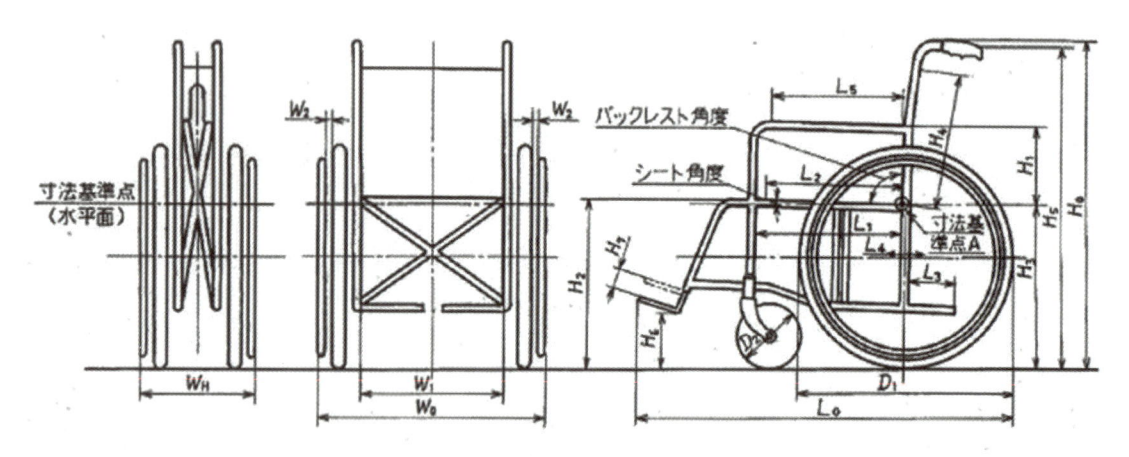

図1-2　自走用標準型（シングルブレース式）

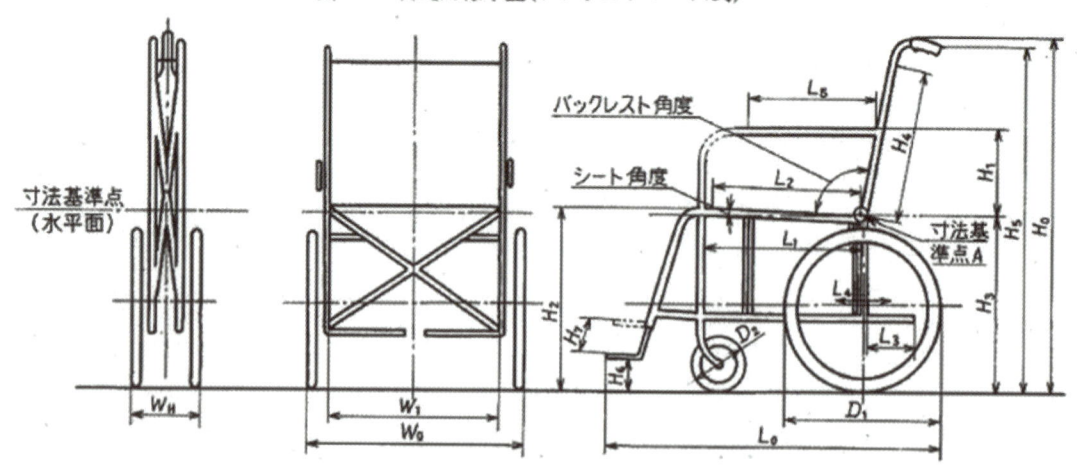

図1-3　介助用標準型（ダブルブレース式）

●手動車いすの寸法

（単位：mm）

部　位	寸法値
全長（L_0）	1200以下
全幅（W_0）	700以下
レッグサポート（フットレスト）高（H_6）	50以上
折り畳み幅（W_H）	320以下
全高（H_0）	1090以下

参考図集・資料

②電動車いす（JIS T 9203：2010）

電動車いすの形状及び寸法は、日本工業規格（JIS）により定められている。

この形式分類は、外観及び用途によって、自操用と介助用に分類され、自操用には標準形、ハンドル形、座位変換形、簡易形、特殊形があり、介助用には標準形、簡易形、特殊形がある。

以下に、自操用標準型及び自操用ハンドル型の形状及び基本的な寸法を、抜粋して紹介する。

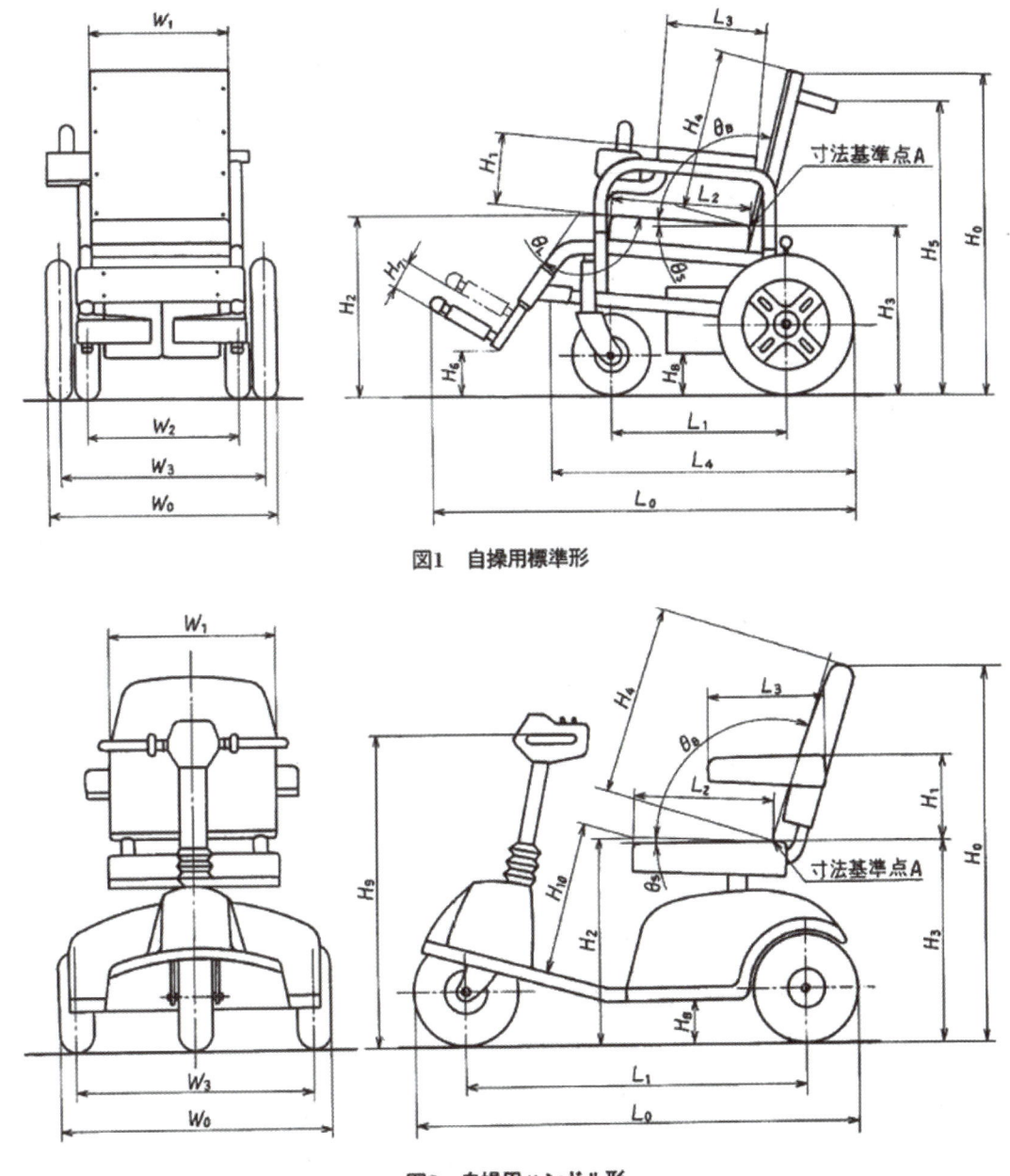

図1 自操用標準形

図2 自操用ハンドル形

● 電動車いすの寸法　　　　　　　　　（単位：mm）

区　分	最大値
全長（L_0）	1200
全幅（W_0）	700
全高（H_0）	1090

注）リクライニング機構及びリフト機構を装備する電動車いすは除く。

163

第2部

視覚障害者誘導用ブロック等の突起の形状・寸法及びその配列（JIS T 9251:2001）

　視覚障害者誘導用ブロック等の突起の形状、寸法及びその配列については、日本工業規格（JIS）により定められているが、その形状及び用途によって、2種類に分類される。

①点状突起を配列するブロック

　注意を喚起する位置を示すための突起で、突起形状は点状となる。

　以下に、点状突起（並列配列）の形状・寸法及びその配列を抜粋して紹介する。

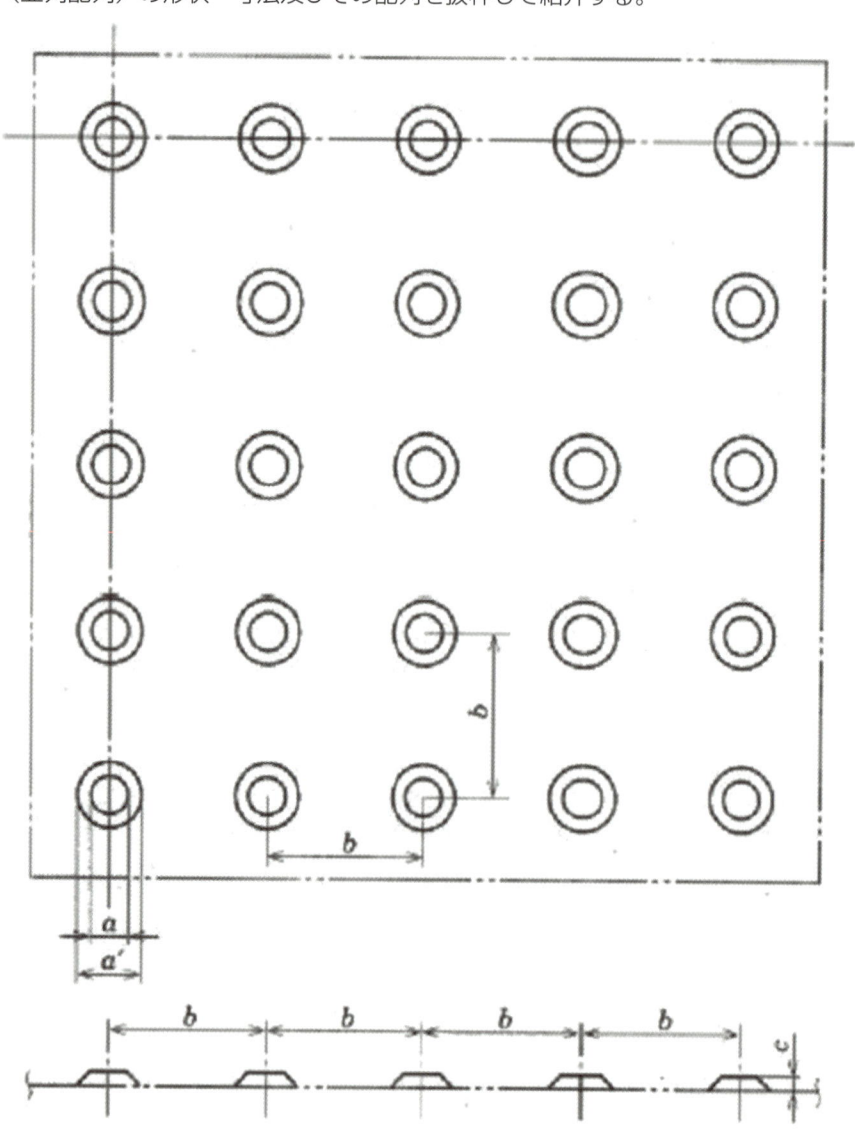

● 点状突起の寸法　　　　　　　　（単位：mm）

記号	寸法	許容差
a	12	+1.5 / 0
a'	a+10	0
b	55〜60 *	
c	5	+1 / 0

注）この寸法範囲でブロック等の大きさに応じて一つの寸法を設定する。

参考図集・資料

②線状突起を配列するブロック

　移動方向を指示するための突起で、突起形状は棒状であり、その長手方向が移動方向を示すものである。ただし、線状突起の本数は4本を下限とし、線状突起を配列するブロック等の大きさに応じて増やす。

　以下に、線状突起（並列配列）の形状・寸法及びその配列を抜粋して紹介する。

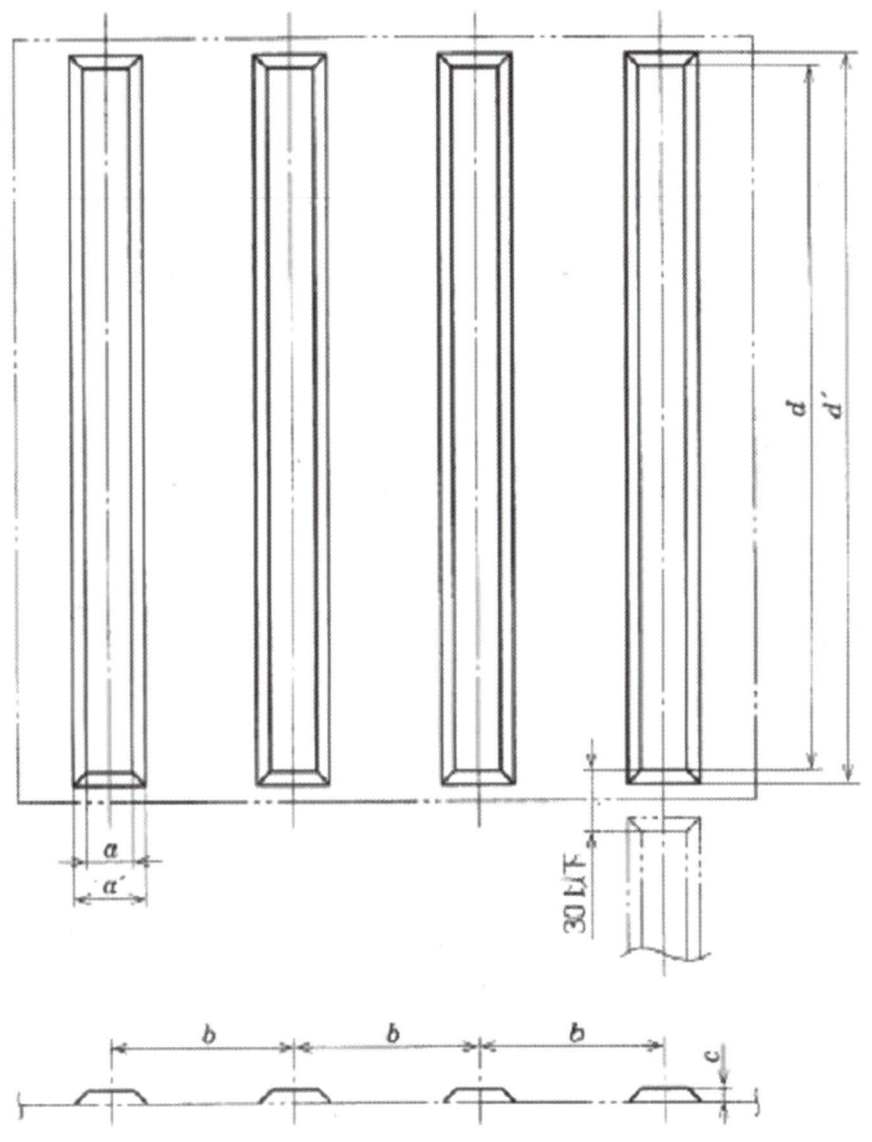

●線状突起の寸法　　　　　　　　（単位：mm）

記　号	寸　法	許容差
a	17	+1.5
a'	a+10	0
b	75	
c	5	+1
		0
d	270以上	
d'	d+10	

備考　ブロック等の継ぎ目部分（突起の長手方向）における突起と突起の上辺部での間隔は、30mm以下とする。

165

第2部

案内用図記号（JIS Z 8210：2002）

　案内用図記号は、不特定多数の人々向けの案内に用いる図記号として、日本工業規格（JIS）により定められている。この分類は、施設などに関するものと、安全などに関するものに分類され、施設などの図記号は公共・一般施設、交通施設、商業施設、観光・文化・スポーツ施設があり、安全などの図記号は、安全、禁止、注意、指示がある。
　以下に、案内用図記号の主なものを、抜粋して紹介する。

案内所 Question & answer	情報コーナー Information	お手洗い Toilets	男子 Men
女子 Women	身障者用設備 Accessible facility	車椅子スロープ Accessible slope	電話 Telephone
ファックス Fax	エレベーター Elevator	エスカレーター Escalator	階段 Stairs
乳幼児用設備 Nursery	タクシー/タクシー乗り場 Taxi / Taxi stop	駐車場 Parking	非常電話 Emergency telephone
非常用ボタン Emergency call button	障害物注意 Caution, obstacles	上り段差注意 Caution, uneven access / up	下り段差注意 Caution, uneven access / down

参考図集・資料

2 国際シンボルマーク

　国際シンボルマーク（International Symbol of Access）は、国際障害者リハビリテーション協会によって採択決定された世界共通のシンボルマークであり、障害者が利用できる建築物・施設を示すものである。

　なお、本図は、2002年3月「身障者用設備」という名称で、JIS Z 8210 5.1.9（障害者が利用できる建築物及び施設であることを示している）に規定された。

　シンボルマークの形状は、下図の通りである。

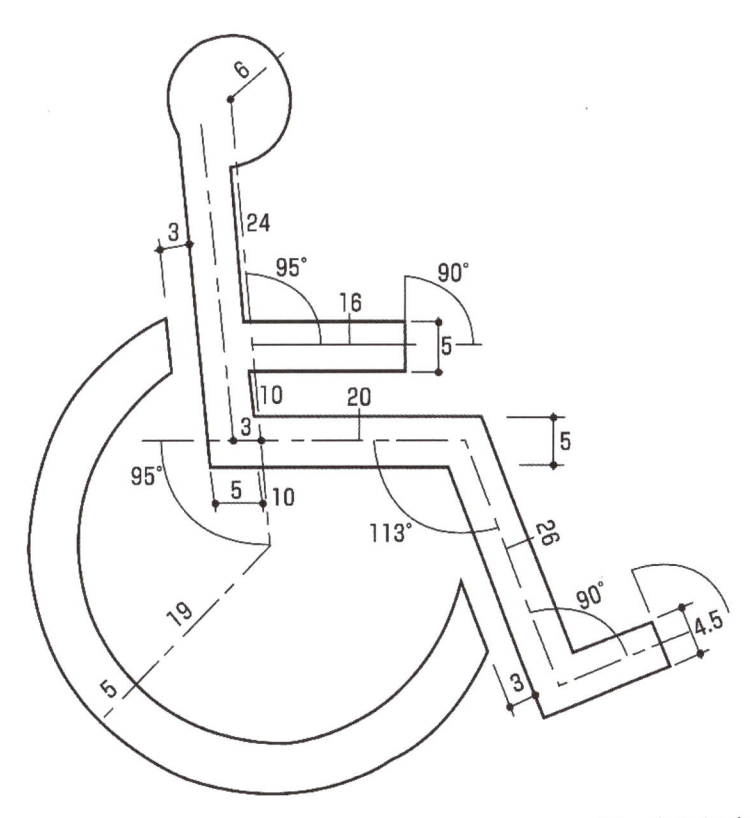

10cm角の場合

第2部

3 基本寸法等

有効幅員に関する寸法の基本的な考え方

寸法が80cm	車いすが通過できる寸法
寸法が90cm	車いすで通過しやすい寸法
	通路を車いすで通行できる寸法
寸法が120cm	通路を車いすで通行しやすい寸法
	人が横向きになれば車いすとすれ違える寸法
	つえ使用者が円滑に通過できる寸法
寸法が140cm	車いすが転回(180度方向転換)できる寸法
	つえ使用者が円滑に上下できる階段幅の寸法
寸法が150cm	車いすが回転しやすい寸法
	人と車いすがすれ違える寸法
寸法が180cm	車いす同士がすれ違いやすい寸法

車いす使用者の基本動作寸法

●基本動作寸法

(単位：cm)

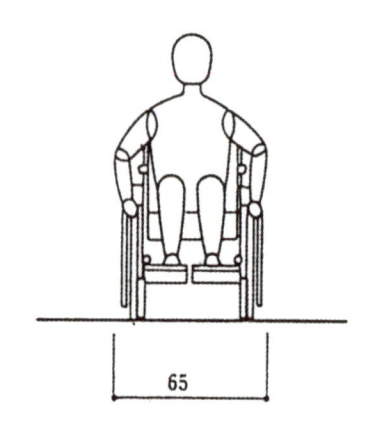

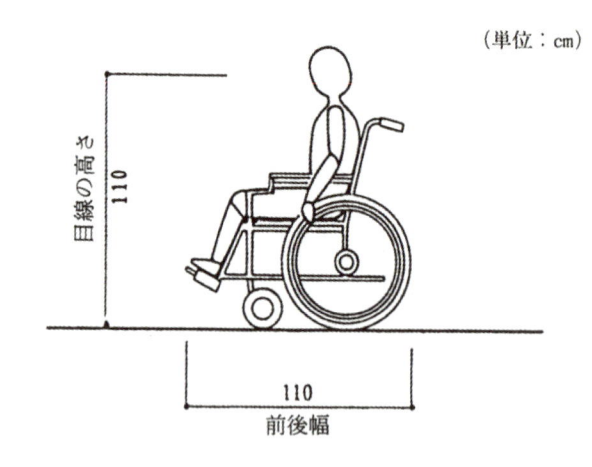

手の届く範囲

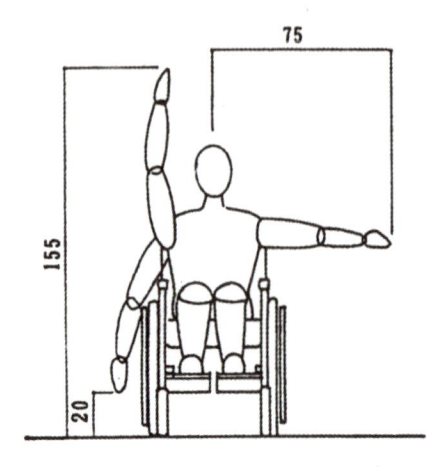

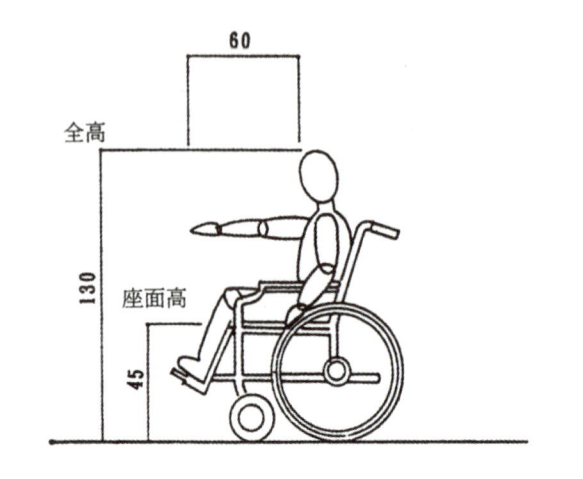

参考図集・資料

車いす使用者の最小動作空間

車いす使用者が最低限必要とする動作空間は、それぞれ以下の通りである。

①手動車いすの最小動作空間

180°回転（車輪中央を中心）

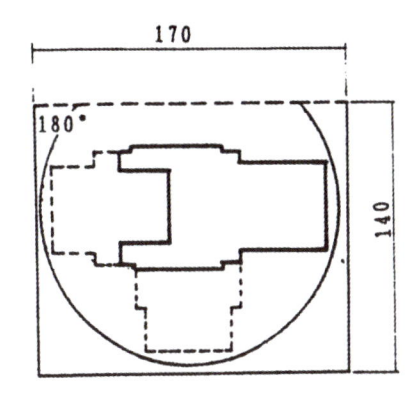

90°回転（車軸中央を中心）

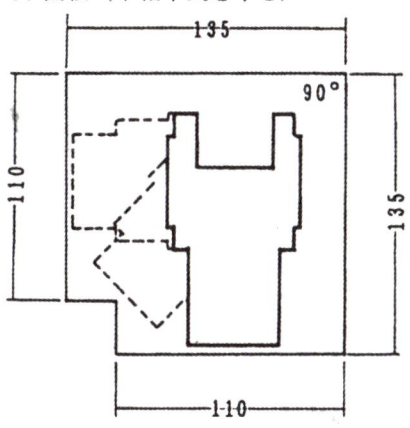

最小の回転円

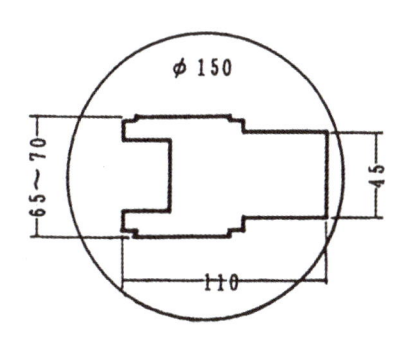

直角路の通過

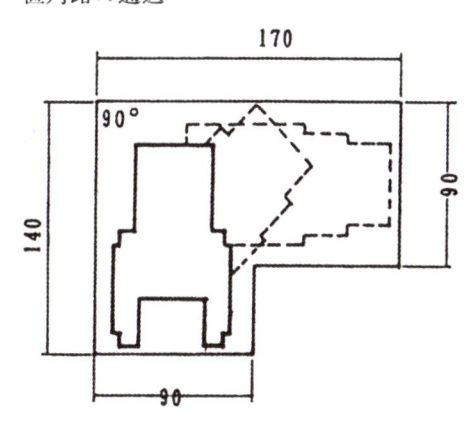

②電動車いすの最小動作空間

360°回転（車軸中央を中心）

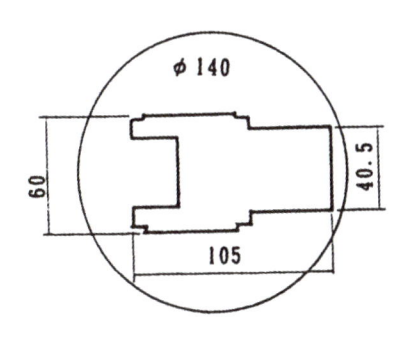

180°回転（車軸中央を中心）

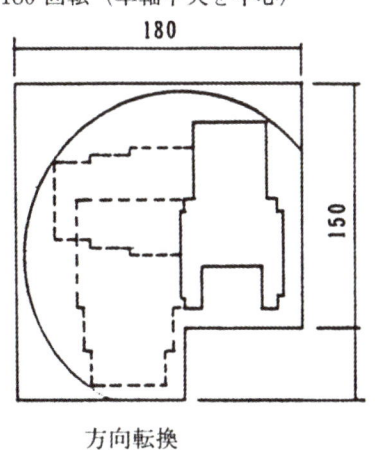

方向転換

第2部

つえ使用者の基本動作寸法

● つえの種類と歩行幅

つえの種類と歩行幅については、それぞれ次の通りである。

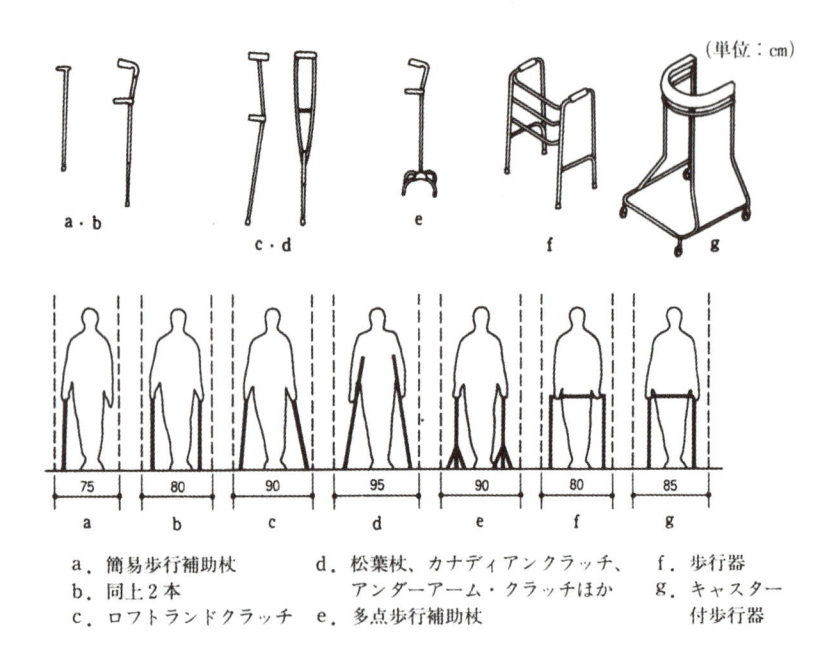

(単位：cm)

75	80	90	95	90	80	85
a	b	c	d	e	f	g

a．簡易歩行補助杖
b．同上2本
c．ロフトランドクラッチ
d．松葉杖、カナディアンクラッチ、アンダーアーム・クラッチほか
e．多点歩行補助杖
f．歩行器
g．キャスター付歩行器

● つえ使用者の基本動作寸法

つえ使用者の基本動作寸法は、次のとおりである。
・松葉づえ使用者の歩行時の幅は、90cmから120cm程度となる。
・つえを片手で使用する場合の歩行時の幅は、70cmから80cm程度となる。

● 二本のつえ使用者の歩行時の振り幅

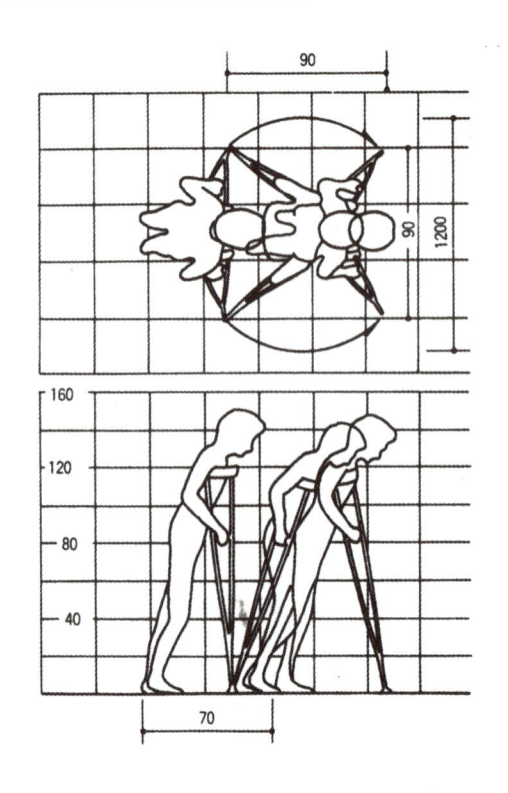

170

参考図集・資料

4 その他

点字の読み方

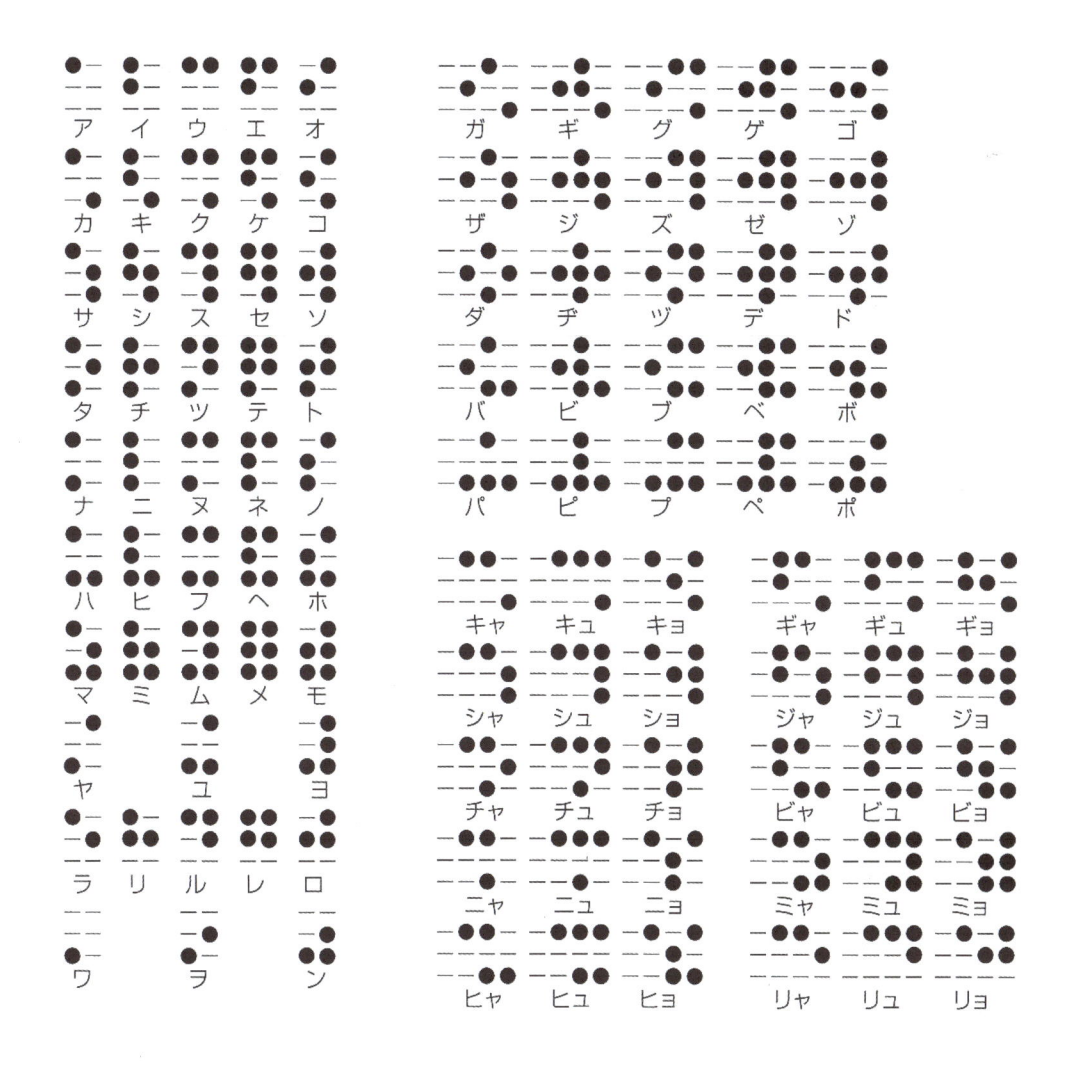

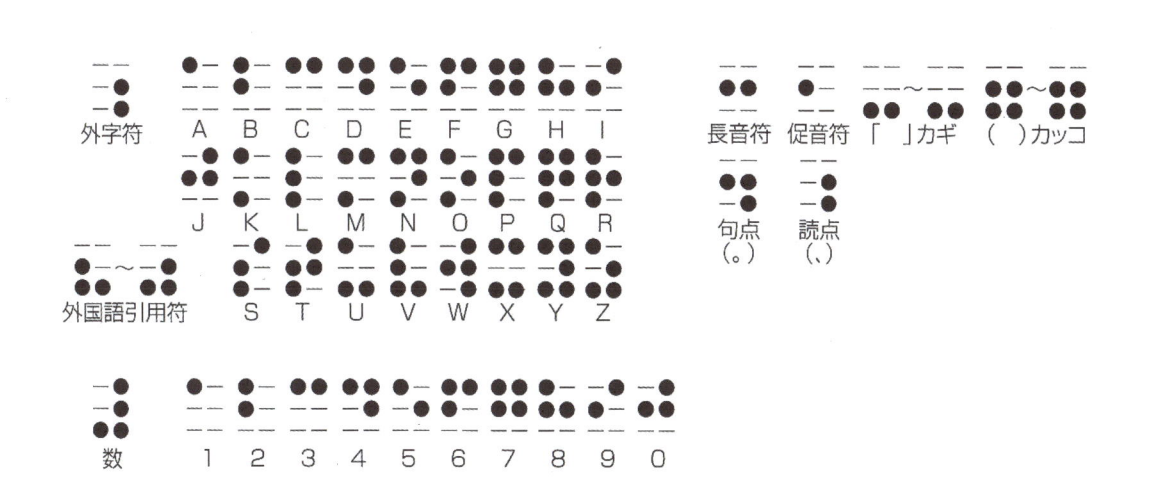

第2部

高齢者・障害者等の特性と対応の考え方

　多数の人が利用する建築物及び施設を建築・設計する場合には、利用者の特性を想定することが難しい場合もあるが、あらかじめ留意すべき点について、以下に示す。なお、これらは施設用途や規模等ケースバイケースによって異なった対応が考えられるので、必要に応じて利用者が建築物及び施設の計画づくりに参画することが望ましい。

対象者	特　性	対応の考え方
高齢者	・筋力や関節可動域の低下から、長い移動や上下移動が困難であるとともに転倒の危険が増す。 ・視覚及び聴覚等の感覚機能が低下し、細かい動作や新しい操作方法になじみにくい。 ・疲れやすくなる。	・段を解消し、手すりを設置する。 ・床面を滑りにくくする。 ・上下移動を容易にするために、エレベーター等を設置する。 ・ボタンや機器類を操作しやすくする。誤操作から復旧しやすくする。 ・案内表示は平易な言葉とし、文字を大きくしたり、見やすくしたりする。 ・緊急時や異常時の情報を伝わりやすくする。 ・移動距離を短くする。いす等の休憩設備を設ける。
視覚障害者（全盲、弱視）	・位置関係や距離、建築物や設置物の状況等、移動のために必要な視覚情報を把握しにくい。 ・案内表示等、視覚的情報を認知しにくい。	・安全確保のための情報や視覚情報を、音声案内や視覚障害者誘導用ブロック等、聴覚や触覚等による情報として適切に伝達する。 ・床等から自立する構造物は規則的に配置する。 ・視覚障害者誘導用ブロックの敷設方法やエレベーター、便所等の形状及び配置方法等を統一化、標準化する。 ・設備等の存在が視認しやすいデザインとする。 ・案内表示等が存在することが視認しやすく、表示内容の文字等は十分に大きく図地のコントラストを確保する。 ・ガイドヘルプ等ソフト面でも対応する。
聴覚障害者（聾者、難聴者、中途失聴者）	・音声による情報伝達が困難である。	・安全確保のための情報や音声情報を、電光掲示板や光、集団補聴装置、又は振動等、視覚や触覚等による情報として適切に伝達する。 ・手話通訳や要約筆記、筆談等ソフト面でも対応する。 ・電話機に代わる通信手段を提供する。
言語障害者	・ことばによる意思表明が困難である。	・聞き取りに関する理解を深め、人による対応で利用を助ける。

参考図集・資料

対象者	特性	対応の考え方
車いす使用者（頚椎損傷、腰椎損傷、脳性まひなど）	・段を通過したり、上下移動をしたりすることが困難である。 ・狭い空間での移動が困難である。 ・視点が低く、手の届く範囲が限られる。 ・細かい動作がしにくい。	・段を解消する。 ・上下移動を容易にするために、エレベーター等を設置する。 ・通路や廊下、出入口等は車いすで通過しやすい空間を確保する。 ・車いす使用者用駐車施設を設置する。 ・車いす使用者用便房を設置する。 ・設置位置や高さに配慮する。 ・ボタンや機器類を操作しやすくする。誤操作から復旧しやすくする。
下肢障害者（つえ使用者など）	・段を通過したり、上下運動をしたりすることが困難である。 ・狭い空間での移動が困難である。 ・疲れやすく歩行速度が遅い。	・段を解消し、手すりを設置する。 ・上下移動を容易にするために、エレベーター等を設置する。 ・通路や廊下、出入口等はつえ使用者等が通過しやすい空間を確保する。 ・移動距離を短くする。いす等の休憩設備を設ける。
上肢障害者	・細かな手先の動作や強い力を出すことが難しい。 ・手の届く範囲が限られる。	・ボタンや機器類を操作しやすくする。誤操作から復旧しやすくする。 ・棚等の位置や高さに配慮する。
内部障害者（腎臓、心臓、呼吸器障害、ぼうこう等人工臓器装着者）	・腎臓、心臓、呼吸器障害のある人にとっては、階段の昇降等が困難である。 ・疲れやすく、長い距離の歩行が困難である。 ・人工肛門や人工ぼうこうを装着している人にとっては、特に便所設備での配慮が求められている。	・上下移動を容易にするために、エレベーター等を設置する。 ・移動距離を短くする。手すりを設ける。いす等の休憩設備を設ける。 ・便所には、オストメイト対応設備を設ける。
知的障害者	・抽象的な表現を理解するのが苦手である。 ・建築物全体の空間を把握することが苦手である。 ・臨機応変な判断が苦手である。 ・ことばによる意思表明が困難である。	・動線や配置を分かりやすくしたり、案内表示のデザインを統一する等視覚的に分かりやすくしたりする等、施設空間の認識や理解を助けるようにする。 ・分かりやすいことばでゆっくりと話すなど、人による対応で利用を助ける。

第2部

対象者	特性	対応の考え方
精神障害者	・動作が緩慢で、細かな指先の動作や臨機応変な判断が苦手である。 ・疲れやすい場合がある。	・動線や配置を分かりやすくしたり、案内表示のデザインを統一する等視覚的に分かりやすくしたりする等、施設空間の認識や理解を助けるようにする。 ・伝わりやすい話し方や相手が安心できる対応で、利用を助ける。 ・いす等の休憩設備を設ける。
児童、乳幼児乳幼児連れの親	・幼児の場合、体が小さいとともに緊急時の判断が遅れやすい。 ・ベビーカー利用者は段を通過したり、上下移動したりすることが困難である。 ・長時間の立位が困難である。	・低い位置からのボタンやレバー及び機器類の操作性、視認性に配慮する。 ・子どもの視線、行動を考慮して、衝突回避等安全策を確保する。 ・段を解消する。 ・便所では、乳幼児用いすや乳幼児用ベッドの設置等、子どもと一緒に利用することができる配慮や授乳及びおむつ替えのための場所を設ける。 ・いす等の休憩設備を設ける。
妊婦	・足元の視野が限られる。 ・前かがみの姿勢やしゃがむ等の動作が困難である。 ・長時間の立位が困難である。 ・階段の昇降が困難である。	・段を解消する。転倒を避けられるよう床材等は濡れても滑りにくい素材とする。 ・手すりを設けたり、いす等の休憩設備を設けたりする。 ・上下移動を容易にするために、エレベーター等を設置する。
外国人	・日本語による情報獲得、意思表明が困難である。 ・習慣が異なる場合がある。	・ことばによらない案内表示をしたり、複数の言語で案内したりする等、情報伝達上の配慮を行う。 ・利用が見込まれる場合は、人による対応で利用を助ける。

第3部

Q&A

第3部

1 特定施設について

1 用途分類

● 学習塾等について

Q 学習塾等は「特定施設」か。

A 「学習塾」を始めとする個人教授所は、規則第3条第1号イ「学校その他これに類するもの」に該当する。
　なお、「学習塾」を始めとする個人教授所には、日本産業分類では「82その他教育、学習支援業」中の「8231学習塾」、「8241から8246及び8249に示す教養・技能教授業」、「8299他に分類されない教育、学習支援業」が該当する。

● グループホームについて

Q グループホームは「特定施設」か。

A グループホームは、規則第3条第1号ホ「社会福祉施設その他これに類するもの」に該当する。

● サービス付高齢者向け住宅について

Q サービス付高齢者向け住宅は「特定施設」か。

A 「サービス付高齢者向け住宅に関する建築基準法上の取り扱いについて」(H23.11.18付け愛知県建築指導課)に準じ、「有料老人ホーム」として取り扱うものは、規則第3条第1号ホ「社会福祉施設その他これに類するもの」、「共同住宅」として取り扱うもののうち、規則で定める規模以上のものを規則第3条第2号「共同住宅」として特定施設に該当するが、「寄宿舎」として取り扱うものは特定施設に該当しない。

● 地区集会所について

Q 地区集会所は「特定施設」か。

A 規則第3条第1号ト「公会堂又は集会場」に該当する。

● 結婚式場、葬祭場について

Q 結婚式場、葬祭場は「特定施設」か。

A 結婚式場、葬祭場については、規則第3条第1号ト「公会堂又は集会場」に該当する。

● 共同住宅に併設される集会所について

Q 2,000平方メートル未満かつ50戸以下の小規模な共同住宅に併設される共同住宅の居住者の利用を中心とする集会所は「特定施設」か。

A 規則第3条第1号ト「公会堂又は集会場」に該当する。

Q&A

- **住宅展示場について**

  Q 住宅展示場は「特定施設」か。

  A 規則第3条第1号チ「展示場」に該当する。

- **ガソリンスタンドについて**

  Q ガソリンスタンドは「特定施設」か。

  A 規則第3条第1号リ「百貨店、マーケットその他の物品販売業を営む店舗」に該当する。

- **動物病院について**

  Q 動物病院は「特定施設」か。

  A 規則第3条第1号ル「理髪店、クリーニング取次店、貸衣装屋その他これらに類するもの」に該当する。

- **物流センターについて**

  Q 物流センターは「特定施設」か。

  A 「工場」であれば建築基準法第2条第2号に規定する特殊建築物に該当し、規模により規則第3条第3号「工場」に該当する。

  宅配便などの配送センターで、宅配便の受付窓口があるものは、規則第3条第1号ル「理髪店、クリーニング取次店、貸衣装屋その他これらに類するもの」に該当する。この場合、受付窓口と作業場を含めた施設全体の面積が1,000平方メートルを超え、かつ不特定多数が使う便所を設ける場合は、車いす使用者用便房が必要となる。

- **工場に附属する事務所について**

  Q 事務所1,000平方メートル、工場1,000平方メートルで床面積の合計が2,000平方メートルである複合施設は「特定施設」か。

  A 事務所が工場に附属するものである場合（用途上不可分のものである場合）は、事務所部分は工場の一部であるため、規則第3条第3号「工場」に該当する。

- **無人賃貸機、銀行等の店舗外の現金自動預払機（ATM）等について**

  Q 無人賃貸機、銀行等の店舗外の現金自動預払機（ATM）等は「特定施設」か。

  A 規則第3条第5号「銀行その他の金融機関の事務所の用に供する建築物」に該当する。

- **公衆便所について**

  Q 「特定施設」である公衆便所とは、どのようなものか。

  A 公衆便所であるか否かは、一般公衆に開放され、不特定多数の者が利用するかどうかで判断し、その設置者や設置場所は関係がない。ただし、規則第3条第7号に規定する「公衆便所の用に供する建築物又はその部分」は、それ自体で独立したものを想定しているため、道路、地下街、公園など他の特定施設の一部分である（附属する）公衆便所については、それぞれの特定施設の一部となり、規則第20条、第21条の規定が適用される。

177

第3部

- **地区のちびっこ広場について**
  Q 地区のちびっこ広場は「特定施設」か。

  A 規則第3条第10号「公園、緑地その他これらに類するもの」に該当する。

- **牛乳販売店又は新聞販売店で、配達のみを行うものについて**
  Q 牛乳販売店又は新聞販売店で、配達のみを行うものは「特定施設」か。

  A 特定施設に該当しない。ただし、配達とあわせて店頭販売も行うものにあっては、規則第3条第1号リ「百貨店、マーケットその他の物品販売業を営む店舗」に該当する。

- **神社、寺院、教会その他これらに類するものについて**
  Q 神社、寺院、教会その他これらに類するものは「特定施設」か。

  A 神社、寺院、教会その他これらに類するものは特定施設に該当しない。ただし、神社、寺院、教会その他これらに類するものに併設される葬祭場（規則第3条第1号ト「公会堂又は集会場」に該当）、宝物殿（規則第3条第1号ロ「博物館、美術館又は図書館」に該当）等は特定施設に該当する。

- **神社の離れにある便所について**
  Q 神社の離れにある便所は、神社が特定施設に該当しないので、公衆便所にも該当しないと考えてよいか。

  A 原則、該当しない。

- **仮設建築物について**
  Q 特定施設が仮設建築物の場合でも、整備基準の遵守義務があるのか。

  A 特定施設として整備基準の遵守義務がある。整備基準の遵守義務は、新築等の行為の際、義務となるので、本設、仮設の区別はない。

- **総合的設計による一団地の建築物について**
  Q 総合的設計による一団地の建築物として認定又は許可した場合の、共同住宅の戸数50戸以上の判断は、敷地全体か、棟毎か。

  A 「総合的設計による一団地の建築物」を特定施設の対象としているため、棟単位ではなく、一団地の認定又は許可単位の判断となる。

2　用途に供する部分の面積算定（条例第11条）

● **面積算定について**
Q　棟単位で算定するのか、敷地単位で算定するのか。

A　建築基準法の敷地単位で算定する。「一建築物、一敷地」が基本であるが、用途上不可分の関係にある2以上の建築物であれば、棟単位ではなく、数棟あっても、敷地単位で面積算定することになる。

● **道路上空通路でつながれた2つの建築物について**
Q　道路上空通路でつながれた2つの建築物については、それぞれ別の建築物として取り扱ってよいか。

A　別の建築物として扱う。なお、上空通路についても、特定施設に該当する場合は、整備基準の遵守義務がある。

● **バックヤード（来客の見込まれない事務所・倉庫）、屋内駐車場について**
Q　バックヤード（来客の見込まれない事務所・倉庫）、屋内駐車場は、「用途に供する部分」か。

A　バックヤード（来客の見込まれない事務所・倉庫）、屋内駐車場は、「用途に供する部分」として面積算入する。ただし、整備基準は適用されない。

● **飲食店の対象面積について**
Q　倉庫、厨房、付帯施設は、「用途に供する部分」か。

A　「用途に供する部分」として面積算入する。

● **ガソリンスタンドの便所及び事務所について**
Q　ガソリンスタンドの便所及び事務所は、「用途に供する部分」か。

A　スタンド（キャノピー）、事務所、整備室、便所等も含めて一体で、「用途に供する部分」として面積算定する。

● **住宅展示場のモデルハウスについて**
Q　住宅展示場のモデルハウスは、「用途に供する部分」か。

A　モデルハウスは、「用途に供する部分」として面積算入する。したがって、1,000平方メートルを超える場合の措置等に留意しなければならない。
　ただし、モデルハウスは、基準の適用範囲としては、「展示物」として扱う。

第3部

2 整備基準の適用

● 条例改正後の増築に係る整備基準の適用について

Q 新条例施行（平成17年7月1日）以前に存する床面積90平方メートルの特殊建築物（条例第1条の2第2号イ：旧条例では特定施設に該当しないが、新条例では特定施設に該当する。）に増築（20平方メートル）する場合、整備基準の適用はどのようになるのか。

A 当該建築物に増築をし、床面積の合計が100平方メートルを超える場合、増築部分については条例別表第1の整備基準に適合させる義務が生じ、既存部分については、条例別表第1の整備基準に適合させるよう努力する義務が生じる。

また、新条例が施行された時点で床面積90平方メートルの特殊建築物は、条例第17条の「既存の特定施設」（条例又は規則の施行の際現に存するもの）に該当するため、整備基準に適合させるよう努力する義務が生じる。この場合、整備基準としては、条例別表第2の「小規模特定施設」の基準が適用される。

● 「用途の変更」について

Q 「用途の変更」をして、特定施設となるものは、整備基準を遵守しなければならないが、改修工事をしない部分についてはどうか。

A 改修工事の有無にかかわらず、「用途の変更」に係る部分には、整備基準が適用される。

● 貸店舗で利用形態が未定のものについて

Q 貸店舗等の利用形態が明確になっていないものに対する整備基準の適用についてはどのように考えるか。

A 建築確認の審査と同様、計画が明らかになった範囲について記載し、明確になっていない部分は未定として整備計画の届出をすることとなる。その後、貸店舗等の入居者が決まり整備計画が明らかになった時点で、未定として当初届出した箇所（部分）について、条例第14条第1項の規定に基づく計画変更の届出を出すこととなる。

なお、適合証の交付請求は、すべての貸店舗について整備が完了した時点で申請を行うこと。

● 老人福祉施設の整備基準の適用について

Q 老人福祉施設の整備基準の適用についてはどのように考えるか。

A 老人デイサービスセンターや老人福祉センターは、不特定かつ多数の者が利用する特定施設であり、整備基準が適用される。老人ホームや老人短期入所施設は、不特定かつ多数の者が利用する施設ではないが、主として高齢者が利用する特定施設であるため、整備基準が適用される。

Q&A

- **保育所の整備基準の適用範囲について**

Q 保育所の整備基準の適用範囲についてはどのように考えるか。

A 保育所は、園児や父母等といった特定の者が利用する特定施設であり、主として不特定かつ多数の者が利用する特定施設ではないため、整備基準は適用されない。
　しかし、保育所の一部に、子育て支援センターや一時保育を行う施設など不特定かつ多数の者が利用する部分がある場合、その部分は、整備基準が適用される。

- **ちゃんこ屋、すし屋等の飲食部分について**

Q ちゃんこ屋、すし屋等の飲食部分が通路から、一段上がった座敷状の客席となっている場合の対応はどうすべきか。

A 飲食スペースの一部に、段差がなく平たんで、車いす等のまま飲食できるテーブル席等を設けるとともに、一段上がった座敷状の部分の手前まで、段差なくアプローチできるよう通路を確保することとする。

- **ガソリンスタンドの便所及び事務所について**

Q ガソリンスタンドの便所及び事務所には、整備基準が適用されるか。

A 原則として、適用される。事務所内においても、客が洗車待ち等で利用する部分には、整備基準が適用される。便所についても、客の利用が見込まれるものは、整備基準が適用される。
　なお、ガソリンスタンドの事務所等の犬走り又は出入口への傾斜路設置については、「給油取扱所の建築物に係る可燃性蒸気流入防止措置の緩和について」（平成9年3月14日付け消防庁危険物規制課長発　消防危第26号）により、それまで認められないとして運用がなされていたものが、下記の要件をすべて満足する場合は、認められることとなった。
記
1　スロープの最下部から最上部までの高さが15cm以上であること。
　なお、スロープが明確でない場合にあっては、最上部からの高さの差が15cm以上となる所までをスロープとみなすものとする。
2　スロープは給油又は注油に支障のない位置に設けること。
3　スロープ上において給油又は注油を行わないこと。

第3部

- **住宅展示場のモデルハウスについて**

Q 住宅展示場のモデルハウスの玄関、廊下等についても、整備基準が適用されるのか。

A モデルハウスは、展示場にある展示物としての「住宅」（各区画の外構も含む。）であり、モデルハウスは整備基準が適用されない。個々のモデルハウス以外の、駐車場、敷地内の通路、総合案内場等には、整備基準が適用される。

　個々のモデルハウスの玄関は、条例でいうところの「直接地上へ通ずる出入口」としては、扱わない。「直接地上へ通ずる出入口」とすると、通常住宅では使用されない仕様の90cm幅員が要求される。また、傾斜路の設置や、玄関とポーチとの段差解消といったことも求められ、商品としての「住宅展示物」の機能が損なわれる。（将来的には、一般住宅においても、こうした配慮が求められるべきではあるが、現状ではこうした商品も許容せざるを得ない。）

　したがって、この場合、「直接地上へ通ずる出入口」の直近に案内できる部分（例えば、インターホン等）を設けることで、商品案内に対応するよう求める。

　また、敷地内の通路は、こうした案内ができる部分までとなる。（住宅内部についても、内部を案内できるよう廊下、部屋の出入口は、車いすで通行できるようにすることが望ましい。）

　なお、展示場内の、1棟毎の建て替えの際にも、届出が必要である。この場合、既存の部分の是正については、条例第17条による努力義務となる。

- **モデルハウスの整備基準の適用範囲について**

Q モデルハウスの整備基準の適用範囲についてはどのように考えるか。

A 商談スペース等があるモデルハウスは、商談スペース等までを整備する。

- **マンションのモデルルームの整備基準の適用範囲について**

Q マンションのモデルルームの整備基準の適用範囲は、どこまでか。

A 商談を行う場所や客利用の便所について整備基準が適用される。

　一般に、展示ルーム内は適用されない。ただし、展示ルーム内を商談を行う事務所として利用する場合は、適用される。

　なお、特定施設の面積算定は、展示ルームの部分も含めて行う。

Q&A

- **健康ランドや会員制のプールについて**
Q 健康ランドの脱衣室や浴室、会員制のプールの更衣室やプールは、整備基準が適用されるか。

A 健康ランドの脱衣室や浴室は、適用されるが、会員制のプールの更衣室やプールは、適用されない。

- **ホテル内の結婚式場について**
Q ホテル内の結婚式場（神前式場の部分、チャペルの部分）には、整備基準が適用されるか。

A ホテル内の結婚式場は、不特定多数の利用に供する部分であり、規則第3条第1号ワ「ホテル」として、整備基準が適用される。

- **共同住宅の措置の範囲について**
Q 共同住宅の専用住戸については、条例の適用にあたっては整備基準が適用されないとしてよいか。

A 専用住戸の玄関及び内部には、整備基準は適用されない。

- **共同住宅に附属する集会所について**
Q 共同住宅に附属する100平方メートル超の集会所は、専ら入居者が利用するものであれば、多数の者が利用するものとして基準を適用すればよいか。

A 共同住宅に附属する集会所は、専ら入居者が利用するものであれば、多数の者が利用するものである。
　ただし基準の適用については、これらの集会所は、「共同住宅」の一部として特定施設に該当するため、規則第40条の規定により、一部の基準は「不特定かつ多数の者」とあるのを「多数の者」と読み替えて適用することになる。（例：集会所までの経路、集会所の出入口・便所など）

- **共同住宅のエントランス部分等に設けるゲストルームについて**
Q 特定施設である共同住宅において、エントランス部分等に設けるゲストルームは、整備基準が適用されるか。

A 適用される。ただし、居住者の親族が一時的に宿泊するような利用者が限定される部分は、出入口まで適用する。

- **事務所における「不特定かつ多数の者が利用する部分」について**
Q 事務所の「不特定かつ多数の者が利用する部分」とは、具体的にどの部分を指すのか。例えば、通信販売の事務所など基本的に電話応対しか行わない事務所の場合でも、ロビー、廊下、階段、エレベーター等誰でも入れる状況（セキュリティー等で規制していない）であれば、「不特定かつ多数の者が利用する部分」と判断するのか。

A 執務スペースや湯沸室など、通常、事務所の従業員しか使わない部分については「不特定かつ多数の者が利用する部分」には該当しない。
　例にあるような事業形態であっても、従業員以外の人が出入りできる部分（ロビー等）については、「不特定かつ多数の者が利用する部分」に該当する。
　なお、セキュリティー等で従業員以外の人の出入りを規制しているような場合は、該当しない。この場合でも必要によりセキュリティーを解除して外部の者を入れる場合はこの限りでない。

183

第3部

- **従業員用便所について**

Q 従業員用便所には整備基準が適用されるか。

A 従業員用であっても、来客利用が想定される場合は、整備基準が適用される。

- **既設の公園に設置する便所について**

Q 既設の公園に便所を設置する場合、便所までの動線を確保するため、既設の部分について基準を適用するか。

A 公園内の主要な便所に至る経路については、規則第15条の表の（6）項（い）欄に掲げる「主要な園路」に該当するものとして、基準を適用することが必要である。

Q&A

● 複合施設の整備基準の適用について

Q　店舗と共同住宅・工場・事務所との複合施設について、整備基準の適用はどのようになっているか。

A　特定施設であるか否かは、建築物の部分でとらえ、それぞれの部分の基準の適用については下表のとおりとする。

複合施設の整備基準の適用について

	用途	規模	基準の適用	解説
①	店舗部分	150㎡	別表第1	共同住宅部分は、特定施設に該当しないため、基準を適用しない。別表の適用は店舗部分の面積で判断する。
	共同住宅部分	30戸 1,500㎡	適用しない	
②	店舗部分	50㎡	別表第2	
	共同住宅部分	30戸 1,500㎡	適用しない	
③	店舗部分	50㎡	別表第1	当該用途に供する部分は、両者とも特殊建築物に該当する特定施設であり、その合計が3,050㎡で100㎡を超えるため、全体で別表第1の基準を適用する。
	共同住宅部分	60戸 3,000㎡	別表第1	
④	店舗部分	150㎡	別表第1	工場部分は、特定施設に該当しないため、基準を適用しない。別表の適用は、店舗部分の面積で判断する。 ただし、店舗が工場の直売所である場合には、工場にも基準が適用される。当該工場部分と店舗部分の床面積合計が100㎡を超える場合、別表第1の基準を適用する。
	工場部分	1,500㎡	適用しない	
⑤	店舗部分	50㎡	別表第2	
	工場部分	1,500㎡	適用しない	
⑥	店舗部分	50㎡	別表第1	当該用途に供する部分は、両者とも特殊建築物に該当する特定施設であり、その合計が3,050㎡で100㎡を超えるため、全体で別表第1の基準を適用する。
	工場部分	3,000㎡	別表第1	
⑦	店舗部分	150㎡	別表第1	事務所部分は、特定施設に該当しないため、基準を適用しない。別表の適用は、店舗部分の面積のみで判断する。 店舗のバックヤードである事務所には基準が適用される。当該事務所部分と店舗部分の床面積の合計が100㎡を超える場合、別表第1の基準を適用する。
	事務所部分	1,500㎡	適用しない	
⑧	店舗部分	50㎡	別表第2	
	事務所部分	1,500㎡	適用しない	
⑨	店舗部分	50㎡	別表第2	③と異なり、事務所部分は特殊建築物に該当しないため、特殊建築物に該当する特定施設の床面積の合計は50㎡となり、店舗部分については別表第2の基準が適用される。 ただし、店舗部分が事務所に附属するものである場合は、全体に別表第1の基準が適用される。
	事務所部分	3,000㎡	別表第1	

185

第3部

● **整備基準の適用に関する面積要件について**

Q 整備基準の適用に関し、面積要件を設けているものについて、その面積の算定をそれぞれどのように考えればよいか。

A 各整備基準における面積算定は下表のとおり取り扱うこととする。

整備基準の適用に関する面積要件について

特定施設 規則3条	A	B	C	D	E
	1号ロ、ニ、ヘ〜ヌ、4号、7号	1号ハ、ホ、ル〜カ、5号	3号、6号	1号イ	2号
エレベーター 規則19条	当該特定施設を含む建築物全体*1			当該特定施設の部分	
	地上階以外にある不特定多数が利用し、又は主として高齢者、障害者等が利用する部分（学校等・共同住宅部分を除く）の床面積の合計が1,000㎡超			階数が3以上かつ床面積の合計が2,000㎡以上	階数が3以上かつ50戸超
乳幼児用いす 乳幼児用ベッド 規則20条	当該特定施設の部分	—	—	—	—
	床面積の合計が1,000㎡超	—	—	—	—
オストメイト 対応器具 規則20条	当該特定施設の部分	—	—	—	—
	床面積の合計が2,000㎡以上	—	—	—	—
車いす使用者用便房 規則21条 視覚障害者利用円滑化経路 規則24条	当該特定施設を含む建築物全体*2		当該特定施設の部分*2	当該特定施設を含む建築物全体*2	—
	床面積（共同住宅部分を除く）の合計が1,000㎡超		不特定多数が利用する部分の床面積の合計が1,000㎡超	床面積（共同住宅部分を除く）の合計が1,000㎡超	—
注意喚起ブロック 規則24条	当該特定施設の部分				—
	床面積（工場・事務所部分については不特定多数が利用する部分に限る）の合計が1,000㎡超				—

※ 各設備の上段が面積等算定部分、下段が面積等要件

*1 一敷地の中に建築物が複数棟あり、その一部の棟が特定施設に該当する場合、当該敷地内の全ての棟を含んで面積算定をする。

*2 Cに掲げる特定施設とA又はB若しくはDに掲げる特定施設との複合施設である場合、車いす使用者用便房と視覚障害者用利用円滑化経路に関する面積算定は、建築物全体で行うこととなる。

Q&A

● 学校、共同住宅の読み替え規定について

Q 規則第40条において、学校、共同住宅に関する読み替え規定があるが、どのように適用されるか。

A 「学校その他これに類するもの」及び「共同住宅」の場合、下表の規則の条項中、「不特定かつ多数の者が利用し、又は（若しくは）主として高齢者、障害者等が利用する」とあるものについて、「多数の者が利用する」と読み替えて適用する。

したがって、例えば、

・学校の多数の者が利用する「教室」は、「利用居室」に該当する。

・学校、共同住宅の多数の者が利用する敷地内の通路、廊下等、階段は整備対象となる。

・床面積が1,000平方メートル以上である学校の多数の者が利用する「便所」には、「車いす使用者用便房」を設けなければならない。

・学校、共同住宅の多数の者が利用する「駐車場」までの経路は、その1以上の経路を「利用円滑化経路」としなければならない。

・学校の多数の者が利用する「駐車場」で、その台数が25台を超える場合、「車いす使用者用駐車施設」を設けなければならない。

（下表参照）

学校、共同住宅の読み替え規定について

条　　　項		読み替えの有無	
		学校	共同住宅
第4条第1号	利用居室の定義	有	有
第14条第1項第1号ハ	利用円滑化経路	有	有
第15条の表 (2) 項 (い) 欄、(3) 項 (い) 欄、(4) 項 (い) 欄及び (5) 項 (い) 欄	敷地内の通路、廊下等	有	有
第18条	階段	有	有
第20条の表 (1) 項 (い) 欄	一般便所	有	有
第21条の表 (1) 項 (ろ) 欄	車いす使用者用便房	有	無
第23条	車いす使用者用駐車施設	有	無
第29条	カウンター等	有	有
第31条第1項第1号	便所の努力義務	有	無
第33条	小規模特定施設の通路等	有	無
第34条	小規模特定施設の努力	有	無

第3部

3 敷地内の通路、廊下等（規則第15条）

1　不特定かつ多数の者が利用する敷地内の通路や廊下等

● 廊下等とは
Q　規則第4条の「（以下「廊下等」という。）」が言い換えている部分は、「廊下その他これに類するもの」であると考えてよいか。

A　よい。

● ステージの取り扱いについて
Q　ステージ及びステージへ至る経路は、整備基準が適用されるか。

A　適用されない。

● 劇場等の親子室の取り扱いについて
Q　親子室が設置されている場合、それに至る通路部分の段差解消は必要か。

A　興行場等として、出入口から車いすが利用できる客席まで段を設けない旨の規定があるが、親子席は一般席の一部であると考え、一般席のある室と同室と扱うことができるので、親子室に至る経路に段があっても適合とする。
　よって、一般席のある室において、車いす利用者が利用できる部分及び通路の設置をすることとなる。

● 屋上庭園、テラス状のバルコニー、中庭等について
Q　屋上庭園、テラス状のバルコニー、中庭等の不特定多数の利用が考えられるスペースに対して、整備は求められるのか。

A　不特定多数の利用が考えられるスペースであれば、そこに至る経路については規則第15条の表（2）項（ろ）欄及び（4）項（ろ）欄の基準、第18条の階段の基準は適用される。しかし、利用円滑化経路には該当しないので規則第15条の表（3）項（ろ）欄及び（5）項（ろ）欄の基準、第17条の出入口の基準は適用されない。

2　廊下の有効幅員

● 廊下の最低幅員について
Q　規則第15条の表（5）項（ろ）欄第2号ただし書きで緩和される廊下の最低幅員は何cmか。

A　車いすの通行が可能な幅員として90cmとする。なお、バリアフリー法の移動等円滑化基準では、車いすと人のすれ違いを考慮して120cm以上という数値が示されている。

3　敷地内の通路や廊下等を横断する排水溝のふた

● 排水溝のふたの手掛けについて
Q　コンクリートふたの場合、手掛けの部分で、つえ等が落ち込んでしまうがどうか。

A　不特定多数が利用する歩道等、敷地内の通路及び廊下等並びに主要な園路を横断する排水溝のふたについては、つえ等が落ち込まないようにしなければならない。
　手法としては、穴をふさぐ、細目のグレーチングにする、ボックスカルバートにする等の措置が考えられる。

Q&A

- 通路にある排水溝の穴の措置について

Q 通路を横断する排水溝の穴に対する措置の範囲は、どこか。

A 不特定多数の者が利用する通路について、措置を要する。

4　敷地内の通路や廊下等に設ける段

- 段と階段の違いについて

Q 段と階段の違いは、どのように考えるか。

A 階と階をつなぐものを階段といい、それ以外は段となる。

- ガソリンスタンドにおける敷地周辺の油もれ防止の溝について

Q 溝に対して措置は必要か。

A ガソリンスタンドの場合、多くは車での来店が予想され、敷地周辺の溝については、最低限出入口の1.4m幅の部分においてグレーチング等を必要とする。

- 半地下への「段差」について

Q 写真館、喫茶店等の店舗内における半地下への「段差」は、段か階段か。

A これらは、別の階ではなく、一つの階における高低差のある床である。したがって、同一階にある通路上の段として扱う。

- 傾斜床における段差について

Q 大学の講義棟で、床が傾斜した大講義室において、高低差を処理するために設けた段差は、段か、階段か。

A 同一階におけるものであり、段として扱う。

- 畳敷きのフロアの扱いについて

Q 呉服屋、貸衣装屋等の売場等についても、平らとするのか。

A 畳敷きの部分に上がってサービスが受けられなくても、他の部分で円滑にサービスが受けられる形態であれば、必ずしも平らでなくてもよい。

5　敷地内の通路や廊下等に設ける傾斜路

- 段を傾斜路で解消した場合の傾斜路前後の水平な部分の取り方について

Q 傾斜路の始点・終点には、それぞれ長さ1.5m以上の水平な部分を設けることになっているが、水平な部分の長さの測り方はどうか。

A 傾斜路前後の水平な部分は、傾斜路の進行方向（上り・下り）に長さ1.5m以上の水平な部分を確保することが必要である。

- 傾斜路の前後の水平な部分の確保について

Q 傾斜路の前後の水平な部分として、道路の歩道部分を含めることはできるか。

A 含めることができる。

第3部

- **傾斜路の踊場の形状について**

Q 次の形状の踊場は、認められるか。

A 傾斜路の進行方向（上り・下り）に長さ1.5m以上の水平な部分を確保することが必要である。（下図参照）

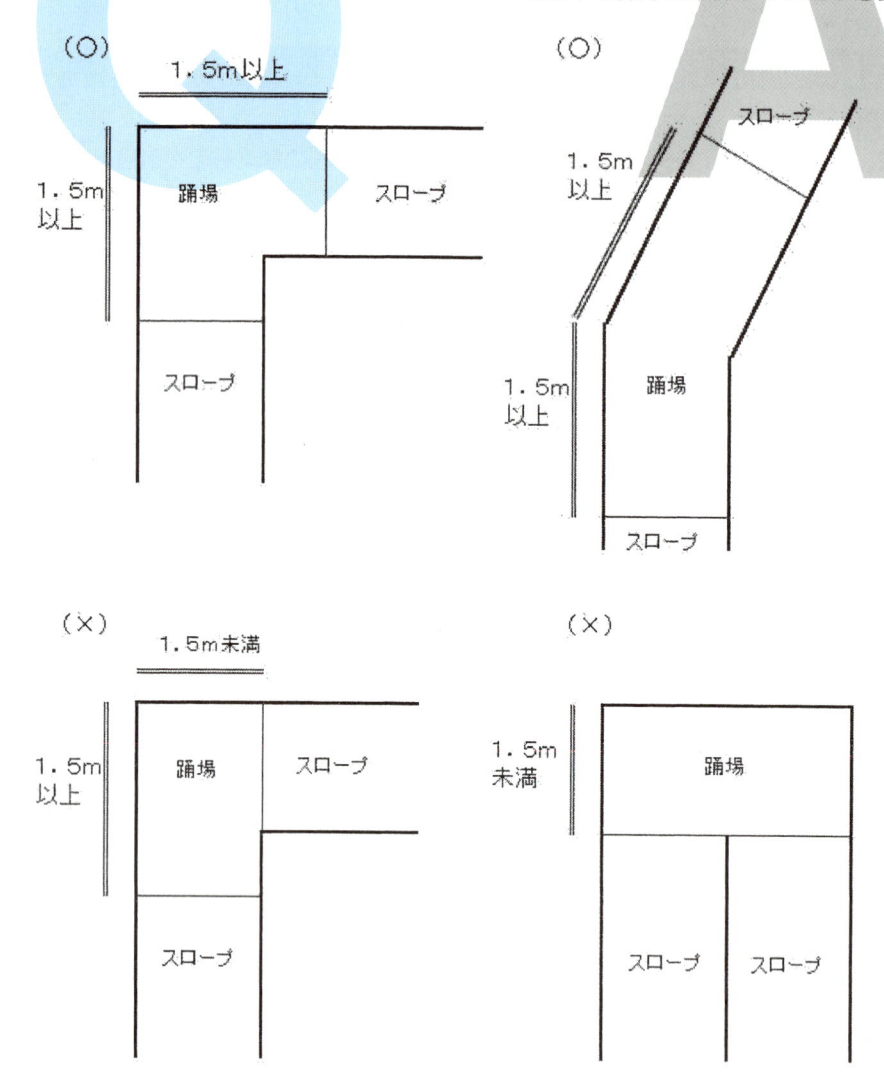

（○）
1.5m以上
1.5m以上
踊場　スロープ
スロープ

（○）
スロープ
1.5m以上
1.5m以上
踊場
スロープ

（×）
1.5m未満
1.5m以上
踊場　スロープ
スロープ

（×）
1.5m未満
踊場
スロープ　スロープ

- **傾斜路とその前後の廊下等との色の識別について**

Q 傾斜路の上端及び下端部分のみ色を変えた場合、傾斜路の存在を容易に識別できるものに該当するか。

A 進行方向の奥行き10cm程度の部分について色が変えてあれば該当する。

Q 「傾斜路とその前後の敷地内の通路との色の明度の差が大きいこと等によりその存在を容易に識別できるものとすること」は、色の明度の差を大きくする以外でどのような方法が考えられるか。

A 同一材料で、傾斜路部分に一定の間隔で目地がある場合などが、考えられる。

Q&A

- **傾斜路の両側にある、転落を防ぐ構造について**

Q 転落を防ぐ構造とは、具体的にはどのようなものか。

A 例えば傾斜路の床面から5cm程度の立ち上がりを設けるなど、車いすの脱輪防止又は松葉杖が落ちないための立ち上がり等が設けられているものであればよい。また、手すりを代用するのであれば、転落防止に有効な仕様とする必要がある。なお、植栽等は転落を防ぐ構造ではない。

Q 敷地内通路の傾斜路の側面が緩やかに擦りつけられている場合も、両側に転落防止の措置は必要か。

A 必要である。なお、傾斜路とその外側の境界に段差がなく、整備基準より緩やかな勾配を確保し、ゼブラ模様等で区別するなど、安全に通行できる部分を明確にした場合は、「転落を防ぐ構造」となる。

第3部

4 出入口（規則第17条）

- 共同住宅の場合の「利用円滑化経路を構成する出入口」について
- Q 共同住宅の場合の規則第17条の表の（1）項に規定する「利用円滑化経路を構成する出入口」の規定は、どのようにかかるのか。

A 共用のエントランス部分の玄関は適用されるが、各住戸の玄関は適用されない。

- 常開の防火戸に設ける潜り戸について
- Q 利用円滑化経路上にある常開防火戸の潜り戸は80cm以上としなくてはいけないか。また、潜り戸の下端には立ち上がりが残ってはいけないか。

A 常開の防火戸に設ける潜り戸は、出入口の規定は適用されない。

1　出入口の段

- 居室の入口の段について
- Q 居室の入口に段がある場合、手摺を設置すれば適合としてよいか。

A 手摺を設置することで適合とすることはできない。

- 段差のある和室の取扱いについて
- Q 通路等と踏み込み部分に段差がなければ、和室に段差があってもよいか。

A 奥行きが70cm以上で、かつ、車いすの収容が可能な踏み込みがあればよい。なお、70cmの根拠は手動及び電動車いすの国際基準の幅寸法である。

2　出入口の幅員

- 出入口の開き戸が90度以上に開かない場合の有効幅員について
- Q 出入口の開き戸が90度以上に開かない場合の有効幅員は、どのように考えるのか。

A 戸を開いて最小となる部分（図の②）を有効幅員とする。

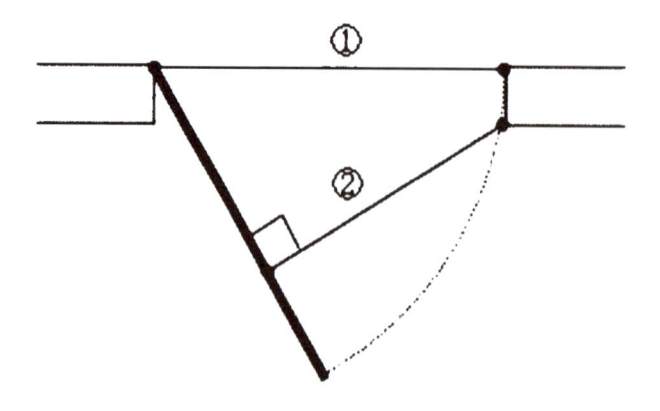

- 公園の便所の出入口の幅員について
- Q 区域面積が5,000平方メートルを超える公園の便所（車いす使用者用便房が設置されている便所）の出入口の幅員は90cm必要か。

A 80cmあればよい。

5 階段（規則第18条）

1 回り階段

● 回り階段について

Q　階段の踊場部分に段があるものは、どうか。

A　階段の踊場部分に段があるものは、回り階段として扱う。したがって、整備基準に適合しない。

Q　階段の最下段のみ踏面の寸法を左端と右端で変えたもの、円弧状（1／4円）の段を設けたものは、回り階段か。

A　階段の最下段だけであっても、踏面の寸法を左端と右端で変えたものは、回り階段である。

　円弧状（円の1／8、1／4）の段を設けたものは、回り階段である。したがって、いずれの場合も整備基準に適合しない。（建築基準法施行令第23条の踊場の規定から、踊場ではない。）

Q　次の形状のものは、回り階段として扱うかどうか。

A　①は、回り階段ではない。　②及び③は、回り階段である。

　階段の起点・終点の平らな部分、階段の途中の踊場は、階段の利用上の安全を配慮して設けられる。これらは、階段の起点・終点の認識、階段の進行方向や状況が変わることを認識する場となる。

　②のように階段の踊場部分に段があるものは、回り階段として扱う。

　また、③のように階段の起点・終点の部分として平らな部分から、さらに一段の段を設けて通路・廊下等に至る形式のものは、危険である。

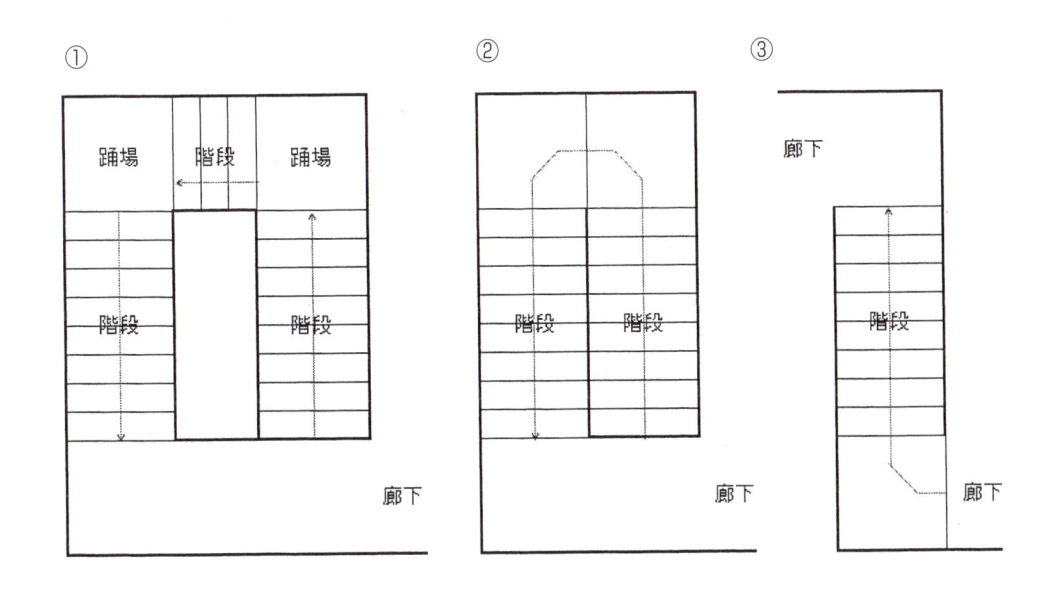

第3部

2　その他階段の仕様

● 階段の手すりについて

Q　鉄骨階段で手すり子が付いた手すりがある場合、別に連続した握り棒を設けるべきか。

A　握って上り下りできる連続した手すりがあれば、別に握り棒を設けなくてもよい。

● 踏面端部とその周囲の部分との色の明度の差が大きいこと等について

Q　ステンレス製のノンスリップ（階段の踏面端部）は、存在を容易に識別できるものとしての基準に適合するか。

A　階段の踏面の仕上げ色と明度差のあるものであれば基準に適合する。

6 利用円滑化経路を構成するエレベーター（規則第19条）

1 エレベーターの設置

● 建築基準法施行令第117条第2項の適用を受ける建築物について

Q 建築基準法施行令第117条第2項の適用を受ける建築物については、開口部のない床・壁で区画されている。
建築物全体として、エレベーターの設置要求があり、区画されたそれぞれの部分に不特定かつ多数の者が利用する部分がある場合、エレベーターはどのように設置すべきか。

A エレベーターは不特定多数が利用する利用居室等の部分に至るように設置しなければならない。したがって、区画されたそれぞれの部分に、少なくとも1基ずつ設置する必要がある。

● 共同住宅のエレベーターの設置について

Q 規則第19条「利用円滑化経路を構成するエレベーター」の第1項第1号において、「共同住宅の用途に供する部分を除く」とあるが、複合用途で、共同住宅以外の部分が、1,000平方メートルを超える場合は、エレベーターの設置が必要か。

A エレベーターの設置が必要となるのは、次の場合である。
1. 不特定かつ多数の者が利用し、又は主として高齢者、障害者が利用する部分で、次の部分を除いた部分の床面積の合計が1,000平方メートルを超える場合
　・直接地上に通ずる出入口のある階の部分
　・学校その他これに類するものの用途に供する部分
　・共同住宅の用途に供する部分
　なお、これらは限定的に扱うものであり、共同住宅に至る経路を併用して飲食店に至る経路としている場合、その部分は飲食店に至る経路として扱い、面積除外しない。
2. 学校その他これに類するもので、階数が3以上かつ床面積が2,000平方メートル以上の場合
3. 共同住宅で、階数が3以上かつ50戸を超える場合

● 2階以上が駐車場のみの場合のエレベーターの設置について

Q 1階が店舗で、2階以上が店舗の駐車場のみで1,000平方メートルを超える場合、エレベーターの設置は必要か。

A 条例別表第1第5号のエレベーターの規定は、利用円滑化経路を構成するものにかかる規定であるため、2階以上の駐車場部分に車いす使用者用駐車施設、車いす使用者用便房、利用居室等を設けない場合は、2階部分への経路は利用円滑化経路とならないので、エレベーターの設置義務はない。なお、車いす使用者用駐車施設の設置義務がなく、2階以上にのみ駐車場がある場合は、エレベーターの設置が必要である。

第3部

- 附属駐車場のエレベーターの設置について

Q　2階建ての附属駐車場が、別棟で建設され、2階部分が1,000平方メートルを超える場合、エレベーターの設置が必要か。

A　2階部分に車いす使用者用駐車施設、車いす使用者用便房、利用居室等を設けない場合は、2階部分への経路は利用円滑化経路とならないので、エレベーターの設置義務はない。

- 団地認定区域内に複数棟の共同住宅がある場合のエレベーターの設置について

Q　団地認定区域内に複数棟の共同住宅があった場合、それぞれの棟が階数3以上かつ戸数が50戸以下である場合エレベーターの設置義務はあるのか。

A　規則第32条の規定により、団地認定区域内の建築物、道路、公園等には、それぞれの整備基準が適用されることとなっている。したがって、この場合はエレベーターの設置義務はない。

2　エレベーターの仕様

- エレベーターのかご内の鏡の設置について

Q　利用円滑化経路を構成するエレベーターのかご内には、鏡を設置する必要はあるか。

A　条例上は設置を求めていないが、かご内鏡は設置されることが望ましい。（公共交通機関の施設については、バリアフリー法の規定により、設置を求めている。）

- 車いす使用者に配慮した操作ボタンについて

Q　かご内及び乗降ロビーに設ける車いす使用者に配慮した操作ボタンとはどのような構造か。

A　かご内に設ける操作ボタンは、かご内で転回しにくい車いす使用者の操作を考慮し、操作盤をかご中央あたりの壁に設け、左右両側に設置するのが望ましい。設置位置は車いす使用者の手の届く範囲を考慮し、高さは100cm程度が望ましく、極端にかごの奥や手前に設けないものとする。

　乗降ロビーに設ける操作ボタンは、通常の操作盤を高さ100cm程度まで下げてもよい。

7 便所（規則第20条）

1 手すり

● 便所の手すりの設置について

Q 複数の便所があり、それぞれに洋式便器と小便器がある場合においても、それぞれに手すりが必要か。

A 各便所の洋式便器と小便器に、それぞれ手すりが必要である。

● 各種用途における便所の手すりの設置について

Q 病院の病室内、老人ホームの個室内、ホテルの客室内等の便所は、手すりの設置が必要か。

A 病院の病室内の便所については、「不特定かつ多数の者」及び「主として高齢者、障害者等（傷病者、妊産婦も"等"に含まれる。）」が利用するため、手すりの設置が必要である。

　老人ホームの個室内の便所については「主として高齢者、障害者等が利用」するため、手すりの設置が必要である。

　ホテルの客室内の便所については、「不特定かつ多数の者が利用し、又は主として高齢者、障害者等が利用する」ものとはみなされないので、手すりの設置は義務づけられていない。

● 手すりを設ける小便器の位置について

Q 手すりを設ける小便器は、出入口から最も近いものでなければならないか。

A 出入口から近ければ、必ずしも最も近い位置にある必要はない。

2 段

● 公衆浴場の脱衣・浴室側から使用する便所について

Q 公衆浴場の脱衣・浴室側から使用する便所について、段差解消の要求があるのか。

A 段を設けてはならない。

3 車いす使用者用便房の設置

● 車いす使用者用便房と一般用便房の兼用について

Q 男女共用の車いす使用者用便房を設けることで、隣接する男子便所及び女子便所の洋式便器の設置に代えることはできるか。

A 車いす使用者用便房の設置要求がない施設については、車いす使用者用便房が男子便所及び女子便所と一体的に設けられ、共通で利用できるものであれば、代えることができる。

　また、設置要求がある施設については、次の2つの条件に該当する場合は、代えることができる。

1. 車いす使用者用便房が同一階に2ヶ所以上設けられている場合で、その便房が、条例で求められている車いす使用者用便房以外の便房であること。
2. 車いす使用者用便房が男子便所及び女子便所と一体的に設けられ、共通で利用できること。

第3部

- 車いす使用者用便房が1階以外の階にある場合について
- Q 社会福祉施設で、1階が受付等の健常者を中心とした施設で、2階以上が車いす使用者の利用する施設であり、利用円滑化経路を構成するエレベーターを設置している場合、2階以上の階に車いす使用者用便房があれば、1階部分には、設置しなくてもよいか。

A 1階の使用状況にかかわらず、利用円滑化経路を構成するエレベーターが停止する階に設置すればよい。

- 1階と2階で営業日が異なる場合について
- Q 2階建ての店舗で、床面積の合計が1,000平方メートルを超えるため、車いす使用者用便房を設置する場合において、1階と2階で営業日が異なる場合は、それぞれの階に設置するのか。

A 1階と2階それぞれに設置する等、それぞれの営業日に利用できるよう配慮する必要がある。

- 増築の場合の車いす使用者用便房の設置について
- Q 車いす使用者用便房の設置が必要な増築において、増築部分に設置することができない場合、既存部分に設置することは可能か。

A 本来は増築部分に設置することが必要であるが、増築部分からの利用が可能であれば、既設部分の有効な箇所に設置することも可とする。

- 小中学校での車いす使用者用便房の設置について
- Q 「車いす使用者用便房」の設置は、小中学校も対象となるか。

A 対象となる。

4　車いす使用者用便房の仕様

- 車いす使用者用便房について
- Q 規則第21条第2項第4号に定める「車いす使用者等が円滑に利用できるよう十分な空間を確保すること。」とは、どのようなスペースが必要か。

A 車いすで回転するためには直径1.5m以上のスペースが必要である。

- 車いす使用者用便房へ至る通路等の幅員について
- Q 車いす使用者用便房へ至る通路、廊下や、便房へ至る便所内の通路の幅員は、最低何cm必要か。

A 便房へ至る通路、廊下の幅員については、条例のただし書き規定を適用する場合の最低値を定めていないが、車いす使用者と横向きの人がすれ違うことができる寸法の120cmを基本とする。
　　また、便房へ至る便所内の通路については、車いすが通行可能な90cmを最低値とする。

8 駐車場（規則第23条及び第26条）

Q&A

1 車いす使用者用駐車施設の設置

● 小中学校での車いす使用者用駐車施設の設置について

Q 車いす使用者用駐車施設は、小中学校も対象となるか。

A 規則第40条の読み替え規定により、対象となる。

● 共同住宅での車いす使用者用駐車施設の設置について

Q 共同住宅について、どのような場合に車いす使用者用駐車施設の設置が必要か。

A 来客用の駐車場が25台を超える場合、必要である。

● 駐車場を新たに設ける場合の車いす使用者用駐車施設の整備台数について

Q 既存に25台を超える駐車場（青空）があり、増築に際し新たに駐車場（青空）を設ける場合、条例の適用はどうなるのか。また、新たに駐車場を設けない場合はどうか。

A 新たに駐車場を設ける場合は、既存の駐車場を含めた台数に応じた車いす使用者用駐車施設の設置義務がある。新たに駐車場を設けない場合は、車いす使用者用駐車施設の設置は努力義務となる。

● 機械式の立体駐車場の駐車台数について

Q 車いす使用者用駐車施設の設置要件を考える際の駐車台数には、機械式の立体駐車場（駐車場法施行令第15条による大臣認定有）の駐車台数を含めないか。

A 規則第3条第12号かっこ書により、除外してよい。
　平面駐車との併用で、全体で25台を超える場合は、条例の趣旨からも車いす使用者用駐車施設を設置することが望ましい。

2 車いす使用者用駐車施設の仕様

● 車いす使用者用駐車施設の乗降部分について

Q 2台以上隣り合わせた車いす使用者用駐車施設の乗降部分（ゼブラゾーン）は、同時に利用することはまれなため、兼用できるか。

A 兼用できない。各車いす使用者用駐車施設で幅3.5m以上を確保すること。

第3部

9 案内表示及び案内設備（規則第24条）

● 案内設備の定義について

Q 視覚障害者が利用できない施設案内図等は案内設備に含まれるか。

A 案内設備とは、視覚障害者を含む施設利用者に対して、当該施設全体の利用に関する情報提供を行うことのできる、点字案内板やモニター付きインターホンなどの装置や設備機器等をいう。したがって、視覚障害者が利用できない施設案内図等は案内設備に含まれない。
なお、人が常駐し対応する、いわゆる「受付」は、受付カウンター等の有無を問わず、案内設備である。

● 小中学校における視覚障害者誘導用ブロックの敷設について

Q 視覚障害者誘導用ブロックの敷設は、小中学校も対象となるか。

A 対象とならない。ただし、一般開放される事が予想されるため、不特定多数の利用が想定される道から案内設備に至る経路は、視覚障害者利用円滑化経路の基準が適用され、一般開放部分へ至る経路の段や傾斜の上端には点状ブロックの敷設が必要である。

● 傾斜路部分への視覚障害者誘導用ブロックの敷設について

Q 視覚障害者誘導用ブロックを、傾斜路部分に敷設することについては、どうか。また、傾斜路部分を視覚障害者利用円滑化経路とする場合には、視覚障害者誘導用ブロックの敷設が必要か。

A 傾斜路部分か、階段部分かではなく、視覚障害者誘導用ブロックの敷設は、簡明かつ短い距離となるよう、行うべきである。また、傾斜路部分を視覚障害者利用円滑化経路とする場合には、視覚障害者誘導用ブロックの敷設が必要である。

● 誘導ブロックの敷設について

Q 誘導ブロックの敷設位置を、どのように考えるか。

A 視覚障害者用誘導ブロック等は、車いす使用者や高齢者、杖使用者、肢体不自由者にとっては通行の支障になる場合もあるため、敷設位置については十分な検討が必要である。車いす使用者が円滑に通行できる余裕を確保することが望ましい。（出典：高齢者、障害者等の円滑な移動等に配慮した建築設計標準p2-153 人にやさしい建築・住宅推進協議会発行）

● 視覚障害者利用円滑化経路の案内設備について

Q 受付とつながるインターホン等を設置した場合、誘導ブロックの敷設等は当該インターホン等までとしてよいか。

A よい。ただし、当該インターホン等を利用する者に雨がかからない措置をすることが望ましく、「雑居ビル」や「ピロティタイプのビル」に限っては、この限りでない。

Q&A

● 「雑居ビル」や「ピロティタイプのビル」の特定施設について

Q 階数が2以上で、各階の店舗等が独立している「雑居ビル」について、視覚障害者誘導用ブロックはどのように敷設すればよいか。

A 「雑居ビル」については、敷地の接する道路から、地上階の「案内設備」が確保された共用スペース等まで敷設すれば、各店舗までの敷設は要求しない。

Q 1階部分がすべて駐車場や管理スペース等で、サービスを2階以上で行う「ピロティタイプのビル」について、視覚障害者誘導用ブロックは、どのように敷設すればよいか。

A 「ピロティタイプのビル」については、敷地の接する道路から、地上階の案内設備が確保された玄関又はインターホンなどで従業員が常時応対できる場所まで敷設すれば可とする。

● 施設の利用に関する情報を提供する案内設備について

Q 敷地内の案内看板については、文字を大きくして見やすい色づかいとすることは、高齢者等への配慮に該当するか。

A 該当する。また、動線の要所に配したり、絵文字（ピクトグラム）等を使用すること等も効果的な配慮である。

第3部

10 カウンター及び記載台又は公衆電話台（規則第29条）

● カウンター等の整備基準の適用について

Q　カウンター等の基準は、設置した場合のみかかると考えればよいか。

A　貴見のとおり。

● カウンターの仕様について

Q　高齢者、障害者に配慮したカウンターとは具体的にはどのようなものか。高さを低くするとしたらどれくらいか。

A　高さは下端寸法65cm程度、上端は70〜75cm程度、カウンター下部スペースの奥行きは45cm程度。

● カウンターに代わる措置について

Q　規模のさほど大きくない特定施設（例：診療所）において、スペース等の都合上、車いす使用者に配慮したカウンターを一般のものと別に設けることができない場合、どうすれば適合とできるか。

A　カウンターの近くに、それに代わる机など、カウンターと同等の対応が可能なものがあれば可とする。

11 手続き

1　特定施設整備計画届出書の記載

● 特定施設整備計画届出書（第1面）の記入について
Q　代理者は、設計者でなくてもよいか。

A　特定施設の新築等をしようとする者から、当該届出事務について委任された者とする。

● 代理者の委任状について
Q　代理者を設定した場合、委任状は必要か。

A　義務づけはない。

● 敷地内での別棟増築について
Q　様式第1の第2面の6中、敷地内では「増築」であるが、特定施設の棟としては「新築」である場合はどう記載するのか。

A　敷地単位でとらえて、「増築」とする。

● 一体的に利用されている複数の敷地の届出について
Q　複数の店舗が駐車場を共有して一体的に利用されている敷地について、確認申請上は各店舗別敷地で申請されているが、人街の届出では、複数の店舗の敷地を一体の敷地として届出することは可能か。

A　原則、確認申請上の敷地と同一の敷地とする。

2　整備計画の届出

● 店舗のバックヤード部分の増築について
Q　特定施設に該当する店舗で、バックヤード部分のみに関わる増築計画の場合、届出は必要か。

A　届出は必要である。バックヤードは、店舗の一部であり、面積によっては、新たな措置要求がかかる場合がある。

● 既存特定施設におけるエレベーターの設置について
Q　既存特定施設において、エレベーターを外付けする場合は、整備計画の届出は必要か。

A　増築であり、届出が必要である。

● 既存の特定施設におけるエレベーターのかごの取り替えについて
Q　エレベーターのかごの取り替えを行う場合、その施設がエレベーターの設置要求のある特定施設である場合、届出は必要か。

A　届出は不要である。

● 長屋建て貸店舗について
Q　5戸連の長屋建て貸店舗の場合、全体で提出するのか、1戸毎に届出を出すのか。

A　全体で一つの特定施設であり、全体で提出する。

第3部

- **工事中の計画変更について**
- Q 着工前の特定施設整備計画届出書では98平方メートルで小規模特定施設として条例別表第2の整備基準に適合させていたものが、工事完了検査時には100平方メートルを超えてしまったものについて、どう扱うか。

A 100平方メートルを超えることが明らかになった時点で、変更の届出を行う。整備基準としては条例別表第1の基準となるので、建物内部についても基準に適合させなければならない。

- **変更届出が不要な場合について**
- Q 変更届出が不要な場合とは、どのような場合か。

A 届出書の内、【1】特定施設の新築等をしようとする者、【2】代理者の連絡先、【3】特定施設の名称の変更と、軽微な変更にあたる【10】工事着手予定年月日、【11】工事完了予定年月日の変更は、変更届出が不要である。ただし、【1】について、個人や法人等、新築を行う主体自体が変わる場合は、工事取りやめ届と新規の届出が必要である。

- **大規模な工場で増築を行う場合について**
- Q 大規模な工場で、増築を行う場合など、平面図等は既存施設のすべての部分について必要か。

A 大規模な工場の場合、不特定多数の者が利用する部分のみの整備が義務付けられるので、不特定多数の者の利用が想定されない部分については、配置図にその旨の明記があれば既存の平面図等の省略をして差し支えない。

- **団地認定区域の届出について**
- Q 50戸以上の住宅の団地認定区域の整備計画の届出は、区域内で建築行為が行われるたびに行うのか。

A 建築行為が行われるたびに行う。

- Q 団地認定区域内に規則第3条第2号に規定する共同住宅が含まれる場合、条例第12条及び第14条の届出は、規則第3条第16号としての届出と2通必要か。

A まとめて1通でよい。

3 適合証の請求

- **適合証の請求期限について**
- Q 適合証の請求期限に定めはあるのか。

A 定めはない。なお、経過年数等により、図面などの適合状況を確認できる図書の添付をお願いすることがある。

- **届出適用除外の施設について**
- Q 国等の届出適用除外の施設についても、適合証交付請求は可能か。

A 可能である。

Q&A

- 貸店舗のテナントが未定で、内部の整備がされていない場合について

Q 貸店舗でテナントが未定のまま、工事完了し、内部の整備がされていない場合、適合証交付請求ができるのか。

A テナントが決定し、内部の整備がすべて完了した時点で、適合証を交付請求できる。なお、店舗計画が決まった時点で速やかに整備計画の変更を届け出る必要がある。

- 条例改正や運用変更後に増築した際の適合証の交付請求について

Q 特定施設に増築する届出で、条例改正や運用変更により、既設が整備基準に適合しない場合、適合証の交付を請求できるか。

A 増築部分だけでなく既設も、請求時の整備基準に適合する措置を講じた場合、適合証の交付を請求できる。

資料編

1 関係法令

資料編

1 関係法令

人にやさしい街づくりの推進に関する条例

平成6年10月14日
条例第33号

改正　平成12年　3月28日条例第　2号
　　　平成12年10月13日条例第64号
　　　平成16年12月21日条例第77号
　　　平成19年　3月23日条例第33号

目次
　第1章　総則（第1条～第5条）
　第2章　施策の基本方針等（第6条～第10条）
　第3章　特定施設に係る整備基準の遵守義務等（第11条～第20条）
　第4章　雑則（第21条）
　附則

第1章　総則

（目的）

第1条　この条例は、すべての県民が個人として尊重され、あらゆる分野の活動に参加する機会を与えられることが街づくりにおいて極めて重要であることにかんがみ、高齢者、障害者等を含むすべての県民があらゆる施設を円滑に利用できる人にやさしい街づくりについて、県及び事業者の責務並びに県民の役割を明らかにするとともに、人にやさしい街づくりに関する施策の基本方針を定めること等により、人にやさしい街づくりの推進を図り、もって県民の福祉の増進に資することを目的とする。

　　　　　　一部改正〔平成12年条例2号〕

（定義）

第1条の2　この条例において、次の各号に掲げる用語の意義は、それぞれ当該各号に定めるところによる。
　一　高齢者、障害者等　高齢者、障害者、傷病者、妊産婦その他の者で日常生活又は社会生活に身体等の機能上の制限を受けるものをいう。
　二　特定施設　次に掲げる施設で多数の者が利用するものとして規則で定めるものをいう。
　　イ　建築基準法（昭和25年法律第201号）第2条第2号に規定する特殊建築物
　　ロ　事務所の用に供する建築物
　　ハ　公衆便所の用に供する建築物
　　ニ　地下街その他これに類するもの
　　ホ　道路
　　ヘ　公園、緑地その他これらに類するもの

 ト 公共交通機関の施設
 チ 駐車場
 リ 一団地の住宅施設その他これに類するもの
    追加〔平成16年条例77号〕

(県の責務)
第2条 県は、人にやさしい街づくりに関する総合的な施策を策定し、及びこれを実施する責務を有する。

(市町村に対する協力)
第3条 県は、市町村が実施する当該市町村の区域の状況に応じた人にやさしい街づくりに関する施策に協力するものとする。
   全部改正〔平成12年条例2号〕

(事業者の責務)
第4条 事業者は、その事業の用に供する施設を高齢者、障害者等を含むすべての県民が円滑に利用できるようにするため、その施設の構造及び設備に関し必要な措置を講じ、並びに高齢者、障害者等の施設の円滑な利用に資する情報及び役務の提供に努めるとともに、県が実施する人にやさしい街づくりに関する施策に協力する責務を有する。
   一部改正〔平成12年条例2号・16年77号〕

(県民の役割)
第5条 県民は、人にやさしい街づくりに関する理解を深め、並びに高齢者、障害者等が施設を円滑に利用できるようにするための措置が講じられた施設の構造及び設備の機能を妨げることのないようにするとともに、県が実施する人にやさしい街づくりに関する施策に協力するよう努めるものとする。
   一部改正〔平成12年条例2号・16年77号〕

第2章 施策の基本方針等

(施策の基本方針)
第6条 県は、次に掲げる基本方針に基づき、人にやさしい街づくりに関する施策を実施するものとする。
 一 高齢者、障害者等を含むすべての県民が円滑に利用できるよう建築物等の整備を促進すること。
 二 高齢者、障害者等を含むすべての県民が自らの意思で円滑に移動できるよう道路、公共交通機関の施設等の整備を推進すること。

(教育活動、広報活動等の推進)
第7条 県は、人にやさしい街づくりに関する県民及び事業者の理解を深めるよう教育活動、広報活動等を推進するものとする。

(情報の収集及び提供等)
第8条 県は、人にやさしい街づくりの推進に資する技術に関する情報の収集及び提供その他必要な措置を講ずるものとする。

(推進体制の整備)
第9条 県は、市町村、事業者及び県民と連携して、人にやさしい街づくりの推進体制を整備するものとする。

(財政上の措置)
第10条 県は、人にやさしい街づくりを推進するため必要な財政上の措置を講ずるよう努めるものとする。

第3章 特定施設に係る整備基準の遵守義務等
   全部改正〔平成16年条例77号〕

資料編

（整備基準の遵守義務等）

第11条　特定施設の新築若しくは新設、増築又は改築（用途の変更をして特定施設にすることを含む。以下「特定施設の新築等」という。）をしようとする者は、当該特定施設（増築、改築又は用途の変更をしようとする場合にあっては、当該増築、改築又は用途の変更に係る部分その他規則で定める部分に限る。）について、次の各号に掲げる特定施設の区分に応じ、当該各号に掲げる別表に定める高齢者、障害者等が円滑に利用できるようにするために必要な特定施設の構造及び設備に関する措置の基準（以下「整備基準」という。）を遵守しなければならない。ただし、当該特定施設について整備基準を遵守する場合と同等以上の高齢者、障害者等が円滑に利用できるようにするための構造及び設備に関する措置が講じられると認められる場合又は当該特定施設について整備基準を遵守することが著しく困難な場合として規則で定める場合は、この限りでない。

一　第1条の2第2号イからへまで、チ及びリに掲げる施設に該当する特定施設（次号に掲げる特定施設を除く。）　別表第1

二　第1条の2第2号イに掲げる施設に該当する特定施設で建築基準法第2条第2号に規定する用途に供する部分の床面積の合計が100平方メートル以下のもの　別表第2

三　第1条の2第2号トに掲げる施設に該当する特定施設　別表第3

2　知事は、特定施設を高齢者、障害者等がより円滑に利用できるようにするため必要があると認めるときは、特定施設の新築等の際に適合させることが望ましい特定施設の構造及び設備に関する措置の基準を定めることができる。

　　　　全部改正〔平成16年条例77号〕

（高齢者、障害者等の意見の聴取）

第11条の2　特定施設の新築等（規則で定める特定施設に係るものに限る。）をしようとする者は、整備基準に適合させるための措置について、高齢者、障害者等の意見を聴くよう努めなければならない。

　　　　追加〔平成16年条例77号〕

（整備計画の届出）

第12条　特定施設の新築等をしようとする者は、当該特定施設の新築等の工事に着手する日の30日前までに、規則で定めるところにより、整備基準に適合させるための措置に関する計画（以下「整備計画」という。）を知事に届け出なければならない。

　　　　一部改正〔平成16年条例77号〕

（指導及び助言）

第13条　知事は、前条の規定による届出があった場合において、当該届出に係る整備計画が整備基準に適合しないと認めるときは、当該届出をした特定施設の新築等をしようとする者に対し、必要な指導及び助言を行うことができる。

　　　　一部改正〔平成16年条例77号〕

（整備計画の変更）

第14条　第12条の規定による届出をした者は、当該届出に係る整備計画の変更（規則で定める軽微な変更を除く。）をしようとするときは、規則で定めるところにより、その旨を知事に届け出なければならない。

2　前条の規定は、前項の場合について準用する。

　　　　一部改正〔平成16年条例77号〕

（指示）

第15条　知事は、特定施設の新築等をする者が第12条若しくは前条第1項の規定による届出をしないで当該特定施設の新築等の工事に着手したとき、又は当該届出に係る整備計画の内容と異なる工事を行ったと認めるときは、必要な指示をすることができる。

　　　　一部改正〔平成16年条例77号〕

関係法令

（報告及び調査）
第16条　知事は、前条の規定の施行に必要な限度において、特定施設の新築等をする者に対し、必要な報告を求め、又はその職員に特定施設若しくは特定施設の工事現場に立ち入り、整備基準に適合させるための措置の実施状況を調査させることができる。
2　前項の規定により立入調査をする職員は、その身分を示す証明書を携帯し、関係人に提示しなければならない。
　　　　　一部改正〔平成16年条例77号〕

（既存の特定施設に係る措置）
第17条　事業者は、その事業の用に供する特定施設でこの条例又はこの条例に基づく規則の規定の施行の際現に存するもの（現に工事中のものを含む。）について、整備基準に適合させるための措置を講ずるよう努めなければならない。
　　　　　一部改正〔平成16年条例77号〕

（適合証の交付）
第18条　事業者は、その事業の用に供する特定施設について、整備基準に適合させるための措置を講じたときは、規則で定めるところにより、知事に対し、適合証の交付を請求することができる。
2　知事は、前項の請求があった場合において、当該措置が整備基準に適合していると認めるときは、当該請求をした事業者に対し、適合証を交付するものとする。
3　知事は、前項の規定により適合証を交付したときは、その旨を公表することができる。
　　　　　一部改正〔平成16年条例77号〕

（維持保全）
第18条の2　事業者は、その事業の用に供する特定施設について、整備基準に適合させるための措置を講じたときは、当該措置を講じた特定施設の構造及び設備の機能を維持するよう努めなければならない。
　　　　　追加〔平成16年条例77号〕

（実施状況の報告等）
第19条　知事は、必要があると認めるときは、事業者に対し、その事業の用に供する特定施設について、整備基準に適合させるための措置の実施状況の報告を求めることができる。
2　知事は、前項の報告があったときは、当該報告をした事業者に対し、整備基準に基づき、必要な指導又は助言を行うことができる。
　　　　　一部改正〔平成16年条例77号〕

（国等に関する特例）
第20条　第12条から第16条までの規定は、国、県、市町村その他規則で定める者については、適用しない。

第4章　雑則

（規則への委任）
第21条　この条例に定めるもののほか、この条例の施行に関し必要な事項は、規則で定める。

資料編

人にやさしい街づくりの推進に関する条例施行規則

平成17年3月31日
規則第58号

改正　平成17年10月21日規則第112号
　　　平成19年 3月23日規則第 19号
　　　平成19年 7月27日規則第 49号
　　　平成21年 3月27日規則第 13号
　　　平成24年 3月30日規則第 25号
　　　平成25年 3月29日規則第 32号

（趣旨）
第1条　この規則は、人にやさしい街づくりの推進に関する条例（平成6年愛知県条例第33号。以下「条例」という。）の施行に関し必要な事項を定めるものとする。

（用語）
第2条　この規則で使用する用語は、条例で使用する用語の例による。

（特定施設）
第3条　条例第1条の2第2号の規則で定める施設は、次に掲げるものとする。
　一　次に掲げる用途に供する建築物又はその部分
　　イ　学校その他これに類するもの
　　ロ　博物館、美術館又は図書館
　　ハ　体育館、ボウリング場、スキー場、スケート場、水泳場、スポーツの練習場又は遊技場
　　ニ　病院、診療所、助産所又は施術所
　　ホ　社会福祉施設その他これに類するもの
　　ヘ　劇場、映画館、演芸場又は観覧場
　　ト　公会堂又は集会場
　　チ　展示場
　　リ　百貨店、マーケットその他の物品販売業を営む店舗
　　ヌ　飲食店、喫茶店その他これらに類するもの
　　ル　理髪店、クリーニング取次店、貸衣装屋その他これらに類するもの
　　ヲ　公衆浴場
　　ワ　ホテル又は旅館
　　カ　火葬場
　二　共同住宅の用に供する建築物又はその部分で、床面積の合計が2,000平方メートル以上のもの又は50戸を超えるもの
　三　工場の用に供する建築物又はその部分で、床面積の合計が2,000平方メートル以上のもの
　四　国、県、市町村又は第13条各号に掲げる者の事務所の用に供する建築物又はその部分
　五　銀行その他の金融機関の事務所の用に供する建築物又はその部分
　六　事務所の用に供する建築物又はその部分で、床面積の合計が2,000平方メートル以上のもの（前2号に該当する

ものを除く。）
七　公衆便所の用に供する建築物又はその部分（他の特定施設に附属するものを除く。）
八　地下街その他これに類するもの
九　道路法（昭和27年法律第180号）第2条第1項に規定する道路（自動車のみの一般交通の用に供する道路を除く。）
十　公園、緑地その他これらに類するもの
十一　公共交通移動等円滑化基準第1条第1項第5号に規定する鉄道駅、同項第6号に規定する軌道停留場、同項第7号に規定するバスターミナル、同項第8号に規定する旅客船ターミナル又は同項第9号に規定する航空旅客ターミナル施設
十二　駐車場法（昭和32年法律第106号）第12条の規定による届出を要する路外駐車場（駐車の用に供する部分に、駐車場法施行令（昭和32年政令第340号）第15条の規定による国土交通大臣の認定を受けた特殊の装置を用いる路外駐車場を除く。）
十三　都市計画法（昭和43年法律第100号）第4条第6項に規定する都市計画施設に該当する駐車場
十四　都市計画法第11条第1項第8号に規定する一団地の住宅施設
十五　土地区画整理法（昭和29年法律第119号）第2条第1項に規定する土地区画整理事業（同条第2項の事業を含む。）、都市計画法第4条第7項に規定する市街地開発事業又は同法第29条第1項若しくは第2項の規定による許可を要する開発行為により一体として整備する施設（50戸以上の住宅の建設を予定する場合に限る。）
十六　建築基準法（昭和25年法律第201号）第86条第1項の規定による認定又は同条第3項の規定による許可を受けた総合的設計による一団地の建築物（50戸以上の住宅に限る。）
　　　　一部改正〔平成19年規則19号〕

（条例第11条第1項の規則で定める部分）
第4条　条例第11条第1項の規則で定める部分は、同項第1号に掲げる特定施設の次に掲げる経路を構成する敷地内の通路、廊下その他これに類するもの（以下「廊下等」という。）、昇降機、出入口及び階段とする。
一　道又は公園、広場その他の空地（以下「道等」という。）から増築、改築又は用途の変更（以下「増築等」という。）に係る部分にある不特定かつ多数の者が利用し、若しくは主として高齢者、障害者等が利用する居室（以下「利用居室」という。）又は前条第1号ワに掲げる用途に供する特定施設の客室若しくは同条第2号に掲げる特定施設の住戸（以下「利用居室等」という。）までの1以上の経路
二　増築等に係る部分にある利用居室等（当該部分に利用居室等がないときは、道等。次号において同じ。）から増築等に係る部分にある車椅子使用者等が利用できる構造の便房（第21条第1項の表（い）欄に掲げる特定施設の同表（ろ）欄に掲げる便所に設けるものに限る。以下「車椅子使用者用便房」という。）までの1以上の経路
三　増築等に係る部分にある駐車場（第23条第1項に規定するものに限る。）の車椅子使用者が乗車する自動車を駐車できる部分（以下「車椅子使用者用駐車施設」という。）から増築等に係る部分にある利用居室等までの1以上の経路
四　第24条第2項の規定により読み替えて適用される同条第1項第4号に規定する前条第1号及び第3号から第7号までに掲げる特定施設で、当該特定施設（当該特定施設が建築物の一部である場合にあっては、当該特定施設を含む建築物）の増築等に係る部分の床面積（共同住宅の用に供する部分の床面積を除く。）（同条第3号及び第6号に掲げる特定施設にあっては、当該特定施設の増築等に係る部分の不特定かつ多数の者の利用する部分の床面積）の合計が1,000平方メートルを超えるもの又は同条第7号に掲げる特定施設で、当該特定施設のみの増築等に係る部分の床面積の合計が50平方メートル以上のものの道等から増築等に係る部分以外にある案内設備までの経路
　　　　一部改正〔平成19年規則49号・25年32号〕

（条例第11条第1項ただし書の規則で定める場合）
第5条　条例第11条第1項ただし書の規則で定める場合は、次に掲げる場合とする。
一　高低差の著しい敷地又は区域に特定施設の新築等をしようとする場合で、傾斜路の勾（こう）配について物理的に整備基準を遵守することができないと認められるとき。

資料編

二 用途の変更をして特定施設にしようとする場合で、廊下等、階段又はエレベーターについて構造上整備基準を遵守することができないと認められるとき。

三 文化財としての価値が高い特定施設の新築等をしようとする場合で、整備基準を遵守すると当該価値が著しく損なわれることになると認められるとき。

四 前3号に掲げる場合のほか、これらの場合に準ずる理由により整備基準を遵守することができないと認められるとき。

（条例第11条の2の規則で定める特定施設）

第6条 条例第11条の2の規則で定める特定施設は、次に掲げるものとする。

一 第3条第1号から第8号まで及び第11号から第16号までに掲げる特定施設のうち県が新築するもので、当該特定施設の床面積の合計が2,000平方メートル以上のもの

二 第3条第10号に掲げる特定施設のうち県が新設するもので、当該特定施設の区域の面積が5,000平方メートルを超えるもの

（整備計画の届出）

第7条 条例第12条の規定による整備計画の届出をしようとする者は、特定施設整備計画届出書（様式第1）に、次の表（い）欄に掲げる特定施設の区分に応じ、それぞれ同表（ろ）欄に掲げる図書を添えて知事に提出しなければならない。

	（い）	（ろ）
(1)	第3条第1号から第8号まで及び第12号から第16号までに掲げる特定施設（条例第11条第1項第2号に掲げる特定施設（以下「小規模特定施設」という。）を除く。）	一 適合状況項目表（様式第2（その1）） 二 付近見取図（方位、道路及び目標となる地物を明示したもの） 三 配置図（縮尺、方位、敷地の境界線、土地の高低、敷地内における建築物等の位置及び用途、利用円滑化経路の位置、敷地内の通路及び直接地上へ通ずる出入口の位置及び有効幅員、駐車場の区域及び駐車台数並びに車椅子使用者用駐車施設の位置及び有効幅員を明示したもの） 四 建築物にあっては、各階平面図（縮尺、方位、間取り、各室の用途、利用円滑化経路の位置、廊下等及び出入口の位置及び有効幅員、階段及びエレベーターの位置並びに床の高低を明示したもの） 五 その他整備基準に係る整備計画を明示した図書
(2)	第3条第9号に掲げる特定施設	一 適合状況項目表（様式第2（その2）） 二 付近見取図（方位、道路及び目標となる地物を明示したもの） 三 平面図（縮尺、方位、道路の境界線、幅員及び路面の高低を明示したもの） 四 その他整備基準に係る整備計画を明示した図書
(3)	第3条第10号に掲げる特定施設	一 適合状況項目表（様式第2（その3）） 二 付近見取図（方位、道路及び目標となる地物を明示したもの） 三 平面図（縮尺、方位、区域の境界線、土地の高低、敷地内における建築物等の位置及び用途、園路及び出入口の位置及び有効幅員、駐車場の区域及び駐車台数並びに車椅子使用者用駐車施設の位置及び有効幅員を明示したもの） 四 その他整備基準に係る整備計画を明示した図書
(4)	小規模特定施設	一 適合状況項目表（様式第2（その4）） 二 付近見取図（方位、道路及び目標となる地物を明示したもの） 三 配置図（縮尺、方位、敷地の境界線、土地の高低、敷地内における建築物等の位置及び用途並びに敷地内の通路及び直接地上へ通ずる出入口の位置及び有効幅員を明示したもの） 四 各階平面図（縮尺、方位、間取り、各室の用途、廊下等及び出入口の位置及び有効幅員並びに床の高低を明示したもの） 五 その他整備基準に係る整備計画を明示した図書

関係法令

	（い）	（ろ）
（5）	第3条第11号に掲げる特定施設	一　適合状況項目表（様式第2（その5）） 二　付近見取図（方位、道路及び目標となる地物を明示したもの） 三　配置図（縮尺、方位、敷地の境界線、土地の高低、敷地内における建築物等の位置及び用途並びに公共交通移動等円滑化基準第4条第4項に規定する移動等円滑化された経路と公共用通路の出入口の位置及び有効幅員を明示したもの） 四　各階平面図（縮尺、方位、間取り、各室の用途、公共交通移動等円滑化基準第4条第1項に規定する移動等円滑化された経路の位置、通路及び出入口の位置及び有効幅員、階段及びエレベーターの位置並びに床の高低を明示したもの） 五　その他整備基準に係る整備計画を明示した図書

　　　　一部改正〔平成19年規則19号・25年32号〕

（軽微な変更）
第8条　条例第14条第1項の規則で定める軽微な変更は、工事の着手又は完了の予定年月日の変更とする。

（整備計画の変更の届出）
第9条　条例第14条第1項の規定による整備計画の変更の届出をしようとする者は、特定施設整備計画変更届出書（様式第3）に、第7条の表（い）欄に掲げる特定施設の区分に応じ、それぞれ同表（ろ）欄に掲げる図書を添えて知事に提出しなければならない。

（身分証明書）
第10条　条例第16条第2項に規定する職員の身分を示す証明書の様式は、様式第4のとおりとする。

（適合証の交付の請求等）
第11条　条例第18条第1項の規定による適合証の交付の請求をしようとする者は、適合証交付請求書（様式第5）に、適合状況項目表（様式第2）を添えて知事に提出しなければならない。
2　条例第18条第1項に規定する適合証の様式は、様式第6のとおりとする。

（実施状況の報告）
第12条　条例第19条第1項の規定により整備基準に適合させるための措置の実施状況の報告を求められた事業者は、実施状況報告書（様式第7）に、適合状況項目表（様式第2）を添えて知事に提出しなければならない。

（適用の特例を受ける者）
第13条　条例第20条の規則で定める者は、次に掲げる者とする。
　一　地方公共団体の組合
　二　建築基準法第18条の規定の適用について、法令の規定により国、県又は市町村とみなされる法人
　三　土地開発公社
　四　土地区画整理法第2条第3項に規定する施行者

（利用円滑化経路の設置）
第14条　条例別表第1第1号の規定による利用円滑化経路の設置は、次に掲げるところによって行わなければならない。
　一　次に掲げる場合には、それぞれに定める経路のうち1以上を利用円滑化経路とすること。
　　イ　建築物に利用居室等を設ける場合　道等から当該利用居室等までの経路
　　ロ　建築物又はその敷地に車椅子使用者用便房を設ける場合　利用居室等（当該建築物に利用居室等がないときは、道等。ハにおいて同じ。）から当該車椅子使用者用便房までの経路
　　ハ　建築物又はその敷地に不特定かつ多数の者が利用し、又は主として高齢者、障害者等が利用する駐車場を設ける場合　当該駐車場（2以上の駐車場を設ける場合にあっては、そのうち1以上の駐車場とし、車椅子使用者用駐

資料編

　車施設を設ける場合にあっては、当該車椅子使用者用駐車施設とする。）から利用居室等までの経路
　二　第19条第1項各号（同条第3項の規定により読み替えて適用される場合を含む。）に掲げる特定施設の利用円滑化経路上には、階段を設けないこと。
2　前項第1号に定める経路を構成する敷地内の通路が地形の特殊性により高齢者、障害者等が円滑に利用できる構造とすることが困難である場合における同号の規定の適用については、同号イ及びロ中「道等」とあるのは、「当該建築物の車寄せ」とする。
　　　　一部改正〔平成25年規則32号〕

（通路等）
第15条　条例別表第1第2号の規則で定める通路等は、次の表（い）欄に掲げるものとし、同号の規則で定める構造は、それぞれ同表（ろ）欄に定めるとおりとする。

	（い）	（ろ）
(1)	歩道及び自転車歩行者道（以下「歩道等」という。）	一　有効幅員は、歩道にあっては2メートル以上、自転車歩行者道にあっては3メートル以上とすること。 二　段を設けないこと。 三　表面は、滑りにくく、平たんにすること。 四　歩道等を横断する排水溝のふたは、つえ、車いすのキャスター等が落ち込まないものとすること。 五　舗装は、水はけの良いものとすること。 六　歩道等の切下げ部等ですりつけが発生する場合の縦断勾（こう）配は、5パーセント以下とすること。ただし、地形の状況その他の特別な理由によりやむを得ない場合には、8パーセント以下とすることができる。 七　横断勾（こう）配は、2パーセント以下とすること（車両乗入れ部を除く。）。 八　歩道等が交差点又は横断歩道において車道と接する部分は、車いす使用者の通行に支障のない構造とすること。 九　横断歩道に接続する歩道等の部分は、車いす使用者が円滑に転回できる平たんな部分を設けること。
(2)	不特定かつ多数の者が利用し、又は主として高齢者、障害者等が利用する敷地内の通路（(3)項に掲げるものを除く。）	一　表面は、滑りにくく、平たんにすること。 二　敷地内の通路を横断する排水溝のふたは、つえ、車いすのキャスター等が落ち込まないものとすること。 三　段を設ける場合には、第18条に定める構造に準じたものとすること。 四　傾斜路を設ける場合には、第2号に定めるもののほか、次に定める構造とすること。 　イ　表面は、粗面とし、又は滑りにくい材料で仕上げること。 　ロ　勾（こう）配が12分の1を超え、又は高さが16センチメートルを超え、かつ、勾（こう）配が20分の1を超える傾斜がある部分には、手すりを設けること。 　ハ　傾斜路とその前後の敷地内の通路との色の明度の差が大きいこと等によりその存在を容易に識別できるものとすること。 　ニ　両側は、転落を防ぐ構造とすること。ただし、側面が壁面である場合は、この限りでない。
(3)	利用円滑化経路を構成する敷地内の通路及び不特定かつ多数の者が利用し、又は主として高齢者、障害者等が利用する便	一　(2)項（ろ）欄に定める構造とするほか、次号から第5号までに定める構造とすること。 二　有効幅員は、1.4メートル以上とすること。 三　段を設けないこと。ただし、次号に定める構造の傾斜路又は次条に定める構造の昇降機を併設する場合は、この限りでない。 四　傾斜路を設ける場合には、次に定める構造とすること。 　イ　有効幅員は、段に代わるものにあっては1.4メートル以上、段に併設するものにあって

関係法令

	（い）	（ろ）
	所と利用円滑化経路との間の敷地内の通路	は90センチメートル以上とすること。 ロ　勾配は、15分の1以下とすること。ただし、高さが16センチメートル以下のものにあっては、8分の1以下とすること。 ハ　高さが75センチメートルを超えるもの（勾（こう）配が20分の1を超えるものに限る。）にあっては、高さ75センチメートル以内ごとに踏幅が1.5メートル以上の踊場を設けること。 ニ　始点及び終点には、それぞれ長さ1.5メートル以上の高低差のない部分を設けること。 五　戸を設ける場合には、自動的に開閉する構造その他の高齢者、障害者等が容易に開閉して通過できる構造とし、かつ、その前後に高低差がないこと。
(4)	不特定かつ多数の者が利用し、又は主として高齢者、障害者等が利用する廊下等（(5)項に掲げるもの及び利用居室等内の通路を除く。）	一　表面は、滑りにくく、平たんにすること。 二　廊下等を横断する排水溝のふたは、つえ、車いすのキャスター等が落ち込まないものとすること。 三　段を設ける場合には、第18条に定める構造に準じたものとすること。 四　傾斜路を設ける場合には、第2号に定めるもののほか、次に定める構造とすること。 　イ　表面は、粗面とし、又は滑りにくい材料で仕上げること。 　ロ　勾（こう）配が12分の1を超え、又は高さが16センチメートルを超える傾斜がある部分には、手すりを設けること。 　ハ　傾斜路とその前後の廊下等との色の明度の差が大きいこと等によりその存在を容易に識別できるものとすること。 　ニ　両側は、転落を防ぐ構造とすること。ただし、側面が壁面である場合は、この限りでない。
(5)	利用円滑化経路を構成する廊下等、利用居室内の主要な通路（第22条第4号に規定する通路を除く。）、不特定かつ多数の者が利用し、又は主として高齢者、障害者等が利用する便所と利用円滑化経路との間の廊下等及び第3条第8号に掲げる特定施設に設ける不特定かつ多数の者が利用する通路	一　(4)項（ろ）欄に定める構造とするほか、次号から第5号までに定める構造とすること。 二　有効幅員は、1.4メートル以上とすること。ただし、端から10メートル以内及び区間50メートル以内ごとに、幅及び奥行きがそれぞれ1.4メートル以上の部分その他の車いすの転回に支障がない部分を設ける場合は、この限りでない。 三　段を設けないこと。ただし、次号に定める構造の傾斜路又は次条に定める構造の昇降機を併設する場合は、この限りでない。 四　傾斜路を設ける場合には、次に定める構造とすること。 　イ　有効幅員は、段に代わるものにあっては1.4メートル以上、段に併設するものにあっては90センチメートル以上とすること。 　ロ　勾（こう）配は、12分の1以下とすること。ただし、高さが16センチメートル以下のものにあっては、8分の1以下とすること。 　ハ　高さが75センチメートルを超えるものにあっては、高さ75センチメートル以内ごとに踏幅が1.5メートル以上の踊場を設けること。 　ニ　始点及び終点には、それぞれ長さ1.5メートル以上の高低差のない部分を設けること。 五　戸を設ける場合には、自動的に開閉する構造その他の高齢者、障害者等が容易に開閉して通過できる構造とし、かつ、その前後に高低差がないこと。
(6)	第3条第10号に掲げる特定施設に設ける主要な園路	一　有効幅員は、1.4メートル以上とすること。 二　段を設けないこと。ただし、第6号に定める構造の傾斜路又は次条に定める構造の昇降機を併設する場合は、この限りでない。 三　前号ただし書の場合において、段を設けるときは、第18条に定める構造に準じたものとすること。 四　表面は、滑りにくく、平たんにすること。 五　園路を横断する排水溝のふたは、つえ、車いすのキャスター等が落ち込まないものとすること。 六　傾斜路を設ける場合には、前号に定めるもののほか、次に定める構造とすること。

	（い）	（ろ）
		イ　有効幅員は、段に代わるものにあっては1.4メートル以上、段に併設するものにあっては90センチメートル以上とすること。 ロ　勾（こう）配は、15分の1以下とすること。ただし、高さが16センチメートル以下のものにあっては、8分の1以下とすること。 ハ　高さが75センチメートルを超えるもの（勾（こう）配が20分の1を超えるものに限る。）にあっては、高さ75センチメートル以内ごとに踏幅が1.5メートル以上の踊場を設けること。 ニ　始点及び終点には、それぞれ長さ1.5メートル以上の高低差のない部分を設けること。 ホ　表面は、粗面とし、又は滑りにくい材料で仕上げること。 ヘ　勾（こう）配が12分の1を超え、又は高さが16センチメートルを超え、かつ、勾（こう）配が20分の1を超える傾斜がある部分には、手すりを設けること。 ト　傾斜路とその前後の園路との色の明度の差が大きいこと等によりその存在を容易に識別できるものとすること。 チ　両側は、転落を防ぐ構造とすること。ただし、側面が壁面である場合は、この限りでない。 七　縦断勾（こう）配は、4パーセント以下とすること。ただし、地形の状況その他の特別な理由によりやむを得ない場合には、8パーセント以下とすることができる。 八　横断勾（こう）配は、1パーセント以下とすること。ただし、地形の状況その他の特別な理由によりやむを得ない場合には、2パーセント以下とすることができる。

（段に併設する昇降機の構造）

第16条　前条の表（3）項（ろ）欄第3号ただし書、（5）項（ろ）欄第3号ただし書及び（6）項（ろ）欄第2号ただし書に規定する昇降機の構造は、第19条第2項各号に定める構造又は次に定める構造とする。

一　エレベーターにあっては、次に定める構造とすること。
　イ　平成12年建設省告示第1413号第1第9号に規定する構造とすること。
　ロ　籠の幅は70センチメートル以上とし、かつ、奥行きは1.2メートル以上とすること。
　ハ　車椅子使用者が籠内で方向を変更する必要がある場合にあっては、籠の幅及び奥行きが十分に確保されていること。
二　エスカレーターにあっては、平成12年建設省告示第1417号第1ただし書に規定する構造とすること。
　　　　一部改正〔平成19年規則49号・25年32号〕

（出入口）

第17条　条例別表第1第3号の規則で定める出入口は、次の表（い）欄に掲げるものとし、同号の規則で定める構造は、それぞれ同表（ろ）欄に定めるとおりとする。

	（い）	（ろ）
(1)	利用円滑化経路を構成する出入口（第3条第2号に掲げる特定施設の住戸の出入口を除く。）及び同条第8号に掲げる特定施設の不特定かつ多数の者が利用する出入口	一　有効幅員は、建築物の直接地上へ通ずる出入口のうち1以上のものは90センチメートル以上、その他の出入口は80センチメートル以上とすること。 二　段を設けないこと。 三　戸を設ける場合には、自動的に開閉する構造その他の高齢者、障害者等が容易に開閉して通過できる構造とし、かつ、その前後に高低差がないこと。

	（い）	（ろ）
(2)	第3条第10号に掲げる特定施設の出入口	一　有効幅員は、1以上の出入口を1.2メートル以上とし、その出入口に車止めのさくを設ける場合には、さくとさくの間隔は、90センチメートル以上とすること。 二　段を設けないこと。 三　表面は、滑りにくく、平たんにすること。 四　戸を設ける場合には、自動的に開閉する構造その他の高齢者、障害者等が容易に開閉して通過できる構造とし、かつ、その前後に高低差がないこと。

（階段）

第18条　条例別表第1第4号の規則で定める階段は、不特定かつ多数の者が利用し、又は主として高齢者、障害者等が利用する階段とし、同号の規則で定める構造は、次のとおりとする。

一　回り階段としないこと。
二　手すりを設けること。
三　段鼻は、滑りにくくすること。
四　表面は、粗面とし、又は滑りにくい材料で仕上げること。
五　踏面の端部とその周囲の部分との色の明度の差が大きいこと等により段を容易に識別できるものとすること。
六　段鼻の突き出しがないこと等によりつまずきにくい構造とすること。

（利用円滑化経路を構成するエレベーター）

第19条　条例別表第1第5号の規則で定める特定施設は、次に掲げるものとする。

一　第3条第1号に掲げる特定施設（同号イに掲げる用途に供するものを除く。）並びに同条第3号から第7号まで、第12号及び第13号に掲げる特定施設で、当該特定施設（当該特定施設が建築物の一部である場合にあっては、当該特定施設を含む建築物）の直接地上へ通ずる出入口のある階（以下「地上階」という。）以外の階における不特定かつ多数の者が利用し、又は主として高齢者、障害者等が利用する部分（同条第1号イに掲げる用途及び共同住宅の用に供する部分を除き、同号ワに掲げる用途に供する特定施設にあっては、その客室部分を含むものとする。）の床面積の合計が1,000平方メートルを超えるもの
二　第3条第1号イに掲げる用途に供する特定施設で、当該特定施設の階数が3以上で、かつ、床面積の合計が2,000平方メートル以上のもの
三　第3条第2号に掲げる特定施設で、当該特定施設の階数が3以上で、かつ、戸数が50戸を超えるもの

2　条例別表第1第5号の規則で定める構造は、第16条第1号に定める構造のエレベーターを段に併設する場合を除き、次のとおりとする。

一　籠の奥行きの内のり寸法は、1.35メートル以上とすること。
二　出入口の有効幅員は、80センチメートル以上とすること。
三　籠は、利用居室等、車椅子使用者用便房及び車椅子使用者用駐車施設がある階並びに地上階に停止すること。
四　乗降ロビーは、高低差がないものとし、その幅及び奥行きは、1.5メートル以上とすること。
五　籠内及び乗降ロビーには、車椅子使用者の利用に配慮した操作ボタン等を設けること。
六　籠内に、籠が停止する予定の階及び籠の現在位置を表示する装置を設けること。
七　乗降ロビーに、到着する籠の昇降方向を表示する装置を設けること。
八　不特定かつ多数の者が利用するエレベーターにあっては、前各号に定めるもののほか、次に定める構造とすること。
　　イ　籠の幅は、1.4メートル以上とすること。
　　ロ　籠は、車椅子の転回に支障がない構造とすること。ただし、籠の出入口が複数あるエレベーターであって、車

資料編

　　椅子使用者が円滑に乗降できる構造のものについては、この限りでない。
九　不特定かつ多数の者が利用し、又は主として視覚障害者が利用するエレベーターにあっては、前各号に定めるもののほか、次に定める構造とすること。ただし、エレベーターが主として自動車の駐車の用に供する施設に設けるものである場合は、この限りでない。
　　イ　籠内に、籠が到着する階並びに籠及び昇降路の出入口の戸の閉鎖を音声により知らせる装置を設けること。
　　ロ　籠内及び乗降ロビーに設ける操作ボタン等（車椅子使用者が利用しやすい位置及びその他の位置に操作ボタン等を設ける場合にあっては、当該その他の位置に設けるものに限る。）は、点字により表示する等視覚障害者が円滑に操作することができる構造とすること。
　　ハ　籠内又は乗降ロビーに、到着する籠の昇降方向を音声により知らせる装置を設けること。
3　増築等の場合（増築等により第1項各号に掲げる特定施設となる場合であって、増築等に係る部分に利用円滑化経路を構成するエレベーターを設けるときを除く。）における第1項の規定の適用については、同項中「床面積」とあるのは「増築等に係る部分の床面積」と、「階数」とあるのは「増築等に係る部分の階数」と、「戸数」とあるのは「増築等に係る部分の戸数」とする。
　　　　一部改正〔平成19年規則49号・25年32号〕

（便所）
第20条　条例別表第1第6号の規則で定める便所は、次の表（い）欄に掲げるものとし、同号の規則で定める構造は、それぞれ同表（ろ）欄に定めるとおりとする

	（い）	（ろ）
(1)	第3条第1号から第10号まで、第12号及び第13号に掲げる特定施設に設ける不特定かつ多数の者が利用し、又は主として高齢者、障害者等が利用する便所（(2)項及び(3)項に掲げるものを除く。）	一　段を設けないこと。ただし、次に定める構造の傾斜路を設ける場合は、この限りでない。 　イ　勾（こう）配は、12の1以下とすること。ただし、高さが16センチメートル以下のものにあっては、8分の1以下とすること。 　ロ　表面は、粗面とし、又は滑りにくい材料で仕上げること。 二　床の表面は、滑りにくくすること。 三　次に定める構造の便房を1以上（男子用及び女子用の区別があるときは、それぞれ1以上）設けること。 　イ　便器は、洋式とすること。 　ロ　手すりを設けること。 四　出入口に近い小便器は、周囲に手すりを設け、床置式その他これに類する構造とすること。
(2)	第3条第1号ロに掲げる用途に供する特定施設、同号ニに掲げる用途（病院及び診療所の用途に限る。）に供する特定施設及び同号ヘからヌまでに掲げる用途に供する特定施設並びに同条第4号及び第7号に掲げる特定施設で、当該特定施設の床面積の合計が1,000平方メートルを超えるもの又は同号に掲げる特定施設で、当該特定施設のみの床面積の合計が50平方メートル以上のものに設ける1以上（男子用及び女子用の区別があるときは、それぞれ1以上）の不特定かつ多数の者が利用し、又は主として高齢者、障害者等が利用する便所	一　(1)項（ろ）欄に定めるもののほか、次号に定める構造とすること。 二　乳幼児用いす等乳幼児を座らせることができる設備を設けた便房及び乳幼児用ベッド等乳幼児のおむつ替えができる設備を設けること。ただし、乳幼児のおむつ替えができる設備にあっては、おむつ替えができる場所を別に設ける場合は、この限りでない。

	（い）	（ろ）
（3）	第3条第1号イに掲げる用途（特別支援学校の用途に限る。）に供する特定施設、同号ロに掲げる用途に供する特定施設、同号ハに掲げる用途（体育館（一般公共の用に供されるものに限る。）、ボウリング場、水泳場（一般公共の用に供されるものに限る。）及び遊技場の用途に限る。）に供する特定施設、同号ニに掲げる用途（病院及び診療所の用途に限る。）に供する特定施設、同号ホに掲げる用途（老人ホーム、福祉ホームその他これらに類するもの（主として高齢者、障害者等が利用するものに限る。）及び老人福祉センター、児童厚生施設、身体障害者福祉センターその他これらに類するものの用途に限る。）に供する特定施設及び同号ヘからワまでに掲げる用途に供する特定施設並びに同条第4号、第5号、第7号、第12号及び第13号に掲げる特定施設で、当該特定施設の床面積の合計が2,000平方メートル以上のもの又は同条第7号に掲げる特定施設で、当該特定施設のみの床面積の合計が50平方メートル以上のものに設ける1以上（男子用及び女子用の区別があるときは、それぞれ1以上）の不特定かつ多数の者が利用し、又は主として高齢者、障害者等が利用する便所	一　（1）項（ろ）欄に定めるもののほか、次号に定める構造とすること。 二　人工肛（こう）門又は人工ぼうこうを使用している者がパウチを洗浄することができる水栓器具、汚物流し、トイレットペーパーホルダー、手荷物置き台及び鏡を設けた便房を設けること。

一部改正〔平成19年規則49号・25年32号〕

（車椅子使用者等が利用できる便所）

第21条　条例別表第1第7号の規則で定める特定施設は、次の表（い）欄に掲げるものとし、同号の規則で定める便所は、それぞれ同表（ろ）欄に掲げるものとする。

	（い）	（ろ）
（1）	第3条第1号、第4号、第5号及び第7号に掲げる特定施設で、当該特定施設（当該特定施設が建築物の一部である場合にあっては、当該特定施設を含む建築物）の床面積（共同住宅の用に供する部分の床面積を除く。）の合計が1,000平方メートルを超えるもの又は同号に掲げる特定施設で、当該特定施設のみの床面積の合計が50平方メートル以上のもの	地上階又は利用円滑化経路を構成するエレベーター（第19条第2項各号に定める構造のものに限る。）が停止する階の便所のうちの1以上（男子用及び女子用の区別があるときは、それぞれ1以上）の不特定かつ多数の者が利用し、又は主として高齢者、障害者等が利用する便所
（2）	第3条第3号及び第6号に掲げる特定施設で、当該特定施設の不特定かつ多数の者の利用する部分の床面積の合計が1,000平方メートルを超えるもの	地上階又は利用円滑化経路を構成するエレベーター（第19条第2項各号に定める構造のものに限る。）が停止する階の便所のうちの1以上（男子用及び女子用の区別があるときは、それぞれ1以上）の不特定かつ多数の者が利用する便所
（3）	第3条第10号に掲げる特定施設で、当該特定施設の区域の面積が5,000平方メートルを超えるもの	1以上（男子用及び女子用の区別があるときは、それぞれ1以上）の不特定かつ多数の者が利用する便所

2　条例別表第1第7号の規則で定める構造は、次のとおりとする。

　一　出入口の有効幅員は、80センチメートル以上とすること。

資料編

　二　出入口の戸は、次に定める構造とすること（第3条第10号に掲げる特定施設を除く。）。
　　イ　施錠の操作がしやすく、緊急の場合は、外部からも解錠することができるものとすること。
　　ロ　自動的に開閉する構造その他の高齢者、障害者等が容易に開閉して通過できる構造とし、かつ、その前後に高低差がないこと。
　三　レバー式又は光感知式等の水栓器具を備えた洗面台を設けること。ただし、当該便房のある便所内にレバー式又は光感知式等の水栓器具を備えた洗面台を設ける場合は、この限りでない。
　四　前条の表（1）項（ろ）欄第3号に定める構造とすること。
　五　車椅子使用者等が円滑に利用できるよう十分な空間を確保すること。
　　　　　　一部改正〔平成19年規則49号・25年32号〕

（車いす使用者が利用できる客席の部分及び通路の設置）

第22条　条例別表第1第8号の規定による車いす使用者が利用できる客席の部分及び通路の設置は、次に掲げるところによって行わなければならない。
　一　車いす使用者が利用できる客席の部分の数は、客席のいすの総数に200分の1を乗じて得た数（当該乗じて得た数が10を超える場合にあっては、10）以上とすること。
　二　車いす使用者が利用できる客席の部分は、客席の出入口（利用円滑化経路を構成するものに限る。第4号において同じ。）から容易に到達でき、かつ、観覧しやすい位置に設けること。
　三　車いす使用者が利用できる客席の部分及びその接する部分の床は、水平とし、その表面は、滑りにくく、平たんにすること。
　四　車いす使用者が利用できる通路は、客席の出入口から車いす使用者が利用できる客席の部分へ通ずるものとし、次に定める構造とすること。
　　イ　有効幅員は、90センチメートル以上とすること。
　　ロ　段を設けないこと。ただし、次に定める構造の傾斜路を設ける場合は、この限りでない。
　　　（1）　勾（こう）配は、12分の1以下とすること。ただし、高さが16センチメートル以下のものにあっては、8分の1以下とすること。
　　　（2）　始点及び終点には、それぞれ長さ1.5メートル以上の高低差のない部分を設けること。
　　ハ　表面は、滑りにくく、平たんにすること。

（車椅子使用者用駐車施設及び車椅子使用者が通行できる通路の設置）

第23条　条例別表第1第9号の規則で定める駐車場は、第3条第12号及び第13号に掲げる駐車場並びに同条第1号から第10号までに掲げる特定施設に附属する駐車場で、不特定かつ多数の者が利用し、又は主として高齢者、障害者等が利用する部分の駐車台数（駐車場法施行令第15条の規定による国土交通大臣の認定を受けた特殊の装置を用いるものの駐車台数を除く。以下この条において同じ。）が25台を超えるもの（当該特定施設に2以上の附属する駐車場がある場合にあっては、それらの不特定かつ多数の者が利用し、又は主として高齢者、障害者等が利用する部分の駐車台数の合計が25台を超えるときにおけるそれらの駐車場）とする。
2　条例別表第1第9号の規定による車椅子使用者用駐車施設及び車椅子使用者が通行できる通路の設置は、次に掲げるところによって行わなければならない。
　一　車椅子使用者用駐車施設の数は、不特定かつ多数の者が利用し、又は主として高齢者、障害者等が利用する部分の駐車台数（当該特定施設に2以上の附属する駐車場がある場合にあっては、それらの不特定かつ多数の者が利用し、又は主として高齢者、障害者等が利用する部分の駐車台数を合計した数）に50分の1を乗じて得た数（当該乗じて得た数が3を超える場合にあっては、3）以上とすること。
　二　車椅子使用者用駐車施設は、第14条第1項第1号ハに定める経路で同号の規定により利用円滑化経路とするもの

関係法令

又は当該車椅子使用者用駐車施設から駐車場の主要な出入口若しくは第3条第10号に掲げる特定施設の主要な出入口までの経路の長さができるだけ短くなる位置に設け、かつ、当該駐車場が建築物である場合にあっては、地上階又は利用円滑化経路を構成するエレベーター（第19条第2項各号に定める構造のものに限る。）が停止する階に設けること。

三　車椅子使用者用駐車施設は、次に定める構造とすること。
　イ　有効幅員は、3.5メートル以上とすること。
　ロ　地面又は床は、水平とし、その表面は、滑りにくく、平たんにすること。

四　第2号に規定する車椅子使用者用駐車施設から駐車場の主要な出入口又は第3条第10号に掲げる特定施設の主要な出入口までの経路を構成する通路は、屋外にあるものにあっては第15条の表（3）項（ろ）欄に定める構造とし、屋内にあるものにあっては同表（5）項（ろ）欄に定める構造とすること。
　　　　一部改正〔平成25年規則32号〕

（案内表示）

第24条　条例別表第1第10号の規定による案内表示は、次に掲げるところによって行わなければならない。

一　第3条第1号及び第3号から第7号までに掲げる特定施設で、当該特定施設の床面積（同条第3号及び第6号に掲げる特定施設にあっては、当該特定施設の不特定かつ多数の者の利用する部分の床面積）の合計が1,000平方メートルを超えるもの又は同条第7号に掲げる特定施設で、当該特定施設のみの床面積の合計が50平方メートル以上のものにあっては、次の部分に、点状ブロック等（視覚障害者に対し段差又は傾斜の存在の警告を行うために床面に敷設されるブロックその他これに類するものであって、点状の突起が設けられており、かつ、周囲の床面との色の明度の差が大きいこと等により容易に識別できるものをいう。以下同じ。）を敷設すること。
　イ　不特定かつ多数の者が利用し、又は主として視覚障害者が利用する廊下等の段がある部分及び傾斜がある部分の上端に近接する部分。ただし、その部分が次のいずれかに該当するものである場合は、この限りでない。
　　（1）　勾配が20分の1以下の傾斜がある部分の上端に近接するもの
　　（2）　高さが16センチメートル以下で、かつ、勾配が12分の1以下の傾斜がある部分の上端に近接するもの
　　（3）　主として自動車の駐車の用に供する施設に設けるもの
　ロ　不特定かつ多数の者が利用し、又は主として視覚障害者が利用する第15条の表（4）項（ろ）欄第4号又は（5）項（ろ）欄第4号に規定する傾斜路を設ける場合には、傾斜がある部分の上端に近接する踊場の部分。ただし、その部分がイ（1）から（3）までのいずれかに該当するものである場合又はその部分に傾斜がある部分と連続して手すりを設ける場合は、この限りでない。
　ハ　不特定かつ多数の者が利用し、又は主として視覚障害者が利用する階段の段がある部分の上端に近接する踊場の部分。ただし、その部分がイ（3）に該当するものである場合又はその部分に段がある部分と連続して手すりを設ける場合は、この限りでない。

二　第3条第9号に掲げる特定施設にあっては、次の部分に、線状ブロック等（視覚障害者の誘導を行うために床面に敷設されるブロックその他これに類するものであって、線状の突起が設けられており、かつ、周囲の床面との色の明度の差が大きいこと等により容易に識別できるものをいう。以下同じ。）及び点状ブロック等を適切に組み合わせて敷設すること。
　イ　次の道路の歩道等の横断歩道に接する部分及び歩道巻き込み部
　　（1）　市街地を形成している地域及び市街地を形成する見込みの高い地域の道路
　　（2）　官公庁施設、社会福祉施設その他の施設で視覚障害者の利用が多いものの周辺の道路
　ロ　歩道等及び交通島の立体横断施設の昇降口並びに乗合自動車停留所及び路面電車停留場の乗降口の部分

資料編

　　　ハ　中央分離帯の人が滞留する部分
　三　第3条第10号に掲げる特定施設にあっては、その出入口が直接車道に接する場合には、点状ブロック等の敷設、舗装材を変化させること等により車道との境界を認識できるようにすること。
　四　第3条第1号及び第3号から第7号までに掲げる特定施設で、当該特定施設（当該特定施設が建築物の一部である場合にあっては、当該特定施設を含む建築物）の床面積（共同住宅の用に供する部分の床面積を除く。）（同条第3号及び第6号に掲げる特定施設にあっては、当該特定施設の不特定かつ多数の者の利用する部分の床面積）の合計が1,000平方メートルを超えるもの又は同条第7号に掲げる特定施設で、当該特定施設のみの床面積の合計が50平方メートル以上のものに案内設備を設ける場合には、道等から当該特定施設の案内設備までの経路（不特定かつ多数の者が利用し、又は主として視覚障害者が利用するものに限る。）のうち1以上を視覚障害者が円滑に利用できる経路（以下「視覚障害者利用円滑化経路」という。）とすること。ただし、次のいずれかに該当する場合は、この限りでない。
　　イ　道等から当該特定施設の案内設備までの経路が主として自動車の駐車の用に供する施設に設けるものである場合
　　ロ　当該特定施設内にある当該特定施設を管理する者等が常時勤務する案内設備から直接地上へ通ずる出入口を容易に視認でき、かつ、道等から当該出入口までの経路が次号に定める基準に適合するものである場合
　五　視覚障害者利用円滑化経路は、次に掲げるものとすること。
　　イ　当該視覚障害者利用円滑化経路に、線状ブロック等及び点状ブロック等を適切に組み合わせて敷設し、又は音声その他の方法により視覚障害者を誘導する設備を設けること。ただし、進行方向を変更する必要がない風除室内においては、この限りでない。
　　ロ　当該視覚障害者利用円滑化経路を構成する敷地内の通路の次の部分には、点状ブロック等を敷設すること。
　　　（1）　車路に近接する部分
　　　（2）　段がある部分及び傾斜がある部分の上端に近接する部分。ただし、その部分が第1号イ（1）若しくは（2）に該当するもの又は段がある部分若しくは傾斜がある部分と連続して手すりを設ける踊場等である場合は、この限りでない。
　六　前各号に掲げるもののほか、案内表示は、次に定めるところにより行うこと。
　　イ　第20条の表（1）項（ろ）欄第3号に規定する便房を設ける場合には、当該便房の戸又はその付近に、洋式便器及び手すりが設けられている旨を表示した標識を掲示すること。
　　ロ　第20条の表（2）項（ろ）欄第2号又は（3）項（ろ）欄第2号に規定する設備を設ける場合には、当該設備が設けられている便房の戸又はその付近及び当該設備が設けられている便所の出入口又はその付近に、その旨を表示した標識を掲示すること。
　　ハ　車椅子使用者用便房を設ける場合には、当該便房の戸又はその付近及び当該便房が設けられている便所の出入口又はその付近に、その旨及び高齢者、障害者等の誰もが利用できる旨を表示した標識を掲示すること。
　　ニ　車椅子使用者用駐車施設を設ける場合には、当該施設又はその付近に、車椅子使用者用駐車施設の表示をすること。
　　ホ　第3条第1号から第8号まで、第10号、第12号及び第13号に掲げる特定施設に施設の利用に関する情報を提供する案内設備を設ける場合には、案内表示の位置、表記方法、文字の大きさ等を高齢者、障害者等に配慮したものとすること。
2　増築等の場合における前項第4号の規定の適用については、同号中「に案内設備を設ける場合」とあるのは、「の増築等に係る部分に案内設備を設ける場合並びに同条第1号及び第3号から第7号までに掲げる特定施設で、当該特定施設（当該特定施設が建築物の一部である場合にあっては、当該特定施設を含む建築物）の増築等に係る部分の床面積

（共同住宅の用に供する部分の床面積を除く。）（同条第3号及び第6号に掲げる特定施設にあっては、当該特定施設の増築等に係る部分の不特定かつ多数の者の利用する部分の床面積）の合計が1,000平方メートルを超えるもの又は同条第7号に掲げる特定施設で、当該特定施設のみの増築等に係る部分の床面積の合計が50平方メートル以上のものの増築等に係る部分以外に案内設備がある場合」とする。
　　　　　一部改正〔平成19年規則49号・25年32号〕

(条例別表第1第11号の規則で定める基準)
第25条　条例別表第1第11号の規則で定める基準は、次条から第31条までに定めるところによる。

(駐車場)
第26条　第14条第1項第1号ハに定める経路で同号の規定により利用円滑化経路とするものに係る駐車場が建築物である場合には、当該駐車場は、地上階又は利用円滑化経路を構成するエレベーター（第19条第2項各号に定める構造のものに限る。）が停止する階に設けなければならない。

(車いす使用者用浴室等)
第27条　第3条第1号ハ、ヲ及びワに掲げる用途に供する特定施設に不特定かつ多数の者が利用し、又は主として高齢者、障害者等が利用する浴室又はシャワー室（以下「浴室等」という。）を設ける場合には、そのうち1以上（男子用及び女子用の区分があるときは、それぞれ1以上）は、次に定める構造としなければならない。
一　車いす使用者が円滑に利用できるよう浴槽、シャワー、手すり等を適切に配置し、かつ、十分な空間を確保すること。
二　床面は、粗面とし、又は滑りにくい材料で仕上げること。
三　出入口から浴槽又はシャワー設備までの床面には、段を設けないこと。
四　出入口は、次に定める構造とすること。
　イ　有効幅員は、80センチメートル以上とすること。
　ロ　戸を設ける場合には、自動的に開閉する構造その他の高齢者、障害者等が容易に開閉して通過できる構造とし、かつ、その前後に高低差がないこと。

(車椅子使用者用客室)
第28条　第3条第1号ワに掲げる用途に供する特定施設で、当該特定施設の床面積の合計が2,000平方メートル以上で、かつ、客室の総数が50以上のものには、車椅子使用者が円滑に利用できる客室を1以上設けなければならない。
2　車椅子使用者が円滑に利用できる客室は、次に定める構造としなければならない。
一　出入口は、次に定める構造とすること。
　イ　有効幅員は、80センチメートル以上とすること。
　ロ　戸を設ける場合には、自動的に開閉する構造その他の高齢者、障害者等が容易に開閉して通過できる構造とし、かつ、その前後に高低差がないこと。
二　便所は、次に定める構造とすること。ただし、当該客室が設けられている階に車椅子使用者用便房が設けられた便所がある場合は、この限りでない。
　イ　第21条第2項に定める構造の便房を設けること。
　ロ　便所の出入口の有効幅員は、80センチメートル以上とすること。
　ハ　便房及び便所の出入口に戸を設ける場合には、自動的に開閉する構造その他の高齢者、障害者等が容易に開閉して通過できる構造とし、かつ、その前後に高低差がないこと。
三　浴室等は、前条に定める構造とすること。ただし、当該客室が設けられている建築物に同条に規定する浴室等（同条に定める構造のものに限る。）が設けられている場合は、この限りでない。
　　　　　一部改正〔平成19年規則49号・25年32号〕

(カウンター等)

資料編

第29条　不特定かつ多数の者が利用し、又は主として高齢者、障害者等が利用するカウンター、記載台及び公衆電話台（以下「カウンター等」という。）を設置する場合には、高齢者、障害者等の利用に配慮したカウンター等を1以上設けなければならない。

（ベンチ等）

第30条　第3条第10号に掲げる特定施設にベンチ、水飲場等を設置する場合には、高齢者、障害者等の利用に配慮した構造としなければならない。

（特定施設の新築等をしようとする者の努力義務）

第31条　第3条第1号から第8号までに掲げる特定施設の新築等をしようとする者は、次の各号に掲げる区分に応じ、それぞれ当該各号に定める基準を遵守するよう努めなければならない。

一　第3条第1号、第4号、第5号及び第7号に掲げる特定施設（第21条第1項の表（1）項（い）欄に掲げる特定施設に該当するものを除く。）又は第3条第3号及び第6号に掲げる特定施設（同表（2）項（い）欄に掲げる特定施設に該当するものを除く。）に、不特定かつ多数の者が利用し、又は主として高齢者、障害者等が利用する便所を設ける場合　第20条の表（1）項（ろ）欄第3号に定める構造の便房のうち1以上（男子用及び女子用の区別があるときは、それぞれ1以上）を次に定める構造とすること。

　イ　出入口の有効幅員は、80センチメートル以上とすること。

　ロ　車いす使用者が利用できるよう空間を確保すること。

二　第3条第1号及び第3号から第7号までに掲げる特定施設（第24条第1項第4号に規定する特定施設に該当するものを除く。）に案内設備を設ける場合　同項第4号及び第5号に掲げる措置を講ずること。ただし、同項第4号イ又はロのいずれかに該当する場合は、この限りでない。

三　第3条第1号ニに掲げる用途（病院及び診療所の用途に限る。）に供する特定施設並びに同条第4号及び第5号に掲げる特定施設に案内設備を設ける場合　文字情報表示設備を設けること。

四　誘導灯を設ける場合　点滅型誘導音装置付誘導灯その他の視覚障害者及び聴覚障害者に配慮したものとすること。

2　次の各号に掲げる特定施設の新築等をしようとする者は、それぞれ当該各号に定める基準を遵守するよう努めなければならない。

一　第3条第1号ヘ及びトに掲げる用途に供する特定施設で、条例別表第1第8号に規定する興行場等に該当するもの　客席に集団補聴設備その他の聴覚障害者の利用に配慮した設備を設けること。

二　第3条第1号及び第3号から第7号までに掲げる特定施設（第24条第1項第1号に規定する特定施設に該当するものを除く。）　同項第1号に掲げる措置を講ずること。

三　第3条第1号ロに掲げる用途に供する特定施設、同号ニに掲げる用途（病院及び診療所の用途に限る。）に供する特定施設及び同号ヘからヌまでに掲げる用途に供する特定施設並びに同条第4号及び第7号に掲げる特定施設　授乳及びおむつ替えができる場所を設けること。

四　第3条第10号に掲げる特定施設（都市公園法（昭和31年法律第79号）第2条第1項に規定する都市公園を除く。）

　イ　第15条の表（6）項（ろ）欄第2号ただし書の場合において、主要な園路に段を設けるときは、手すりを両側に設けること。

　ロ　主要な園路に設ける傾斜路は、次に定める構造とすること。

　（1）　縦断勾配は、15分の1以下とすること。ただし、高さが16センチメートル以下のものにあっては、8パーセント以下とすること。

　（2）　横断勾配は、設けないこと。

　（3）　高さが75センチメートルを超えるものにあっては、高さ75センチメートル以内ごとに踏幅が1.5メートル以上の踊場を設けること。

（4）　手すりを両側に設けること。
　ハ　不特定かつ多数の者が利用する便所を設ける場合には、そのうち1以上（男子用及び女子用の区別があるときは、それぞれ1以上）の便所内に、乳幼児用いす等乳幼児を座らせることができる設備を設けた便房及び乳幼児用ベッド等乳幼児のおむつ替えができる設備を設けること。ただし、乳幼児のおむつ替えができる設備にあっては、おむつ替えができる場所を別に設ける場合は、この限りでない。
　ニ　不特定かつ多数の者が利用する便所を設ける場合には、そのうち1以上（男子用及び女子用の区別があるときは、それぞれ1以上）の便所内に、人工肛（こう）門又は人工ぼうこうを使用している者がパウチを洗浄することができる水栓器具、汚物流し、トイレットペーパーホルダー、手荷物置き台及び鏡を設けた便房を設けること。
　ホ　車椅子使用者用便房を設ける場合には、出入口の戸は、次に定める構造とすること。
　　　（1）　施錠の操作がしやすく、緊急の場合は外部からも解錠することができるものとすること。
　　　（2）　自動的に開閉する構造その他の高齢者、障害者等が容易に開閉して通過できる構造とし、かつ、その前後に高低差がないこと。
　ヘ　休憩所、管理事務所、掲示板、標識、屋根付広場、野外劇場又は野外音楽堂を設ける場合には、移動等円滑化のために必要な特定公園施設の設置に関する基準を定める省令（平成18年国土交通省令第115号）に定める基準に適合させること。
五　第3条第14号及び第15号に掲げる特定施設の道路
　イ　歩道等は、次に定める構造とすること。
　　　（1）　有効幅員は、歩行者の交通量が多い道路にあっては、歩道は3.5メートル以上、自転車歩行者道は4メートル以上とすること。
　　　（2）　横断勾配は、1パーセント以下とすること（車両乗入れ部を除く。）。
　ロ　立体横断施設、自動車駐車場、案内標識、乗合自動車停留所、路面電車停留場等、休憩施設、照明施設又は防雪施設を設ける場合には、移動等円滑化のために必要な道路の構造に関する基準を定める省令（平成18年国土交通省令第116号）に定める基準に適合させること。
　　　　一部改正〔平成19年規則49号・25年32号〕

（一団地の住宅施設等の整備基準）
第32条　第3条第14号から第16号までに掲げる特定施設の建築物、道路、駐車場及び公園、緑地その他これらに類するものの整備基準は、第14条から前条までに定めるとおりとする。

（小規模特定施設の敷地内の通路等）
第33条　条例別表第2第1号の規則で定める経路は、道等から建築物の不特定かつ多数の者が利用し、又は主として高齢者、障害者等が利用する直接地上へ通ずる出入口までの経路のうちの1以上の経路とし、同号の規則で定める構造は、次の各号に掲げる区分に応じ、それぞれ当該各号に定めるとおりとする。
一　敷地内の通路
　イ　有効幅員は、1.4メートル以上とすること。
　ロ　段を設けないこと。ただし、ヘに定める構造の傾斜路又は第16条に定める構造の昇降機を併設する場合は、この限りでない。
　ハ　ロただし書の場合において、段を設けるときは、第18条に定める構造に準じたものとすること。
　ニ　表面は、滑りにくく、平たんにすること。
　ホ　敷地内の通路を横断する排水溝のふたは、つえ、車いすのキャスター等が落ち込まないものとすること。
　ヘ　傾斜路を設ける場合には、ホに定めるもののほか、次に定める構造とすること。

資料編

　　　(1)　表面は、粗面とし、又は滑りにくい材料で仕上げること。
　　　(2)　勾（こう）配が12分の1を超え、又は高さが16センチメートルを超え、かつ、勾（こう）配が20分の1を超える傾斜がある部分には、手すりを設けること。
　　　(3)　傾斜路とその前後の敷地内の通路との色の明度の差が大きいこと等によりその存在を容易に識別できるものとすること。
　　　(4)　両側は、転落を防ぐ構造とすること。ただし、側面が壁面である場合は、この限りでない。
　　　(5)　有効幅員は、段に代わるものにあっては1.4メートル以上、段に併設するものにあっては90センチメートル以上とすること。
　　　(6)　勾（こう）配は、15分の1以下とすること。ただし、高さが16センチメートル以下のものにあっては、8分の1以下とすること。
　　　(7)　高さが75センチメートルを超えるもの（勾（こう）配が20分の1を超えるものに限る。）にあっては、高さ75センチメートル以内ごとに踏幅が1.5メートル以上の踊場を設けること。
　　　(8)　始点及び終点には、それぞれ長さ1.5メートル以上の高低差のない部分を設けること。
　　ト　戸を設ける場合には、自動的に開閉する構造その他の高齢者、障害者等が容易に開閉して通過できる構造とし、かつ、その前後に高低差がないこと。
　二　建築物の直接地上へ通ずる出入口
　　イ　有効幅員は、90センチメートル以上とすること。
　　ロ　段を設けないこと。
　　ハ　戸を設ける場合には、自動的に開閉する構造その他の高齢者、障害者等が容易に開閉して通過できる構造とし、かつ、その前後に高低差がないこと。

（小規模特定施設の新築等をしようとする者の努力義務）

第34条　条例第11条第1項第2号に掲げる特定施設に不特定かつ多数の者が利用し、又は主として高齢者、障害者等が利用する便所を設ける場合には、そのうち1以上は、次のとおりとするよう努めなければならない。
　一　条例別表第2第1号に規定する経路を構成する建築物の直接地上へ通ずる出入口から当該便所の次号に掲げる便房までの経路の有効幅員を90センチメートル以上とすること。
　二　次に定める構造の便房を設けること。
　　イ　出入口の有効幅員は、80センチメートル以上とすること。
　　ロ　便器は、洋式とすること。
　　ハ　手すりを設けること。
　　ニ　車椅子使用者が利用できるよう空間を確保すること。
　　ホ　戸又はその付近に、洋式便器及び手すりが設けられている旨を表示した標識を掲示すること。
　　　　一部改正〔平成25年規則32号〕

（移動等円滑化された経路を構成する傾斜路等）

第35条　条例別表第3第2号の規則で定める勾（こう）配は、12分の1（屋外に設ける傾斜路にあっては、15分の1）以下とする。ただし、高さが16センチメートル以下のものにあっては、8分の1以下とする。
2　条例別表第3第3号の規則で定める構造は、次のとおりとする。
　一　段を設けないこと。ただし、次に定める構造の傾斜路を設ける場合は、この限りでない。
　　イ　勾（こう）配は、12分の1以下とすること。ただし、高さが16センチメートル以下のものにあっては、8分の1以下とすること。
　　ロ　表面は、粗面とし、又は滑りにくい材料で仕上げること。

二　次に定める構造の便房を1以上（男子用及び女子用の区別があるときは、それぞれ1以上）設けること。
　　イ　便器は、洋式とすること。
　　ロ　手すりを設けること。
3　条例別表第3第4号の規定による案内表示は、次に掲げるところによって行わなければならない。
　一　前項第2号に規定する便房を設ける場合には、当該便房の戸又はその付近に、洋式便器及び手すりが設けられている旨を表示した標識を掲示すること。
　二　第38条に規定する設備を設ける場合には、当該設備が設けられている便房の戸又はその付近及び当該設備が設けられている便所の出入口又はその付近に、その旨を表示した標識を掲示すること。
　三　施設の利用に関する情報を提供する案内設備を設ける場合には、案内表示の位置、表記方法、文字の大きさ等を高齢者、障害者等に配慮したものとすること。
　　　　　一部改正〔平成19年規則19号・25年32号〕

（条例別表第3第5号の規則で定める基準）
第36条　条例別表第3第5号の規則で定める基準は、次条から第39条までに定めるところによる。

（移動等円滑化された経路と便所等との間の経路における傾斜路）
第37条　公共交通移動等円滑化基準第14条第1項第1号（公共交通移動等円滑化基準第15条において準用する場合を含む。）及び第16条第1項第1号（同条第2項において準用する場合を含む。）に規定する通路に設ける傾斜路並びに同条第1項第2号ニ（同条第2項において準用する場合を含む。）に規定する傾斜路の勾（こう）配は、12分の1（屋外に設ける傾斜路にあっては、15分の1）以下としなければならない。ただし、高さが16センチメートル以下のものにあっては、8分の1以下としなければならない。
　　　　　一部改正〔平成19年規則19号〕

（乳幼児用椅子、乳幼児用ベッド等）
第38条　条例第11条第1項第3号に掲げる特定施設に不特定かつ多数の者が利用する便所を設ける場合にあっては、そのうち1以上（男子用及び女子用の区別があるときは、それぞれ1以上）の便所内に、乳幼児用椅子等乳幼児を座らせることができる設備を設けた便房及び乳幼児用ベッド等乳幼児のおむつ替えができる設備を設けなければならない。ただし、乳幼児のおむつ替えができる設備にあっては、おむつ替えができる場所を別に設ける場合は、この限りでない。
　　　　　一部改正〔平成25年規則32号〕

（公共交通機関の施設の新築等をしようとする者の努力義務）
第39条　条例第11条第1項第3号に掲げる特定施設に不特定かつ多数の者が利用する便所を設ける場合にあっては、そのうち1以上（男子用及び女子用の区別があるときは、それぞれ1以上）の便所内に、人工肛（こう）門又は人工ぼうこうを使用している者がパウチを洗浄することができる水栓器具、汚物流し、トイレットペーパーホルダー、手荷物置き台及び鏡を設けた便房を設けるよう努めなければならない。
2　前項に規定する便房を設ける場合にあっては、当該便房の戸又はその付近及び当該便房が設けられている便所の出入口又はその付近に、その旨を表示した標識を掲示するよう努めなければならない。
　　　　　一部改正〔平成25年規則32号〕

（学校及び共同住宅に関する読替え）
第40条　第3条第1号イに掲げる用途に供する特定施設又は同条第2号に掲げる特定施設に対する次の表の上欄に掲げるこの規則の規定（同号に掲げる特定施設にあっては、第21条第1項の表（1）項（ろ）欄、第23条、第31条第1項第1号、第33条及び第34条を除く。）の適用については、これらの規定中同表の中欄に掲げる字句は、それぞれ同表の下欄に掲げる字句に読み替えるものとする。

資料編

第4条第1号	不特定かつ多数の者が利用し、若しくは主として高齢者、障害者等が利用する	多数の者が利用する
第14条第1項第1号ハ 第15条の表（2）項（い）欄、（3）項（い）欄、（4）項（い）欄及び（5）項（い）欄 第18条 第20条の表（1）項（い）欄 第21条第1項の表（1）項（ろ）欄 第23条 第29条 第31条第1項第1号 第33条 第34条	不特定かつ多数の者が利用し、又は主として高齢者、障害者等が利用する	

　　　　一部改正〔平成19年規則19号〕

（提出書類の経由等）

第41条　条例の規定により知事に提出する書類（愛知県事務処理特例条例（平成11年愛知県条例第55号）の規定により同条例別表第9の35の項の下欄に掲げる市の長に提出することとなる書類を除く。）は、当該特定施設の所在地の市町村長を経由しなければならない。

2　前項の書類の部数は、第7条及び第9条に規定する書類にあっては正本一部及び副本一部、その他の書類にあっては正本一部とする。

　　　　一部改正〔平成17年規則112号・19年19号・21年13号・24年25号・25年32号〕

　　　附　則

この規則は、平成17年7月1日から施行する。

　　　附　則（平成17年10月21日規則第112号）

この規則は、平成18年1月1日から施行する。

　　　附　則（平成19年3月23日規則第19号）

この規則は、公布の日から施行する。ただし、第41条第1項の改正規定は、平成19年4月1日から施行する。

　　　附　則（平成19年7月27日規則第49号）

1　この規則は、平成20年2月1日から施行する。

2　この規則の施行の際現に新築若しくは新設、増築又は改築（用途の変更をして特定施設（人にやさしい街づくりの推進に関する条例（平成6年愛知県条例第33号）第1条の2第2号に規定する特定施設をいう。以下同じ。）にすることを含む。以下「新築等」という。）の工事中の特定施設の当該新築等に係る同条例第11条第1項に規定する整備基準については、改正後の人にやさしい街づくりの推進に関する条例施行規則の規定にかかわらず、なお従前の例による。

　　　附　則（平成21年3月27日規則第13号）

この規則は、平成21年4月1日から施行する。

　　　附　則（平成24年3月30日規則第25号）

この規則は、平成24年4月1日から施行する。（後略）

　　　附　則（平成25年3月29日規則第32号）

1　この規則は、平成25年7月1日から施行する。ただし、第16条及び第41条第1項の改正規定は、同年4月1日から施行する。

関係法令

2　この規則の施行の際現に新築若しくは新設、増築又は改築（用途の変更をして特定施設（人にやさしい街づくりの推進に関する条例（平成6年愛知県条例第33号）第1条の2第2号に規定する特定施設をいう。以下同じ。）にすることを含む。以下「新築等」という。）の工事中の特定施設の当該新築等に係る同条例第11条第1項に規定する整備基準については、改正後の人にやさしい街づくりの推進に関する条例施行規則の規定にかかわらず、なお従前の例による。

様式第1（第7条関係）

特定施設整備計画届出書

（第1面）

年　　月　　日

愛 知 県 知 事 殿
（　　　市　長）

特定施設の新築等をしようとする者

氏名

（法人にあっては、名称及び代表者の氏名）

　人にやさしい街づくりの推進に関する条例（以下「条例」という。）第12条の規定に基づき、整備計画を届け出ます。

記

特定施設の新築等をしようとする者の概要

【1　特定施設の新築等をしようとする者】
　　　【イ　氏名のフリガナ】
　　　【ロ　氏名】
　　　【ハ　郵便番号】
　　　【ニ　住所】
　　　【ホ　電話番号】

【2　代理者の連絡先】
　　　【イ　氏名のフリガナ】
　　　【ロ　氏名】　　　　　　　　　　　　　　　（担当者名：　　　　　　　）
　　　【ハ　郵便番号】
　　　【ニ　住所】
　　　【ホ　電話番号】
　　　【ヘ　ファクシミリ番号】

（注意）　1　特定施設の新築等をしようとする者が2以上のときは、1欄は、代表となる特定施設の新築等をしようとする者について記入し、別紙に他の特定施設の新築等をしようとする者についてそれぞれ必要な事項を記入して添えてください。
　　　　　2　2欄は、代理者が法人の場合は、その名称及び担当者の氏名を記入してください。
　　　　　3　※印のある欄は、記入しないでください。

※市町村受付欄	※建設事務所受付欄	※決裁欄
年　　月　　日	年　　月　　日	
第　　　　　号	第　　　　　号	
係員印	係員印	

(第2面)

特定施設の概要

【3 特定施設の名称】

 【イ 名称のフリガナ】

 【ロ 名称】

【4 特定施設の所在地】

 【イ 郵便番号】

 【ロ 所在地】

【5 特定施設の種別】

 【イ 該当条項 条例第11条第1項】

  □第1号　　　□第2号（小規模特定施設）　　　□第3号（公共交通機関の施設）

 【ロ 該当条項 人にやさしい街づくりの推進に関する条例施行規則（以下「規則」という。）第3条】

□	第1号イ	学校その他これに類するもの	□ 第1号ワ	ホテル又は旅館
□	第1号ロ	博物館、美術館又は図書館		（客室数　　　　室）
□	第1号ハ	体育館、ボウリング場、スキー場、スケート場、水泳場、スポーツの練習場又は遊技場	□ 第1号カ	火葬場
			□ 第2号	共同住宅（規模：50戸超又は2,000㎡以上）（戸数　　　戸）
□	第1号ニ	病院、診療所、助産所又は施術所	□ 第3号	工場（規模：2,000㎡以上）
□	第1号ホ	社会福祉施設その他これに類するもの（具体的用途　　　　　）	□ 第4号	国、県、市町村等の事務所
			□ 第5号	銀行その他の金融機関の事務所
			□ 第6号	事務所（規模：2,000㎡以上）（第4号及び第5号の事務所を除く。）
□	第1号ヘ	劇場、映画館、演芸場又は観覧場（客席数　　　席）	□ 第7号	公衆便所
			□ 第8号	地下街その他これに類するもの
□	第1号ト	公会堂又は集会場	□ 第9号	道路（高速道路を除く。）
□	第1号チ	展示場	□ 第10号	公園、緑地その他これらに類するもの（具体的種別　　　　　）（面積　　　　㎡）
□	第1号リ	百貨店、マーケットその他の物品販売業を営む店舗		
□	第1号ヌ	飲食店、喫茶店その他これらに類するもの	□ 第11号	公共交通機関の施設
□	第1号ル	理髪店、クリーニング取次店、貸衣装屋その他これらに類するもの	□ 第12号、第13号	駐車場
			□ 第14号〜第16号	一団地の住宅施設その他これに類するもの（根拠法律等　　　　　）
□	第1号ヲ	公衆浴場		

【6 工事種別】

 1　建築物の場合　　　　□新築　　□増築　　□改築　　□用途変更

 2　その他の場合　　　　□新設　　□その他（　　　　　　　）

（注意）1　数字は算用数字を、単位はメートル法を用いてください。
　　　　2　5欄及び6欄は、該当する□にレ印を付すとともに、必要な事項を記入してください。

(第3面)

【7 床面積の合計（建築物の場合）】　　　（新築等の部分　　　）（その他の部分　　　）（合計　　　　　　）
　　【イ　建築物全体】　　　　　　　　　（　　　　　　㎡）（　　　　　　㎡）（　　　　　　㎡）
　　　　複数の用途がある場合　（用途1：　　　、面積　　　　㎡）（用途2：　　　、面積　　　　㎡）
　　【ロ　直接地上へ通ずる出入口のある階以外の階の不特定多数の者又は主として高齢者、障害者等が利
　　　　用する部分の床面積の合計（規則第19条第1項第1号）】
　　　　　　　　　　　　　　　　　　　　（　　　　　　㎡）（　　　　　　㎡）（　　　　　　㎡）
　　【ハ　特定施設（当該特定施設が建築物の一部である場合にあっては、当該特定施設を含む建築物）の
　　　　床面積の合計（規則第21条第1項の表及び第24条第1項第4号）】
　　　　＊ただし、工場（規則第3条第3号）又は事務所（規則第3条第6号）は不特定多数の者が利用する床面積の合計
　　　　　　　　　　　　　　　　　　　　（　　　　　　㎡）（　　　　　　㎡）（　　　　　　㎡）
　　【ニ　特定施設の床面積の合計（規則第24条第1項第1号）】
　　　　＊ただし、工場（規則第3条第3号）又は事務所（規則第3条第6号）は不特定多数の者が利用する床面積の合計
　　　　　　　　　　　　　　　　　　　　（　　　　　　㎡）（　　　　　　㎡）（　　　　　　㎡）

【8　階数（建築物の場合）】　　　新築等の部分：　　　　　　　　　その他の部分：
【9　不特定多数の者又は主として高齢者、障害者等が利用する部分の駐車台数】　　　　　台
【10　工事着手予定年月日】　　　　　　年　　　　月　　　　日
【11　工事完了予定年月日】　　　　　　年　　　　月　　　　日

（注意）　1　数字は算用数字を、単位はメートル法を用いてください。
　　　　　2　7欄イの合計の欄の値が1,000㎡以下の場合は、7欄ロ、ハ及びニを省略することができます。
　　　　　3　8及び9欄は、小規模特定施設の場合には、省略することができます。
　備考　用紙の大きさは、日本工業規格A4とする。

様式第2（その1）（第7条、第11条、第12条関係） （条例別表第1　建築物用（道路及び公園、緑地その他これらに類するもの以外用））

適合状況項目表

（第1面）

【1　敷地内の通路（屋外）】

整備基準			整備の状況	備考
1　不特定多数の者又は主として高齢者、障害者等が利用する経路の有無 （ない場合は、2〜22は記入しないこと。）				□有・□無	
不特定多数の者又は主として高齢者、障害者等が利用する経路がある場合	2　表面を滑りにくく、平たんにすること。		□有・□無	
	3　横断する排水溝の蓋は、つえ、車椅子のキャスター等が落ち込まないものとすること。		□排水溝がない □有・□無	
	4　段がある部分は、【4　階段（不特定多数の者又は主として高齢者、障害者等が利用するもの)】に準ずる構造とすること。		□段がない □有・□無	
	5　傾斜路の有無 （ない場合は、6〜9は記入しないこと。）		□有・□無	
	傾斜路がある場合	6　表面を粗面とし、又は滑りにくい材料で仕上げること。	□有・□無	
		7　手すりの設置の有無 ※手すりが必要な場合 ・勾配が1/12を超える場合 ・高さが16cmを超え、かつ勾配が1/20を超える場合	□手すり不要 □有・□無	
		8　色等によりその存在を容易に識別できるものとすること。	□有・□無	
		9　両側に転落を防ぐ構造を設けること（側面が壁面の場合を除く。）。	□転落のおそれなし □有・□無	
10　利用円滑化経路・便所までの経路の有無 （ない場合は、11〜22は記入しないこと。）				□有・□無	
利用円滑化経路（道等から利用居室等までの経路）又は便所までの経路がある場合	11　有効幅員：140cm以上		最小有効幅員 （　　　cm）	
	12　段の有無 （ない場合は、13及び14は記入しないこと。）		□有・□無	
	段がある場合	13　傾斜路の併設の有無	□有・□無	
		14　昇降機の併設の有無	□有・□無	
	15　傾斜路の有無 （ない場合は、16〜19は記入しないこと。）		□有・□無	
	傾斜路がある場合	16　有効幅員 　　段に代わるもの：140cm以上 　　段に併設するもの：90cm以上	最小有効幅員 （　　　cm）	
		17　傾斜路の勾配：1/15以下（高さ16cm以下の場合は、勾配1/8以下）	最大勾配 （1/　　）	
		18　高さ75cm以内ごとに踏幅が150cm以上の踊場を設けること（勾配が1/20を超える場合）。	□高さ75cm未満 □有・□無	
		19　傾斜路の始点及び終点の水平な部分の長さ：150cm以上	最小長さ （　　　cm）	
	20　戸の有無 （ない場合は、21及び22は記入しないこと。）		□有・□無	
	戸がある場合	21　高齢者、障害者等が容易に開閉して通過できる構造とすること。	□常に開放 □有・□無	
		22　前後に高低差がないこと。	□高低差あり □高低差なし	

(第2面)

【2 廊下等（屋内）】

整備基準			整備の状況	備考
1 不特定多数の者又は主として高齢者、障害者等の利用の有無（ない場合は、2～22は記入しないこと。）			□有・□無	
不特定多数の者又は主として高齢者、障害者等が利用するものがある場合	2 表面を滑りにくく、平たんにすること。		□有・□無	
	3 横断する排水溝の蓋は、つえ、車椅子のキャスター等が落ち込まないものとすること。		□排水溝がない □有・□無	
	4 段がある部分は、【4 階段（不特定多数の者又は主として高齢者、障害者等が利用するもの）】に準ずる構造とすること。		□段がない □有・□無	
	5 傾斜路の有無 （ない場合は、6～9は記入しないこと。）		□有・□無	
	傾斜路がある場合	6 表面を粗面とし、又は滑りにくい材料で仕上げること。	□有・□無	
		7 手すりの設置の有無 ※手すりが必要な場合 ・勾配が1/12を超える場合 ・高さが16cmを超える場合	□手すり不要 □有・□無	
		8 色等によりその存在を容易に識別できるものとすること。	□有・□無	
		9 両側に転落を防ぐ構造を設けること（側面が壁面の場合を除く。）。	□転落のおそれなし □有・□無	
10 利用円滑化経路・便所までの経路等の有無 （ない場合は、11～22は記入しないこと。）			□有・□無	
利用円滑化経路、便所までの経路又は地下街の通路がある場合	11 有効幅員：140cm以上		最小有効幅員 （　　　cm）	
	12 段の有無 （ない場合は、13及び14は記入しないこと。）		□有・□無	
	段がある場合	13 傾斜路の併設の有無	□有・□無	
		14 昇降機の併設の有無	□有・□無	
	15 傾斜路の有無 （ない場合は、16～19は記入しないこと。）		□有・□無	
	傾斜路がある場合	16 有効幅員 段に代わるもの：140cm以上 段に併設するもの：90cm以上	最小有効幅員 （　　　cm）	
		17 傾斜路の勾配：1/12以下（高さ16cm以下の場合は、勾配1/8以下）	最大勾配 （1/　　）	
		18 高さ75cm以内ごとに踏幅が150cm以上の踊場を設けること。	□高さ75cm未満 □有・□無	
		19 傾斜路の始点及び終点の水平な部分の長さ：150cm以上	最小長さ （　　　cm）	
	20 戸の有無 （ない場合は、21及び22は記入しないこと。）		□有・□無	
	戸がある場合	21 高齢者、障害者等が容易に開閉して通過できる構造とすること。	□常に開放 □有・□無	
		22 前後に高低差がないこと。	□高低差あり □高低差なし	

(第3面)

【3 出入口（利用円滑化経路を構成するもの又は地下街のもの）】

整備基準			整備の状況	備考
1 利用円滑化経路を構成する出入口又は地下街の出入口の有無（ない場合は2～7は記入しないこと。）			□有・□無	
利用円滑化経路を構成する出入口又は地下街の出入口がある場合	有効幅員	2 直接地上へ通ずる出入口のうち1以上：90cm以上	最小有効幅員（　　　cm）	
		3 その他の出入口：80cm以上	□その他の出入口がない 最小有効幅員（　　　cm）	
	4 段を設けないこと。		□段あり □段なし	
	5 戸の有無 （ない場合は、6及び7は記入しないこと。）		□有・□無	
	戸がある場合	6 高齢者、障害者等が容易に開閉して通過できる構造とすること。	□常に開放 □有・□無	
		7 前後に高低差がないこと。	□高低差あり □高低差なし	

【4 階段（不特定多数の者又は主として高齢者、障害者等が利用するもの）】

整備基準		整備の状況	備考
1 不特定多数の者又は主として高齢者、障害者等が利用する階段の有無 （ない場合は、2～7は記入しないこと。）		□有・□無	
不特定多数の者又は主として高齢者、障害者等が利用する階段がある場合	2 回り階段としないこと。	□回り階段あり □回り階段なし	
	3 手すりを設けること。	□有・□無	
	4 段鼻を滑りにくくすること。	□有・□無	
	5 表面は、粗面とし、又は滑りにくい材料で仕上げること。	□有・□無	
	6 色等により段を容易に識別できるものとすること。	□有・□無	
	7 段鼻をつまずきにくい構造とすること。	□有・□無	

【5 エレベーター（利用円滑化経路を構成するもの）】

整備基準		整備の状況	備考
1 エレベーターの設置要件 以下のいずれかの設置要件に該当するか否か。 ・特定施設整備計画届出書【7】ロの新築等の部分欄が1,000 ㎡超 　※学校：階数が3階以上かつ床面積が2,000 ㎡以上 　共同住宅：階数が3階以上かつ50戸超 ・利用円滑化経路を構成する場合 （該当する場合は、2～16を記入すること。）		□該当する □該当しない	□任意設置
エレベーターがある場合	2 籠の奥行き：135 cm以上	最小長さ（　　　cm）	
	3 出入口の有効幅員：80cm以上	有効幅員（　　　cm）	
	4 利用居室等、車椅子使用者用便房及び車椅子使用者用駐車施設のある階並びに地上階に停止すること。	□有・□無	
	乗降ロビー 5 高低差がないこと。	□高低差あり □高低差なし	
	乗降ロビー 6 幅・奥行き：150 cm以上	最小長さ（　　　cm）	
	7 車椅子使用者の利用に配慮した操作ボタン等を設けること。	□有・□無	

(第4面)

整備基準			整備の状況	備考
エレベーターがある場合		8 停止予定階及び現在位置の表示装置を設けること。	□有・□無	
		9 乗降ロビーに、到着する籠の昇降方向を表示する装置を設けること。	□有・□無	
		10 不特定多数の者の利用の有無 （ない場合は、11及び12は記入しないこと。）	□有・□無	
	利用がある場合	11 籠の幅：140cm以上	最小長さ （　　　cm）	
		12 籠を車椅子の転回に支障がない構造とすること。	□有・□無	
		13 不特定多数の者又は視覚障害者の利用の有無 （ない場合は、14～16は記入しないこと。）	□有・□無	
	利用がある場合	14 到着階と戸の閉鎖を音声により知らせる装置を設けること。	□有・□無	
		15 操作ボタン等を点字等視覚障害者が円滑に操作できる構造とすること。	□有・□無	
		16 籠の昇降方向を音声により知らせる装置を設けること。	□有・□無	

【6 便所（不特定多数の者又は主として高齢者、障害者等が利用するもの)】

整備基準			整備の状況	備考
1 不特定多数の者又は主として高齢者、障害者等が利用する便所の有無 （ない場合は2～14は記入しないこと。）			□有・□無	
不特定多数の者又は主として高齢者、障害者等が利用する便所がある場合		2 段の有無 （ない場合は、3～5は記入しないこと。）	□有・□無	
		3 傾斜路の有無 （ない場合は、4及び5は記入しないこと。）	□有・□無	
	傾斜路がある場合	4 傾斜路の勾配：1/12以下（高さ16cm以下の場合は、勾配1/8以下）	最大勾配 （1/　　）	
		5 表面を粗面とし、又は滑りにくい材料で仕上げること。	□有・□無	
	6 床の表面を滑りにくくすること。		□有・□無	
	各便所の1以上の便房の構造	7 洋式便器を設けること。	□有・□無	
		8 手すりを設けること。	□有・□無	
	9 出入口に近い小便器の周囲に手すりを設け、床置式等とすること。		□小便器がない □有・□無	
	附帯設備の設置	10 特定施設整備計画届出書【7】イ欄の面積 （1,000㎡以下（公衆便所は50㎡未満）又は設置対象外の用途の場合は、11及び12は記入しないこと。） ※設置対象外の用途 　人にやさしい街づくりの推進に関する条例施行規則（以下「規則」という。）第3条第1号イ、ハ、ホ、ル、ヲ、ワ若しくはカ、第2号、第3号、第5号、第6号、第8号、第12号又は第13号	□1,000㎡超（公衆便所50㎡以上） □1,000㎡以下（公衆便所50㎡未満、対象外の用途を含む。）	
		11 乳幼児用椅子等を設けること。	□有・□無	□任意設置
		12 乳幼児用ベッド等を設けること。	□有・□無	□任意設置

(第5面)

整 備 基 準	整備の状況	備考
 不特定多数の者又は主として高齢者、障害者等が利用する便所がある場合 **附帯設備の設置** 13　特定施設整備計画届出書【7】イ欄の面積 　　（2,000 ㎡未満（公衆便所は 50 ㎡未満）又は設置対象外の用途の場合は、14 は記入しないこと。） 　※設置対象外の用途 　　規則第3条第1号カ、第2号、第3号、第6号又は第8号	□2,000 ㎡以上（公衆便所 50 ㎡以上） □2,000 ㎡未満（公衆便所 50 ㎡未満、対象外の用途を含む。）	
14　オストメイト対応設備（水栓器具、汚物流し、トイレットペーパーホルダー、手荷物置き台及び鏡）を設けること。	□有・□無	□任意設置

【7　車椅子使用者用便房】

整 備 基 準	整備の状況	備考
1　特定施設整備計画届出書【7】ハの合計欄の面積（1,000 ㎡以下（公衆便所は 50 ㎡未満）の場合は、2〜9は記入しないこと。） ※規則第3条第3号及び規則第3条第6号の場合は、不特定多数の者等が利用する部分の面積に限る。	□1,000 ㎡超（公衆便所 50 ㎡以上） □1,000 ㎡以下（公衆便所 50 ㎡未満）	□任意設置
車椅子使用者用便房がある場合 **便房の構造** 2　便房のある便所の出入口の有効幅員　：80cm以上	有効幅員 （　　　cm）	
出入口 3　有効幅員：80cm以上	有効幅員 （　　　cm）	
4　戸を施錠の操作がしやすく、外部からも解錠することができ、高齢者、障害者等が容易に開閉して通過できる構造とすること。	□有・□無	
5　戸の前後に高低差がないこと。	□高低差あり □高低差なし	
6　レバー式又は光感知式等の水栓器具を備えた洗面台を設けること。	□有・□無	
7　洋式便器を設けること。	□有・□無	
8　手すりを設けること。	□有・□無	
9　車椅子使用者等が円滑に利用できる十分な空間を確保すること。	□有・□無	

【8　興行場等の客席】

整 備 基 準	整備の状況	備考
1　特定施設整備計画届出書【5】の客席数 　　（200 席未満の場合は、2〜10 は記入しないこと。）	□200 席以上 □200 席未満	
車椅子使用者が利用できる客席の部分がある場合 2　数	（　　　席）	
3　出入口から容易に到達でき、観覧しやすい位置に設けること。	□有・□無	
4　床を水平とし、その表面は滑りにくく、平たんにすること。	□有・□無	
車椅子使用者が利用できる通路 5　有効幅員：90cm以上	有効幅員 （　　　cm）	
6　段の有無 　　（ない場合は、7〜9は記入しないこと。）	□有・□無	

(第6面)

整備基準			整備の状況	備考
車椅子使用者が利用できる客席の部分がある場合	車椅子使用者が利用できる通路	7 傾斜路の有無 （ない場合は、8及び9は記入しないこと。）	□有・□無	
		傾斜路がある場合 8 傾斜路の勾配：1/12以下（高さ16cm以下の場合は、勾配1/8以下）	最大勾配 （1/　　）	
		9 傾斜路の始点及び終点の水平な部分の長さ：150cm以上	最小長さ （　　　cm）	
	10 表面は滑りにくく、平たんにすること。		□有・□無	

【9 車椅子使用者用駐車施設及び車椅子使用者が通行できる通路】

整備基準		整備の状況	備考
1 特定施設整備計画届出書【9】駐車台数 （25台以下の場合は、2～7は記入しないこと。）		□25台超 □25台以下	□任意設置（　　台）
車椅子使用者用駐車施設がある場合	2 数	（　　　台）	
	3 利用円滑化経路等の長さができるだけ短くなる位置に設けること。	□有・□無	
	4 駐車場が建築物である場合、地上階又は利用円滑化経路を構成するエレベーターが停止する階に設けること。	□駐車場が建築物でない □有・□無	
	5 有効幅員：350cm以上	有効幅員 （　　　cm）	
	6 地面又は床を水平とし、滑りにくく、平たんにすること。	□有・□無	
7 主要な出入口までの経路を構成する通路を利用円滑化経路と同等の構造とすること。		□有・□無	

【10 案内表示】

整備基準		整備の状況	備考
1 特定施設整備計画届出書【7】ハの合計欄の面積（1,000㎡以下（公衆便所は50㎡未満）の場合は、2～7は記入しないこと。） ※規則第3条第3号及び規則第3条第6号の場合は、不特定多数の者等が利用する部分の面積に限る。		□1,000㎡超（公衆便所50㎡以上） □1,000㎡以下（公衆便所50㎡未満）	□任意設置
不特定多数の者又は主として視覚障害者が利用する部分への点状ブロック等の敷設がある場合	2 廊下等の段がある部分及び傾斜がある部分の上端に近接する部分	□廊下等に段及び傾斜路がない □有・□無	
	3 傾斜路の傾斜がある部分の上端に近接する踊場の部分	□傾斜路がない □有・□無	
	4 階段の段がある部分の上端に近接する踊場の部分	□階段がない □有・□無	
5 視覚障害者利用円滑化経路への線状・点状ブロック等の敷設又は音声誘導設備等の設置の有無 （ない場合は、6及び7は記入しないこと。）		□有・□無	□任意設置
視覚障害者利用円滑化経路を構成する敷地内の通路への点状ブロック等の敷設がある場合	6 車路に近接する部分	□有・□無	
	7 段がある部分及び傾斜がある部分の上端に近接する部分	□有・□無	

(第7面)

整備基準	整備の状況	備考
その他の案内表示	8　洋式便器及び手すりが設けられている旨を表示した標識を掲示すること。	□洋式便器及び手すりがない □有・□無	
	9　乳幼児用椅子等、乳幼児用ベッド等又はオストメイト対応設備が設けられている旨を表示した標識を掲示すること。	□乳児用椅子等がない □有・□無	
	10　車椅子使用者用便房が設けられている旨を表示した標識を掲示すること。	□車椅子使用者用便房がない □有・□無	
	11　車椅子使用者用駐車施設の表示すること。	□車椅子使用者用駐車施設がない □有・□無	
	12　情報提供のための案内設備の案内表示の位置、表記方法、文字の大きさ等を高齢者、障害者等に配慮したものとすること。	□案内設備がない □有・□無	

【11　その他】

整備基準	整備の状況	備考
1　利用円滑化経路とするものに係る駐車場が建築物である場合、地上階又は利用円滑化経路を構成するエレベーターが停止する階に設けること。	□駐車場が建築物ではない □有・□無	
2　車椅子使用者用浴室等の有無 　（ない場合は、3～8は記入しないこと。）	□有・□無	
車椅子使用者用浴室等がある場合	3　車椅子使用者が円滑に利用できるよう浴槽、シャワー、手すり等を適切に配置し、十分な空間を確保すること。	□有・□無	
	4　床面を粗面とし、又は滑りにくい材料で仕上げること。	□有・□無	
	5　出入口から浴槽又はシャワー設備までの床面に段を設けないこと。	□段あり □段なし	
	出入口	6　有効幅員：80cm以上	有効幅員（　　cm）	
		7　戸を高齢者、障害者等が容易に開閉して通過できる構造とすること。	□有・□無	
		8　戸の前後に高低差がないこと。	□高低差あり □高低差なし	
9　特定施設整備計画届出書【7】イの合計欄が2,000㎡以上かつ【5】客室数が50室以上に該当するか否か。 　（該当する場合は、10～19を記入すること。）	□該当する □該当しない	□任意設置
車椅子使用者用客室がある場合	10　数	（　　室）	
	出入口	11　有効幅員：80cm以上	有効幅員（　　cm）	
		12　戸を高齢者、障害者等が容易に開閉して通過できる構造とすること。	□有・□無	
		13　戸の前後に高低差がないこと。	□高低差あり □高低差なし	
	便所	14　車椅子使用者用客室の便所の有無 　（客室内にない場合又は客室と同じ階に車椅子使用者用便房がある場合は、15～18は記入しないこと。）	□有・□無	
		15　便所【7　車椅子使用者用便房】に定める構造の便房を設けること。	□有・□無	
		16　出入口の有効幅員：80cm以上	有効幅員（　　cm）	
		17　戸を高齢者、障害者等が容易に開閉して通過できる構造とすること。	□有・□無	

(第8面)

整備基準			整備の状況	備考
車椅子使用者用客室がある場合	便所	18　戸の前後に高低差がないこと。	□高低差あり □高低差なし	
		19　浴室等を【11　その他】2の車椅子使用者用浴室等がある場合に定める構造とすること。	□客室内に浴室がない □有・□無	
	20　不特定多数の者又は主として高齢者、障害者等が利用するカウンター等を設置する場合は、高齢者、障害者等の利用に配慮したものを設けること。		□不特定多数の者又は主として高齢者、障害者等が利用するカウンター等がない □有・□無	

【12　努力義務】

規則第31条の特定施設の新築等をしようとする者の努力義務について措置したものを記入してください。

(注意)　1　数字は算用数字を、単位はメートル法を用いてください。
　　　　2　整備の状況欄は、該当する□にレ印を付すとともに、数字を記入してください。
　　　　3　基準に適合しない場合には、「備考」欄に措置の状況を記入してください。
　　　　4　規則第3条第1号イに掲げる用途に供する特定施設又は同条第2号に掲げる特定施設の場合は、「不特定多数の者又は主として高齢者、障害者が利用する」を「多数の者が利用する」に読み替えます。
　備考　用紙の大きさは、日本工業規格A4とする。

様式第2（その2）（第7条、第11条、第12条関係）　　　　　　　　　　（条例別表第1　道路用）

適合状況項目表

【歩道及び自転車歩行者道】

整備基準		整備の状況	備考
1　歩道及び自転車歩行者道の有無 　　（ない場合は、2～11は記入しないこと。）		□有・□無	
歩道及び自転車歩行者道がある場合	2　有効幅員 　・歩道　200 cm以上 　・自転車歩行者道　300 cm以上	最小有効幅員 （　　　cm） （　　　cm）	
^	3　段の有無	□有・□無	
^	4　表面を滑りにくく、平たんにすること。	□有・□無	
^	5　横断する排水溝の蓋は、つえ、車椅子のキャスター等が落ち込まないものとすること。	□有・□無	
^	6　舗装を水はけの良いものとすること。	□有・□無	
^	7　歩道切下げ部等ですりつけが発生する場合の縦断勾配：5％以下（やむを得ない場合は、8％以下）	最大勾配 （　　％）	
^	8　横断勾配：2％以下	最大勾配 （　　％）	
^	9　交差点又は横断歩道において車道と接する部分は、車椅子使用者の通行に支障のない構造とすること。	□有・□無	
^	10　横断歩道に接続する歩道等の部分に車椅子使用者が円滑に転回できる平たんな部分を設けること。	□有・□無	
^	11　線状・点状ブロック等の敷設の有無	□有・□無	

（注意）　1　数字は算用数字を、単位はメートル法を用いてください。
　　　　　2　整備の状況欄は、該当する□にレ印を付すとともに、数字を記入してください。
　　　　　3　基準に適合しない場合には、「備考」欄に措置の状況を記入してください。
　備考　用紙の大きさは、日本工業規格A4とする。

様式第2（その3）（第7条、第11条、第12条関係）　　（条例別表第1　公園、緑地その他これらに類するもの用）

適合状況項目表

(第1面)

【1　主要な園路】

整備基準	整備の状況	備考
1　園路の有無 　（ない場合は、2～19は記入しないこと。）	□有・□無	
園路がある場合 / 2　有効幅員：140 cm以上	最小有効幅員 （　　　cm）	
3　段の有無 　（ない場合は、4～6は記入しないこと。）	□有・□無	
段がある場合 / 4　傾斜路の併設の有無	□有・□無	
段がある場合 / 5　昇降機の併設の有無	□有・□無	
段がある場合 / 6　段がある部分は、人にやさしい街づくりの推進に関する条例施行規則（以下「規則」という。）第18条に規定する階段の構造に準ずる構造とすること。	□有・□無	
7　表面を滑りにくく、平たんにすること。	□有・□無	
8　横断する排水溝の蓋は、つえ、車椅子のキャスター等が落ち込まないものとすること。	□排水溝がない □有・□無	
9　傾斜路の有無 　（ない場合は、10～17は記入しないこと。）	□有・□無	
傾斜路の構造がある場合 / 10　有効幅員 　　段に代わるもの：140 cm以上 　　段に併設するもの：90cm以上	最小有効幅員 （　　　cm）	
11　傾斜路の勾配：1/15以下（高さ16cm以下の場合は、勾配1/8以下）	最大勾配 （1/　　）	
12　高さ75cm以内ごとに踏幅が150cm以上の踊場を設けること（勾配が1/20を超える場合）。	□高さ75cm未満 □有・□無	
13　傾斜路の始点及び終点の水平な部分の長さ：150cm以上	最小長さ （　　　cm）	
14　表面を粗面とし、又は滑りにくい材料で仕上げること。	□有・□無	
15　手すりの設置の有無 　※手すりが必要な場合 　・勾配が1/12を超える場合 　・高さが16cmを超え、かつ勾配が1/20を超える場合	□手すり不要 □有・□無	
16　色等によりその存在を容易に識別できるものとすること。	□有・□無	
17　両側に転落を防ぐ構造を設けること（側面が壁面の場合を除く。）。	□転落のおそれなし □有・□無	
18　縦断勾配：4％以下 　（やむを得ない場合は、8％以下）	最大勾配 （　　　％）	
19　横断勾配：1％以下 　（やむを得ない場合は、2％以下）	最大勾配 （　　　％）	

【2　出入口】

整備基準	整備の状況	備考
1　有効幅員：120 cm以上（車止めの柵を設ける場合は、柵と柵の間隔90cm以上）	最小有効幅員 （　　　cm）	
2　段を設けないこと。	□段あり □段なし	
3　表面を滑りにくく、平たんにすること。	□有・□無	

(第2面)

整備基準	整備の状況	備考
4　戸の有無 　（ない場合は、5及び6は記入しないこと。）	□有・□無	
戸がある場合　5　高齢者、障害者等が容易に開閉して通過できる構造とすること。	□常に開放 □有・□無	
戸がある場合　6　前後に高低差がないこと。	□高低差あり □高低差なし	

【3　便所】

整備基準	整備の状況	備考
1　便所の有無 　（ない場合は、2～9は記入しないこと。）	□有・□無	
便所がある場合　2　段の有無 　（ない場合は、3～5は記入しないこと。）	□有・□無	
3　傾斜路の有無 　（ない場合は、4及び5は記入しないこと。）	□有・□無	
傾斜路がある場合　4　傾斜路の勾配：1/12以下（高さ16cm以下の場合は、勾配1/8以下）	最大勾配 （1/　　）	
5　表面を粗面とし、又は滑りにくい材料で仕上げること。	□有・□無	
6　床の表面を滑りにくくすること。	□有・□無	
各便所の1以上の便房の構造　7　洋式便器を設けること。	□有・□無	
8　手すりを設けること。	□有・□無	
9　出入口に近い小便器の周囲に手すりを設け、床置式等とすること。	□小便器がない □有・□無	

【4　車椅子使用者用便房】

整備基準	整備の状況	備考
1　特定施設整備計画届出書【5】第10号の面積 　（5,000㎡以下の場合は、2～7は記入しないこと。）	□5,000㎡超 □5,000㎡以下	□任意設置
車椅子使用者用便房がある場合　2　便房のある便所の出入口の有効幅員：80cm以上	有効幅員 （　　cm）	
便房の構造　3　便房の出入口の有効幅員：80cm以上	有効幅員 （　　cm）	
4　レバー式又は光感知式等の水栓器具を備えた洗面台を設けること。	□有・□無	
5　洋式便器を設けること。	□有・□無	
6　手すりを設けること。	□有・□無	
7　車椅子使用者等が円滑に利用できる十分な空間を設けること。	□有・□無	

【5　車椅子使用者用駐車施設及び車椅子使用者が通行できる通路】

整備基準	整備の状況	備考
1　特定施設整備計画届出書【9】の駐車場台数 　（25台以下の場合は、2～6は記入しないこと。）	□25台超 □25台以下	□任意設置（　　台）
車椅子使用者用駐車施設がある場合　2　数	（　　台）	
3　主要な出入口までの経路の長さができるだけ短くなる位置に設けること。	□有・□無	

247

(第3面)

整 備 基 準	整備の状況	備考
車椅子使用者用駐車施設がある場合	4　有効幅員：350 cm以上	最小有効幅員 （　　　cm）	
	5　地面又は床を水平とし、滑りにくく、平たんにすること。	□有・□無	
6　主要な出入口までの経路を構成する通路を利用円滑化経路と同等の構造とすること。		□有・□無	

【6　案内表示】

整 備 基 準	整備の状況	備考
1　出入口が直接車道に接する場合は、点状ブロック等の敷設、舗装材の変化等により車道との境界を認識できるようにすること。	□出入口が直接車道に接していない □有・□無	
2　洋式便器及び手すりが設けられている旨を表示した標識を掲示すること。	□洋式便器及び手すりがない □有・□無	
3　車椅子使用者用便房が設けられている旨を表示した標識を掲示すること。	□車椅子使用者用便房がない □有・□無	
4　車椅子使用者用駐車施設の表示をすること。	□車椅子使用者用駐車施設がない □有・□無	
5　情報提供のための案内設備の案内表示の位置、表記方法、文字の大きさ等を高齢者、障害者等に配慮したものとすること。	□案内設備がない □有・□無	

【7　その他】

整 備 基 準	整備の状況	備考
ベンチ、水飲場等を設ける場合は、高齢者、障害者等の利用に配慮した構造とすること。	□ベンチ、水飲場等がない □有・□無	

【8　努力義務】

規則第31条の特定施設の新築等をしようとする者の努力義務について措置したものを記入してください。

（注意）　1　数字は算用数字を、単位はメートル法を用いてください。
　　　　　2　整備の状況欄は、該当する□にレ印を付すとともに、数字を記入してください。
　　　　　3　基準に適合しない場合には、「備考」欄に措置の状況を記入してください。
　備考　用紙の大きさは、日本工業規格Ａ４とする。

様式第2（その4）（第7条、第11条、第12条関係）　　　　　　　　　　（条例別表第2　小規模特定施設用）

適合状況項目表

(第1面)

【1　敷地内の通路】

整　備　基　準	整備の状況	備考
1　有効幅員：140 cm以上	最小有効幅員 （　　　cm）	
2　段の有無 　　（ない場合は、3～10は記入しないこと。）	□有・□無	
段がある場合　　3　傾斜路の併設の有無	□有・□無	
4　昇降機の併設の有無	□有・□無	
段の構造　5　回り階段としないこと。	□回り階段あり □回り階段なし	
6　手すりを設けること。	□有・□無	
7　段鼻を滑りにくくすること。	□有・□無	
8　表面は、粗面とし、又は滑りにくい材料で仕上げること。	□有・□無	
9　色等により段を容易に識別できるものとすること。	□有・□無	
10　段鼻をつまずきにくい構造とすること。	□有・□無	
11　表面を滑りにくく、平たんにすること。	□有・□無	
12　横断する排水溝の蓋は、つえ、車椅子のキャスター等が落ち込まないものとすること。	□排水溝がない □有・□無	
13　傾斜路の有無 　　（ない場合は、14～21は記入しないこと。）	□有・□無	
傾斜路がある場合　14　表面を粗面とし、又は滑りにくい材料で仕上げること。	□有・□無	
15　手すりの設置の有無 　　※手すりが必要な場合 　　・勾配が1/12を超える場合 　　・高さが16cmを超え、かつ勾配が1/20を超える場合	□手すり不要 □有・□無	
16　色等によりその存在を容易に識別できるものとすること。	□有・□無	
17　両側に転落を防ぐ構造を設けること（側面が壁面の場合を除く。）。	□転落のおそれなし □有・□無	
18　有効幅員 　　　　段に代わるもの：140 cm以上 　　　　段に併設するもの：90cm以上	最小有効幅員 （　　　cm）	
19　傾斜路の勾配：1/15以下　（高さ16cm以下の場合は、勾配1/8以下）	最大勾配 （1/　　）	
20　高さ75cm以内ごとに踏幅150 cm以上の踊場を設けること（勾配が1/20を超える場合）。	□高さ75cm未満 □有・□無	
21　傾斜路の始点及び終点の水平な部分の長さ：150 cm以上	最小長さ （　　　cm）	
22　戸の有無 　　（ない場合は、23及び24は記入しないこと。）	□有・□無	
戸がある場合　23　高齢者、障害者等が容易に開閉して通過できる構造とすること。	□常に開放 □有・□無	
24　前後に高低差がないこと。	□高低差あり □高低差なし	

249

(第2面)

【2 直接地上へ通ずる出入口】

整 備 基 準	整備の状況	備考
1　有効幅員：90cm以上	最小有効幅員 （　　　cm）	
2　段を設けないこと。	□段あり □段なし	
3　戸の有無 　（ない場合は、4及び5は記入しないこと。）	□有・□無	
戸がある場合　4　高齢者、障害者等が容易に開閉して通過できる構造とすること。	□常に開放 □有・□無	
5　前後に高低差がないこと。	□高低差あり □高低差なし	

【3　努力義務】

人にやさしい街づくりの推進に関する条例施行規則第34条の特定施設の新築等をしようとする者の努力義務について措置したものを記入してください。

（注意）1　数字は算用数字を、単位はメートル法を用いてください。
　　　　2　整備の状況欄は、該当する□にレ印を付すとともに、数字を記入してください。
　　　　3　基準に適合しない場合には、「備考」欄に措置の状況を記入してください。
　備考　用紙の大きさは、日本工業規格A4とする。

様式第2（その5）（第7条、第11条、第12条関係）　　　　　　（条例別表第3　公共交通機関の施設用）

適合状況項目表

(第1面)

【1　通路】

整備基準			整備の状況	備考
一般		1　床の表面を滑りにくい仕上げとすること。	□有・□無	
		2　段の有無 （ない場合は、3及び4は記入しないこと。）	□有・□無	
	段がある場合	3　色等により段を容易に識別できるものとすること。	□有・□無	
		4　つまずきの原因となるものが設けられていない構造とすること。	□有・□無	
		5　傾斜路の有無 （ない場合は、6～9は記入しないこと。）	□有・□無	
	傾斜路がある場合	6　手すりを両側に設けること。	□有・□無	
		7　床の表面を滑りにくい仕上げとすること。	□有・□無	
		8　色等によりその存在を容易に識別できるものとすること。	□有・□無	
		9　両側に立ち上がり部を設けること（両側が壁面の場合を除く。）。	□両側が壁面 □有・□無	
移動等円滑化経路		10　有効幅員：140 cm以上	最小有効幅員 （　　　cm）	
		11　戸の有無 （ない場合は、12及び13は記入しないこと。）	□有・□無	
	戸がある場合	12　有効幅員：90cm以上（やむを得ない場合は80cm以上）	最小有効幅員 （　　　cm）	
		13　自動開閉又は高齢者、障害者等が容易に開閉して通過できる構造とすること。	□有・□無	
		14　段の有無 （ない場合は、15は記入しないこと。）	□有・□無	
		15　段がある場合の傾斜路の併設の有無	□有・□無	
		16　照明設備を設けること。	□有・□無	
		17　傾斜路の有無 （ない場合は、18～20は記入しないこと。）	□有・□無	
	傾斜路がある場合	18　有効幅員：120 cm以上（段に併設するものは、90cm以上）	最小有効幅員 （　　　cm）	
		19　傾斜路の勾配： 　　屋内 1/12以下 　　屋外 1/15以下 　（高さ16cm以下の場合は、勾配1/8以下）	最大勾配 屋内（1/　） 屋外（1/　）	
		20　高さ75cm以内ごとに踏幅が150 cm以上の踊場を設けること。	□高さ75 cm未満 □有・□無	

【2　移動等円滑化経路と公共用通路の出入口】

整備基準	整備の状況	備考
1　有効幅員 　：90cm以上（やむを得ない場合は、80cm以上）	最小有効幅員 （　　　cm）	
2　戸の有無 （ない場合は、3及び4は記入しないこと。）	□有・□無	

251

(第2面)

整 備 基 準		整備の状況	備考
戸がある場合	3　有効幅員：90cm以上（やむを得ない場合は、80cm以上）	最小有効幅員 （　　　cm）	
	4　自動開閉又は高齢者、障害者等が容易に開閉して通過できる構造とすること。	□有・□無	
5　段の有無 　（ない場合は、6は記入しないこと。）		□有・□無	
6　段を設ける場合の傾斜路の併設の有無（傾斜路の構造は、【1　通路】の欄に記入すること。）		□有・□無	

【3　階段】

整 備 基 準		整備の状況	備考
1　階段の有無 　（ない場合は、2～9は記入しないこと。）		□有・□無	
階段がある場合	2　手すりを両側に設けること。	□有・□無	
	3　手すりの端部付近に階段の通ずる場所を示す点字を貼り付けること。	□有・□無	
	4　回り段がないこと。	□回り階段あり □回り階段なし	
	5　踏面の表面を滑りにくい仕上げとすること。	□有・□無	
	6　色等により段を容易に識別できるものとすること。	□有・□無	
	7　つまずきの原因となるものが設けられていない構造とすること。	□有・□無	
	8　両側に立ち上がり部を設けること（両側が壁面の場合を除く。）。	□両側が壁面 □有・□無	
	9　照明設備を設けること。	□有・□無	

【4　エレベーター（移動等円滑化経路を構成するもの）】

整 備 基 準			整備の状況	備考
1　エレベーターの有無 　（ない場合は、2～14は記入しないこと。）			□有・□無	
エレベーターがある場合	2　出入口の有効幅員：80cm以上		有効幅員 （　　　cm）	
	籠の大きさ	3　幅：140cm以上	（　　　cm）	
		4　奥行き：135cm以上	（　　　cm）	
	5　籠内に鏡を設けること。		□有・□無	
	6　出入口にガラス窓等又は籠外及び籠内に画像を表示する設備を設けること。		□有・□無	
	7　籠内に手すりを設けること。		□有・□無	
	8　開扉時間を延長する機能を有したものとすること。		□有・□無	
	9　停止予定階及び現在位置の表示設備を設けること。		□有・□無	
	10　到着階と戸の閉鎖を音声により知らせる設備を設けること。		□有・□無	
	11　籠内及び乗降ロビーに車椅子使用者が円滑に操作できる位置に操作盤を設けること。		□有・□無	
	12　籠内及び乗降ロビーに設ける操作盤のそれぞれ1以上を視覚障害者が容易に操作できる構造とすること。		□有・□無	
	13　乗降ロビーの幅・奥行き：150cm以上		最小長さ （　　　cm）	
	14　乗降ロビーに籠の昇降方向を音声により知らせる設備を設けること。		□有・□無	

(第3面)

【5　エスカレーター】

整　備　基　準	整備の状況	備考
1　エスカレーターの有無 　（ない場合は、2～9は記入しないこと。）	□有・□無	
エスカレーターがある場合 / 移動等円滑化経路 / 一般　2　行き先及び昇降方向を音声により知らせる設備を設けること。	□有・□無	
3　上り専用及び下り専用のものをそれぞれ設けること。	□有・□無	
4　踏み段の表面及びくし板は滑りにくい仕上げとすること。	□有・□無	
5　昇降口は、3枚以上の踏み段を同一平面上にすること。	□有・□無	
6　色等により踏み段相互及びくし板と踏み段の境界を容易に識別できるものとすること。	□有・□無	
7　上端と下端に近接する通路の床面等に進入の可否を示すこと。	□有・□無	
8　有効幅員：80cm以上	有効幅員 （　　　cm）	
9　踏み段の面を車椅子使用者が円滑に昇降するために必要な広さとし、車止めを設けること。	□有・□無	

【6　便所】

整　備　基　準	整備の状況	備考
1　便所の有無 　（ない場合は、2～28は記入しないこと。）	□有・□無	
便所がある場合　2　段の有無 　（ない場合は、3～5は記入しないこと。）	□有・□無	
3　傾斜路の有無 　（ない場合は、4及び5は記入しないこと。）	□有・□無	
傾斜路がある場合　4　傾斜路の勾配：1/12以下（高さ16cm以下の場合は、勾配1/8以下）	最大勾配 （1/　　）	
5　表面を粗面とし、又は滑りにくい材料で仕上げること。	□有・□無	
6　出入口付近に、男女の区別及び便所の構造を音、点字等により示す設備を設けること。	□有・□無	
7　床の表面を滑りにくい仕上げとすること。	□有・□無	
各便所の1以上の便房の構造　8　洋式便器の有無	□有・□無	
9　手すりの有無	□有・□無	
10　小便器の周囲に手すりを設け、床置式等とすること。	□小便器がない □有・□無	
1以上の便所（11又は12のいずれかに適合すること。）　11　高齢者、障害者等の円滑な利用に適した構造の便房を設けること。	□有・□無	
12　高齢者、障害者等の円滑な利用に適した構造を有する便所とすること。	□有・□無	

(第4面)

整備基準				整備の状況	備考
便所がある場合	上記11の便房又は12の便所のいずれかがある場合（上記12については、15及び22から26までを除く。）		13　移動等円滑化経路と便所間の経路は【1　通路】10〜19に適合するものとすること。	□有・□無	
			14　出入口の有効幅員：80cm以上	有効幅員（　　　cm）	
			15　高齢者、障害者等の円滑な利用に適した構造の便房がある旨を表示する標識を設けること。	□有・□無	
			16　戸の有無　（ない場合は、17及び18は記入しないこと。）	□有・□無	
		戸がある場合	17　有効幅員：80cm以上	有効幅員（　　　cm）	
			18　高齢者、障害者等が容易に開閉して通過できる構造とすること。	□有・□無	
			19　車椅子使用者の円滑な利用に適した広さを確保すること。	□有・□無	
		便房	20　高齢者、障害者等が円滑に利用できるものであることを表示する標識を設けること。	□有・□無	
			21　高齢者、障害者等が円滑に利用できる水洗器具を設けること。	□有・□無	
			22　出入口の有効幅員：80cm以上	有効幅員（　　　cm）	
			23　戸の有無　（ない場合は、24及び25は記入しないこと。）	□有・□無	
			戸がある場合　24　有効幅員：80cm以上	有効幅員（　　　cm）	
			戸がある場合　25　高齢者、障害者等が容易に開閉して通過できる構造とすること。	□有・□無	
			26　車椅子使用者の円滑な利用に適した広さを確保すること。	□有・□無	
	附帯設備の設置		27　乳幼児用椅子等の設置の有無	□有・□無	
			28　乳幼児用ベッド等の設置の有無	□有・□無	

(第5面)

【7 案内表示】

整備基準	整備の状況	備考
1 公共用通路と車両等の乗降口との間の経路に視覚障害者誘導用ブロックの敷設又は音声等で視覚障害者を誘導する設備を設けること。	□有・□無	
2 上記の経路とエレベーター操作盤、案内板、便所及び乗車券等販売所との間の経路に視覚障害者誘導用ブロックを設けること。	□有・□無	
3 階段、傾斜路及びエスカレーターの上端及び下端に近接する通路等に点状ブロックを敷設すること。	□階段等がない □有・□無	
4 車両等の運行に関する情報を文字等及び音声により提供するための設備を設けること。	□有・□無	
標識 5 エレベーターその他の昇降機、傾斜路、便所、乗車券等販売所、待合所、案内所又は休憩設備があることを表示する標識を設けること。	□有・□無	
6 移動等円滑化のための主要な設備の配置を表示した案内板等があることを表示する標識を設けること。	□有・□無	
7 日本工業規格Z8210に適合するものとすること。	□有・□無	
8 公共用通路に直接通ずる出入口付近に移動等円滑化のための主要な設備の配置を表示した案内板等を設けること。	□有・□無	
9 公共用通路に直接通ずる出入口付近等に旅客施設の構造及び主要な設備の配置を音、点字等により示す設備を設けること。	□有・□無	
10 洋式便器及び手すりが設けられている旨を表示した標識を掲示すること。	□洋式便器及び手すりがない □有・□無	
11 乳幼児用椅子等又は乳幼児用ベッド等が設けられている旨を表示した標識を設けること。	□乳幼児用椅子等がない □有・□無	
12 情報提供のための案内設備の案内表示の位置、表記方法、文字の大きさ等を高齢者、障害者等に配慮したものとすること。	□有・□無	

【8 その他の旅客用設備】

整備基準	整備の状況	備考
1 乗車券等販売所、待合所及び案内所の有無 （ない場合は、2〜12は記入しないこと。）	□有・□無	
乗車券等販売所、待合所及び案内所がある場合 / 2 移動等円滑化経路との間の経路を移動等円滑化経路の通路の基準に適合するものとすること。	□有・□無	
3 出入口の有無 （ない場合は、4〜9は記入しないこと。）	□有・□無	
出入口がある場合 / 4 有効幅員：80cm以上	有効幅員 (　　　cm)	
5 戸の有無 （ない場合は、6及び7は記入しないこと。）	□有・□無	
戸がある場合 / 6 有効幅員：80cm以上	有効幅員 (　　　cm)	
7 高齢者、障害者等が容易に開閉して通過できる構造とすること。	□有・□無	
8 段がないこと。	□段あり □段なし	

(第6面)

整　備　基　準			整備の状況	備考
乗車券等販売所、待合所及び案内所がある場合	出入口がある場合	9　段がある場合の傾斜路の併設の有無（傾斜路の構造は、【1　通路】の欄に記入すること。）	□有・□無	
	10　カウンターは、車椅子使用者の円滑な利用に適した構造とすること。		□カウンターがない □有・□無	
	11　文字により意思疎通を図るための設備を設けること（待合所は除く。）。		□待合所に該当 □有・□無	
	12　上記の設備を保有している旨を表示すること（待合所は除く。）。		□待合所に該当 □有・□無	
13　券売機は、高齢者、障害者等の円滑な利用に適した構造とすること。			□券売機がない □有・□無	
14　休憩設備を設けること。			□有・□無	

【9　その他】

整　備　基　準		整備の状況	備考
鉄道駅・軌道停留場	1　鉄道駅・軌道停留場 （該当しない場合は、2〜15は記入しないこと。）	□該当する □該当しない	
	2　移動等円滑化経路上の改札口の有効幅員：80cm以上	有効幅員 （　　　cm）	
	3　自動改札機を設ける場合は、進入の可否を容易に識別できる方法で表示すること。	□有・□無	
	4　プラットホームの有無 （ない場合は、5〜14は記入しないこと。）	□有・□無	
	プラットホーム　5　鉄道車両の乗降口との間隔をできる限り小さくすること。	□有・□無	
	6　プラットホームと鉄道車両の乗降口の床面をできる限り平らとすること。	□有・□無	
	7　車椅子使用者の円滑な乗降に支障のある場合における円滑な乗降のための設備を設けること。	□有・□無	
	8　排水のための横断勾配：1％（標準）	最大勾配 （　　　％）	
	9　床の表面を滑りにくい仕上げとすること。	□有・□無	
	10　鉄道車両を自動的に一定の位置に停止させることができるプラットホームにはホームドア又は可動式ホーム柵を設けること。	□停車位置が一定ではない □有・□無	
	11　上記以外のプラットホームにはホームドア、可動式ホーム柵、点状ブロック等転落防止設備を設けること。	□上記のプラットホームに該当しない □有・□無	
	12　線路側以外の端部に転落防止柵を設けること。	□有・□無	
	13　列車の接近を文字等及び音声により警告する設備を設けること。	□有・□無	
	14　照明設備を設けること。	□有・□無	
	15　車椅子使用者用乗降口の位置を表示すること。	□停車位置が一定ではない □有・□無	

(第7面)

整備基準	整備の状況	備考
16　バスターミナルの乗降場 　　（該当しない場合は、17～19 は記入しないこと。）	□該当する □該当しない	
バスターミナルの乗降場	17　床の表面を滑りにくい仕上げとすること。	□有・□無	
	18　縁端に柵、点状ブロック等を設けること。	□有・□無	
	19　車椅子使用者が円滑に乗降できる構造とすること。	□有・□無	
20　旅客船ターミナル 　　（該当しない場合は、21～25 は記入しないこと。）	□該当する □該当しない	
旅客船ターミナル	乗降用設備	21　車椅子使用者が持ち上げられることなく乗降できる構造とすること。	□有・□無	
		22　有効幅員：90cm 以上	最小有効幅員 （　　　cm）	
		23　手すりを設けること。	□有・□無	
		24　床の表面を滑りにくい仕上げとすること。	□有・□無	
	25　水面への転落防止のための柵、点状ブロック等を設けること。	□有・□無	
26　航空旅客ターミナル施設 　　（該当しない場合は、27～38 は記入しないこと。）	□該当する □該当しない	
航空旅客ターミナル施設	27　保安検査場の通路の有無 　　（ない場合は、28～31 は記入しないこと。）	□有・□無	
	保安検査場の通路がある場合	28　門型金属探知機を設置する場合、車椅子使用者等用通路を別に設けること。	□門型金属探知機がない □有・□無	
		29　有効幅員：90cm 以上	最小有効幅員 （　　　cm）	
		30　文字により意思疎通を図るための設備を設けること。	□有・□無	
		31　上記の設備を保有している旨を表示すること。	□有・□無	
	32　旅客搭乗橋の有無 　　（ない場合は、33～37 は記入しないこと。）	□有・□無	
	旅客搭乗橋がある場合	33　有効幅員：90cm 以上	最小有効幅員 （　　　cm）	
		34　車椅子使用者の円滑な乗降に支障のある場合における円滑な乗降のための設備を設けること。	□有・□無	
		35　勾配：1/12 以下	最大勾配 （1/　　）	
		36　手すりを設けること。	□有・□無	
		37　床の表面を滑りにくい仕上げとすること。	□有・□無	
	38　改札口の有効幅員：80cm 以上	有効幅員 （　　　cm）	

(第8面)

【10 努力義務】

人にやさしい街づくりの推進に関する条例施行規則第39条の特定施設の新築等をしようとする者の努力義務について措置したものを記入してください。

（注意） 1 数字は算用数字を、単位はメートル法を用いてください。
　　　　 2 整備の状況欄は、該当する□にレ印を付すとともに、数字を記入してください。
　　　　 3 基準に適合しない場合には、「備考」欄に措置の状況を記入してください。
　備考　用紙の大きさは、日本工業規格Ａ４とする。

様式第3（第9条関係）

特定施設整備計画変更届出書

（第1面）

年　月　日

愛知県知事殿
（　　　市長）

特定施設の新築等をしようとする者
氏名
（法人にあっては、名称及び代表者の氏名）

　人にやさしい街づくりの推進に関する条例（以下「条例」という。）第14条第1項の規定に基づき、整備計画の変更を届け出ます。

記

特定施設の新築等をしようとする者の概要

【1　特定施設の新築等をしようとする者】
　　【イ　氏名のフリガナ】
　　【ロ　氏名】
　　【ハ　郵便番号】
　　【ニ　住所】
　　【ホ　電話番号】

【2　代理者の連絡先】
　　【イ　氏名のフリガナ】
　　【ロ　氏名】　　　　　　　　　　　　　　　（担当者名：　　　　　　　）
　　【ハ　郵便番号】
　　【ニ　住所】
　　【ホ　電話番号】
　　【ヘ　ファクシミリ番号】

（注意）1　特定施設の新築等をしようとする者が2以上のときは、1欄は、代表となる特定施設の新築等をしようとする者について記入し、別紙に他の特定施設の新築等をしようとする者についてそれぞれ必要な事項を記入して添えてください。
　　　　2　2欄は、代理者が法人の場合は、その名称及び担当者の氏名を記入してください。
　　　　3　※印のある欄は、記入しないでください。

※市町村受付欄	※建設事務所受付欄	※決裁欄
年　月　日	年　月　日	
第　　　号	第　　　号	
係員印	係員印	

(第2面)

特定施設の概要

【3　特定施設の名称】

　【イ　名称のフリガナ】

　【ロ　名称】

【4　特定施設の所在地】

　【イ　郵便番号】

　【ロ　所在地】

【5　特定施設の種別】

　【イ　該当条項　条例第11条第1項】

　　□第1号　　　　□第2号（小規模特定施設）　　　□第3号（公共交通機関の施設）

　【ロ　該当条項　人にやさしい街づくりの推進に関する条例施行規則（以下「規則」という。）第3条】

□　第1号イ　学校その他これに類するもの	□　第1号ワ　ホテル又は旅館
□　第1号ロ　博物館、美術館又は図書館	（客室数　　　　　室）
□　第1号ハ　体育館、ボウリング場、スキー場、スケート場、水泳場、スポーツの練習場又は遊技場	□　第1号カ　火葬場
	□　第2号　共同住宅
□　第1号ニ　病院、診療所、助産所又は施術所	（規模：50戸超又は2,000㎡以上）
	（戸数　　　　　戸）
□　第1号ホ　社会福祉施設その他これに類するもの　（具体的用途　　　　　　）	□　第3号　工場（規模：2,000㎡以上）
	□　第4号　国、県、市町村等の事務所
	□　第5号　銀行その他の金融機関の事務所
□　第1号ヘ　劇場、映画館、演芸場又は観覧場　（客席数　　　　　席）	□　第6号　事務所（規模：2,000㎡以上）（第4号及び第5号の事務所を除く。）
	□　第7号　公衆便所
	□　第8号　地下街その他これに類するもの
□　第1号ト　公会堂又は集会場	□　第9号　道路（高速道路を除く。）
□　第1号チ　展示場	□　第10号　公園、緑地その他これらに類するもの
□　第1号リ　百貨店、マーケットその他の物品販売業を営む店舗	（具体的種別　　　　　　　）
	（面積　　　　　㎡）
□　第1号ヌ　飲食店、喫茶店その他これらに類するもの	□　第11号　公共交通機関の施設
□　第1号ル　理髪店、クリーニング取次店、貸衣装屋その他これらに類するもの	□　第12号、第13号　駐車場
	□　第14号〜第16号　一団地の住宅施設その他これに類するもの
□　第1号ヲ　公衆浴場	（根拠法律等　　　　　　　）

【6　工事種別】

　1　建築物の場合　　　　　□新築　　　□増築　　　□改築　　　□用途変更

　2　その他の場合　　　　　□新設　　　□その他（　　　　　　　　　　）

（注意）1　数字は算用数字を、単位はメートル法を用いてください。

　　　　2　5欄及び6欄は、該当する□にレ印を付すとともに、必要事項を記入してください。

　　　　3　本書及び添付書類の記載事項のうち前の届出から変更のある部分には、◎を表示してください。

(第3面)

【7　床面積の合計（建築物の場合）】　　　（新築等の部分　　　）（その他の部分　　　）（合計　　　　　　）
　【イ　建築物全体】　　　　　　　　　　　（　　　　　　㎡）（　　　　　　㎡）（　　　　　　　㎡）
　　　複数の用途がある場合　（用途1：　　　、面積　　　㎡）（用途2：　　　、面積　　　㎡）
　【ロ　直接地上へ通ずる出入口のある階以外の階の不特定多数の者又は主として高齢者、障害者等が利用する部分の床面積の合計（規則第19条第1項第1号）】
　　　　　　　　　　　　　　　　　　　　　（　　　　　　㎡）（　　　　　　㎡）（　　　　　　　㎡）
　【ハ　特定施設（当該特定施設が建築物の一部である場合にあっては、当該特定施設を含む建築物）の床面積の合計（規則第21条第1項の表及び第24条第1項第4号）】
　　　＊ただし、工場（規則第3条第3号）又は事務所（規則第3条第6号）は不特定多数の者が利用する床面積の合計
　　　　　　　　　　　　　　　　　　　　　（　　　　　　㎡）（　　　　　　㎡）（　　　　　　　㎡）
　【ニ　特定施設の床面積の合計（規則第24条第1項第1号）】
　　　＊ただし、工場（規則第3条第3号）又は事務所（規則第3条第6号）は不特定多数の者が利用する床面積の合計
　　　　　　　　　　　　　　　　　　　　　（　　　　　　㎡）（　　　　　　㎡）（　　　　　　　㎡）

【8　階数（建築物の場合）】　　　新築等の部分：　　　　　　　　　その他の部分：

【9　不特定多数の者又は主として高齢者、障害者等が利用する部分の駐車台数】　　　　　　　　　台

【10　工事着手予定年月日】　　　　　　　年　　　月　　　日

【11　工事完了予定年月日】　　　　　　　年　　　月　　　日

【12　変更前届出の通知番号及び日付】

　【イ　通知番号】

　【ロ　通知日付】　　　　　　　　　　　年　　　月　　　日

【13　変更概要】変更した部分について概要を記入してください。

(注意)　1　数字は算用数字を、単位はメートル法を用いてください。
　　　　2　7欄イの合計が1,000㎡以下の場合は、7欄ロ、ハ及びニを省略することができます。
　　　　3　8及び9欄は、小規模特定施設は、の場合に省略することができます。
　　　　4　本書及び添付書類の記載事項のうち前の届出から変更のある部分には、◎を表示してください。
　備考　用紙の大きさは、日本工業規格A4とす

様式第5（第11条関係）

適合証交付請求書

（第1面）

年　月　日

愛　知　県　知　事　殿
（　　　　市　長）

特定施設の新築等をしようとする者

氏名

（法人にあっては、名称及び代表者の氏名）

人にやさしい街づくりの推進に関する条例（以下「条例」という。）第18条第1項の規定に基づき、適合証の交付を請求します。

記

特定施設の新築等をしようとする者の概要

【1　特定施設の新築等をしようとする者】
　　【イ　氏名のフリガナ】
　　【ロ　氏名】
　　【ハ　郵便番号】
　　【ニ　住所】
　　【ホ　電話番号】

【2　代理者の連絡先】
　　【イ　氏名のフリガナ】
　　【ロ　氏名】　　　　　　　　　　　　　　　　　（担当者名：　　　　　　　　）
　　【ハ　郵便番号】
　　【ニ　住所】
　　【ホ　電話番号】
　　【ヘ　ファクシミリ番号】

（注意）　1　特定施設の新築等をしようとする者が2以上のときは、1欄は、代表となる特定施設の新築等を
　　　　　　しようとする者について記入し、別紙に他の特定施設の新築等をしようとする者についてそれぞれ
　　　　　　必要な事項を記入して添えてください。
　　　　　2　2欄は、代理者が法人の場合は、その名称及び担当者の氏名を記入してください。
　　　　　3　※印のある欄は、記入しないでください。

※市町村受付欄	※建設事務所受付欄	※決裁欄
年　月　日	年　月　日	
第　　　号	第　　　号	
係員印	係員印	

(第2面)

特定施設の概要

【3 特定施設の名称】

　【イ　名称のフリガナ】

　【ロ　名称】

【4　特定施設の所在地】

　【イ　郵便番号】

　【ロ　所在地】

【5　特定施設の種別】

　【イ　該当条項　条例第11条第1項】

　　　□第1号　　　　□第2号（小規模特定施設）　　□第3号（公共交通機関の施設）

　【ロ　該当条項　人にやさしい街づくりの推進に関する条例施行規則（以下「規則」という。）第3条】

□　第1号イ　学校その他これに類するもの	□　第1号ワ　ホテル又は旅館
□　第1号ロ　博物館、美術館又は図書館	（客室数　　　　室）
□　第1号ハ　体育館、ボウリング場、スキー場、スケート場、水泳場、スポーツの練習場又は遊技場	□　第1号カ　火葬場
	□　第2号　共同住宅
	（規模：50戸超又は2,000㎡以上）
	（戸数　　　　戸）
□　第1号ニ　病院、診療所、助産所又は施術所	□　第3号　工場（規模：2,000㎡以上）
□　第1号ホ　社会福祉施設その他これに類するもの（具体的用途　　　　　　）	□　第4号　国、県、市町村等の事務所
	□　第5号　銀行その他の金融機関の事務所
	□　第6号　事務所（規模：2,000㎡以上）（第4号及び第5号の事務所を除く。）
□　第1号ヘ　劇場、映画館、演芸場又は観覧場（客席数　　　　席）	□　第7号　公衆便所
	□　第8号　地下街その他これに類するもの
□　第1号ト　公会堂又は集会場	□　第9号　道路（高速道路を除く。）
□　第1号チ　展示場	□　第10号　公園、緑地その他これらに類するもの（具体的種別　　　　　）（面積　　　　㎡）
□　第1号リ　百貨店、マーケットその他の物品販売業を営む店舗	
□　第1号ヌ　飲食店、喫茶店その他これらに類するもの	□　第11号　公共交通機関の施設
□　第1号ル　理髪店、クリーニング取次店、貸衣装屋その他これらに類するもの	□　第12号、第13号　駐車場
	□　第14号〜第16号　一団地の住宅施設その他これに類するもの（根拠法律等　　　　　　）
□　第1号ヲ　公衆浴場	

【6　工事種別】

　1　建築物の場合　　　　□新築　　　□増築　　　□改築　　　□用途変更

　2　その他の場合　　　　□新設　　　□その他（　　　　　　　　）

（注意）1　数字は算用数字を、単位はメートル法を用いてください。
　　　　2　5欄及び6欄は、該当する□にレ印を付すとともに、必要な事項を記入してください。

263

(第3面)

【7　床面積の合計（建築物の場合）】

　【イ　建築物全体】　　　　　　　　　　　　　　　　　　　　　　　（　　　　　　m²）
　　複数の用途がある場合　（用途1：　　　、面積　　　m²）（用途2：　　　、面積　　　m²）
　【ロ　直接地上へ通ずる出入口のある階以外の階の不特定多数の者又は主として高齢者、障害者等が利用する部分の床面積の合計（規則第19条第1項第1号）】
　　　　　　　　　　　　　　　　　　　　　　　　　　　　　　　　（　　　　　　m²）
　【ハ　特定施設（当該特定施設が建築物の一部である場合にあっては、当該特定施設を含む建築物）の床面積の合計（規則第21条第1項の表及び第24条第1項第4号）】
　　＊ただし、工場（規則第3条第3号）又は事務所（規則第3条第6号）は不特定多数の者が利用する床面積の合計
　　　　　　　　　　　　　　　　　　　　　　　　　　　　　　　　（　　　　　　m²）
　【ニ　特定施設の床面積の合計（規則第24条第1項第1号）】
　　＊ただし、工場（規則第3条第3号）又は事務所（規則第3条第6号）は不特定多数の者が利用する床面積の合計
　　　　　　　　　　　　　　　　　　　　　　　　　　　　　　　　（　　　　　　m²）

【8　階数（建築物の場合）】　　新築等の部分：　　　　　　その他の部分：
【9　不特定多数の者又は主として高齢者、障害者等が利用する部分の駐車台数】　　　　　　台
【10　適合通知の番号及び日付（特定施設整備計画届出書により適合通知を受けた場合）】
　【イ　適合通知の番号】
　【ロ　適合通知の日付】　　　　　年　　　月　　　日
【11　適合証交付施設の公表】
　　□公表可　　　　　□公表不可

（注意）　1　数字は算用数字を、単位はメートル法を用いてください。
　　　　　2　7欄イの合計が1,000 m²以下の場合は、7欄ロ、ハ及びニを省略することができます。
　　　　　3　8及び9欄は、小規模特定施設の場合には、省略することができます。
　備考　用紙の大きさは、日本工業規格A4とする。

様式第7（第12条関係）

実施状況報告書

（第1面）

年　月　日

愛　知　県　知　事　殿
（　　　　市　長）

事業者
氏名
（法人にあっては、名称及び代表者の氏名）

人にやさしい街づくりの推進に関する条例（以下「条例」という。）第19条第1項の規定に基づき、整備基準に適合させるための措置の実施状況の報告をします。

記

特定施設の新築等をしようとする者の概要

【1　事業者】
　　【イ　氏名のフリガナ】
　　【ロ　氏名】
　　【ハ　郵便番号】
　　【ニ　住所】
　　【ホ　電話番号】

【2　代理者の連絡先】
　　【イ　氏名のフリガナ】
　　【ロ　氏名】　　　　　　　　　　　　　　　　　（担当者名：　　　　　　）
　　【ハ　郵便番号】
　　【ニ　住所】
　　【ホ　電話番号】
　　【ヘ　ファクシミリ番号】

（注意）1　事業者が2以上のときは、1欄は、代表となる事業者について記入し、別紙に他の事業者についてそれぞれ必要な事項を記入して添えてください。
　　　　2　2欄は、代理者が法人の場合は、その名称及び担当者の氏名を記入してください。
　　　　3　※印のある欄は、記入しないでください。

※市町村受付欄	※建設事務所受付欄	※決裁欄
年　月　日	年　月　日	
第　　　号	第　　　号	
係員印	係員印	

(第2面)

特定施設の概要

【3 特定施設の名称】

 【イ　名称のフリガナ】

 【ロ　名称】

【4 特定施設の所在地】

 【イ　郵便番号】

 【ロ　所在地】

【5 特定施設の種別】

 【イ　該当条項　条例第11条第1項】

  ☐第1号　　　　☐第2号（小規模特定施設）　　☐第3号（公共交通機関の施設）

 【ロ　該当条項　人にやさしい街づくりの推進に関する条例施行規則（以下「規則」という。）第3条】

☐ 第1号イ　学校その他これに類するもの	☐ 第1号ワ　ホテル又は旅館 　　　　　　（客室数　　　　　室）
☐ 第1号ロ　博物館、美術館又は図書館	☐ 第1号カ　火葬場
☐ 第1号ハ　体育館、ボウリング場、スキー場、スケート場、水泳場、スポーツの練習場又は遊技場	☐ 第2号　共同住宅 　（規模：50戸超又は2,000㎡以上） 　（戸数　　　　戸）
☐ 第1号ニ　病院、診療所、助産所又は施術所	☐ 第3号　工場（規模：2,000㎡以上）
☐ 第1号ホ　社会福祉施設その他これに類するもの 　（具体的用途　　　　　　）	☐ 第4号　国、県、市町村等の事務所 ☐ 第5号　銀行その他の金融機関の事務所 ☐ 第6号　事務所（規模：2,000㎡以上） 　（第4号及び第5号の事務所を除く。）
☐ 第1号ヘ　劇場、映画館、演芸場又は観覧場 　（客席数　　　　　席）	☐ 第7号　公衆便所 ☐ 第8号　地下街その他これに類するもの
☐ 第1号ト　公会堂又は集会場	☐ 第9号　道路（高速道路を除く。）
☐ 第1号チ　展示場	☐ 第10号　公園、緑地その他これらに類するもの 　（具体的種別　　　　　　） 　（面積　　　　　㎡）
☐ 第1号リ　百貨店、マーケットその他の物品販売業を営む店舗	
☐ 第1号ヌ　飲食店、喫茶店その他これらに類するもの	☐ 第11号　公共交通機関の施設
☐ 第1号ル　理髪店、クリーニング取次店、貸衣装屋その他これらに類するもの	☐ 第12号、第13号　駐車場 ☐ 第14号〜第16号 　一団地の住宅施設その他これに類するもの
☐ 第1号ヲ　公衆浴場	（根拠法律等　　　　　　　）

【6 工事種別】

 1　建築物の場合　　　　☐新築　　☐増築　　☐改築　　☐用途変更

 2　その他の場合　　　　☐新設　　☐その他（　　　　　　　　）

（注意）1　数字は算用数字を、単位はメートル法を用いてください。
　　　　2　5欄及び6欄は、該当する☐にレ印を付すとともに、必要な事項を記入してください。

(第3面)

【7　床面積の合計（建築物の場合）】
　　【イ　建築物全体】　　　　　　　　　　　　　　　　　　　　（　　　　　　㎡）
　　　複数の用途がある場合　（用途１：　　　、面積　　　㎡）（用途２：　　　、面積　　　㎡）
　　【ロ　直接地上へ通ずる出入口のある階以外の階の不特定多数の者又は主として高齢者、障害者等が利用する部分の床面積の合計（規則第19条第１項第１号）】
　　　　　　　　　　　　　　　　　　　　　　　　　　　　　　　（　　　　　　㎡）
　　【ハ　特定施設（当該特定施設が建築物の一部である場合にあっては、当該特定施設を含む建築物）の床面積の合計（規則第21条第１項の表及び第24条第１項第４号）】
　　　＊ただし、工場（規則第３条第３号）又は事務所（規則第３条第６号）は不特定多数の者が利用する床面積の合計
　　　　　　　　　　　　　　　　　　　　　　　　　　　　　　　（　　　　　　㎡）
　　【ニ　特定施設の床面積の合計（規則第24条第１項第１号）】
　　　＊ただし、工場（規則第３条第３号）又は事務所（規則第３条第６号）は不特定多数の者が利用する床面積の合計
　　　　　　　　　　　　　　　　　　　　　　　　　　　　　　　（　　　　　　㎡）

【8　階数（建築物の場合）】　　　　新築等の部分：　　　　　　　その他の部分：
【9　不特定多数の者又は主として高齢者、障害者等が利用する部分の駐車台数】　　　　台

（注意）　1　数字は算用数字を、単位はメートル法を用いてください。
　　　　　2　7欄イの合計が1,000㎡以下の場合は、7欄ロ、ハ及びニを省略することができます。
　　　　　3　8及び9欄は、小規模特定施設の場合には、省略することができます。
　備考　用紙の大きさは、日本工業規格Ａ４とする。

資料編

高齢者、障害者等の移動等の円滑化の促進に関する法律
(抜粋)

平成18年6月21日法律第91号
最終改正：平成23年12月14日法律第122号

第1章　総則

（目的）

第1条　この法律は、高齢者、障害者等の自立した日常生活及び社会生活を確保することの重要性にかんがみ、公共交通機関の旅客施設及び車両等、道路、路外駐車場、公園施設並びに建築物の構造及び設備を改善するための措置、一定の地区における旅客施設、建築物等及びこれらの間の経路を構成する道路、駅前広場、通路その他の施設の一体的な整備を推進するための措置その他の措置を講ずることにより、高齢者、障害者等の移動上及び施設の利用上の利便性及び安全性の向上の促進を図り、もって公共の福祉の増進に資することを目的とする。

（定義）

第2条　この法律において次の各号に掲げる用語の意義は、それぞれ当該各号に定めるところによる。
　一　高齢者、障害者等　高齢者又は障害者で日常生活又は社会生活に身体の機能上の制限を受けるものその他日常生活又は社会生活に身体の機能上の制限を受ける者をいう。
　二　移動等円滑化　高齢者、障害者等の移動又は施設の利用に係る身体の負担を軽減することにより、その移動上又は施設の利用上の利便性及び安全性を向上することをいう。
　三　施設設置管理者　公共交通事業者等、道路管理者、路外駐車場管理者等、公園管理者等及び建築主等をいう。
　四　公共交通事業者等　次に掲げる者をいう。
　　イ　鉄道事業法（昭和61年法律第92号）による鉄道事業者（旅客の運送を行うもの及び旅客の運送を行う鉄道事業者に鉄道施設を譲渡し、又は使用させるものに限る。）
　　ロ　軌道法（大正10年法律第76号）による軌道経営者（旅客の運送を行うものに限る。第23号ハにおいて同じ。）
　　ハ　道路運送法（昭和26年法律第183号）による一般乗合旅客自動車運送事業者（路線を定めて定期に運行する自動車により乗合旅客の運送を行うものに限る。以下この条において同じ。）及び一般乗用旅客自動車運送事業者
　　ニ　自動車ターミナル法（昭和34年法律第136号）によるバスターミナル事業を営む者
　　ホ　海上運送法（昭和24年法律第187号）による一般旅客定期航路事業（日本の国籍を有する者及び日本の法令により設立された法人その他の団体以外の者が営む同法による対外旅客定期航路事業を除く。次号ニにおいて同じ。）を営む者
　　ヘ　航空法（昭和27年法律第231号）による本邦航空運送事業者（旅客の運送を行うものに限る。）
　　ト　イからヘまでに掲げる者以外の者で次号イ、ニ又はホに掲げる旅客施設を設置し、又は管理するもの
　五　旅客施設　次に掲げる施設であって、公共交通機関を利用する旅客の乗降、待合いその他の用に供するものをいう。
　　イ　鉄道事業法による鉄道施設
　　ロ　軌道法による軌道施設
　　ハ　自動車ターミナル法によるバスターミナル
　　ニ　海上運送法による輸送施設（船舶を除き、同法による一般旅客定期航路事業の用に供するものに限る。）

ホ　航空旅客ターミナル施設
六　特定旅客施設　旅客施設のうち、利用者が相当数であること又は相当数であると見込まれることその他の政令で定める要件に該当するものをいう。
七　車両等　公共交通事業者等が旅客の運送を行うためその事業の用に供する車両、自動車（一般乗合旅客自動車運送事業者が旅客の運送を行うためその事業の用に供する自動車にあっては道路運送法第5条第1項第3号に規定する路線定期運行の用に供するもの、一般乗用旅客自動車運送事業者が旅客の運送を行うためその事業の用に供する自動車にあっては高齢者、障害者等が移動のための車いすその他の用具を使用したまま車内に乗り込むことが可能なものその他主務省令で定めるものに限る。）、船舶及び航空機をいう。
八　道路管理者　道路法（昭和27年法律第180号）第18条第1項に規定する道路管理者をいう。
九　特定道路　移動等円滑化が特に必要なものとして政令で定める道路法による道路をいう。
十　路外駐車場管理者等　駐車場法（昭和32年法律第106号）第12条に規定する路外駐車場管理者又は都市計画法（昭和43年法律第100号）第4条第2項の都市計画区域外において特定路外駐車場を設置する者をいう。
十一　特定路外駐車場　駐車場法第2条第2号に規定する路外駐車場（道路法第2条第2項第6号に規定する自動車駐車場、都市公園法（昭和31年法律第79号）第2条第2項に規定する公園施設（以下「公園施設」という。）、建築物又は建築物特定施設であるものを除く。）であって、自動車の駐車の用に供する部分の面積が500平方メートル以上であるものであり、かつ、その利用について駐車料金を徴収するものをいう。
十二　公園管理者等　都市公園法第5条第1項に規定する公園管理者（以下「公園管理者」という。）又は同項の規定による許可を受けて公園施設（特定公園施設に限る。）を設け若しくは管理し、若しくは設け若しくは管理しようとする者をいう。
十三　特定公園施設　移動等円滑化が特に必要なものとして政令で定める公園施設をいう。
十四　建築主等　建築物の建築をしようとする者又は建築物の所有者、管理者若しくは占有者をいう。
十五　建築物　建築基準法（昭和25年法律第201号）第2条第1号に規定する建築物をいう。
十六　特定建築物　学校、病院、劇場、観覧場、集会場、展示場、百貨店、ホテル、事務所、共同住宅、老人ホームその他の多数の者が利用する政令で定める建築物又はその部分をいい、これらに附属する建築物特定施設を含むものとする。
十七　特別特定建築物　不特定かつ多数の者が利用し、又は主として高齢者、障害者等が利用する特定建築物であって、移動等円滑化が特に必要なものとして政令で定めるものをいう。
十八　建築物特定施設　出入口、廊下、階段、エレベーター、便所、敷地内の通路、駐車場その他の建築物又はその敷地に設けられる施設で政令で定めるものをいう。
十九　建築　建築物を新築し、増築し、又は改築することをいう。
二十　所管行政庁　建築主事を置く市町村又は特別区の区域については当該市町村又は特別区の長をいい、その他の市町村又は特別区の区域については都道府県知事をいう。ただし、建築基準法第97条の2第1項又は第97条の3第1項の規定により建築主事を置く市町村又は特別区の区域内の政令で定める建築物については、都道府県知事とする。
二十一　重点整備地区　次に掲げる要件に該当する地区をいう。
　　イ　生活関連施設（高齢者、障害者等が日常生活又は社会生活において利用する旅客施設、官公庁施設、福祉施設その他の施設をいう。以下同じ。）の所在地を含み、かつ、生活関連施設相互間の移動が通常徒歩で行われる地区であること。
　　ロ　生活関連施設及び生活関連経路（生活関連施設相互間の経路をいう。以下同じ。）を構成する一般交通用施設（道路、駅前広場、通路その他の一般交通の用に供する施設をいう。以下同じ。）について移動等円滑化のための事業が実施されることが特に必要であると認められる地区であること。

八　当該地区において移動等円滑化のための事業を重点的かつ一体的に実施することが、総合的な都市機能の増進を図る上で有効かつ適切であると認められる地区であること。
二十二　特定事業　公共交通特定事業、道路特定事業、路外駐車場特定事業、都市公園特定事業、建築物特定事業及び交通安全特定事業をいう。
二十三　公共交通特定事業　次に掲げる事業をいう。
　イ　特定旅客施設内において実施するエレベーター、エスカレーターその他の移動等円滑化のために必要な設備の整備に関する事業
　ロ　イに掲げる事業に伴う特定旅客施設の構造の変更に関する事業
　ハ　特定車両（軌道経営者又は一般乗合旅客自動車運送事業者が旅客の運送を行うために使用する車両等をいう。以下同じ。）を床面の低いものとすることその他の特定車両に関する移動等円滑化のために必要な事業
二十四　道路特定事業　次に掲げる道路法による道路の新設又は改築に関する事業（これと併せて実施する必要がある移動等円滑化のための施設又は設備の整備に関する事業を含む。）をいう。
　イ　歩道、道路用エレベーター、通行経路の案内標識その他の移動等円滑化のために必要な施設又は工作物の設置に関する事業
　ロ　歩道の拡幅又は路面の構造の改善その他の移動等円滑化のために必要な道路の構造の改良に関する事業
二十五　路外駐車場特定事業　特定路外駐車場において実施する車いすを使用している者が円滑に利用することができる駐車施設その他の移動等円滑化のために必要な施設の整備に関する事業をいう。
二十六　都市公園特定事業　都市公園の移動等円滑化のために必要な特定公園施設の整備に関する事業をいう。
二十七　建築物特定事業　次に掲げる事業をいう。
　イ　特別特定建築物（第14条第3項の条例で定める特定建築物を含む。ロにおいて同じ。）の移動等円滑化のために必要な建築物特定施設の整備に関する事業
　ロ　特定建築物（特別特定建築物を除き、その全部又は一部が生活関連経路であるものに限る。）における生活関連経路の移動等円滑化のために必要な建築物特定施設の整備に関する事業
二十八　交通安全特定事業　次に掲げる事業をいう。
　イ　高齢者、障害者等による道路の横断の安全を確保するための機能を付加した信号機、道路交通法（昭和35年法律第105号）第9条の歩行者用道路であることを表示する道路標識、横断歩道であることを表示する道路標示その他の移動等円滑化のために必要な信号機、道路標識又は道路標示（第36条第2項において「信号機等」という。）の同法第4条第1項の規定による設置に関する事業
　ロ　違法駐車行為（道路交通法第51条の2第1項の違法駐車行為をいう。以下この号において同じ。）に係る車両の取締りの強化、違法駐車行為の防止についての広報活動及び啓発活動その他の移動等円滑化のために必要な生活関連経路を構成する道路における違法駐車行為の防止のための事業

第2章　基本方針等
（基本方針）
第3条　主務大臣は、移動等円滑化を総合的かつ計画的に推進するため、移動等円滑化の促進に関する基本方針（以下「基本方針」という。）を定めるものとする。
2　基本方針には、次に掲げる事項について定めるものとする。
　一　移動等円滑化の意義及び目標に関する事項
　二　移動等円滑化のために施設設置管理者が講ずべき措置に関する基本的な事項
　三　第25条第1項の基本構想の指針となるべき次に掲げる事項

イ　重点整備地区における移動等円滑化の意義に関する事項
　ロ　重点整備地区の位置及び区域に関する基本的な事項
　ハ　生活関連施設及び生活関連経路並びにこれらにおける移動等円滑化に関する基本的な事項
　ニ　生活関連施設、特定車両及び生活関連経路を構成する一般交通用施設について移動等円滑化のために実施すべき特定事業その他の事業に関する基本的な事項
　ホ　ニに規定する事業と併せて実施する土地区画整理事業（土地区画整理法（昭和29年法律第119号）による土地区画整理事業をいう。以下同じ。）、市街地再開発事業（都市再開発法（昭和44年法律第38号）による市街地再開発事業をいう。以下同じ。）その他の市街地開発事業（都市計画法第4条第7項に規定する市街地開発事業をいう。以下同じ。）に関し移動等円滑化のために考慮すべき基本的な事項、自転車その他の車両の駐車のための施設の整備に関する事項その他の重点整備地区における移動等円滑化に資する市街地の整備改善に関する基本的な事項その他重点整備地区における移動等円滑化のために必要な事項
　四　移動等円滑化の促進のための施策に関する基本的な事項その他移動等円滑化の促進に関する事項
3　主務大臣は、情勢の推移により必要が生じたときは、基本方針を変更するものとする。
4　主務大臣は、基本方針を定め、又はこれを変更したときは、遅滞なく、これを公表しなければならない。

（国の責務）
第4条　国は、高齢者、障害者等、地方公共団体、施設設置管理者その他の関係者と協力して、基本方針及びこれに基づく施設設置管理者の講ずべき措置の内容その他の移動等円滑化の促進のための施策の内容について、移動等円滑化の進展の状況等を勘案しつつ、これらの者の意見を反映させるために必要な措置を講じた上で、適時に、かつ、適切な方法により検討を加え、その結果に基づいて必要な措置を講ずるよう努めなければならない。
2　国は、教育活動、広報活動等を通じて、移動等円滑化の促進に関する国民の理解を深めるとともに、その実施に関する国民の協力を求めるよう努めなければならない。

（地方公共団体の責務）
第5条　地方公共団体は、国の施策に準じて、移動等円滑化を促進するために必要な措置を講ずるよう努めなければならない。

（施設設置管理者等の責務）
第6条　施設設置管理者その他の高齢者、障害者等が日常生活又は社会生活において利用する施設を設置し、又は管理する者は、移動等円滑化のために必要な措置を講ずるよう努めなければならない。

（国民の責務）
第7条　国民は、高齢者、障害者等の自立した日常生活及び社会生活を確保することの重要性について理解を深めるとともに、これらの者の円滑な移動及び施設の利用を確保するために協力するよう努めなければならない。

第3章　移動等円滑化のために施設設置管理者が講ずべき措置
（公共交通事業者等の基準適合義務等）
第8条　公共交通事業者等は、旅客施設を新たに建設し、若しくは旅客施設について主務省令で定める大規模な改良を行うとき又は車両等を新たにその事業の用に供するときは、当該旅客施設又は車両等（以下「新設旅客施設等」という。）を、移動等円滑化のために必要な旅客施設又は車両等の構造及び設備に関する主務省令で定める基準（以下「公共交

通移動等円滑化基準」という。）に適合させなければならない。
2　公共交通事業者等は、その事業の用に供する新設旅客施設等を公共交通移動等円滑化基準に適合するように維持しなければならない。
3　公共交通事業者等は、その事業の用に供する旅客施設及び車両等（新設旅客施設等を除く。）を公共交通移動等円滑化基準に適合させるために必要な措置を講ずるよう努めなければならない。
4　公共交通事業者等は、高齢者、障害者等に対し、これらの者が公共交通機関を利用して移動するために必要となる情報を適切に提供するよう努めなければならない。
5　公共交通事業者等は、その職員に対し、移動等円滑化を図るために必要な教育訓練を行うよう努めなければならない。

（旅客施設及び車両等に係る基準適合性審査等）

第9条　主務大臣は、新設旅客施設等について鉄道事業法その他の法令の規定で政令で定めるものによる許可、認可その他の処分の申請があった場合には、当該処分に係る法令に定める基準のほか、公共交通移動等円滑化基準に適合するかどうかを審査しなければならない。この場合において、主務大臣は、当該新設旅客施設等が公共交通移動等円滑化基準に適合しないと認めるときは、これらの規定による許可、認可その他の処分をしてはならない。
2　公共交通事業者等は、前項の申請又は鉄道事業法その他の法令の規定で政令で定めるものによる届出をしなければならない場合を除くほか、旅客施設の建設又は前条第一項の主務省令で定める大規模な改良を行おうとするときは、あらかじめ、主務省令で定めるところにより、その旨を主務大臣に届け出なければならない。その届け出た事項を変更しようとするときも、同様とする。
3　主務大臣は、新設旅客施設等のうち車両等（第1項の規定により審査を行うものを除く。）若しくは前項の政令で定める法令の規定若しくは同項の規定による届出に係る旅客施設について前条第1項の規定に違反している事実があり、又は新設旅客施設等について同条第2項の規定に違反している事実があると認めるときは、公共交通事業者等に対し、当該違反を是正するために必要な措置をとるべきことを命ずることができる。

（道路管理者の基準適合義務等）

第10条　道路管理者は、特定道路の新設又は改築を行うときは、当該特定道路（以下この条において「新設特定道路」という。）を、移動等円滑化のために必要な道路の構造に関する条例（国道（道路法第3条第2号の一般国道をいう。以下同じ。）にあっては、主務省令）で定める基準（以下この条において「道路移動等円滑化基準」という。）に適合させなければならない。
2　前項の規定に基づく条例は、主務省令で定める基準を参酌して定めるものとする。
3　道路管理者は、その管理する新設特定道路を道路移動等円滑化基準に適合するように維持しなければならない。
4　道路管理者は、その管理する道路（新設特定道路を除く。）を道路移動等円滑化基準に適合させるために必要な措置を講ずるよう努めなければならない。
5　新設特定道路についての道路法第33条第1項及び第36条第2項の規定の適用については、これらの規定中「政令で定める基準」とあるのは「政令で定める基準及び高齢者、障害者等の移動等の円滑化の促進に関する法律（平成18年法律第91号）第2条第2号に規定する移動等円滑化のために必要なものとして国土交通省令で定める基準」と、同法第33条第1項中「同条第1項」とあるのは「前条第1項」とする。

（路外駐車場管理者等の基準適合義務等）

第11条　路外駐車場管理者等は、特定路外駐車場を設置するときは、当該特定路外駐車場（以下この条において「新設特定路外駐車場」という。）を、移動等円滑化のために必要な特定路外駐車場の構造及び設備に関する主務省令で定め

る基準（以下「路外駐車場移動等円滑化基準」という。）に適合させなければならない。
2　路外駐車場管理者等は、その管理する新設特定路外駐車場を路外駐車場移動等円滑化基準に適合するように維持しなければならない。
3　地方公共団体は、その地方の自然的社会的条件の特殊性により、前2項の規定のみによっては、高齢者、障害者等が特定路外駐車場を円滑に利用できるようにする目的を十分に達成することができないと認める場合においては、路外駐車場移動等円滑化基準に条例で必要な事項を付加することができる。
4　路外駐車場管理者等は、その管理する特定路外駐車場（新設特定路外駐車場を除く。）を路外駐車場移動等円滑化基準（前項の条例で付加した事項を含む。第53条第2項において同じ。）に適合させるために必要な措置を講ずるよう努めなければならない。

（特定路外駐車場に係る基準適合命令等）
第12条　路外駐車場管理者等は、特定路外駐車場を設置するときは、あらかじめ、主務省令で定めるところにより、その旨を都道府県知事（市の区域内にあっては、当該市の長。以下「知事等」という。）に届け出なければならない。ただし、駐車場法第12条の規定による届出をしなければならない場合にあっては、同条の規定により知事等に提出すべき届出書に主務省令で定める書面を添付して届け出たときは、この限りでない。
2　前項本文の規定により届け出た事項を変更しようとするときも、同項と同様とする。
3　知事等は、前条第1項から第3項までの規定に違反している事実があると認めるときは、路外駐車場管理者等に対し、当該違反を是正するために必要な措置をとるべきことを命ずることができる。

（公園管理者等の基準適合義務等）
第13条　公園管理者等は、特定公園施設の新設、増設又は改築を行うときは、当該特定公園施設（以下この条において「新設特定公園施設」という。）を、移動等円滑化のために必要な特定公園施設の設置に関する条例（国の設置に係る都市公園にあっては、主務省令）で定める基準（以下この条において「都市公園移動等円滑化基準」という。）に適合させなければならない。
2　前項の規定に基づく条例は、主務省令で定める基準を参酌して定めるものとする。
3　公園管理者は、新設特定公園施設について都市公園法第5条第1項の規定による許可の申請があった場合には、同法第4条に定める基準のほか、都市公園移動等円滑化基準に適合するかどうかを審査しなければならない。この場合において、公園管理者は、当該新設特定公園施設が都市公園移動等円滑化基準に適合しないと認めるときは、同項の規定による許可をしてはならない。
4　公園管理者等は、その管理する新設特定公園施設を都市公園移動等円滑化基準に適合するように維持しなければならない。
5　公園管理者等は、その管理する特定公園施設（新設特定公園施設を除く。）を都市公園移動等円滑化基準に適合させるために必要な措置を講ずるよう努めなければならない。

（特別特定建築物の建築主等の基準適合義務等）
第14条　建築主等は、特別特定建築物の政令で定める規模以上の建築（用途の変更をして特別特定建築物にすることを含む。以下この条において同じ。）をしようとするときは、当該特別特定建築物（次項において「新築特別特定建築物」という。）を、移動等円滑化のために必要な建築物特定施設の構造及び配置に関する政令で定める基準（以下「建築物移動等円滑化基準」という。）に適合させなければならない。
2　建築主等は、その所有し、管理し、又は占有する新築特別特定建築物を建築物移動等円滑化基準に適合するように維

資料編

持しなければならない。

3 　地方公共団体は、その地方の自然的社会的条件の特殊性により、前2項の規定のみによっては、高齢者、障害者等が特定建築物を円滑に利用できるようにする目的を十分に達成することができないと認める場合においては、特別特定建築物に条例で定める特定建築物を追加し、第1項の建築の規模を条例で同項の政令で定める規模未満で別に定め、又は建築物移動等円滑化基準に条例で必要な事項を付加することができる。

4 　前3項の規定は、建築基準法第6条第1項に規定する建築基準関係規定とみなす。

5 　建築主等（第1項から第3項までの規定が適用される者を除く。）は、その建築をしようとし、又は所有し、管理し、若しくは占有する特別特定建築物（同項の条例で定める特定建築物を含む。以下同じ。）を建築物移動等円滑化基準（同項の条例で付加した事項を含む。第17条第3項第1号を除き、以下同じ。）に適合させるために必要な措置を講ずるよう努めなければならない。

（特別特定建築物に係る基準適合命令等）

第15条　所管行政庁は、前条第1項から第3項までの規定に違反している事実があると認めるときは、建築主等に対し、当該違反を是正するために必要な措置をとるべきことを命ずることができる。

2 　国、都道府県又は建築主事を置く市町村の特別特定建築物については、前項の規定は、適用しない。この場合において、所管行政庁は、国、都道府県又は建築主事を置く市町村の特別特定建築物が前条第1項から第3項までの規定に違反している事実があると認めるときは、直ちに、その旨を当該特別特定建築物を管理する機関の長に通知し、前項に規定する措置をとるべきことを要請しなければならない。

3 　所管行政庁は、前条第5項に規定する措置の適確な実施を確保するため必要があると認めるときは、建築主等に対し、建築物移動等円滑化基準を勘案して、特別特定建築物の設計及び施工に係る事項その他の移動等円滑化に係る事項について必要な指導及び助言をすることができる。

（特定建築物の建築主等の努力義務等）

第16条　建築主等は、特定建築物（特別特定建築物を除く。以下この条において同じ。）の建築（用途の変更をして特定建築物にすることを含む。次条第1項において同じ。）をしようとするときは、当該特定建築物を建築物移動等円滑化基準に適合させるために必要な措置を講ずるよう努めなければならない。

2 　建築主等は、特定建築物の建築物特定施設の修繕又は模様替をしようとするときは、当該建築物特定施設を建築物移動等円滑化基準に適合させるために必要な措置を講ずるよう努めなければならない。

3 　所管行政庁は、特定建築物について前2項に規定する措置の適確な実施を確保するため必要があると認めるときは、建築主等に対し、建築物移動等円滑化基準を勘案して、特定建築物又はその建築物特定施設の設計及び施工に係る事項について必要な指導及び助言をすることができる。

（特定建築物の建築等及び維持保全の計画の認定）

第17条　建築主等は、特定建築物の建築、修繕又は模様替（修繕又は模様替にあっては、建築物特定施設に係るものに限る。以下「建築等」という。）をしようとするときは、主務省令で定めるところにより、特定建築物の建築等及び維持保全の計画を作成し、所管行政庁の認定を申請することができる。

2 　前項の計画には、次に掲げる事項を記載しなければならない。

　一　特定建築物の位置

　二　特定建築物の延べ面積、構造方法及び用途並びに敷地面積

　三　計画に係る建築物特定施設の構造及び配置並びに維持保全に関する事項

四　特定建築物の建築等の事業に関する資金計画
　五　その他主務省令で定める事項
3　所管行政庁は、第1項の申請があった場合において、当該申請に係る特定建築物の建築等及び維持保全の計画が次に掲げる基準に適合すると認めるときは、認定をすることができる。
　一　前項第3号に掲げる事項が、建築物移動等円滑化基準を超え、かつ、高齢者、障害者等が円滑に利用できるようにするために誘導すべき主務省令で定める建築物特定施設の構造及び配置に関する基準に適合すること。
　二　前項第4号に掲げる資金計画が、特定建築物の建築等の事業を確実に遂行するため適切なものであること。
4　前項の認定の申請をする者は、所管行政庁に対し、当該申請に併せて、建築基準法第6条第1項（同法第87条第1項において準用する場合を含む。第7項において同じ。）の規定による確認の申請書を提出して、当該申請に係る特定建築物の建築等の計画が同法第6条第1項の建築基準関係規定に適合する旨の建築主事の通知（以下この条において「適合通知」という。）を受けるよう申し出ることができる。
5　前項の申出を受けた所管行政庁は、速やかに当該申出に係る特定建築物の建築等の計画を建築主事に通知しなければならない。
6　建築基準法第18条第3項及び第12項の規定は、建築主事が前項の通知を受けた場合について準用する。この場合においては、建築主事は、申請に係る特定建築物の建築等の計画が第14条第1項の規定に適合するかどうかを審査することを要しないものとする。
7　所管行政庁が、適合通知を受けて第3項の認定をしたときは、当該認定に係る特定建築物の建築等の計画は、建築基準法第6条第1項の規定による確認済証の交付があったものとみなす。
8　建築基準法第12条第7項、第93条及び第93条の2の規定は、建築主事が適合通知をする場合について準用する。

（特定建築物の建築等及び維持保全の計画の変更）
第18条　前条第3項の認定を受けた者（以下「認定建築主等」という。）は、当該認定を受けた計画の変更（主務省令で定める軽微な変更を除く。）をしようとするときは、所管行政庁の認定を受けなければならない。
2　前条の規定は、前項の場合について準用する。

（認定特定建築物の容積率の特例）
第19条　建築基準法第52条第1項、第2項、第7項、第12項及び第14項、第57条の2第3項第2号、第57条の3第2項、第59条第1項及び第3項、第59条の2第1項、第60条第1項、第60条の2第1項及び第4項、第68条の3第1項、第68条の4、第68条の5（第2号イを除く。）、第68条の5の2（第2号イを除く。）、第68条の5の3第1項（第1号ロを除く。）、第68条の5の4（第1号ロを除く。）、第68条の5の5第1項第1号ロ、第68条の8、第68条の9第1項、第86条第3項及び第4項、第86条の2第2項及び第3項、第86条の5第3項並びに第86条の6第1項に規定する建築物の容積率（同法第59条第1項、第60条の2第1項及び第68条の9第1項に規定するものについては、これらの規定に規定する建築物の容積率の最高限度に係る場合に限る。）の算定の基礎となる延べ面積には、同法第52条第3項及び第6項に定めるもののほか、第17条第3項の認定を受けた計画（前条第1項の規定による変更の認定があったときは、その変更後のもの。第21条において同じ。）に係る特定建築物（以下「認定特定建築物」という。）の建築物特定施設の床面積のうち、移動等円滑化の措置をとることにより通常の建築物の建築物特定施設の床面積を超えることとなる場合における政令で定める床面積は、算入しないものとする。

（認定特定建築物の表示等）
第20条　認定建築主等は、認定特定建築物の建築等をしたときは、当該認定特定建築物、その敷地又はその利用に関す

資料編

る広告その他の主務省令で定めるもの（次項において「広告等」という。）に、主務省令で定めるところにより、当該認定特定建築物が第17条第3項の認定を受けている旨の表示を付することができる。

2　何人も、前項の規定による場合を除くほか、建築物、その敷地又はその利用に関する広告等に、同項の表示又はこれと紛らわしい表示を付してはならない。

（認定建築主等に対する改善命令）

第21条　所管行政庁は、認定建築主等が第17条第3項の認定を受けた計画に従って認定特定建築物の建築等又は維持保全を行っていないと認めるときは、当該認定建築主等に対し、その改善に必要な措置をとるべきことを命ずることができる。

（特定建築物の建築等及び維持保全の計画の認定の取消し）

第22条　所管行政庁は、認定建築主等が前条の規定による処分に違反したときは、第17条第3項の認定を取り消すことができる。

（既存の特定建築物に設けるエレベーターについての建築基準法の特例）

第23条　この法律の施行の際現に存する特定建築物に専ら車いすを使用している者の利用に供するエレベーターを設置する場合において、当該エレベーターが次に掲げる基準に適合し、所管行政庁が防火上及び避難上支障がないと認めたときは、当該特定建築物に対する建築基準法第27条第1項、第61条及び第62条第1項の規定の適用については、当該エレベーターの構造は耐火構造（同法第2条第7号に規定する耐火構造をいう。）とみなす。

一　エレベーター及び当該エレベーターの設置に係る特定建築物の主要構造部の部分の構造が主務省令で定める安全上及び防火上の基準に適合していること。

二　エレベーターの制御方法及びその作動状態の監視方法が主務省令で定める安全上の基準に適合していること。

2　建築基準法第93条第1項本文及び第2項の規定は、前項の規定により所管行政庁が防火上及び避難上支障がないと認める場合について準用する。

（高齢者、障害者等が円滑に利用できる建築物の容積率の特例）

第24条　建築物特定施設（建築基準法第52条第6項に規定する共同住宅の共用の廊下及び階段を除く。）の床面積が高齢者、障害者等の円滑な利用を確保するため通常の床面積よりも著しく大きい建築物で、主務大臣が高齢者、障害者等の円滑な利用を確保する上で有効と認めて定める基準に適合するものについては、当該建築物を同条第14項第1号に規定する建築物とみなして、同項の規定を適用する。

関係法令

移動等円滑化のために必要な道路の構造に関する基準を定める省令

（抜粋）

平成18年12月19日国土交通省令第116号
最終改正：平成24年3月1日国土交通省令第10号

目次
　第1章　総則（第1条・第2条）
　第2章　歩道等（第3条―第10条）
　第3章　立体横断施設（第11条―第16条）
　第4章　乗合自動車停留所（第17条・第18条）
　第5章　路面電車停留場等（第19条―第21条）
　第6章　自動車駐車場（第22条―第32条）
　第7章　移動等円滑化のために必要なその他の施設等（第33条―第37条）
　附則

第1章　総則

（趣旨）

第1条　この省令は、高齢者、障害者等の移動等の円滑化の促進に関する法律（以下「法」という。）第10条第1項に規定する道路移動等円滑化基準を条例で定めるに当たって参酌すべき基準（道路法（昭和27年法律第180号）第3条第2号の一般国道にあっては法第10条第1項に規定する道路移動等円滑化基準）を定めるものとする。

（用語の定義）

第2条　この省令における用語の意義は、法第2条、道路交通法（昭和35年法律第105号）第2条（第4号及び第13号に限る。）及び道路構造令（昭和45年政令第320号）第2条に定めるもののほか、次に定めるところによる。
　一　有効幅員　歩道、自転車歩行者道、立体横断施設（横断歩道橋、地下横断歩道その他の歩行者が道路等を横断するための立体的な施設をいう。以下同じ。）に設ける傾斜路、通路若しくは階段、路面電車停留場の乗降場又は自動車駐車場の通路の幅員から、縁石、手すり、路上施設若しくは歩行者の安全かつ円滑な通行を妨げるおそれがある工作物、物件若しくは施設を設置するために必要な幅員又は除雪のために必要な幅員を除いた幅員をいう。
　二　車両乗入れ部　車両の沿道への出入りの用に供される歩道又は自転車歩行者道の部分をいう。
　三　視覚障害者誘導用ブロック　視覚障害者に対する誘導又は段差の存在等の警告若しくは注意喚起を行うために路面に敷設されるブロックをいう。

第2章　歩道等

（歩道）

第3条　道路（自転車歩行者道を設ける道路を除く。）には、歩道を設けるものとする。

（有効幅員）

第4条　歩道の有効幅員は、道路構造令第11条第3項に規定する幅員の値以上とするものとする。
2　自転車歩行者道の有効幅員は、道路構造令第10条の2第2項に規定する幅員の値以上とするものとする。

資料編

3　歩道又は自転車歩行者道（以下「歩道等」という。）の有効幅員は、当該歩道等の高齢者、障害者等の交通の状況を考慮して定めるものとする。

（舗装）
第5条　歩道等の舗装は、雨水を地下に円滑に浸透させることができる構造とするものとする。ただし、道路の構造、気象状況その他の特別の状況によりやむを得ない場合においては、この限りでない。
2　歩道等の舗装は、平たんで、滑りにくく、かつ、水はけの良い仕上げとするものとする。

（勾（こう）配）
第6条　歩道等の縦断勾配は、5パーセント以下とするものとする。ただし、地形の状況その他の特別の理由によりやむを得ない場合においては、8パーセント以下とすることができる。
2　歩道等（車両乗入れ部を除く。）の横断勾配は、1パーセント以下とするものとする。ただし、前条第1項ただし書に規定する場合又は地形の状況その他の特別の理由によりやむを得ない場合においては、2パーセント以下とすることができる。

（歩道等と車道等の分離）
第7条　歩道等には、車道若しくは車道に接続する路肩がある場合の当該路肩（以下「車道等」という。）又は自転車道に接続して縁石線を設けるものとする。
2　歩道等（車両乗入れ部及び横断歩道に接続する部分を除く。）に設ける縁石の車道等に対する高さは15センチメートル以上とし、当該歩道等の構造及び交通の状況並びに沿道の土地利用の状況等を考慮して定めるものとする。
3　歩行者の安全かつ円滑な通行を確保するため必要がある場合においては、歩道等と車道等の間に植樹帯を設け、又は歩道等の車道等側に並木若しくはさくを設けるものとする。

（高さ）
第8条　歩道等（縁石を除く。）の車道等に対する高さは、5センチメートルを標準とするものとする。ただし、横断歩道に接続する歩道等の部分にあっては、この限りでない。
2　前項の高さは、乗合自動車停留所及び車両乗入れ部の設置の状況等を考慮して定めるものとする。

（横断歩道に接続する歩道等の部分）
第9条　横断歩道に接続する歩道等の部分の縁端は、車道等の部分より高くするものとし、その段差は2センチメートルを標準とするものとする。
2　前項の段差に接続する歩道等の部分は、車いすを使用している者（以下「車いす使用者」という。）が円滑に転回できる構造とするものとする。

（車両乗入れ部）
第10条　第4条の規定にかかわらず、車両乗入れ部のうち第6条第2項の規定による基準を満たす部分の有効幅員は、2メートル以上とするものとする。

第3章　立体横断施設

（立体横断施設）

関係法令

第11条　道路には、高齢者、障害者等の移動等円滑化のために必要であると認められる箇所に、高齢者、障害者等の円滑な移動に適した構造を有する立体横断施設（以下「移動等円滑化された立体横断施設」という。）を設けるものとする。

2　移動等円滑化された立体横断施設には、エレベーターを設けるものとする。ただし、昇降の高さが低い場合その他の特別の理由によりやむを得ない場合においては、エレベーターに代えて、傾斜路を設けることができる。

3　前項に規定するもののほか、移動等円滑化された立体横断施設には、高齢者、障害者等の交通の状況により必要がある場合においては、エスカレーターを設けるものとする。

（エレベーター）

第12条　移動等円滑化された立体横断施設に設けるエレベーターは、次に定める構造とするものとする。
一　かごの内法（のり）幅は1.5メートル以上とし、内法奥行きは1.5メートル以上とすること。
二　前号の規定にかかわらず、かごの出入口が複数あるエレベーターであって、車いす使用者が円滑に乗降できる構造のもの（開閉するかごの出入口を音声により知らせる装置が設けられているものに限る。）にあっては、内法幅は1.4メートル以上とし、内法奥行きは1.35メートル以上とすること。
三　かご及び昇降路の出入口の有効幅は、第1号の規定による基準に適合するエレベーターにあっては90センチメートル以上とし、前号の規定による基準に適合するエレベーターにあっては80センチメートル以上とすること。
四　かご内に、車いす使用者が乗降する際にかご及び昇降路の出入口を確認するための鏡を設けること。ただし、第2号の規定による基準に適合するエレベーターにあっては、この限りでない。
五　かご及び昇降路の出入口の戸にガラスその他これに類するものがはめ込まれていることにより、かご外からかご内が視覚的に確認できる構造とすること。
六　かご内に手すりを設けること。
七　かご及び昇降路の出入口の戸の開扉時間を延長する機能を設けること。
八　かご内に、かごが停止する予定の階及びかごの現在位置を表示する装置を設けること。
九　かご内に、かごが到着する階並びにかご及び昇降路の出入口の戸の閉鎖を音声により知らせる装置を設けること。
十　かご内及び乗降口には、車いす使用者が円滑に操作できる位置に操作盤を設けること。
十一　かご内に設ける操作盤及び乗降口に設ける操作盤のうち視覚障害者が利用する操作盤は、点字をはり付けること等により視覚障害者が容易に操作できる構造とすること。
十二　乗降口に接続する歩道等又は通路の部分の有効幅は1.5メートル以上とし、有効奥行きは1.5メートル以上とすること。
十三　停止する階が3以上であるエレベーターの乗降口には、到着するかごの昇降方向を音声により知らせる装置を設けること。ただし、かご内にかご及び昇降路の出入口の戸が開いた時にかごの昇降方向を音声により知らせる装置が設けられている場合においては、この限りでない。

（傾斜路）

第13条　移動等円滑化された立体横断施設に設ける傾斜路（その踊場を含む。以下同じ。）は、次に定める構造とするものとする。
一　有効幅員は、2メートル以上とすること。ただし、設置場所の状況その他の特別の理由によりやむを得ない場合においては、1メートル以上とすることができる。
二　縦断勾配は、5パーセント以下とすること。ただし、設置場所の状況その他の特別の理由によりやむを得ない場合においては、8パーセント以下とすることができる。

三　横断勾配は、設けないこと。
四　二段式の手すりを両側に設けること。
五　手すり端部の付近には、傾斜路の通ずる場所を示す点字をはり付けること。
六　路面は、平たんで、滑りにくく、かつ、水はけの良い仕上げとすること。
七　傾斜路の勾配部分は、その接続する歩道等又は通路の部分との色の輝度比が大きいこと等により当該勾配部分を容易に識別できるものとすること。
八　傾斜路の両側には、立ち上がり部及びさくその他これに類する工作物を設けること。ただし、側面が壁面である場合においては、この限りでない。
九　傾斜路の下面と歩道等の路面との間が2.5メートル以下の歩道等の部分への進入を防ぐため必要がある場合においては、さくその他これに類する工作物を設けること。
十　高さが75センチメートルを超える傾斜路にあっては、高さ75センチメートル以内ごとに踏み幅1.5メートル以上の踊場を設けること。

（エスカレーター）
第14条　移動等円滑化された立体横断施設に設けるエスカレーターは、次に定める構造とするものとする。
一　上り専用のものと下り専用のものをそれぞれ設置すること。
二　踏み段の表面及びくし板は、滑りにくい仕上げとすること。
三　昇降口において、3枚以上の踏み段が同一平面上にある構造とすること。
四　踏み段の端部とその周囲の部分との色の輝度比が大きいこと等により踏み段相互の境界を容易に識別できるものとすること。
五　くし板の端部と踏み段の色の輝度比が大きいこと等によりくし板と踏み段との境界を容易に識別できるものとすること。
六　エスカレーターの上端及び下端に近接する歩道等及び通路の路面において、エスカレーターへの進入の可否を示すこと。
七　踏み段の有効幅は、1メートル以上とすること。ただし、歩行者の交通量が少ない場合においては、60センチメートル以上とすることができる。

（通路）
第15条　移動等円滑化された立体横断施設に設ける通路は、次に定める構造とするものとする。
一　有効幅員は、2メートル以上とし、当該通路の高齢者、障害者等の通行の状況を考慮して定めること。
二　縦断勾配及び横断勾配は設けないこと。ただし、構造上の理由によりやむを得ない場合又は路面の排水のために必要な場合においては、この限りでない。
三　二段式の手すりを両側に設けること。
四　手すりの端部の付近には、通路の通ずる場所を示す点字をはり付けること。
五　路面は、平たんで、滑りにくく、かつ、水はけの良い仕上げとすること。
六　通路の両側には、立ち上がり部及びさくその他これに類する工作物を設けること。ただし、側面が壁面である場合においては、この限りでない。

（階段）
第16条　移動等円滑化された立体横断施設に設ける階段（その踊場を含む。以下同じ。）は、次に定める構造とするも

のとする。
一　有効幅員は、1.5メートル以上とすること。
二　二段式の手すりを両側に設けること。
三　手すりの端部の付近には、階段の通ずる場所を示す点字をはり付けること。
四　回り段としないこと。ただし、地形の状況その他の特別の理由によりやむを得ない場合においては、この限りでない。
五　踏面は、平たんで、滑りにくく、かつ、水はけの良い仕上げとすること。
六　踏面の端部とその周囲の部分との色の輝度比が大きいこと等により段を容易に識別できるものとすること。
七　段鼻の突き出しその他のつまずきの原因となるものを設けない構造とすること。
八　階段の両側には、立ち上がり部及びさくその他これに類する工作物を設けること。ただし、側面が壁面である場合においては、この限りでない。
九　階段の下面と歩道等の路面との間が2.5メートル以下の歩道等の部分への進入を防ぐため必要がある場合においては、さくその他これに類する工作物を設けること。
十　階段の高さが3メートルを超える場合においては、その途中に踊場を設けること。
十一　踊場の踏み幅は、直階段の場合にあっては1.2メートル以上とし、その他の場合にあっては当該階段の幅員の値以上とすること。

第4章　乗合自動車停留所

（高さ）
第17条　乗合自動車停留所を設ける歩道等の部分の車道等に対する高さは、15センチメートルを標準とするものとする。

（ベンチ及び上屋）
第18条　乗合自動車停留所には、ベンチ及びその上屋を設けるものとする。ただし、それらの機能を代替する施設が既に存する場合又は地形の状況その他の特別の理由によりやむを得ない場合においては、この限りでない。

第5章　路面電車停留場等

（乗降場）
第19条　路面電車停留場の乗降場は、次に定める構造とするものとする。
一　有効幅員は、乗降場の両側を使用するものにあっては2メートル以上とし、片側を使用するものにあっては1.5メートル以上とすること。
二　乗降場と路面電車の車両の旅客用乗降口の床面とは、できる限り平らとすること。
三　乗降場の縁端と路面電車の車両の旅客用乗降口の床面の縁端との間隔は、路面電車の車両の走行に支障を及ぼすおそれのない範囲において、できる限り小さくすること。
四　横断勾配は、1パーセントを標準とすること。ただし、地形の状況その他の特別の理由によりやむを得ない場合においては、この限りでない。
五　路面は、平たんで、滑りにくい仕上げとすること。
六　乗降場は、縁石線により区画するものとし、その車道側にさくを設けること。
七　乗降場には、ベンチ及びその上屋を設けること。ただし、設置場所の状況その他の特別の理由によりやむを得ない場合においては、この限りでない。

資料編

（傾斜路の勾配）
第20条　路面電車停留所の乗降場と車道等との高低差がある場合においては、傾斜路を設けるものとし、その勾配は、次に定めるところによるものとする。
- 一　縦断勾配は、5パーセント以下とすること。ただし、地形の状況その他の特別の理由によりやむを得ない場合においては、8パーセント以下とすることができる。
- 二　横断勾配は、設けないこと。

（歩行者の横断の用に供する軌道の部分）
第21条　歩行者の横断の用に供する軌道の部分においては、軌条面と道路面との高低差は、できる限り小さくするものとする。

第6章　自動車駐車場

（障害者用駐車施設）
第22条　自動車駐車場には、障害者が円滑に利用できる駐車の用に供する部分（以下「障害者用駐車施設」という。）を設けるものとする。

2　障害者用駐車施設の数は、自動車駐車場の全駐車台数が200以下の場合にあっては当該駐車台数に50分の1を乗じて得た数以上とし、全駐車台数が200を超える場合にあっては当該駐車台数に100分の1を乗じて得た数に2を加えた数以上とするものとする。

3　障害者用駐車施設は、次に定める構造とするものとする。
- 一　当該障害者用駐車施設へ通ずる歩行者の出入口からの距離ができるだけ短くなる位置に設けること。
- 二　有効幅は、3.5メートル以上とすること。
- 三　障害者用である旨を見やすい方法により表示すること。

（障害者用停車施設）
第23条　自動車駐車場の自動車の出入口又は障害者用駐車施設を設ける階には、障害者が円滑に利用できる停車の用に供する部分（以下「障害者用停車施設」という。）を設けるものとする。ただし、構造上の理由によりやむを得ない場合においては、この限りでない。

2　障害者用停車施設は、次に定める構造とするものとする。
- 一　当該障害者用停車施設へ通ずる歩行者の出入口からの距離ができるだけ短くなる位置に設けること。
- 二　車両への乗降の用に供する部分の有効幅は1.5メートル以上とし、有効奥行きは1.5メートル以上とする等、障害者が安全かつ円滑に乗降できる構造とすること。
- 三　障害者用である旨を見やすい方法により表示すること。

（出入口）
第24条　自動車駐車場の歩行者の出入口は、次に定める構造とするものとする。ただし、当該出入口に近接した位置に設けられる歩行者の出入口については、この限りでない。
- 一　有効幅は、90センチメートル以上とすること。ただし、当該自動車駐車場外へ通ずる歩行者の出入口のうち1以上の出入口の有効幅は、1.2メートル以上とすること。
- 二　戸を設ける場合は、当該戸は、有効幅を1.2メートル以上とする当該自動車駐車場外へ通ずる歩行者の出入口のうち、1以上の出入口にあっては自動的に開閉する構造とし、その他の出入口にあっては車いす使用者が円滑に開閉し

て通過できる構造とすること。
三　車いす使用者が通過する際に支障となる段差を設けないこと。

（通路）
第25条　障害者用駐車施設へ通ずる歩行者の出入口から当該障害者用駐車施設に至る通路のうち1以上の通路は、次に定める構造とするものとする。
一　有効幅員は、2メートル以上とすること。
二　車いす使用者が通過する際に支障となる段差を設けないこと。
三　路面は、平たんで、かつ、滑りにくい仕上げとすること。

（エレベーター）
第26条　自動車駐車場外へ通ずる歩行者の出入口がない階（障害者用駐車施設が設けられている階に限る。）を有する自動車駐車場には、当該階に停止するエレベーターを設けるものとする。ただし、構造上の理由によりやむを得ない場合においては、エレベーターに代えて、傾斜路を設けることができる。
2　前項のエレベーターのうち1以上のエレベーターは、前条に規定する出入口に近接して設けるものとする。
3　第12条第1号から第4号までの規定は、第1項のエレベーター（前項のエレベーターを除く。）について準用する。
4　第12条の規定は、第2項のエレベーターについて準用する。

（傾斜路）
第27条　第13条の規定は、前条第1項の傾斜路について準用する。

（階段）
第28条　第16条の規定は、自動車駐車場外へ通ずる歩行者の出入口がない階に通ずる階段の構造について準用する。

（屋根）
第29条　屋外に設けられる自動車駐車場の障害者用駐車施設、障害者用停車施設及び第25条に規定する通路には、屋根を設けるものとする。

（便所）
第30条　障害者用駐車施設を設ける階に便所を設ける場合は、当該便所は、次に定める構造とするものとする。
一　便所の出入口付近に、男子用及び女子用の区別（当該区別がある場合に限る。）並びに便所の構造を視覚障害者に示すための点字による案内板その他の設備を設けること。
二　床の表面は、滑りにくい仕上げとすること。
三　男子用小便器を設ける場合においては、1以上の床置式小便器、壁掛式小便器（受け口の高さが35センチメートル以下のものに限る。）その他これらに類する小便器を設けること。
四　前号の規定により設けられる小便器には、手すりを設けること。
2　障害者用駐車施設を設ける階に便所を設ける場合は、そのうち1以上の便所は、次の各号に掲げる基準のいずれかに適合するものとする。
一　便所（男子用及び女子用の区別があるときは、それぞれの便所）内に高齢者、障害者等の円滑な利用に適した構造を有する便房が設けられていること。

二　高齢者、障害者等の円滑な利用に適した構造を有する便所であること。

第31条　前条第2項第1号の便房を設ける便所は、次に定める構造とするものとする。
　一　第25条に規定する通路と便所との間の経路における通路のうち1以上の通路は、同条各号に定める構造とすること。
　二　出入口の有効幅は、80センチメートル以上とすること。
　三　出入口には、車いす使用者が通過する際に支障となる段を設けないこと。ただし、傾斜路を設ける場合においては、この限りでない。
　四　出入口には、高齢者、障害者等の円滑な利用に適した構造を有する便房が設けられていることを表示する案内標識を設けること。
　五　出入口に戸を設ける場合においては、当該戸は、次に定める構造とすること。
　　イ　有効幅は、80センチメートル以上とすること。
　　ロ　高齢者、障害者等が容易に開閉して通過できる構造とすること。
　六　車いす使用者の円滑な利用に適した広さを確保すること。
2　前条第2項第1号の便房は、次に定める構造とするものとする。
　一　出入口には、車いす使用者が通過する際に支障となる段を設けないこと。
　二　出入口には、当該便房が高齢者、障害者等の円滑な利用に適した構造を有するものであることを表示する案内標識を設けること。
　三　腰掛便座及び手すりを設けること。
　四　高齢者、障害者等の円滑な利用に適した構造を有する水洗器具を設けること。
3　第1項第2号、第5号及び第6号の規定は、前項の便房について準用する。

第32条　前条第1項第1号から第3号まで、第5号及び第6号並びに第2項第2号から第4号までの規定は、第30条第2項第2号の便所について準用する。この場合において、前条第2項第2号中「当該便房」とあるのは、「当該便所」と読み替えるものとする

第7章　移動等円滑化のために必要なその他の施設等
（案内標識）
第33条　交差点、駅前広場その他の移動の方向を示す必要がある箇所には、高齢者、障害者等が見やすい位置に、高齢者、障害者等が日常生活又は社会生活において利用すると認められる官公庁施設、福祉施設その他の施設及びエレベーターその他の移動等円滑化のために必要な施設の案内標識を設けるものとする。
2　前項の案内標識には、点字、音声その他の方法により視覚障害者を案内する設備を設けるものとする。

（視覚障害者誘導用ブロック）
第34条　歩道等、立体横断施設の通路、乗合自動車停留所、路面電車停留場の乗降場及び自動車駐車場の通路には、視覚障害者の移動等円滑化のために必要であると認められる箇所に、視覚障害者誘導用ブロックを敷設するものとする。
2　視覚障害者誘導用ブロックの色は、黄色その他の周囲の路面との輝度比が大きいこと等により当該ブロック部分を容易に識別できる色とするものとする。
3　視覚障害者誘導用ブロックには、視覚障害者の移動等円滑化のために必要であると認められる箇所に、音声により視覚障害者を案内する設備を設けるものとする。

関係法令

（休憩施設）
第35条　歩道等には、適当な間隔でベンチ及びその上屋を設けるものとする。ただし、これらの機能を代替するための施設が既に存する場合その他の特別の理由によりやむを得ない場合においては、この限りでない。

（照明施設）
第36条　歩道等及び立体横断施設には、照明施設を連続して設けるものとする。ただし、夜間における当該歩道等及び立体横断施設の路面の照度が十分に確保される場合においては、この限りでない。

2　乗合自動車停留所、路面電車停留場及び自動車駐車場には、高齢者、障害者等の移動等円滑化のために必要であると認められる箇所に、照明施設を設けるものとする。ただし、夜間における当該乗合自動車停留所、路面電車停留場及び自動車駐車場の路面の照度が十分に確保される場合においては、この限りでない

（防雪施設）
第37条　歩道等及び立体横断施設において、積雪又は凍結により、高齢者、障害者等の安全かつ円滑な通行に著しく支障を及ぼすおそれのある箇所には、融雪施設、流雪溝又は雪覆工を設けるものとする。

資料編

移動等円滑化のために必要な特定公園施設の設置に関する基準を定める省令

平成18年12月18日国土交通省令第115号
最終改正：平成24年3月1日国土交通省令第10号

（趣旨）
第1条　この省令は、高齢者、障害者等の移動等の円滑化の促進に関する法律第13条第1項に規定する都市公園移動等円滑化基準を条例で定めるに当たって参酌すべき基準（国の設置に係る都市公園にあっては同項に規定する都市公園移動等円滑化基準）を定めるものとする。

（一時使用目的の特定公園施設）
第2条　災害等のため一時使用する特定公園施設の設置については、この省令の規定によらないことができる。

（園路及び広場）
第3条　不特定かつ多数の者が利用し、又は主として高齢者、障害者等が利用する高齢者、障害者等の移動等の円滑化の促進に関する法律施行令（平成18年政令第379号。以下「令」という。）第3条第1号に規定する園路及び広場を設ける場合は、そのうち1以上は、次に掲げる基準に適合するものでなければならない。

一　出入口は、次に掲げる基準に適合するものであること。
　イ　幅は、120センチメートル以上とすること。ただし、地形の状況その他の特別の理由によりやむを得ない場合は、90センチメートル以上とすることができる。
　ロ　車止めを設ける場合は、当該車止めの相互間の間隔のうち1以上は、90センチメートル以上とすること。
　ハ　出入口からの水平距離が150センチメートル以上の水平面を確保すること。ただし、地形の状況その他の特別の理由によりやむを得ない場合は、この限りでない。
　ニ　ホに掲げる場合を除き、車いす使用者が通過する際に支障となる段がないこと。
　ホ　地形の状況その他の特別の理由によりやむを得ず段を設ける場合は、傾斜路（その踊場を含む。以下同じ。）を併設すること。

二　通路は、次に掲げる基準に適合するものであること。
　イ　幅は、180センチメートル以上とすること。ただし、地形の状況その他の特別の理由によりやむを得ない場合は、通路の末端の付近の広さを車いすの転回に支障のないものとし、かつ、50メートル以内ごとに車いすが転回することができる広さの場所を設けた上で、幅を120センチメートル以上とすることができる。
　ロ　ハに掲げる場合を除き、車いす使用者が通過する際に支障となる段がないこと。
　ハ　地形の状況その他の特別の理由によりやむを得ず段を設ける場合は、傾斜路を併設すること。
　ニ　縦断勾（こう）配は、5パーセント以下とすること。ただし、地形の状況その他の特別の理由によりやむを得ない場合は、8パーセント以下とすることができる。
　ホ　横断勾配は、1パーセント以下とすること。ただし、地形の状況その他の特別の理由によりやむを得ない場合は、2パーセント以下とすることができる。
　ヘ　路面は、滑りにくい仕上げがなされたものであること。

三　階段（その踊場を含む。以下同じ。）は、次に掲げる基準に適合するものであること。
　イ　手すりが両側に設けられていること。ただし、地形の状況その他の特別の理由によりやむを得ない場合は、こ

関係法令

の限りでない。
　　ロ　手すりの端部の付近には、階段の通ずる場所を示す点字をはり付けること。
　　ハ　回り段がないこと。ただし、地形の状況その他の特別の理由によりやむを得ない場合は、この限りでない。
　　ニ　踏面は、滑りにくい仕上げがなされたものであること。
　　ホ　段鼻の突き出しその他のつまずきの原因となるものが設けられていない構造のものであること。
　　ヘ　階段の両側には、立ち上がり部が設けられていること。ただし、側面が壁面である場合は、この限りでない。
　四　階段を設ける場合は、傾斜路を併設しなければならない。ただし、地形の状況その他の特別の理由により傾斜路を設けることが困難である場合は、エレベーター、エスカレーターその他の昇降機であって高齢者、障害者等の円滑な利用に適した構造のものをもってこれに代えることができる。
　五　傾斜路（階段又は段に代わり、又はこれに併設するものに限る。）は、次に掲げる基準に適合するものであること。
　　イ　幅は、120センチメートル以上とすること。ただし、階段又は段に併設する場合は、90センチメートル以上とすることができる。
　　ロ　縦断勾配は、8パーセント以下とすること。
　　ハ　横断勾配は、設けないこと。
　　ニ　路面は、滑りにくい仕上げがなされたものであること。
　　ホ　高さが75センチメートルを超える傾斜路にあっては、高さ75センチメートル以内ごとに踏幅150センチメートル以上の踊場が設けられていること。
　　ヘ　手すりが両側に設けられていること。ただし、地形の状況その他の特別の理由によりやむを得ない場合は、この限りでない。
　　ト　傾斜路の両側には、立ち上がり部が設けられていること。ただし、側面が壁面である場合は、この限りでない。
　六　高齢者、障害者等が転落するおそれのある場所には、さく、令第11条第2号に規定する点状ブロック等及び令第21条第2項第1号に規定する線状ブロック等を適切に組み合わせて床面に敷設したもの（以下「視覚障害者誘導用ブロック」という。）その他の高齢者、障害者等の転落を防止するための設備が設けられていること。
　七　次条から第11条までの規定により設けられた特定公園施設のうちそれぞれ1以上及び高齢者、障害者等の移動等の円滑化の促進に関する法律施行規則（平成18年国土交通省令第110号）第2条第2項の主要な公園施設に接続していること。

（屋根付広場）
第4条　不特定かつ多数の者が利用し、又は主として高齢者、障害者等が利用する屋根付広場を設ける場合は、そのうち1以上は、次に掲げる基準に適合するものでなければならない。
　一　出入口は、次に掲げる基準に適合するものであること。
　　イ　幅は、120センチメートル以上とすること。ただし、地形の状況その他の特別の理由によりやむを得ない場合は、80センチメートル以上とすることができる。
　　ロ　ハに掲げる場合を除き、車いす使用者が通過する際に支障となる段がないこと。
　　ハ　地形の状況その他の特別の理由によりやむを得ず段を設ける場合は、傾斜路を併設すること。
　二　車いす使用者の円滑な利用に適した広さが確保されていること。

（休憩所及び管理事務所）
第5条　不特定かつ多数の者が利用し、又は主として高齢者、障害者等が利用する休憩所を設ける場合は、そのうち1以上は、次に掲げる基準に適合するものでなければならない。

資料編

一　出入口は、次に掲げる基準に適合するものであること。
　　イ　幅は、120センチメートル以上とすること。ただし、地形の状況その他の特別の理由によりやむを得ない場合は、80センチメートル以上とすることができる。
　　ロ　ハに掲げる場合を除き、車いす使用者が通過する際に支障となる段がないこと。
　　ハ　地形の状況その他の特別の理由によりやむを得ず段を設ける場合は、傾斜路を併設すること。
　　ニ　戸を設ける場合は、当該戸は、次に掲げる基準に適合するものであること。
　　　（1）　幅は、80センチメートル以上とすること。
　　　（2）　高齢者、障害者等が容易に開閉して通過できる構造のものであること。
二　カウンターを設ける場合は、そのうち1以上は、車いす使用者の円滑な利用に適した構造のものであること。ただし、常時勤務する者が容易にカウンターの前に出て対応できる構造である場合は、この限りでない。
三　車いす使用者の円滑な利用に適した広さが確保されていること。
四　不特定かつ多数の者が利用し、又は主として高齢者、障害者等が利用する便所を設ける場合は、そのうち1以上は、第8条第2項、第9条及び第10条の基準に適合するものであること。
2　前項の規定は、不特定かつ多数の者が利用し、又は主として高齢者、障害者等が利用する管理事務所について準用する。この場合において、同項中「休憩所を設ける場合は、そのうち1以上は」とあるのは、「管理事務所は」と読み替えるものとする。

（野外劇場及び野外音楽堂）
第6条　不特定かつ多数の者が利用し、又は主として高齢者、障害者等が利用する野外劇場は、次に掲げる基準に適合するものでなければならない。
一　出入口は、第4条第1項第1号の基準に適合するものであること。
二　出入口と次号の車いす使用者用観覧スペース及び第4号の便所との間の経路を構成する通路は、次に掲げる基準に適合するものであること。
　　イ　幅は、120センチメートル以上とすること。ただし、地形の状況その他の特別の理由によりやむを得ない場合は、通路の末端の付近の広さを車いすの転回に支障のないものとした上で、幅を80センチメートル以上とすることができる。
　　ロ　ハに掲げる場合を除き、車いす使用者が通過する際に支障となる段がないこと。
　　ハ　地形の状況その他の特別の理由によりやむを得ず段を設ける場合は、傾斜路を併設すること。
　　ニ　縦断勾配は、5パーセント以下とすること。ただし、地形の状況その他の特別の理由によりやむを得ない場合は、8パーセント以下とすることができる。
　　ホ　横断勾配は、1パーセント以下とすること。ただし、地形の状況その他の特別の理由によりやむを得ない場合は、2パーセント以下とすることができる。
　　ヘ　路面は、滑りにくい仕上げがなされたものであること。
　　ト　高齢者、障害者等が転落するおそれのある場所には、さく、視覚障害者誘導用ブロックその他の高齢者、障害者等の転落を防止するための設備が設けられていること。
三　当該野外劇場の収容定員が200以下の場合は当該収容定員に50分の1を乗じて得た数以上、収容定員が200を超える場合は当該収容定員に100分の1を乗じて得た数に2を加えた数以上の車いす使用者が円滑に利用することができる観覧スペース（以下「車いす使用者用観覧スペース」という。）を設けること。
四　不特定かつ多数の者が利用し、又は主として高齢者、障害者等が利用する便所を設ける場合は、そのうち1以上は、第8条第2項、第9条及び第10条の基準に適合するものであること。

関係法令

2　車いす使用者用観覧スペースは、次に掲げる基準に適合するものでなければならない。
　一　幅は90センチメートル以上であり、奥行きは120センチメートル以上であること。
　二　車いす使用者が利用する際に支障となる段がないこと。
　三　車いす使用者が転落するおそれのある場所には、さくその他の車いす使用者の転落を防止するための設備が設けられていること。
3　前2項の規定は、不特定かつ多数の者が利用し、又は主として高齢者、障害者等が利用する野外音楽堂について準用する。

（駐車場）
第7条　不特定かつ多数の者が利用し、又は主として高齢者、障害者等が利用する駐車場を設ける場合は、そのうち1以上に、当該駐車場の全駐車台数が200以下の場合は当該駐車台数に50分の1を乗じて得た数以上、全駐車台数が200を超える場合は当該駐車台数に100分の1を乗じて得た数に2を加えた数以上の車いす使用者が円滑に利用することができる駐車施設（以下「車いす使用者用駐車施設」という。）を設けなければならない。ただし、専ら大型自動二輪車及び普通自動二輪車（いずれも側車付きのものを除く。）の駐車のための駐車場については、この限りでない。
2　車いす使用者用駐車施設は、次に掲げる基準に適合するものでなければならない。
　一　幅は、350センチメートル以上とすること。
　二　車いす使用者用駐車施設又はその付近に、車いす使用者用駐車施設の表示をすること。

（便所）
第8条　不特定かつ多数の者が利用し、又は主として高齢者、障害者等が利用する便所は、次に掲げる基準に適合するものでなければならない。
　一　床の表面は、滑りにくい仕上げがなされたものであること。
　二　男子用小便器を設ける場合は、1以上の床置式小便器、壁掛式小便器（受け口の高さが35センチメートル以下のものに限る。）その他これらに類する小便器が設けられていること。
　三　前号の規定により設けられる小便器には、手すりが設けられていること。
2　不特定かつ多数の者が利用し、又は主として高齢者、障害者等が利用する便所を設ける場合は、そのうち1以上は、前項に掲げる基準のほか、次に掲げる基準のいずれかに適合するものでなければならない。
　一　便所（男子用及び女子用の区別があるときは、それぞれの便所）内に高齢者、障害者等の円滑な利用に適した構造を有する便房が設けられていること。
　二　高齢者、障害者等の円滑な利用に適した構造を有する便所であること。

第9条　前条第2項第1号の便房が設けられた便所は、次に掲げる基準に適合するものでなければならない。
　一　出入口は、次に掲げる基準に適合するものであること。
　　イ　幅は、80センチメートル以上とすること。
　　ロ　ハに掲げる場合を除き、車いす使用者が通過する際に支障となる段がないこと。
　　ハ　地形の状況その他の特別の理由によりやむを得ず段を設ける場合は、傾斜路を併設すること。
　　ニ　高齢者、障害者等の円滑な利用に適した構造を有する便房が設けられていることを表示する標識が設けられていること。
　　ホ　戸を設ける場合は、当該戸は、次に掲げる基準に適合するものであること。
　　　（1）　幅は、80センチメートル以上とすること。

資料編

  （2）　高齢者、障害者等が容易に開閉して通過できる構造のものであること。
  二　車いす使用者の円滑な利用に適した広さが確保されていること。
2　前条第2項第1号の便房は、次に掲げる基準に適合するものでなければならない。
  一　出入口には、車いす使用者が通過する際に支障となる段がないこと。
  二　出入口には、当該便房が高齢者、障害者等の円滑な利用に適した構造のものであることを表示する標識が設けられていること。
  三　腰掛便座及び手すりが設けられていること。
  四　高齢者、障害者等の円滑な利用に適した構造を有する水洗器具が設けられていること。
3　第1項第1号イ及びホ並びに第2号の規定は、前項の便房について準用する。

第10条　前条第1項第1号イからハまで及びホ並びに第2号並びに第2項第2号から第4号までの規定は、第8条第2項第2号の便所について準用する。この場合において、前条第2項第2号中「当該便房」とあるのは、「当該便所」と読み替えるものとする。

（水飲場及び手洗場）
第11条　不特定かつ多数の者が利用し、又は主として高齢者、障害者等が利用する水飲場を設ける場合は、そのうち1以上は、高齢者、障害者等の円滑な利用に適した構造のものでなければならない。
2　前項の規定は、不特定かつ多数の者が利用し、又は主として高齢者、障害者等が利用する手洗場について準用する。

（掲示板及び標識）
第12条　不特定かつ多数の者が利用し、又は主として高齢者、障害者等が利用する掲示板は、次に掲げる基準に適合するものでなければならない。
  一　高齢者、障害者等の円滑な利用に適した構造のものであること。
  二　当該掲示板に表示された内容が容易に識別できるものであること。
2　前項の規定は、不特定かつ多数の者が利用し、又は主として高齢者、障害者等が利用する標識について準用する。

第13条　第3条から前条までの規定により設けられた特定公園施設の配置を表示した標識を設ける場合は、そのうち1以上は、第3条の規定により設けられた園路及び広場の出入口の付近に設けなければならない。

関係法令

移動等円滑化のために必要な旅客施設又は車両等の構造及び設備に関する基準を定める省令

(抜粋)

平成18年12月15日国土交通省令第111号

第1章 総則

(定義)

第1条 この省令において、次の各号に掲げる用語の意義は、それぞれ当該各号に定めるところによる。
一 視覚障害者誘導用ブロック 線状ブロック及び点状ブロックを適切に組み合わせて床面に敷設したものをいう。
二 線状ブロック 床面に敷設されるブロックであって、線状の突起が設けられており、かつ、周囲の床面との色の明度、色相又は彩度の差が大きいことにより容易に識別できるものをいう。
三 点状ブロック 床面に敷設されるブロックであって、点状の突起が設けられており、かつ、周囲の床面との色の明度、色相又は彩度の差が大きいことにより容易に識別できるものをいう。
四 車いすスペース 車いすを使用している者(以下「車いす使用者」という。)の用に供するため車両等に設けられる場所をいう。
五 鉄道駅 鉄道事業法(昭和61年法律第92号)による鉄道施設であって、旅客の乗降、待合いその他の用に供するものをいう。
六 軌道停留場 軌道法(大正10年法律第76号)による軌道施設であって、旅客の乗降、待合いその他の用に供するものをいう。
七 バスターミナル 自動車ターミナル法(昭和34年法律第136号)によるバスターミナルであって、旅客の乗降、待合いその他の用に供するものをいう。
八 旅客船ターミナル 海上運送法(昭和24年法律第187号)による輸送施設(船舶を除き、同法による一般旅客定期航路事業の用に供するものに限る。)であって、旅客の乗降、待合いその他の用に供するものをいう。
九 航空旅客ターミナル施設 航空旅客ターミナル施設であって、旅客の乗降、待合いその他の用に供するものをいう。
十 鉄道車両 鉄道事業法による鉄道事業者が旅客の運送を行うためその事業の用に供する車両をいう。
十一 軌道車両 軌道法による軌道経営者が旅客の運送を行うためその事業の用に供する車両をいう。
十二 バス車両 道路運送法(昭和26年法律第183号)による一般乗合旅客自動車運送事業者(路線を定めて定期に運行する自動車により乗合旅客の運送を行うものに限る。)が旅客の運送を行うためその事業の用に供する自動車(同法第5条第1項第3号に規定する路線定期運行の用に供するものに限る。)をいう。
十三 福祉タクシー車両 道路運送法による一般乗用旅客自動車運送事業者が旅客の運送を行うためその事業の用に供する自動車(高齢者、障害者等が移動のための車いすその他の用具を使用したまま車内に乗り込むことが可能なもの及び高齢者、障害者等の移動等の円滑化の促進に関する法律施行規則(平成18年国土交通省令第110号)第1条に規定するものに限る。)をいう。
十四 船舶 海上運送法による一般旅客定期航路事業(日本の国籍を有する者及び日本の法令により設立された法人その他の団体以外の者が営む同法による対外旅客定期航路事業を除く。)を営む者が旅客の運送を行うためその事業の用に供する船舶をいう。
十五 航空機 航空法(昭和27年法律第231号)による本邦航空運送事業者が旅客の運送を行うためその事業の用に供する航空機をいう。

資料編

2 前項に規定するもののほか、この省令において使用する用語は、高齢者、障害者等の移動等の円滑化の促進に関する法律（以下「法」という。）において使用する用語の例による。

（一時使用目的の旅客施設又は車両等）
第2条 災害等のため一時使用する旅客施設又は車両等の構造及び設備については、この省令の規定によらないことができる。

　　第2章 旅客施設

　　　第1節 総則

（適用範囲）
第3条 旅客施設の構造及び設備については、この章の定めるところによる。

　　　第2節 共通事項

　　　　第1款 移動等円滑化された経路

（移動等円滑化された経路）
第4条 公共用通路（旅客施設の営業時間内において常時一般交通の用に供されている一般交通用施設であって、旅客施設の外部にあるものをいう。以下同じ。）と車両等の乗降口との間の経路であって、高齢者、障害者等の円滑な通行に適するもの（以下「移動等円滑化された経路」という。）を、乗降場ごとに1以上設けなければならない。
2 移動等円滑化された経路において床面に高低差がある場合は、傾斜路又はエレベーターを設けなければならない。ただし、構造上の理由により傾斜路又はエレベーターを設置することが困難である場合は、エスカレーター（構造上の理由によりエスカレーターを設置することが困難である場合は、エスカレーター以外の昇降機であって車いす使用者の円滑な利用に適した構造のもの）をもってこれに代えることができる。
3 旅客施設に隣接しており、かつ、旅客施設と一体的に利用される他の施設の傾斜路（第6項の基準に適合するものに限る。）又はエレベーター（第7項の基準に適合するものに限る。）を利用することにより高齢者、障害者等が旅客施設の営業時間内において常時公共用通路と車両等の乗降口との間の移動を円滑に行うことができる場合は、前項の規定によらないことができる。管理上の理由により昇降機を設置することが困難である場合も、また同様とする。
4 移動等円滑化された経路と公共用通路の出入口は、次に掲げる基準に適合するものでなければならない。
　一 幅は、90センチメートル以上であること。ただし、構造上の理由によりやむを得ない場合は、80センチメートル以上とすることができる。
　二 戸を設ける場合は、当該戸は、次に掲げる基準に適合するものであること。
　　イ 幅は、90センチメートル以上であること。ただし、構造上の理由によりやむを得ない場合は、80センチメートル以上とすることができる。
　　ロ 自動的に開閉する構造又は高齢者、障害者等が容易に開閉して通過できる構造のものであること。
　三 次号に掲げる場合を除き、車いす使用者が通過する際に支障となる段がないこと。
　四 構造上の理由によりやむを得ず段を設ける場合は、傾斜路を併設すること。
5 移動等円滑化された経路を構成する通路は、次に掲げる基準に適合するものでなければならない。

関係法令

　一　幅は、140センチメートル以上であること。ただし、構造上の理由によりやむを得ない場合は、通路の末端の付近の広さを車いすの転回に支障のないものとし、かつ、50メートル以内ごとに車いすが転回することができる広さの場所を設けた上で、幅を120センチメートル以上とすることができる。

　二　戸を設ける場合は、当該戸は、次に掲げる基準に適合するものであること。
　　イ　幅は、90センチメートル以上であること。ただし、構造上の理由によりやむを得ない場合は、80センチメートル以上とすることができる。
　　ロ　自動的に開閉する構造又は高齢者、障害者等が容易に開閉して通過できる構造のものであること。

　三　次号に掲げる場合を除き、車いす使用者が通過する際に支障となる段がないこと。
　四　構造上の理由によりやむを得ず段を設ける場合は、傾斜路を併設すること。
　五　照明設備が設けられていること。

6　移動等円滑化された経路を構成する傾斜路は、次に掲げる基準に適合するものでなければならない。ただし、構造上の理由によりやむを得ない場合は、この限りでない。

　一　幅は、120センチメートル以上であること。ただし、段に併設する場合は、90センチメートル以上とすることができる。
　二　勾（こう）配は、12分の1以下であること。ただし、傾斜路の高さが16センチメートル以下の場合は、8分の1以下とすることができる。
　三　高さが75センチメートルを超える傾斜路にあっては、高さ75センチメートル以内ごとに踏幅150センチメートル以上の踊り場が設けられていること。

7　移動等円滑化された経路を構成するエレベーターは、次に掲げる基準に適合するものでなければならない。

　一　かご及び昇降路の出入口の幅は、80センチメートル以上であること。
　二　かごの内法幅は140センチメートル以上であり、内法奥行きは135センチメートル以上であること。ただし、かごの出入口が複数あるエレベーターであって、車いす使用者が円滑に乗降できる構造のもの（開閉するかごの出入口を音声により知らせる設備が設けられているものに限る。）については、この限りでない。
　三　かご内に、車いす使用者が乗降する際にかご及び昇降路の出入口を確認するための鏡が設けられていること。ただし、前号ただし書に規定する場合は、この限りでない。
　四　かご及び昇降路の出入口の戸にガラスその他これに類するものがはめ込まれていること又はかご外及びかご内に画像を表示する設備が設置されていることにより、かご外にいる者とかご内にいる者が互いに視覚的に確認できる構造であること。
　五　かご内に手すり（握り手その他これに類する設備を含む。以下同じ。）が設けられていること。
　六　かご及び昇降路の出入口の戸の開扉時間を延長する機能を有したものであること。
　七　かご内に、かごが停止する予定の階及びかごの現在位置を表示する設備が設けられていること。
　八　かご内に、かごが到着する階並びにかご及び昇降路の出入口の戸の閉鎖を音声により知らせる設備が設けられていること。
　九　かご内及び乗降ロビーには、車いす使用者が円滑に操作できる位置に操作盤が設けられていること。
　十　かご内に設ける操作盤及び乗降ロビーに設ける操作盤のうちそれぞれ1以上は、点字がはり付けられていること等により視覚障害者が容易に操作できる構造となっていること。
　十一　乗降ロビーの幅は150センチメートル以上であり、奥行きは150センチメートル以上であること。
　十二　乗降ロビーには、到着するかごの昇降方向を音声により知らせる設備が設けられていること。ただし、かご内にかご及び昇降路の出入口の戸が開いた時にかごの昇降方向を音声により知らせる設備が設けられている場合又は当該エレベーターの停止する階が2のみである場合は、この限りでない。

資料編

8　移動等円滑化された経路を構成するエスカレーターは、次に掲げる基準に適合するものでなければならない。ただし、第7号及び第8号については、複数のエスカレーターが隣接した位置に設けられる場合は、そのうち1のみが適合していれば足りるものとする。
　一　上り専用のものと下り専用のものをそれぞれ設置すること。ただし、旅客が同時に双方向に移動することがない場合については、この限りでない。
　二　踏み段の表面及びくし板は、滑りにくい仕上げがなされたものであること。
　三　昇降口において、3枚以上の踏み段が同一平面上にあること。
　四　踏み段の端部の全体がその周囲の部分と色の明度、色相又は彩度の差が大きいことにより踏み段相互の境界を容易に識別できるものであること。
　五　くし板の端部と踏み段の色の明度、色相又は彩度の差が大きいことによりくし板と踏み段との境界を容易に識別できるものであること。
　六　エスカレーターの上端及び下端に近接する通路の床面等において、当該エスカレーターへの進入の可否が示されていること。ただし、上り専用又は下り専用でないエスカレーターについては、この限りでない。
　七　幅は、80センチメートル以上であること。
　八　踏み段の面を車いす使用者が円滑に昇降するために必要な広さとすることができる構造であり、かつ、車止めが設けられていること。

第2款　通路等

（通路）
第5条　通路は、次に掲げる基準に適合するものでなければならない。
　一　床の表面は、滑りにくい仕上げがなされたものであること。
　二　段を設ける場合は、当該段は、次に掲げる基準に適合するものであること。
　　イ　踏面の端部の全体がその周囲の部分と色の明度、色相又は彩度の差が大きいことにより段を容易に識別できるものであること。
　　ロ　段鼻の突き出しその他のつまずきの原因となるものが設けられていない構造のものであること。

（傾斜路）
第6条　傾斜路（階段に代わり、又はこれに併設するものに限る。以下この条において同じ。）は、次に掲げる基準に適合するものでなければならない。
　一　手すりが両側に設けられていること。ただし、構造上の理由によりやむを得ない場合は、この限りでない。
　二　床の表面は、滑りにくい仕上げがなされたものであること。
　三　傾斜路の勾配部分は、その接続する通路との色の明度、色相又は彩度の差が大きいことによりその存在を容易に識別できるものであること。
　四　傾斜路の両側には、立ち上がり部が設けられていること。ただし、側面が壁面である場合は、この限りでない。

（エスカレーター）
第7条　エスカレーターには、当該エスカレーターの行き先及び昇降方向を音声により知らせる設備を設けなければならない。

関係法令

（階段）
第8条　階段（踊り場を含む。以下同じ。）は、次に掲げる基準に適合するものでなければならない。
　一　手すりが両側に設けられていること。ただし、構造上の理由によりやむを得ない場合は、この限りでない。
　二　手すりの端部の付近には、階段の通ずる場所を示す点字をはり付けること。
　三　回り段がないこと。ただし、構造上の理由によりやむを得ない場合は、この限りでない。
　四　踏面の表面は、滑りにくい仕上げがなされたものであること。
　五　踏面の端部の全体がその周囲の部分と色の明度、色相又は彩度の差が大きいことにより段を容易に識別できるものであること。
　六　段鼻の突き出しその他のつまずきの原因となるものが設けられていない構造のものであること。
　七　階段の両側には、立ち上がり部が設けられていること。ただし、側面が壁面である場合は、この限りでない。
　八　照明設備が設けられていること。

（視覚障害者誘導用ブロック等）
第9条　通路その他これに類するもの（以下「通路等」という。）であって公共用通路と車両等の乗降口との間の経路を構成するものには、視覚障害者誘導用ブロックを敷設し、又は音声その他の方法により視覚障害者を誘導する設備を設けなければならない。ただし、視覚障害者の誘導を行う者が常駐する2以上の設備がある場合であって、当該2以上の設備間の誘導が適切に実施されるときは、当該2以上の設備間の経路を構成する通路等については、この限りでない。
2　前項の規定により視覚障害者誘導用ブロックが敷設された通路等と第4条第7項第10号の基準に適合する乗降ロビーに設ける操作盤、第12条第2項の規定により設けられる設備（音によるものを除く。）、便所の出入口及び第16条の基準に適合する乗車券等販売所との間の経路を構成する通路等には、それぞれ視覚障害者誘導用ブロックを敷設しなければならない。ただし、前項ただし書に規定する場合は、この限りでない。
3　階段、傾斜路及びエスカレーターの上端及び下端に近接する通路等には、点状ブロックを敷設しなければならない。

第3款　案内設備

（運行情報提供設備）
第10条　車両等の運行（運航を含む。）に関する情報を文字等により表示するための設備及び音声により提供するための設備を備えなければならない。ただし、電気設備がない場合その他技術上の理由によりやむを得ない場合は、この限りでない。

（標識）
第11条　エレベーターその他の昇降機、傾斜路、便所、乗車券等販売所、待合所、案内所若しくは休憩設備（以下「移動等円滑化のための主要な設備」という。）又は次条第1項に規定する案内板その他の設備の付近には、これらの設備があることを表示する標識を設けなければならない。
2　前項の標識は、日本工業規格Z8210に適合するものでなければならない。

（移動等円滑化のための主要な設備の配置等の案内）
第12条　公共用通路に直接通ずる出入口（鉄道駅及び軌道停留場にあっては、当該出入口又は改札口。次項において同

資料編

じ。）の付近には、移動等円滑化のための主要な設備（第4条第3項前段の規定により昇降機を設けない場合にあっては、同項前段に規定する他の施設のエレベーターを含む。以下この条において同じ。）の配置を表示した案内板その他の設備を備えなければならない。ただし、移動等円滑化のための主要な設備の配置を容易に視認できる場合は、この限りでない。

2 公共用通路に直接通ずる出入口の付近その他の適切な場所に、旅客施設の構造及び主要な設備の配置を音、点字その他の方法により視覚障害者に示すための設備を設けなければならない

第4款　便所

（便所）
第13条　便所を設ける場合は、当該便所は、次に掲げる基準に適合するものでなければならない。
　一　便所の出入口付近に、男子用及び女子用の区別（当該区別がある場合に限る。）並びに便所の構造を音、点字その他の方法により視覚障害者に示すための設備が設けられていること。
　二　床の表面は、滑りにくい仕上げがなされたものであること。
　三　男子用小便器を設ける場合は、1以上の床置式小便器、壁掛式小便器（受け口の高さが35センチメートル以下のものに限る。）その他これらに類する小便器が設けられていること。
　四　前号の規定により設けられる小便器には、手すりが設けられていること。
2　便所を設ける場合は、そのうち1以上は、前項に掲げる基準のほか、次に掲げる基準のいずれかに適合するものでなければならない。
　一　便所（男子用及び女子用の区別があるときは、それぞれの便所）内に高齢者、障害者等の円滑な利用に適した構造を有する便房が設けられていること。
　二　高齢者、障害者等の円滑な利用に適した構造を有する便所であること。

第14条　前条第2項第1号の便房が設けられた便所は、次に掲げる基準に適合するものでなければならない。
　一　移動等円滑化された経路と便所との間の経路における通路のうち1以上は、第4条第5項各号に掲げる基準に適合するものであること。
　二　出入口の幅は、80センチメートル以上であること。
　三　出入口には、車いす使用者が通過する際に支障となる段がないこと。ただし、傾斜路を設ける場合は、この限りでない。
　四　出入口には、高齢者、障害者等の円滑な利用に適した構造を有する便房が設けられていることを表示する標識が設けられていること。
　五　出入口に戸を設ける場合は、当該戸は、次に掲げる基準に適合するものであること。
　　イ　幅は、80センチメートル以上であること。
　　ロ　高齢者、障害者等が容易に開閉して通過できる構造のものであること。
　六　車いす使用者の円滑な利用に適した広さが確保されていること。
2　前条第2項第1号の便房は、次に掲げる基準に適合するものでなければならない。
　一　出入口には、車いす使用者が通過する際に支障となる段がないこと。
　二　出入口には、当該便房が高齢者、障害者等の円滑な利用に適した構造のものであることを表示する標識が設けられていること。
　三　腰掛便座及び手すりが設けられていること。

四　高齢者、障害者等の円滑な利用に適した構造を有する水洗器具が設けられていること。
3　第1項第2号、第5号及び第6号の規定は、前項の便房について準用する。

第15条　前条第1項第1号から第3号まで、第5号及び第6号並びに同条第2項第2号から第4号までの規定は、第13条第2項第2号の便所について準用する。この場合において、前条第2項第2号中「当該便房」とあるのは、「当該便所」と読み替えるものとする。

第5款　その他の旅客用設備

（乗車券等販売所、待合所及び案内所）
第16条　乗車券等販売所を設ける場合は、そのうち1以上は、次に掲げる基準に適合するものでなければならない。
　一　移動等円滑化された経路と乗車券等販売所との間の経路における通路のうち1以上は、第4条第5項各号に掲げる基準に適合するものであること。
　二　出入口を設ける場合は、そのうち1以上は、次に掲げる基準に適合するものであること。
　　イ　幅は、80センチメートル以上であること。
　　ロ　戸を設ける場合は、当該戸は、次に掲げる基準に適合するものであること。
　　　（1）　幅は、80センチメートル以上であること。
　　　（2）　高齢者、障害者等が容易に開閉して通過できる構造のものであること。
　　ハ　ニに掲げる場合を除き、車いす使用者が通過する際に支障となる段がないこと。
　　ニ　構造上の理由によりやむを得ず段を設ける場合は、傾斜路を併設すること。
　三　カウンターを設ける場合は、そのうち1以上は、車いす使用者の円滑な利用に適した構造のものであること。ただし、常時勤務する者が容易にカウンターの前に出て対応できる構造である場合は、この限りでない。
2　前項の規定は、待合所及び案内所を設ける場合について準用する。
3　乗車券等販売所又は案内所（勤務する者を置かないものを除く。）は、聴覚障害者が文字により意思疎通を図るための設備を備えなければならない。この場合においては、当該設備を保有している旨を当該乗車券等販売所又は案内所に表示するものとする。

（券売機）
第17条　乗車券等販売所に券売機を設ける場合は、そのうち1以上は、高齢者、障害者等の円滑な利用に適した構造のものでなければならない。ただし、乗車券等の販売を行う者が常時対応する窓口が設置されている場合は、この限りでない。

（休憩設備）
第18条　高齢者、障害者等の休憩の用に供する設備を1以上設けなければならない。ただし、旅客の円滑な流動に支障を及ぼすおそれのある場合は、この限りでない。

第3節　鉄道駅

（改札口）
第19条　鉄道駅において移動等円滑化された経路に改札口を設ける場合は、そのうち1以上は、幅が80センチメートル

以上でなければならない。
2　鉄道駅において自動改札機を設ける場合は、当該自動改札機又はその付近に、当該自動改札機への進入の可否を、容易に識別することができる方法で表示しなければならない。

（プラットホーム）
第20条　鉄道駅のプラットホームは、次に掲げる基準に適合するものでなければならない。
　一　プラットホームの縁端と鉄道車両の旅客用乗降口の床面の縁端との間隔は、鉄道車両の走行に支障を及ぼすおそれのない範囲において、できる限り小さいものであること。この場合において、構造上の理由により当該間隔が大きいときは、旅客に対しこれを警告するための設備を設けること。
　二　プラットホームと鉄道車両の旅客用乗降口の床面とは、できる限り平らであること。
　三　プラットホームの縁端と鉄道車両の旅客用乗降口の床面との隙間又は段差により車いす使用者の円滑な乗降に支障がある場合は、車いす使用者の円滑な乗降のために十分な長さ、幅及び強度を有する設備が1以上備えられていること。ただし、構造上の理由によりやむを得ない場合は、この限りでない。
　四　排水のための横断勾配は、1パーセントが標準であること。ただし、構造上の理由によりやむを得ない場合は、この限りでない。
　五　床の表面は、滑りにくい仕上げがなされたものであること。
　六　発着するすべての鉄道車両の旅客用乗降口の位置が一定しており、鉄道車両を自動的に一定の位置に停止させることができるプラットホーム（鋼索鉄道に係るものを除く。）にあっては、ホームドア又は可動式ホームさく（旅客の円滑な流動に支障を及ぼすおそれがある場合にあっては、点状ブロックその他の視覚障害者の転落を防止するための設備）が設けられていること。
　七　前号に掲げるプラットホーム以外のプラットホームにあっては、ホームドア、可動式ホームさく、点状ブロックその他の視覚障害者の転落を防止するための設備が設けられていること。
　八　プラットホームの線路側以外の端部には、旅客の転落を防止するためのさくが設けられていること。ただし、当該端部に階段が設置されている場合その他旅客が転落するおそれのない場合は、この限りでない。
　九　列車の接近を文字等により警告するための設備及び音声により警告するための設備が設けられていること。ただし、電気設備がない場合その他技術上の理由によりやむを得ない場合は、この限りでない。
　十　照明設備が設けられていること。
2　前項第4号及び第9号の規定は、ホームドア又は可動式ホームさくが設けられたプラットホームについては適用しない。

（車いす使用者用乗降口の案内）
第21条　鉄道駅の適切な場所において、第32条第1項の規定により列車に設けられる車いすスペースに通ずる第31条第3号の基準に適合した旅客用乗降口が停止するプラットホーム上の位置を表示しなければならない。ただし、当該プラットホーム上の位置が一定していない場合は、この限りでない。

　　第4節　軌道停留場

（準用）
第22条　前節の規定は、軌道停留場について準用する。

関係法令

第5節　バスターミナル

（乗降場）

第23条　バスターミナルの乗降場は、次に掲げる基準に適合するものでなければならない。
一　床の表面は、滑りにくい仕上げがなされたものであること。
二　乗降場の縁端のうち、誘導車路その他のバス車両の通行、停留又は駐車の用に供する場所（以下「バス車両用場所」という。）に接する部分には、さく、点状ブロックその他の視覚障害者のバス車両用場所への進入を防止するための設備が設けられていること。
三　当該乗降場に接して停留するバス車両に車いす使用者が円滑に乗降できる構造のものであること。

第6節　旅客船ターミナル

（乗降用設備）

第24条　旅客船ターミナルにおいて船舶に乗降するためのタラップその他の設備（以下この節において「乗降用設備」という。）を設置する場合は、当該乗降用設備は、次に掲げる基準に適合するものでなければならない。
一　車いす使用者が持ち上げられることなく乗降できる構造のものであること。ただし、構造上の理由によりやむを得ない場合には、この限りでない。
二　幅は、90センチメートル以上であること。
三　手すりが設けられていること。
四　床の表面は、滑りにくい仕上げがなされたものであること。

（視覚障害者誘導用ブロックの設置の例外）

第25条　旅客船ターミナルにおいては、乗降用設備その他波浪による影響により旅客が転倒するおそれがある場所については、第9条の規定にかかわらず、視覚障害者誘導用ブロックを敷設しないことができる。

（転落防止設備）

第26条　視覚障害者が水面に転落するおそれのある場所には、さく、点状ブロックその他の視覚障害者の水面への転落を防止するための設備を設けなければならない。

第7節　航空旅客ターミナル施設

（保安検査場の通路）

第27条　航空旅客ターミナル施設の保安検査場（航空機の客室内への銃砲刀剣類等の持込みを防止するため、旅客の身体及びその手荷物の検査を行う場所をいう。以下同じ。）において門型の金属探知機を設置して検査を行う場合は、当該保安検査場内に、車いす使用者その他の門型の金属探知機による検査を受けることのできない者が通行するための通路を別に設けなければならない。
2　前項の通路の幅は、90センチメートル以上でなければならない。
3　保安検査場の通路に設けられる戸については、第4条第5項第2号ロの規定は適用しない。
4　保安検査場には、聴覚障害者が文字により意思疎通を図るための設備を備えなければならない。この場合においては、当該設備を保有している旨を当該保安検査場に表示するものとする。

資料編

（旅客搭乗橋）
第28条　航空旅客ターミナル施設の旅客搭乗橋（航空旅客ターミナル施設と航空機の乗降口との間に設けられる設備であって、当該乗降口に接続して旅客を航空旅客ターミナル施設から直接航空機に乗降させるためのものをいう。以下この条において同じ。）は、次に掲げる基準に適合するものでなければならない。ただし、第3号及び第4号については、構造上の理由によりやむを得ない場合は、この限りでない。
　一　幅は、90センチメートル以上であること。
　二　旅客搭乗橋の縁端と航空機の乗降口の床面との隙間又は段差により車いす使用者の円滑な乗降に支障がある場合は、車いす使用者の円滑な乗降のために十分な長さ、幅及び強度を有する設備が1以上備えられていること。
　三　勾配は、12分の1以下であること。
　四　手すりが設けられていること。
　五　床の表面は、滑りにくい仕上げがなされたものであること。
2　旅客搭乗橋については、第9条の規定にかかわらず、視覚障害者誘導用ブロックを敷設しないことができる。

（改札口）
第29条　各航空機の乗降口に通ずる改札口のうち1以上は、幅が80センチメートル以上でなければならない。

　　　　附　則

（施行期日）
第1条　この省令は、法の施行の日（平成18年12月20日）から施行する。

（移動円滑化のために必要な旅客施設及び車両等の構造及び設備に関する基準の廃止）
第2条　移動円滑化のために必要な旅客施設及び車両等の構造及び設備に関する基準（平成12年運輸省・建設省令第10号）は、廃止する。

（経過措置）
第3条　この省令の施行前に法附則第2条第2号による廃止前の高齢者、身体障害者等の公共交通機関を利用した移動の円滑化の促進に関する法律（平成12年法律第68号）第5条第2項の規定による届出をした旅客施設の建設又は改良については、第4条第5項第5号、第6条第3号、第7条、第8条第8号、第11条、第19条第2項並びに第20条第1項第6号及び第10号の規定は適用せず、なお従前の例による。
2　この省令の施行の日から起算して6月を経過する日までの間に公共交通事業者等が新たにその事業の用に供する鉄道車両又は軌道車両については、第32条第6項（第34条及び第35条において準用する場合を含む。）の規定は適用せず、なお従前の例による。
3　平成14年5月15日前に製造された鉄道車両であって、公共交通事業者等がこの省令の施行後に新たにその事業の用に供するもののうち、地方運輸局長が認定したものについては、この省令の規定のうちから当該地方運輸局長が当該鉄道車両ごとに指定したものは、適用しない。
4　前項の認定は、条件又は期限を付して行うことができる。
5　第3項の認定を受けようとする者は、次に掲げる事項を記載した申請書を地方運輸局長に提出しなければならない。
　一　氏名又は名称及び住所

二　車種及び記号番号
三　車両番号
四　使用区間
五　製造年月日
六　認定により適用を除外する規定
七　認定を必要とする理由

6　地方運輸局長は、次の各号のいずれかに該当する場合には、第3項の認定を取り消すことができる。
　一　認定の取消しを求める申請があったとき。
　二　第4項の規定による条件に違反したとき。

7　第3項から前項までの規定は、平成14年5月15日前に製造された軌道車両であって、公共交通事業者等がこの省令の施行後に新たにその事業の用に供するものについて準用する。この場合において、第3項、第5項及び前項中「地方運輸局長」とあるのは、「国土交通大臣」と読み替えるものとする。

8　第3項から第6項までの規定は、平成12年11月15日前に道路運送車両法（昭和26年法律第185号）第58条第1項に規定する自動車検査証の交付を受けたバス車両であって、公共交通事業者等がこの省令の施行後に新たにその事業の用に供するものについて準用する。この場合において、第5項第2号中「車種及び記号番号」とあるのは「車名及び型式」と、同項第3号中「車両番号」とあるのは「車台番号」と、同項第4号中「使用区間」とあるのは「使用の本拠の位置」と、同項第5号中「製造年月日」とあるのは「自動車検査証の交付を受けた年月日」と読み替えるものとする。

9　第3項から第6項まで（第5項第2号を除く。）の規定は、平成14年5月15日前に船舶安全法（昭和8年法律第11号）第9条第1項に規定する船舶検査証書の交付を受けた船舶であって、公共交通事業者等がこの省令の施行後に新たにその事業の用に供するものについて準用する。この場合において、第3項及び第5項各号列記以外の部分中「地方運輸局長」とあるのは「地方運輸局長（運輸監理部長を含む。）」と、同項第3号中「車両番号」とあるのは「船名及び船舶番号又は船舶検査済票の番号」と、同項第4号中「使用区間」とあるのは「就航航路」と、同項第5号中「製造年月日」とあるのは「船舶検査証書の交付を受けた年月日」と、第6項中「地方運輸局長」とあるのは「地方運輸局長（運輸監理部長を含む。）」と読み替えるものとする。

10　前項の規定により準用される第5項の申請書は、運輸支局長又は海事事務所長を経由して提出することができる。

11　第3項から第6項まで（第5項第4号を除く。）の規定は、平成14年5月15日前に航空法第10条第1項に規定する耐空証明又は国際民間航空条約の締約国たる外国による耐空証明を受けた航空機その他これに準ずるものとして国土交通大臣が認める航空機であって、公共交通事業者等がこの省令の施行後に新たにその事業の用に供するものについて準用する。この場合において、第3項及び第5項各号列記以外の部分中「地方運輸局長」とあるのは「国土交通大臣」と、同項第2号中「車種及び記号番号」とあるのは「種類及び型式」と、同項第3号中「車両番号」とあるのは「国籍記号及び登録記号」と、同項第5号中「製造年月日」とあるのは「耐空証明を受けた年月日（これに準ずるものとして国土交通大臣が認める航空機にあっては、その準ずる事由及び当該準ずる事由が生じた年月日）」と、第6項中「地方運輸局長」とあるのは「国土交通大臣」と読み替えるものとする。

資料編

愛知県建築基準条例
(抜粋)

昭和39年愛知県条例第49号
最終改正：平成22年10月15日

（適用の範囲）
第12条　この節の規定は、劇場、映画館、演芸場、観覧場、公会堂及び集会場（不特定多数の者の集会のためのもので、客席のいすが固定されているものに限る。）（以下「興行場等」という。）の用途に供する建築物で興行場等の客席の床面積の合計が200平方メートル以上のものについて適用する。

関係法令

特殊な構造又は使用形態のエレベーター及びエスカレーターの構造方法を定める件

(抜粋)

平成12年5月31日建設省告示第1413号
最終改正：平成24年6月7日（国土交通省告示第678号）

第1　建築基準法施行令（以下「令」という。）第129条の3第2項第1号に掲げる規定を適用しない特殊な構造又は使用形態のエレベーターは、次の各号に掲げるエレベーターの種類に応じ、それぞれ当該各号に定める構造方法を用いるものとする。ただし、第7号から第10号までに掲げるエレベーターにあっては第1号から第6号までの規定、非常用エレベーターにあっては第1号から第5号までの規定は、それぞれ適用しない。

四　昇降行程が7メートル以下の乗用エレベーター及び寝台用エレベーター　令第129条の6、第129条の7、第129条の8第2項第2号、第129条の9、第129条の10第3項第1号、第3号及び第4号並びに同条第4項の規定によること。ただし、第1号に適合するものにあっては令第129条の6第1号及び第4号の規定、第2号に適合するものにあっては令第129条の7第1号の規定、第3号に適合するものにあっては令第129条の7第1号及び第129条の9の規定、第6号に適合するものにあっては令第129条の10第3項第4号イの規定は、それぞれ適用しない。

五　かごの定格速度が240メートル以上の乗用エレベーター及び寝台用エレベーター　令第129条の6、第129条の7、第129条の8第2項第2号、第129条の9、第129条の10第3項第1号、第3号及び第4号並びに同条第4項の規定によるほか、平成20年国土交通省告示第1536号に規定する地震時等管制運転装置を設けること。この場合において、次の表の左欄に掲げるかごの定格速度の区分に応じて、同告示第2第3号ロの規定中同表の中欄に掲げる字句は、それぞれ同表の右欄に掲げる字句に読み替えるものとする。ただし、第1号に適合するものにあっては令第129条の6第1号及び第4号の規定、第3号に適合するものにあっては令第129条の7第1号及び第129条の9の規定は、それぞれ適用しない。

240m以上280m未満の場合	検知後10秒	検知後15秒
	かごを10秒以内	かごを15秒以内
280m以上600m未満の場合	検知後10秒	検知後15秒
	かごを10秒以内	かごを15秒以内
	42m	50m
600m以上の場合	検知後10秒	検知後20秒
	かごを10秒以内	かごを20秒以内
	42m	50m

六　かごが住戸内のみを昇降する昇降行程が10メートル以下のエレベーターで、かごの床面積が1.1平方メートル以下のもの　令第129条の6、第129条の7、第129条の8第2項第2号、第129条の9、第129条の10第3項第1号から第3号まで及び第4号ロ並びに同条第4項の規定によること。ただし、第1号に適合するものにあっては令第129条の6第1号及び第4号の規定、第3号に適合するものにあっては令第129条の7第1号及び第129条の9の規定、第4号に適合するものにあっては令第129条の10第3項第2号の規定は、それぞれ適用しない。

資料編

七　自動車運搬用エレベーターで、かごの壁又は囲い、天井及び出入口の戸の全部又は一部を有しないもの　令第129条の6第2号及び第5号、第129条の7第1号から第3号まで及び第5号、第129条の8第2項第2号、第129条の9、第129条の10第3項第1号から第3号まで並びに同条第4項の規定によるほか、次に定める構造とすること。
　イ　かごは、次に定める構造とすること。
　　（1）　出入口の部分を除き、高さ1.4メートル以上の壁又は囲いを設けること。
　　（2）　車止めを設けること。
　　（3）　かご内に操作盤（動力を切る装置を除く。）を設ける場合にあっては、当該操作盤は自動車の運転席から自動車の外に出ることなく操作ができる場所に設けること。
　　（4）　平成20年国土交通省告示第1455号第1第7号及び第8号に定める構造方法を用いるものであって、同告示第2第2号及び第5号から第7号までに定める基準に適合するものとすること。
　ロ　昇降路は、かご内の人又は物が挟まれ、又は障害物に衝突しないものとすること。
　ハ　自動車がかご内の通常の停止位置以外の場所にある場合にかごを昇降させることができない装置を設けること。

八　ヘリコプターの発着の用に供される屋上に突出して停止するエレベーターで、屋上部分の昇降路の囲いの全部又は一部を有しないもの　令第129条の6第2号、第4号及び第5号、第129条の7第1号（屋上部分の昇降路に係るものを除く。）、第2号、第4号及び第5号、第129条の9、第129条の10第3項第1号、第3号及び第4号並びに同条第4項の規定によるほか、次に定める構造とすること。
　イ　かごは、次に定める構造とすること。
　　（1）　かご内の人又は物が釣合おもり、昇降路の壁その他のかごの外の物に容易に触れることができない構造とした丈夫な壁又は囲い及び出入口の戸を設けること。
　　（2）　平成20年国土交通省告示第1455号第1第6号から第9号までに定める構造方法を用いるものであって、同告示第2第2号及び第5号から第8号までに定める基準に適合するものとすること。
　ロ　屋上部分の昇降路は、次に定める構造とすること。
　　（1）　屋上部分の昇降路は、周囲を柵で囲まれたものとすること。
　　（2）　屋上と他の出入口及びかご内とを連絡することができる装置を設けること。
　　（3）　かごが屋上に突出して昇降する場合において、警報を発する装置を設けること。
　ハ　昇降路の出入口の戸（屋上の昇降路の開口部の戸を除く。）には、平成20年国土交通省告示第1447号に定める基準に適合する施錠装置を設けること。この場合において、同告示第1号中「出入口の戸」とあるのは「出入口の戸（屋上の昇降路の開口部の戸を除く。以下同じ。）」と読み替えるものとする。
　ニ　制御器は、平成12年建設省告示第1429号第1第2号から第4号までに定める基準に適合するものとすること。この場合において、同告示第1第2号中「戸」とあるのは「戸（屋上の昇降路の開口部の戸を除く。以下同じ。）」と、同第3号中「建築基準法施行令第129条の7第3号」とあるのは「平成12年国土交通省告示第1413号第8号ハ」と読み替えるものとする。
　ホ　鍵を用いなければかごの昇降ができない装置を設けること。
　ヘ　屋上と最上階との間を昇降するものとすること。

九　車いすに座ったまま使用するエレベーターで、かごの定格速度が15メートル以下で、かつ、その床面積が2.25平方メートル以下のものであって、昇降行程が4メートル以下のもの又は階段及び傾斜路に沿って昇降するもの　令第129条の7第5号の規定によるほか、次に定める構造とすること。
　イ　かごは、次に定める構造とすること。ただし、昇降行程が1メートル以下のエレベーターで手すりを設けたものにあっては、この限りでない。
　　（1）　次に掲げるエレベーターの種類に応じ、それぞれ次に定めるものとすること。

（ⅰ）　かごの昇降の操作をかご内の人が行うことができない1人乗りのエレベーター　出入口の部分を除き、高さ65センチメートル以上の丈夫な壁又は囲いを設けていること。ただし、昇降路の側壁その他のものに挟まれるおそれのない部分に面するかごの部分で、かごの床から7センチメートル（出入口の幅が80センチートル以下の場合にあっては、6センチメートル）以上の立ち上がりを設け、かつ、高さ65センチメートル以上の丈夫な手すりを設けた部分にあっては、この限りでない。
　　　（ⅱ）　（ⅰ）以外のエレベーター　出入口の部分を除き、高さ1メートル以上の丈夫な壁又は囲いを設けていること。ただし、昇降路の側壁その他のものに挟まれるおそれのない部分に面するかごの部分で、かごの床から高さ15センチメートル以上の立ち上がりを設け、かつ、高さ1メートル以上の丈夫な手すりを設けた部分にあっては、この限りでない。
　　（2）　出入口には、戸又は可動式の手すりを設けること。
　　（3）　用途、積載量（キログラムで表した重量とする。）及び最大定員（積載荷重を平成12年建設省告示第1415号第5号に定める数値とし、重力加速度を9.8メートル毎秒毎秒とし、1人当たりの体重を65キログラム、車いすの重さを110キログラムとして計算した定員をいう。）並びに1人乗りのエレベーターにあっては車いすに座ったまま使用する1人乗りのものであることを明示した標識をかご内の見やすい場所に掲示すること。
　ロ　昇降路は、次に定める構造とすること。
　　（1）　高さ1.8メートル以上の丈夫な壁又は囲い及び出入口の戸又は可動式の手すりを設けること。ただし、かごの底と当該壁若しくは囲い又は床との間に人又は物が挟まれるおそれがある場合において、かごの下にスカートガードその他これに類するものを設けるか、又は強く挟まれた場合にかごの昇降を停止する装置を設けた場合にあっては、この限りでない。
　　（2）　出入口の床先とかごの床先との水平距離は、4センチメートル以下とすること。
　　（3）　釣合おもりを設ける場合にあっては、人又は物が釣合おもりに触れないよう壁又は囲いを設けること。
　　（4）　かご内の人又は物が挟まれ、又は障害物に衝突しないものとすること。
　ハ　制御器は、昇降行程が1.0メートルを超えるものにあっては、かご及び昇降路のすべての戸又は可動式の手すりが閉じていなければかごを昇降させることができないものとすること。
　ニ　次に掲げる安全装置を設けること。
　　（1）　かごが折りたたみ式のもので動力を使用してかごを開閉するものにあっては、次に掲げる装置
　　　（ⅰ）　鍵を用いなければかごの開閉ができない装置
　　　（ⅱ）　開閉中のかごに人又は物が挟まれた場合にかごの開閉を制止する装置
　　　（ⅲ）　かごの上に人がいる場合又は物がある場合にかごを折りたたむことができない装置
　　（2）　かごが着脱式のものにあっては、かごとレールが確実に取りつけられていなければかごを昇降させることができない装置
　　（3）　住戸内のみを昇降するもの以外のものにあっては、積載荷重を著しく超えた場合において警報を発し、かつ、かごを昇降させることができない装置又は鍵を用いなければ、かごの昇降ができない装置
十　階段及び傾斜路に沿って1人の者がいすに座った状態で昇降するエレベーターで、定格速度が9メートル以下のもの　令第129条の6第5号及び第129条の7第5号の規定によるほか、次に定める構造とすること。
　イ　昇降はボタン等の操作によって行い、ボタン等を操作し続けている間だけ昇降する構造とすること。
　ロ　人又は物がかごと階段又は床との間に強く挟まれた場合にかごの昇降を停止する装置を設けること。
　ハ　転落を防止するためのベルトを、背もたれ、ひじ置き、座席及び足を載せる台を有するいすに設けること。

資料編

通常の使用状態において人又は物が挟まれ、又は障害物に衝突することがないようにしたエスカレーターの構造及びエスカレーターの勾配に応じた踏段の定格速度を定める件

（抜粋）

平成12年5月31日建設省告示第1417号

第1　建築基準法施行令（以下「令」という。）第129条の12第1項第1号に規定する人又は物が挟まれ、又は障害物に衝突することがないようにしたエスカレーターの構造は、次のとおりとする。ただし、車いすに座ったまま車いす使用者を昇降させる場合に2枚以上の踏段を同一の面に保ちながら昇降を行うエスカレーターで、当該運転時において、踏段の定格速度を30メートル以下とし、かつ、2枚以上の踏段を同一の面とした部分の先端に車止めを設けたものにあっては、第1号及び第2号の規定は適用しない。

一　踏段側部とスカートガードのすき間は、5ミリメートル以下とすること。

二　踏段と踏段のすき間は、5ミリメートル以下とすること。

三　エスカレーターの手すりの上端部の外側とこれに近接して交差する建築物の天井、はりその他これに類する部分又は他のエスカレーターの下面（以下「交差部」という。）の水平距離が50センチメートル以下の部分にあっては、保護板を次のように設けること。

　イ　交差部の下面に設けること。

　ロ　端は厚さ6ミリメートル以上の角がないものとし、エスカレーターの手すりの上端部から鉛直に20センチメートル以下の高さまで届く長さの構造とすること。

　ハ　交差部のエスカレーターに面した側と段差が生じないこと。

第2　令第129条の12第1項第5号に規定するエスカレーターの勾配に応じた踏段の定格速度は、次の各号に掲げる勾配の区分に応じ、それぞれ当該各号に定める速度とする。

一　勾配が8度以下のもの　50メートル

二　勾配が8度を超え30度（踏段が水平でないものにあっては15度）以下のもの　45メートル

2

用 語 集

資料編

2 用語集

●アクセシビリティ
アクセスのしやすさのこと。情報やサービスなどがどれくらい利用しやすいか、特に高齢者や障害者などが不自由なく利用可能かどうかの度合いを示すもの。より多くの人々が利用できる環境を、「アクセシビリティが高い」などと表現する。

コンピュータやIT（情報技術）の世界では、パソコンの操作環境の多様性やウェブの閲覧しやすさなどをアクセシビリティの対象と考える。

手に障害をもつ人に対してマウス以外の入力方法を用意したり、弱視や老眼の人のために文字などのサイズや色を簡単に変更できることなどで、よりアクセシビリティの高い環境を提供する。

●浮き出し文字
点字ではなく、実際の文字を立体的にし、浮き出させたもの。点字の読めない視覚障害者も多く存在するため、そのような人へ配慮して作られたもの。

●ADA法（Americans with Disabilities Act Of 1990）
アメリカの障害者差別禁止法。アメリカで1990年に制定され、1992年に施行された。障害者の完全な人権と平等を実現するために、公共的施設や交通、通信、就職などのあらゆる社会参加に対して、障害のあることを理由に差別することを禁止した法律。

●NPO（Non Profit Organization）
民間非営利組織。市民活動やボランティア活動などの社会的な公益活動を行う人々の組織・団体の総称。行政とは違った立場で、企業のように営利を主目的としない、保健・医療・福祉、学術・文化・芸術・スポーツ、子どもの健全育成、環境保全、まちづくりなど様々な分野で活躍する組織。

日本では平成10年にNPO活動を促進するため、NPO法（特定非営利活動促進法）が施行されており、現在では20分野の活動が認証の対象になっている。

●FM放送受信装置
FM波を利用して、聴覚障害者が持ったポータブル受信機に音声を送る装置。

●オストメイト
がんなどが原因で直腸やぼうこうに機能障害を負い、手術により人工的に腹部に「排泄口」を造設した人。

●介護保険制度
高齢者等介護が必要な方の状況や家族の希望に応じて保健・医療・福祉のサービスを総合的に提供する制度。サービスの財源は、国、都道府県、市町村による公費と、第1号（65歳以上）及び第2号（40〜64歳）被保険者の保険料からなっており、介護サービスの利用にあたっては、要介護・要支援の認定を受けることと、原則として介護支援専門員（ケアマネージャー）による介護サービス計画（ケアプラン）の作成が必要。介護サービス費用（介護報酬）の1割は利用者負担となる。

●高齢者
一般には65歳以上の人をさす。65歳以上、75歳未満を前期高齢者、75歳以上を後期高齢者とも呼ぶ。

●サイン
標識、看板、しるし、符号、合図など、伝えたいことを記号として示したもの、あるいはその情報のこと。サインの種類には、記号サイン、誘導サイン、案内サイン、説明サイン、規制サインなどがある。

●視覚障害者誘導用ブロック
視覚障害者が通常の歩行状態において、主に足の裏の触感覚でその存在及び大まかな形状を確認できるような突起を表面につけたブロックであり、道路及び沿道に関してある程度の情報を持って道路を歩行中の視覚障害者に、より正確な歩行位置と歩行方向を案内するためのものである。

●磁気ループ
音・声に応じて変化する磁力線を発生するループコイルに誘導コイルを感応させ、増幅して音・声を聞く方法。補聴器の入力切替スイッチをT（MT）にして、ループコイルを張った内部にいると、音源が移動しても同等の

用語集

大きさで音・声が聞ける（教室、劇場やＴＶ視聴などに活用）。周囲の雑音に妨げられずに電話を使用する場合もこの仕組みを使う。

●肢体不自由

体の一部が不自由な人。歩行する時に、杖や車いすなどを使うことがある。

●弱視

視力が弱いこと。めがねなどで矯正することができない場合をいう。

●手話

手の動きや表情を使って、相手に意思や情報を伝える方法。耳の聞こえない人同士、または聞こえる人と聞こえない人とのコミュニケーション手段のひとつ。

●触知案内板

触ることによって、視覚障害者や弱視者でも理解できるように配慮した案内板のこと。

●身体障害者補助犬法

身体障害者の自立及び社会参加の促進を図るため、身体障害者補助犬の訓練事業者及び使用者の義務を定めるとともに、身体障害者が公共的施設、公共交通機関等を利用する場合において身体障害者補助犬を同伴することができるようにした。この法律で身体障害者補助犬とは、盲導犬、介助犬及び聴導犬をいう。

●赤外線送受信装置

マイクからの音声を赤外線送受信機により飛ばすことにより、会場で子機をつければ映画やコンサート等を友人や家族と一緒の席で鑑賞することのできる装置。補聴器または専用レシーバーで聴く聴覚障害者の席を設ける必要がなくなる。

●点字

視覚障害者のための指で触れることにより認識できる文字。たて３点、よこ２点の６個の、凸点の組み合わせで表現する。

●ノーマライゼーション

障害をもつ人が障害をもたない人と同等に生活し活動する社会を目指すという理念。1950年代後半の北欧で誕生し、国連の「障害者の権利宣言」（1975年）採択などに影響を与えた。ライフステージのすべての段階において全人間的復権を目指す「リハビリテーション」の理念とあわせ、国の「障害者基本計画」をはじめ、障害者福祉推進における基本的な理念の１つである。

●パウチ

便や尿を受け止め、溜めておくため、オストメイトが装着する袋。

●白杖

視覚障害者の歩行補助具。障害者に情報を伝えることで、防御の手段ともなり、また視覚障害者であることを伝達する等の機能がある。グリップ、シャフト、チップから構成され、２歩先にチップがくるよう、速度・歩幅から長さを合わせる。折畳み式、スライド式、直杖等の種類がある。

●バリアフリー

建物内の段差を解消するなど、障害者や高齢者などが生活する上で妨げとなる様々な障壁（バリア）を取除くということ。建物や物などの物理的なもののほかに障害者や高齢者などの社会参加を困難にしている社会的、制度的、心理的なすべての障害の除去という意味でも用いられる。

●ＰＩＣＳ

正式な名前は「歩行者等支援情報通信システム」。その英語(Pedestrian Information and Communication System)の頭文字を取って、通称「ＰＩＣＳ」または、「歩行者支援信号」と呼んでいる。視覚障害者に市役所等が貸し出す「端末（赤外線リモコンのような装置）」又は専用ステッカーが貼られた白杖を介して、信号の状態（赤・青）を知らせたり、歩行者信号の青時間を延長したり、目的地までの段差の少なくかつ最短な歩行ルートを画像や文字で案内するなどにより、障害のある人等

資料編

の安全な移動を支援する。

●**明度**
色の明るさを表す度合。眼に感じる光の強弱を示す量。

●**ろう（聴覚障害者あるいは耳の不自由な人）**
補聴器を使えばある程度は聞こえる人や、まったく聞こえない人など、その度合いはさまざまで、生まれた時から聞こえない人もいるし、病気や事故で聞こえなくなる人もいる。

●**ユニバーサルデザイン**
高齢者や身体障害者だけでなく、一般の人にも使いやすい形の製品。バリアフリーをさらに発展させた、誰もが共有できるコンセプトによるもの。

●**ワークショップ**
意見や技術の交換・紹介を行う研究や共同作業の場で、参加体験型の双方向グループ研究。まちづくりなどの場合は、地域に係わる多様な立場の人々が参加し、地域の課題を協力して解決するために、各種の共同作業を通じて計画づくりなどを進めていく方法のひとつ。

■参考・引用文献

○手動車いす（JIS T 9201：2006）／平成18年3月
　発行　日本規格協会

○電動車いす（JIS T 9203：2010）／平成22年3月
　発行　日本規格協会

○視覚障害者誘導用ブロック等の突起の形状・寸法及びその配列（JIS T 9251：2001）／平成13年9月
　発行　日本規格協会

○案内用図記号（JIS Z 8210：2010）／平成22年3月
　発行　日本規格協会

○高齢者・身体障害者等の利用を配慮した建築設計標準／平成24年7月
　編集　国土交通省
　発行　人にやさしい建築・住宅推進協議会

○バリアフリー法逐条解説2006／平成19年5月
　編集　日本建築行政会議（防災部会バリアフリー分科会）
　発行　日本建築行政会議

○茨城県ひとにやさしいまちづくり条例施設整備マニュアル／平成19年3月
　発行　茨城県保健福祉部厚生総務課

○神奈川県みんなのバリアフリー整備ガイドブック／平成21年11月
　発行　神奈川県保健福祉部地域保健福祉課

○新潟県福祉のまちづくり条例「整備マニュアル」／平成22年3月
　編集・発行　新潟県福祉保健部障害福祉課

○道路の移動円滑化整備ガイドライン／平成15年2月
　監修　国土交通省道路局企画課
　編集・発行　財団法人 国土技術研究センター

○ユニバーサルデザインによる みんなのための公園づくり～都市公園の移動等円滑化整備ガイドラインの解説～／平成20年2月
　監修　国土交通省都市・地域整備局公園緑地課
　編集・発行　一般財団法人 日本公園緑地協会

○公共交通機関の旅客施設に関する移動円滑化整備ガイドライン
　バリアフリーガイドライン（旅客施設編）

○公共交通機関旅客施設の移動円滑化整備ガイドライン　追補版／平成19年7月
　監修　国土交通省総合政策局安心生活政策課
　発行　公益財団法人 交通エコロジー・モビリティ財団

○視覚障害者誘導用ブロック設置指針・同解説／昭和60年9月
　編集　交通工学委員会
　発行　公益社団法人 日本道路協会

| 改訂三版 |

愛知県

人にやさしい街づくり

1995年1月30日	第1版第1刷	発　行
1998年1月30日	第2版第1刷	発　行
2005年5月20日	第3版第1刷	発　行
2013年6月15日	第4版第1刷	発　行

監　修　　愛知県建設部建築担当局住宅計画課

発行者　　松　林　久　行
発行所　　株式会社 大成出版社

本　社
〒156-0042 東京都世田谷区羽根木1—7—11電話03(3321)4131(代表)

落丁・乱丁はおとりかえいたします。

ISBN978-4-8028-3105-5